国家社会科学基金重大项目（15ZDA053）
国家社会科学基金重点项目（14AZD021）
文化名家暨"四个一批"人才自主选题项目（中宣干字［2018］86号）
江苏省自然科学基金项目（BK20171422）
江苏产业集群决策咨询研究基地

区域经济发展新动能培育研究

Research on the Cultivation of
New Kinetic Energy
in Regional Economic Development

朱英明　赵　彤　张　珩◎著

经济管理出版社
ECONOMY & MANAGEMENT PUBLISHING HOUSE

图书在版编目（CIP）数据

区域经济发展新动能培育研究/朱英明，赵彤，张珩著. —北京：经济管理出版社，2018. 11
ISBN 978 - 7 - 5096 - 6163 - 5

Ⅰ.①区… Ⅱ.①朱… ②赵… ③张… Ⅲ.①区域经济发展—研究—中国 Ⅳ.①F127

中国版本图书馆 CIP 数据核字（2018）第 267161 号

组稿编辑：申桂萍
责任编辑：李红贤　刘　宏
责任印制：黄章平
责任校对：董杉珊

出版发行：经济管理出版社
　　　　　（北京市海淀区北蜂窝 8 号中雅大厦 A 座 11 层　100038）
网　　　址：www. E - mp. com. cn
电　　　话：（010）51915602
印　　　刷：三河市延风印装有限公司
经　　　销：新华书店
开　　　本：710mm×1000mm/16
印　　　张：21. 75
字　　　数：378 千字
版　　　次：2018 年 11 月第 1 版　　2018 年 11 月第 1 次印刷
书　　　号：ISBN 978 - 7 - 5096 - 6163 - 5
定　　　价：88. 00 元

前　言

中国经济已步入以"中高速、优结构、新动力、多挑战"为主要特征的新常态，区域经济也呈现出协调性日益增强的发展态势。党的十八大报告提出，继续实施区域发展总体战略，充分发挥各地区比较优势，优先推进西部大开发，全面振兴东北地区等老工业基地，大力促进中部地区崛起，积极支持东部地区率先发展。党的十九大报告进一步强调，实施区域协调发展战略，加大力度支持革命老区、民族地区、边疆地区、贫困地区加快发展，强化举措推进西部大开发形成新格局，深化改革加快东北等老工业基地振兴，发挥优势推动中部地区崛起，创新引领率先实现东部地区优化发展，建立更加有效的区域协调发展新机制。这些宏观区域经济发展战略的实施，为我国区域经济发展新旧动能转换奠定了坚实的制度基础。

中国特色社会主义进入了新时代，我国经济社会发展也进入了新时代，我国经济已由高速增长阶段转向高质量发展阶段。所谓高质量发展，就是能够很好地满足人民日益增长的美好生活需要的发展，是更加平衡和更加充分的发展，是体现新发展理念的发展，是把创新作为第一动力、把协调作为内生特点、把绿色作为普遍形态、把开放作为必由之路、把共享作为根本目的的发展。区域经济的高质量发展，是我国经济高质量发展的重要组成部分。如何实现区域经济的高质量发展？在实现区域经济高质量发展的过程中，新旧动能转换存在哪些突出问题？如何培育区域经济发展的新动能？这些问题都是新时代下我国经济高质量发展亟待解决的重大问题。

中国正处于区域经济发展的黄金时期和区域发展问题的凸显时期，区域发展问题的重要性日益显现。但是，在区域经济发展新旧动能转换过程中，出现了产业集群发展困境、地区经济发展差距扩大，以及城市化、工业化和城市化的巨大波动等突出问题。如何创新区域经济发展思路，破解区域发展新旧动能转换难题，促进中国区域经济持续增长？毫无疑问，更高层次和更高水平上参与全球生产网络，重构新战略区域空间结构，推动新战略区域发展，加快促进企业技术创新，重塑区域经济空间格局等，是破解区域发展新旧动能转换难题、实现中国区域经济持续增长的重大战略举措。因而，本书的出版对于新时代下加快我国区域经济发展新旧动能转换、培育区域经济发展新动能、加快实现区域经济高质量发展具有重要的现实意义和深远的历史意义。

在国家社会科学基金重大项目"新常态下产业集聚的环境效应与调控政策研究"（15ZDA053）和国家社会科学基金重点项目"价值链分工、经济空间格局优化与中国新战略区域发展研究"（14AZD021）等项目的资助下，以朱英明教授为学术带头人，成员包括赵彤、张珩、季书涵、张鑫、王奇珍、刘素霞、董艳梅、朱峰、邵娟、裴宇、蔡媛媛、郇恒飞的研究团队，依托江苏产业集群决策咨询研究基地，对相关问题进行了深入、系统的探讨。前期相关研究成果包括学术论文 25 篇、学位论文 2 篇。本书内容不仅借鉴了团队成员已经公开发表的论文，而且增加了团队带头人尚未公开发表的相关论文。

从研究框架和研究内容上看，本书主要分为五大板块。第一大板块是文献综述。研究内容包括第一章，国内外相关研究动态。第二大板块是区域经济发展新旧动能转换的问题分析。研究内容包括三章：第二章是资源环境约束、认知行为偏差与产业集群发展困境，第三章是地区二元性、出口导向型 FDI 与中国地区经济差距扩大，第四章是中国城市化波动、工业化波动和服务化波动。第三大板块是区域经济发展新动能培育的新战略区域构建策略。研究内容包括三章：第五章是中国新战略区域发展理论研究，第六章是中国新战略区域类型划分与特征分析，第七章是江苏省新战略区域经济增长分析。第四大板块是区域经济发展新动能培育的企业技术创新策略。研究内容包括三章：第八章是集聚经济对企业创新行为的影响研究，第九章是技术创新对企业出口增长二元边际的影响研究，第十章是技术创新对企业出口增长集约边际的效应研究。第五大板块是区域经济发展新动能培育的经济空间重塑策略。研究内容包括四章：第十一章是异质性产业空间选择与经济空间重塑，第十二章是高铁建设与中国经济空间重塑，第十三章是产业集聚对资源错配的改善效果研究，第十四章是产业集聚的资源错配效应研究。

第一章是国内外相关研究动态。本书的研究涉及经济学、地理学、管理学、社会学等学科，国内外学者对相关内容进行了大量的理论和实证研究。为了简要梳理出国内外相关研究的脉络，本章从以下六个方面进行了综述：产业集聚困境研究，与新战略区域相关的"经济区域"研究，集聚经济与企业创新行为研究，技术创新与出口增长边际研究，价值链分工、区域发展与空间重构研究，区域经济空间格局的形成、演化与优化研究。

第二章是资源环境约束、认知行为偏差与产业集群发展困境。本章在新古典经济学和行为经济学框架下，对资源环境约束与认知行为偏差对产业集群发展困境的影响机制进行分析；利用结构方程模型（SEM），对资源环境约束与认知行为偏差对产业集群发展困境的影响程度进行实证研究。研究表明：与资源环境约束相比，企业自身存在的认知行为偏差是导致产业集群发展困境更为重要的原因；与企业自身存在的认知偏差相比，企业自身存在的行为偏差是引致产业集群发展困境的更为重要的因素；在认知偏差对产业集群发展困境的影响机制中，资源环境约束是一个重要的中介变量，这一中介变量对产业集群发展困境的影响不容忽视；在行为偏差对产业集群发展困境的影响机制中，资源环境约束不是一个重要的中介变量，这一中介变量对产业集群发展困境的影响可以忽视；在所有观察变量对潜在变量的解释中，"羊群行为"对行为偏差的影响最大，按影响程度降低的顺序依次是确认偏差对认知偏差的影响、土地资源约束对资源环境约束的影响、创新困境对集群发展困境的影响、水资源约束对资源环境约束的影响。在此基础上，本章提出破解区域产业集群发展困境的优先方向、路径选择和关键对策。

第三章是地区二元性、出口导向型 FDI 与中国地区经济差距扩大。本章构建由沿海地区与内陆地区、一般生产要素与全球化专用要素构成的生产函数模型，分析中国地区经济差距扩大的微观机理。本章认为，中国的地区经济差距扩大源于中国的地区二元性，全球化专用要素地区分布的不平衡性则起着重要的促进作用。研究结果表明，高度集聚于沿海地区的全球化专用要素在促进其经济增长的同时，对内陆地区的经济增长几乎没有产生溢出效应，导致沿海与内陆地区经济差距扩大。缩小地区经济差距的政策措施在于，在弱化地区二元性基础上，推动内陆地区的全球化专用要素的集聚增长，发挥内陆地区的全球化专用要素增长对其经济增长的促进作用，同时加强沿海与内陆地区产业的前后向联系，注重提高沿海地区的全球化专用要素增长对内陆地区经济增长的溢出效应。

第四章是中国城市化波动、工业化波动和服务化波动。本章针对中国工业化、城市化和服务化的巨大波动，以中国工业化、城市化和服务化时间序列数据为检验对象，揭示工业化波动和服务化波动对城市化波动的影响。研究结果表明：中国城市化波动可以划分为六个不同的发展阶段；工业化波动最为剧烈，服务化波动最为平缓，城市化波动介于两者之间；城市化波动滞后于服务化波动，服务化波动滞后于工业化波动；城市化波动主要源于自身波动的冲击，工业化波动和服务化波动冲击的影响较小；城市化波动对工业化波动和服务化波动的脉冲响应曲线均为明显的正弦波，但脉冲响应时滞以及冲击力度明显不同；工业化波动对城市化波动具有显著的负向影响，服务化波动对城市化波动具有显著的正向影响。

第五章是中国新战略区域发展理论研究。本章认为，中国特色社会主义进入新时代，中国区域发展也进入了一个新阶段，这对传统的政府部门提出或实施的"经济区域"提出新挑战，研究并推进"战略性区域"发展是中国特色社会主义新时代面临的重大课题之一。本章将我国新战略区域置于全球化、工业化、城镇化和市场化的背景中加以考察，从一个全新的视角全面审视和科学界定我国新战略区域；根据支撑未来我国经济增长的四大驱动因素，在定量评价与定性分析方法相结合的基础上，采用矩阵分类法对我国新战略区域进行类型划分。

第六章是中国新战略区域类型划分与特征分析。本章首先以我国290个地级及以上城市为例，从全球化、工业化、城镇化、市场化四个角度，综合考虑贸易型嵌入和产业性嵌入的深度、创新驱动发展的创新投入力度和创新产出能力、区域城镇化发展的质量与速度以及区域资源配置中市场的决定性作用和政府作用的发挥等方面，据此界定我国地级市的新战略区域；其次对中国新战略区域发展特征进行分析，在此基础上，提出新时代下促进我国未来经济增长的对策建议。

第七章是江苏省新战略区域经济增长分析。本章根据第三章的新战略类型划分方法，利用江苏省县级市的统计数据，对江苏省新战略区域类型进行划分。基于数据包络分析法（DEA），对江苏新战略区域经济增长的全要素生产率进行定量分析。构建新战略区域经济增长模型，对江苏新战略区域经济增长影响因素进行计量分析，深入探究影响江苏新战略区域经济增长的主要因素。

第八章是集聚经济对企业创新行为的影响研究。本章基于世界银行2012年对中国25个城市1578家私营企业的调查数据，运用二元离散Logit模型，考察集聚经济（地方化经济和城市化经济）对企业创新行为（企业独立创新、合作创新和模仿创新行为）的影响。结果表明：①城市化经济对三种创新行为均有显著的正向作用，对合作创新的影响最大，对独立创新的影响次之，对模仿创新的影响最弱。②地方化经济对三种创新影响不一致，对独立创新影响不显著，对合作创新为显著的负向影响，对模仿创新为显著的正向影响。③在企业分规模回归结果中，地方化经济的影响没有发生变化，城市化经济的影响具有明显的企业异质性。对小企业而言，城市化经济对这三种创新行为均有显著的促进作用；而对大中企业而言，城市化经济仅对合作创新有显著的正向影响。在此基础上，本章从政府视角提出有利于集聚经济促进企业创新的对策建议。

第九章是技术创新对企业出口增长二元边际的影响研究。首先，本章把企业层面的出口增长分解为集约边际和扩展边际。其次，使用 1999～2009 年中国工业企业数据库和中国专利数据库的匹配数据，综合运用多种计量方法，研究技术创新对企业出口增长二元边际的影响。结果表明：技术创新对企业出口增长集约边际有正向而显著的影响，对劳动密集型企业的影响最大，对技术密集型企业的影响最小；技术创新对企业出口增长扩展边际有正向而显著的影响，对资本密集型企业的影响最大，对技术密集型企业的影响最小。最后，本章提出了增强自主创新能力、促进出口增长的政策建议。

第十章是技术创新对企业出口增长集约边际的效应研究。本章使用 1999～2009 年中国工业企业的数据，基于企业产品创新的视角，综合运用生存分析方法和回归分析方法研究技术创新对出口增长集约边际的影响。结果表明：技术创新对工业企业出口持续时间和出口绩效都有正向而显著的影响。将工业企业划分为高新技术和非高新技术企业后发现，专利对非高新企业出口持续时间有正向而显著的影响，而新产品产值则对高新企业出口持续时间有正向而显著的影响；专利对高新企业和非高新企业出口绩效都有正向的影响，而新产品产值仅对非高新企业出口绩效有正向而显著的影响。最后，实证检验了分地区和分所有制类型工业企业技术创新对出口持续时间和出口绩效的影响。

第十一章是异质性产业空间选择与经济空间重塑。本章采用地区间产业结构变动和产业内资源配置效率来反映经济空间重塑，从理论与实证相结合的视角系统考察产业集聚是否有助于经济空间重塑。本章在 Forslid 和 Okubo（2014）自由资本流动模型的基础上，根据地区间经济水平和要素结构的差异，构建异质性产业自由资本流动模型，分析异质性产业空间选择引发的地区间产业结构升级与产业内资源配置效率改善。构建包含生产函数和成本函数的方程组模型，利用中国工业企业层面和城市层面的数据，根据异质性产业的集聚拐点、集聚的生产率效应、要素集聚速度和要素产出效率四个指标，考察异质性产业的空间选择趋势及其对中国地区间产业结构变动和资源配置效率的影响。研究发现：产业集聚促进了技术密集型产业向东部地区（集聚地区）转移，资本密集型产业向中西部地区（非集聚地区）转移，导致地区间产业结构升级；在异质性产业空间选择的过程中，产业内高生产率企业"择优而栖"的空间迁移行为提升了产业内资源配置效率。因此，产业集聚有助于经济空间重塑。拓展分析也表明，产业集聚助推经济空间重塑的前提条件是市场一体化。本章的政策启示是，基于地区间产业集聚的比较优势，实现增长动力转换；提供要素自由流动的制度保障，提高市场一体化水平。

第十二章是高铁建设与中国经济空间重塑。本章将"高铁建设"因素纳入到新经济地理研究框架，构建了高铁建设对就业、工资和经济增长空间影响的理论模型，并运用 PSM - DID 方法对其进行了实证检验。结果发现：从全国层面看，高铁建设通过就业对高铁城市工资和经济增长产生的间接负效应均小于直接正效应，高铁建设对高铁城市的就业、工资和经济增长的总效应显著为正，其弹性系数分别为 0.2067、0.1907 和 0.1491。从分地区和分城市规模相结合的层面看，高铁建设显著提升了东中部大型高铁城市的就业水平，特别是东部大型高铁城市的建筑业及高附加值行业、中部小型高铁城市的制造业及消费性服务业的就业；高铁建设给东部大型高铁城市带来的企业生产率增长效应显著，表现为高铁建设通过就业对该地区的工资和经济增长等产生的间接效应均为正，但对中西部中、小型高铁城市的相应间接效应均为负。总体上看，高铁建设主要扩大了东部大型高铁与非高铁城市的工资差距和东部中型高铁与非高铁城市的经济增长差距。该结果证实了本章理论推理的正确性，即高铁建设直接或间接地影响了地区就业、工资和经济增长空间，重塑了中国的经济空间，这为各地区进一步借助高铁建设拓展区域发展空间、促进地区就业和经济增长、因地制宜地制定相关政策提供了依据。

第十三章是产业集聚对资源错配的改善效果研究。本章从 Hsieh 和 Klenow 的资源错配和产业集聚理论出发，将产业集聚因素纳入资源错配理论研究框架，构建包含集聚因素的资源错配改善效果模型。而后将资源错配程度进一步细分，通过扩展 Levinsohn - Petrin 方法，计算得到排除集聚因素影响的分行业资源错配指数。研究结果表明，72% 的行业存在资本配置不足，69% 的行业劳动力配置过剩；资本密集型行业普遍存在资本配置过剩，劳动力密集型行业普遍存在资本配置不足，技术密集型行业劳动力配置存在明显缺口。产业集聚的改善效果主要通过产业集聚形成的降低资本门槛和优化劳动力结构来获得，能够在资本配置过度和劳动力配置不足时改善资源错配，弹性作用分别 0.0737 和 0.1460；但在资本配置不足和劳动力配置过度时加剧资源错配，弹性作用分别为 0.0568 和 0.0292。资本门槛和劳动力结构也分别通过与产业集聚的协同作用，对资本配置不足和劳动力配置过度产生积极作用，强化并补足产业集聚对资源错配的改善效果。本章通过分地区研究发现，产业集聚对集聚程度较高的东部地区改善效果更好，对集聚程度较低的中西部地区改善范围更广，这为中国产业布局、提高资源利用效率和平衡地区发展政策提供了依据。

第十四章是产业集聚的资源错配效应研究。本章认为，资源错配是资源配置理论研究的关键问题之一，影响资源错配的因素非常复杂，既与错配本身的技术因素有关，也与产业的空间集聚因素有关。为此，本章侧重于从内涵型错配和集聚生命周期相结合的视角，对产业集聚对资源错配的影响效果进行实证分析。研究结果显示，产业集聚能在大多数情况对资源错配起到积极效果，而处于产业集聚成长期且资本配置不足、劳动力配置过度的行业资源错配情况最严重。产业集聚的资源错配效应研究为行业补足发展短板，提高全要素生产率，从而提高经济增长的质量和效益提供了参考。

朱英明

2018 年 3 月

目 录

第Ⅰ篇 文献综述

第Ⅱ篇 区域经济发展新旧动能转换：问题分析

第Ⅲ篇　区域经济发展新动能培育：
新战略区域构建策略

第Ⅳ篇　区域经济发展新动能培育：企业技术创新策略

第Ⅴ篇　区域经济发展新动能培育：经济空间重塑策略

第 I 篇

文献综述

第一章　国内外相关研究动态

本书的研究涉及经济学、地理学、管理学、社会学等学科，国内外学者对相关内容进行了大量的理论和实证研究。为了简要梳理出国内外相关研究的脉络，本章拟从七个方面进行综述：产业集聚困境研究，与新战略区域相关的"经济区域"研究，集聚经济与企业创新行为研究，技术创新与出口增长边际研究，价值链分工，区域发展与空间重构研究，区域经济空间格局形成、演化与优化研究。在此基础上，对已有研究成果进行评述。

一、产业集聚困境研究

（一）产业集聚区域不公平的困境研究

由于产业集聚带来了巨大的集聚经济利益、规模经济利益和外部经济利益，所以产业集聚条件好、集聚规模大、集聚水平高的那些地区容易出现产业过度集聚的现象，产业集聚条件差、集聚规模小、集聚水平低的地区则会出现产业集聚不足的现象。产业集聚的区域不均衡现象的加剧引发了区域间发展差距扩大以及区域间发展不公平。为此，许多学者以区域公平为研究目标对产业集聚区域不公平的困境进行了探讨。

Behrens 和 Thisse（2006）构建了具有流动资本的两国贸易模型，将市场规模差异与组织成本差异纳入同一个框架中，将经济一体化解释为公司固定组织成本（Fixed Set-up Costs）的协调，研究公司固定组织成本在国家间的差异如何影响全球效率与空间公平间的权衡。研究结果表明，在固定组织成本对称的情况下，市场在哪里导致过度集聚，规划者就在哪里选择非对称的组织成本，甚至更多的集聚。当消费者对多样化的边际偏好高时，规划者总是偏爱拥有更大集聚规模大国的较低的组织成本，反之，规划者总是偏爱拥有较小集聚规模的大国的较低的组织成本。吴颖和蒲勇健（2008）运用空间经济理论，构建新经济地理学（NEG）模型，将区域系统的差距问题转化为区域系统福利问题，研究区域产业过度集聚负外部性对区域总体福利的影响，并计算最优产业集聚的参数阈值。研究结果显示，在阈值范围内，区域系统内的适度集聚会带来总体福利水平的增加；大于适度集聚阈值，则过度集聚的负外部性会对区域系统福利带来损失。模型支撑了我国区域政策的不平衡发展战略，并对当前区域差距扩大和调整的必要性提出了理论解释。同时，他们明确指出，政府有必要通过调整区域间的集聚效率和集聚条件，达到区域集聚度的空间协调，最终达到调整区域总体福利水平最优的政策目标。Dupont（2007）在内生地理增长模型中分析经济一体化对个人不平等和区域差距的影响。他假设溢出效应是地方化的，资本是完全流动的，那么地理集聚会促进学习的溢出效应和促进增长，降低区域内和区域间的不平等。经济一体化能够促进增长和增加收益，但却使个人和区域不平等状况恶化。这引起公平与效率间的权衡，因为空间公平和社会公平在一体化过程中沿着不同方向演化。因此，他提出，与众不同的政策在于增进地区间思想的交易（Trade in Ideas）。思想流动性交易成本的降低，即学习溢出效应的全球化，对增长和不平等有类似货物贸易成本降低那样有益的结果，尽管它并不产生集聚。Suedekum（2006）将不可贸易的家庭物品作为第三个部门纳入 NEG 模型中，分析生活总成本的空间范围。与标准的 NEG 模型的预言不同，其研究结果表明，核心—边缘（C－P）结构能够内生地出现，在该结构中核心地区是更昂贵的区域。假如区域产业集聚过程中生活成本上升，那么核心地区没有获得名义工资溢价的不可流动的工人会经历实际工资的降低，因为核心地区有更高的生活成本指数（COLIs）。江曼琦（2006）对我国城市经济发展问题的研究表明，过度聚集或聚集的密度不够都会带来许多城市问题，城市问题源于城市发展过程中的过度集聚和集聚密度不够，前者造成交通拥挤等问题，后者引起城市蔓延等问题。所谓的城市问题不是城市发展本身所固有的，而是城市发展中对于空间资源的不合理配置所造成的，是没有注重合理集聚的结果。西方国家目前倡导的城市精明增长（Smart Growth）的思想实际上是追求城市合理的集聚密度。杜瑜和樊杰（2008）将产业集聚导致都市区空间功能市场失灵的原因归结为：第一，资源的公共物品属性导致产业集散的低效与无序；第二，环境的公共物品属性导致产业过度集聚，从而过度接纳污染排放，造成环境恶化；第三，一些公益性基本公共服务业由于自身具有规模报酬递增特性容易导致空间过度集聚，造成基本公共服务业空间非均等化，产生发展机会的不平等。

（二）产业集聚社会不公平的困境研究

NEG 在产业集聚领域取得了令世人瞩目的研究成果，尤其是在产业集聚形成机制方面。但是，由于经济主体的流动性，所以 NEG 模型包含新的无效率来源。因为公司和工人迁移通常不考虑对居住在新地区的经济主体带来的利益或损失，也不考虑对留下来的那些经济主体带来的利益或损失，因此，大多数相关研究并不考虑产业集聚的社会愿望问题，相关研究中是否有太多或太少的集聚（Too Much or Too Little Agglomeration）仍是不清楚的（Charlot et al.，2006）。换言之，相关研究中产业集聚是否是社会公平的产业集聚仍是亟待研究的问题。为此，学者们对产业集聚和社会不公平的困境进行了探讨。

Ottaviano 和 Thisse（2002）针对欧洲联盟（EU）一体化过程引起的核心与边缘地区社会不公平问题，利用修改后的 Krugman 的 C－P 模型，研究拥有熟练/流动和不熟练/不流动工人的两区域经济中集聚的最优性（Optimality of Agglomeration）问题。研究结果表明，当运输成本高或低时，市场导致经济活动的分散或集聚，市场结果是社会所向往的；当运输成本为中间值时，市场导致经济活动的过多集聚（Too Much Agglomeration）。然而，经济活动的分散是社会需要的。他们对这种无效率的原因进行了分析和推断，低运输成本对应于小地区间的运输成本，高成本则是大贸易集团间的运输成本，中间运输成本则对应于中等规模地区如 EU 地区间的运输成本。对于 EU 来说，在单一市场效应完成以后，EU 范围内会有过多的地理集中，EU 积极的区域政策应以效率为基础。Charlot 等（2006）利用 Krugman 的 C－P 模型，借鉴公共经济学和福利经济学的分析工具，比较产业集聚和分散的两种市场结果，研究具有更好社会结果（Better Social Outcome）的产业集聚或分散的条件。尽管该问题没有清晰的答案，但是他们得出两个重要的政策结论：第一，区域间迁移战略是防止经济一体化引致的产业集聚损害边缘地区利益的重要战略；第二，当区域间迁移战略没有实施时，存在效率和个人公平间的权衡。Pflüger 和 Südekum（2008）构建了简单的、分析上易于驾驭的 NEG 模型，研究产业集聚的社会愿望即他们所谓的最优集聚问题（Optimal Agglomeration）和有利于政策干预的效率观点。市场结果建立在熟练工人根据其自身利益进行区位决策的基础上，其区位选择通过市场调节的金钱外部性（Pecuniary Externality）影响价格和其他主体的福利。研究结果表明，市场均衡的特征在于低水平自由贸易的过度集聚（Over - Agglomeration）和高水平自由贸易的集聚不足（Under - Agglomeration）。以集聚的市场趋势与社会需要的数量差表示的"金钱外部性净值"（Net Pecuniary Externality），是市场失灵的基本原因。金钱外部性净值在高自由贸易水平上变为正，表明集聚不足。除非与另外的拥挤力相互作用，否则集聚不足不会出现。他们的研究成果具有重要的政策含义，尽管区域政策的制定大多基于公平考虑，但是更加公平的空间资源配置也能够增加效率。从配置效率的观点来看，当贸易一体化得到足够发展时，更大的集聚是社会需要的。

（三）产业集聚环境损害的困境研究

在区域发展过程中，存在两种类型的外部性：一类是来自产业活动导致生活环境退化的环境污染，即环境负外部性；另一类是集聚正外部性，即集聚经济。环境负外部性要求限制区域经济活动，而集聚经济的利用则要求促进区域经济活动，区域发展过程中必须在这两种外部性间作出权衡。因此，研究这两种外部性间的相互作用及其对区域发展的影响，是区域产业集聚困境研究的重要内容。

Grazi 等（2007）构建包括集聚效应、环境负外部性、区域间贸易和各种土地利用类型的两区域空间经济模型。按照建立在社会福利和生态足迹（EF）指标基础上的评价值，根据集聚效应、负外部性和贸易优势三种空间经济现象，对五种空间经济结构进行福利分析。研究结果表明，只有当环境负外部性大大超过经济福利的其他部分即集聚和贸易效应时，EF 方法与以社会福利最大化为目标的方法一致。Verhoef 和 Nijkamp（2002）构建了包括环境负外部性和集聚外部性的单中心城市的一般空间均衡模型，研究城市中两类外部性间的相互作用以及城市地区空间结构的市场均衡，并与孤立的环境税和与外部集聚利益补贴相结合的环境税两种政策下的均衡相比较。结果表明，追求环境目标有时可能以降低集聚经济作为代价，但有时也可能促进这些集聚经济。

近几十年，各国各地区在强调环境公平的同时，社会冲突现象却不断增加。在环境经济学研究中，没有考虑到区域产业集聚效应。由于产业集聚现象是环境公平和环境保护研究中必不可少的因素，所以需要将产业集聚因素纳入环境公平分析中。为此，针对产业集聚过程中的环境损害，有些学者探讨基于环境公平考虑的区域产业集聚困境问题。Hosoe 和 Naito（2006）考虑到产业集聚通过空气污染、水污染等影响其他部门的生产率，将环境因素引入 NEG 模型中，对跨边界的污染传播与区域集聚效应问题进行研究。研究结果表明，人口的均衡分布取决于环境资本损害的模式，在跨边界污染存在的情况下，某些均衡的分布模式是可能的，并有多重均衡。环境征税政策对人口分布有较大影响，政府对其他区域生产的制成品征收环境税的政策能够降低区域集聚。Bowen 等（2009）在对产业集聚和环境不公平的区域科学解释的研究中，明确将产业集聚纳入环境公平分析中，以新泽西州具有空气污染的工业设施的区位是否接近少数民族区位为案例。研究结果表明，产业集聚是新泽西州具有空气污染许可证的工业设施区位的重要决定因素，从环境公平研究中删除它们将导致严重误导性的经验结果和结论。

（四）集聚租金征收的困境研究

区域经济一体化的目标是实现货物、人员、资本和服务的自由流动，其结果是资源配置效率的提高和竞争程度的加剧。在区域经济一体化过程中出现两个相关的问题，一个是各国（各地区）财政自主权的削弱，另一个是经济活动的空间集聚。前者是税收竞争文献关注的焦点，后者则是 NEG 文献关注的焦点。伴随着区域一体化进程的发展，与区域产业集聚有关的税收问题成为国际学术界努力探讨的重要问题之一（Andersson and Forslid，2003；Ludema and Wooton，2000）。由于 EU 的东扩，与产业集聚有关的税收问题再次成为国际学术界研究的热点（Coulibaly，2008）。相关研究主要回答的问题是，基于产业集聚的"集聚租金"（Agglomeration Rents）存在并可以被征税吗？

Kind（1998）构建了建立在规模经济、市场规模、市场联系、贸易成本和国际税收政策间相互作用的基础上的 NEG 模型，对产业集聚与资本征税问题进行了研究。他们不仅考虑产业集聚的存在对最优税收政策的影响，而且考虑资本征税对于产业集聚的影响，由此得出产业集聚对最优税收政策设计的含义。在产业集聚存在的情况下，即使资本在国际间完全流动，开放型经济中资本征税文献中零来源税不再是最优政策。通过正来源税，政府能够利用集聚力产生的区位惯性。作为产业集聚地的国家或地区，通过征收资本收入的来源税，能够增加一国的福利。在 Forslid 和 Ottaviano（1999）模型的基础上，Andersson 和 Forslid（2003）构建了包括对流动和不流动劳动力征收比例税，税收用于生产公共物品的模型，研究税收对制造业生产定位的影响。研究结果表明，由于对流动劳动力征税的增加，流动要素分散的对称均衡是不稳定的；甚至对流动要素完全协调的税收增加，也使得对称均衡不稳定；随着贸易成本的降低，集聚力在一个地区变得具有支配力，因而对称均衡被打破，流动要素集中在一个地区的非对称均衡得以形成；征税的范围取决于生产是集聚还是分散；当流动要素集中时，集聚力引起的惯性使得税收没有变为最低，因而产生可征税的租金。Ludema 和 Wooton（2000）的研究结果也表明，流动要素在一个地区集中产生的惯性产生可征税的租金。Coulibaly（2008）构建了税收差异与集聚租金间关系的 NEG 模型，利用瑞士自治市公司收入税率的数据库，经验性地评价可征税的集聚租金的存在。研究结果表明，具有较高集聚租金的自治市设定较高的公司收入税率，因而证实可征税的集聚租金的存在。与标准的新古典主义框架不同，上述的 NEG 文献关键的特征是定位的滞后现象，意味着因为需求和供给联系，生产一旦集聚在一个地区，便黏滞在那里。核心地区流动要素产生集聚租金，集聚力将流动要素转变为半固定的流动要素，因此，这种集聚租金能够被地方政府征税。Baldwin 和 Krugman（2004）构建了包括税收的 NEG 模型，研究存在重要的集聚经济和市场一体化情况下的国际税收竞争和协调。研究结果表明，由于产业集聚所产生的集聚租金，更加紧密的一体化将导致"竞争到顶"，而不是基本税收竞争模型（BTCM）中的"竞争到底"。由于这种集聚租金是贸易一体化水平的钟形函数，所以核心地区和边缘地区间的税收差距也是钟形的。税收协调的政策可能使所有国家的情况更坏，这较好地解释了现实世界中税收协调比较少见的原因。Borck 和 Pflüger（2006）在更接近现实的部分集聚的稳定均衡环境中，研究具有集聚的税收竞争问题。研究结果表明，与产业对称性分配的稳定均衡和产业完全集聚在一个区域的稳定均衡的结果不同，当只有部分集聚和流动要素没有获得集聚租金时，税收差异作为税收博弈的一种均衡出现，集聚力的存在也表明没有必要采用税收协调政策。

（五）破解产业集聚困境的对策研究

针对区域发展过程中出现的产业集聚的各种困境，国内外学者试图提出破解

产业集聚困境的对策措施，以便促进产业集聚区的可持续发展。陈佳贵和王钦
（2005）针对区域产业集聚过程中存在的行政区划锁定、社会资本锁定和价值链
低端锁定等困境，运用路径依赖理论对中国产业集群发展进行分析，明确指出中
国产业集群的主要竞争优势还是低成本，处于集群发展的低端道路，存在支撑区
域产业集聚的竞争优势缺口，按照如何规避和摆脱锁定状态的思路提供了相关政
策建议。魏后凯（2004）针对经济全球化和中国经济快速发展下，中国加工制造
业进一步向沿海地区集聚的特点，提议中央有关部门制定并实施全国性的产业集
群发展战略规划，设计产业集群的识别及分类指标体系，确定今后国家重点支持
的产业集群领域和重点区域，并在技术创新、金融信贷、土地、信息服务等方面
给予相应支持。当前，要组织有关方面的力量，制定有关产业集群的识别标准和
评价指标体系。刘树成（2005）在其主编的《现代经济词典》中明确指出，产
业集聚过程中应特别注意产业过度集聚问题。他认为，集聚效益的增加是一条倒
U 形曲线，当集聚程度超过一定点时，其效益服从边际效益递减规律。任何集聚
都是有一定限度的，特别是在人们对环境质量的要求日益提高的今天，集聚的程
度更应引起人们的重视，以防止由于过分集聚引发过多的环境问题。刘世锦
（2003）认为，产业集聚是一个需要引起足够关注和重视的问题。在对我国产业
集聚与产业竞争力间的关系做出科学判断后，他明确指出，如果某区域并不具备
某个产业集聚的条件，强行要进入这种产业，失败的概率将大大增加。杜瑜和樊
杰（2008）认为，产业聚集过程中产生的负外部性明显滞后于正外部性，若不采
取措施规避，势必付出自然要素价格飞涨、资源环境破坏的沉重代价。为此，需
要根据不同产业空间发展需求，开展前瞻性的空间规划。同时，针对产业空间集
聚自身具有的循环累积效应，进一步落实空间管制，使之既能充分发挥集聚产生
的规模经济和范围经济效应，又能在资源环境承载范围之内规避过度集聚带来的
负效应。Combes 等（2005）利用 NEG 方法，对集聚区域如何对经济环境的冲击
作出反应问题进行研究。他们考虑不完全劳动力流动、地方（土地）供应规制
以及劳动力参与决策等空间政策含义，表明地方劳动力的集聚供应是区域应对冲
击调整的基本决定因素。连远强（2006）利用羊群行为理论对产业集聚过程中
"羊群行为"进行了分析。在理论分析的基础上，建议政府部门高度重视产业集
聚过程中产生的羊群行为，正确认识并有效利用羊群行为及其效应，培养"领头
羊"，吸引"群羊"，营造一个良好的产业集聚环境，同时要以循环经济模式和
协调发展的理念来打造一种产业和谐集聚地。曹洪华等（2008）在对主体功能区

集聚与布局的研究中指出，产业集聚既是主体功能区划的重要指标，也是主体功能区优化布局的要求。主体功能区规划正是在我国现阶段粗放式发展导致生态环境破坏、自然资源短缺和区域差距扩大的背景下提出的，旨在优化人地关系，指导各地区走上可持续发展的道路。

二、与新战略区域相关的"经济区域"研究

我们检索国内外相关文献后发现，本课题研究中的新战略区域概念不是已有学术研究中的一个概念，国内外相关研究中没有直接涉及新战略区域。与新战略区域相关的经济区域包括学术研究中的经济区域以及"国家战略性"区域规划和"两带一路"国家发展战略中的经济区域。

（一）学术研究中的经济区域

经济区域是以劳动地域分工和产业各具特色为基础的地理区域，是我国经济发展的主要空间组织结构。经济区域划分是结合社会劳动地域分工特点和区域经济发展特征对要素空间分布状况进行的战略性划分，对我国制定区域经济政策具有重要的作用。总的来看，经济区域划分是制定区域经济政策的一项基础性工作，对促进地区经济增长和区域协调发展具有重要的战略意义（张子珍，2010）。

改革开放后，伴随着我国区域经济发展环境的变化，我国的经济区域划分也发生了相应的演变，学者们的每一种经济区域划分都是从不同角度、适应不同需要、使用不同标准、在不同的层次上进行的。刘再兴（1985）依据全国生产力总体布局态势，结合区内近似性和区间差异性的基本原则，把全国划分为东北区、华北区、华东区、黄河中下游地区、长江中下游地区、东沿海区、西南区和西北区八大综合经济区。陈栋生（1986）从横向经济联合角度，把全国划分为东北区、黄河流域区、长江流域区、南方区、新疆区和西藏区六大经区，这种划分标志着对经济地带的划分进入了区域经济研究的时代。杨树珍（1990）在考虑我国地区差异、人口、民族等因素，中心城市及其经济吸引范围，以及沿海港口城市、内陆边贸中心在地区经济协作中的作用的情况下，将全国划分为东北区、华北区、华中区、华南区、西南区、西北区、内蒙古区、新疆和西藏九大经济

区。顾朝林（1991）根据全国城市综合实力和地区的特点提出了东北沈阳城市经济区、华北京津城市经济区、西北西安城市经济区、华东上海城市经济区、华中武汉城市经济区、西南重庆城市经济区、东南沿海广州城市经济区、西北乌鲁木齐城市经济区和青藏高原拉萨九大城市经济区。杨吾扬（1992）从动态的角度把我国划分为十大经济区，分别是东北区（辽、吉、黑、蒙的东四盟）、京津区（京、津、冀）、晋陕区、山东区（鲁）、上海区（沪、苏、浙、徽、赣）、中南区（豫、鄂、湘）、四川区（川）、东南区（闽、粤、台、琼）、西南区（桂、云、贵）、大西区（甘、宁、青、新、藏）。魏后凯（1993）指出，应当依据沿边、沿江和内陆省会城市相继开放的新情况和新变化，把全国划分为沿海、沿边和内陆腹地三大经济带，可依据三大经济带的划分制定全国的区域经济发展战略，明确各地方的发展方向。谷书堂（1994）等按地理的同质性和各地区在国民经济中的经济发展水平，提出代替三大经济带或大经济区的划分新方法，即把全国划分为核心区与边缘区。所谓核心区，是指北京、天津、上海三市与辽宁省，其余为边缘区。其中，沿海地区的另外 8 省区为边缘区 1，中部地区的 9 省区为边缘区 2，西部地区的 9 省区为边缘区 3。王建（1996）以我国经济力量较强的大城市为中心，把全国划分为九大都市圈，包括沈大都市圈、京津冀都市圈、济青都市圈、大上海都市圈、珠江三角洲、吉黑都市圈、湘鄂赣都市圈、长江中下游都市圈和成渝都市圈。李善同和侯永志（2003）依据空间上相互毗邻、自然条件和资源禀赋结构相近等九大原则，把中国大陆划分为 8 大经济区域，包括东北地区、北部沿海地区、东部沿海地区、南部沿海地区、黄河中游地区、长江中游地区、西南地区和大西北地区。李忠民和张子珍（2007）为实现统筹区域发展的目标，依据资源禀赋和区位理论，遵循同质性与集聚性原则相结合的区域划分方法，构建出"蝴蝶模型"经济区域。其中，以泛珠三角经济区、大东北经济区为左右前翅，泛长三角经济区、环渤海经济区为左右后翅，新亚欧大陆桥中国经济区为蝴蝶躯干。

（二）"国家战略性"区域规划和"两带一路"国家发展战略中的经济区域

区域规划是为解决特定区域的特定问题或达到区域内特定目标而制定和实施的某些战略、思路、布局方案和政策措施。近年来，许多区域规划上升为"国家战略"。"国家战略性"区域规划有三个标志：一是由国家出台，即由国务院批复、发文或讨论通过，即所谓的"国家战略"；二是具有典型的经济区域导向特征，是针对特定类型地区的规划；三是区域发展规划。因此，很多由国务院批复的城市总体规划、省域城镇体系规划、地区产业规划和国土规划并不属于"国家战略性"区域规划范畴。根据以上的界定，以2005年国务院正式批准上海浦东新区综合配套改革试点开始，截至2012年南沙新区的获批，主要的"国家战略性"区域规划文件共53项（刘云中等，2013），"国家战略性"区域规划涉及的相关经济区域是53个。根据"国家战略性"区域规划编制、批准和实施、目标的不同，其相应的经济区域也明显不同。例如，魏冠明（2012）认为，2005年《国务院关于加强国民经济和社会发展规划编制工作的若干意见》对战略性区域规划界定为：国家对经济社会发展联系紧密的地区，以有较强辐射能力和带动作用的特大城市为依托的城市群地区，国家总体规划确定的重点开发或保护区域等所编制的跨省（区、市）的区域规划。据此，"国家战略性"区域规划涉及的相关经济区域是3个。

根据批复文件性质，"国家战略性"区域规划可以划分为国家新区、区域（发展）规划、（国家）指导意见和综合改革区（包括综合配套改革试验区和综合改革试验区）四大类。其中，最常见的形式是区域发展规划。综合改革区是我国一种特殊类型的区域规划，主要侧重地区的综合配套改革和在某个领域政策上的先行先试。国家新区是具有代表性的国家战略区域，近年来确定的国家级新区共6个，分别为上海浦东新区、天津滨海新区、重庆两江新区、浙江舟山群岛新区、兰州新区和广州南沙新区（刘云中等，2013）。

依照区域规划的编制、批准和实施执行主体不同，朱敏和黄寰（2011）认为，可以将国家战略层面的区域规划分为三类。第一类是由国家级有关部门（主要是国家发改委）主导编制、批准和执行规划政策而成型的区域规划，如北部湾、珠三角、西部大开发、老东北工业基地、图们江、关中一天水等区域规划；第二类是国家仅制定区域性政策的区域规划，如长三角、海西经济区、滨海新区等；第三类是地方主导规划编制、实施，国务院仅承担批准工作的综合配套改革试验区，如上海浦东、武汉、长株潭、西咸、舟山新区等。"国家战略性"区域规划涉及的相关经济区域是政策、资源、投入等方面的支持程度相差甚大的3类地区。

按照规划的主要目标，可以将"国家战略性"区域规划划分为建设国际竞争力区域（浦东新区、滨海新区、长三角、珠三角、深圳、中关村）、推进重点地区发展和转型（江苏沿海、辽宁沿海、河北沿海、山东半岛、黄三角、关中、天水经济区、皖江城市带等 17 个）、推动欠发达地区可持续发展（有甘肃、青海、武陵山区、滇桂黔石漠化片区等 10 个）、深化区域合作与对外开放（北部湾、黑瞎子岛、横琴、图们江等边疆地区）、探索发展改革试点（成渝、武汉与长株潭、沈阳、山西、浙江温州等 5 个规划文件、7 个地区）五种类型（刘云中等，2013）。

2013 年 7 月，习近平在湖北调研时强调，"长江流域要加强合作，发挥内河航运作用，把全流域打造成黄金水道"。随后，国家发改委制定《依托长江建设中国经济新支撑带指导意见》，长江经济带开放开发成为我国区域发展新的战略重心。2013 年 9 月，习近平在哈萨克斯坦纳扎尔巴耶夫大学作重要演讲时提出共同建设"丝绸之路经济带"。当年 12 月，国家发改委和外交部联合召开了"推进丝绸之路经济带和海上丝绸之路建设座谈会"。在此基础上，国家相关部门提出以长江经济带、丝绸之路经济带和 21 世纪海上丝绸之路为核心的"两带一路"国家战略，相关的经济区域则由本土扩展到海洋。

三、集聚经济与企业创新行为研究

自 Schumpeter 提出创新理论以来，企业创新行为的影响因素一直是经济学者探索的热点问题。从企业层面研究企业创新行为的学者主要从企业内部视角出发，集中在研发投入（王一卉，2013）、企业规模（高良谋和李宇，2009）、公司治理结构（冯根福和温军，2008）、资本结构（王霄和胡军，2005）等因素。虽然这些因素的重要性是不可否认的，但是企业外部环境对企业创新行为的影响也至关重要（Porter and Stern，2001）。集聚经济作为企业发展重要的外部环境对企业创新行为发挥了重要作用，鉴于此，国内外学者针对集聚经济对企业创新的影响进行了探讨。

（一）城市化经济比地方化经济对企业创新的促进作用更明显

国内外学者的研究成果非常丰富，所得出的结论不尽相同。部分文献认为，城市化经济比地方化经济对企业创新的促进作用更明显。例如，Harrison 和 Gant

（1996）从企业个体出发，以分层随机抽样得到 1000 家制造业企业样本为研究数据，证实了城市化经济比地方化经济对企业创新的促进作用更大。Zhang（2014）利用中国 1998~2007 年企业层面的数据，分析集聚经济对企业产品创新的影响，使用引进新产品数和新产品产值衡量企业创新，同样得出中国企业主要受益于城市化经济，地方化经济对其没有正向影响。程中华和刘军（2015）利用中国工业企业数据库，使用空间计量模型进行了研究，结果显示，城市化经济有利于制造业创新绩效的提升，而地方化经济对创新绩效的影响不显著。赖永剑（2012）以空间动态外部性描述集聚经济，利用 2005~2007 年中国制造业企业数据，研究集聚经济对企业创新绩效的作用，发现城市化经济有利于企业创新绩效，且对小企业创新促进影响更大。邬滋（2009）通过学习和合作将创新与集聚联系起来，支持了城市化经济是比地方化经济更重要的创新源泉。

（二）地方化经济比城市化经济对创新的促进作用更大

也有研究得出的结果与上述结论相反，支持地方化经济比城市化经济对创新的促进作用更大。例如，Henderson（2003）使用美国企业微观普查数据研究美国高科技产业，证明了地方化经济对创新具有很强的正向影响，但城市化经济则没有影响。Silvestre 和 Dalcol（2009）将目光聚焦于巴西坎波斯盆地，探究 20 年间该地区石油和天然气深海勘探及生产能力飞速提高的原因，认为这一变化与巴西 10 家石油和天然气企业集聚于此关系密切，验证了同类企业地理邻近有利于创新活动的进行。Panne（2004）使用荷兰的数据，同样证明了地方化经济会引发同类企业间知识溢出增多，对企业创新有正向作用，尤其是对研发强度高和小企业影响更显著。霍春辉和杨锐（2016）以高新技术产业为研究对象，采用 2006~2013 年省际面板数据进行实证，结果表明，专业化外部性对高新技术产业的创新绩效有明显的促进作用，而多样化外部性具有明显的抑制作用。陈劲等（2013）选取中国高技术产业 221 个样本，在开放式创新背景下进行研究，结果显示，专业化集聚只有在集聚程度不高时提高企业创新水平，在集聚程度较高时不利于创新。

（三）地方化经济和城市化经济对创新都具有促进作用

还有相当一部分研究成果支持两种集聚经济对创新均有积极作用。例如，

Antonietti 和 Cainelli（2011）使用意大利制造业企业数据，考虑空间集聚因素，研究集聚经济对创新、生产率、出口的作用，结论认为，两种集聚经济对创新的影响途径不同，城市化经济是通过研发促进创新思想的迸发，地方化经济则通过影响全要素生产率推动创新产出提升。Filip 和 Beveren（2010）基于比利时 2004 年 3000 多家企业的经营状况数据，发现低技术企业从地方化经济和城市化经济中均能获得创新收益。沈能（2014）选用 2009 年中国制造业企业普查数据，构建空间集聚、规模门槛与技术创新关系的分析框架，研究结果表明，专业化集聚和多样化集聚对企业创新均具有正向影响，城市规模较小时，专业化集聚影响程度更高，城市规模较大时，多样化集聚影响更大。张秋燕和齐亚伟（2016）基于中国 30 个省份的工业行业数据，测度对区域创新能力的影响，结果表明，地区专业化集聚和多样化集聚对区域创新能力均有显著的正向影响，当地区规模扩大时，多样化集聚的作用逐渐减弱。刘修岩和王璐（2013）基于 2005～2007 年中国制造业企业数据，研究集聚经济的两种形式对企业创新决策和创新强度的影响，结果显示，整体而言，两种形式都有利于企业创新能力的提升。

从上述文献可以看出，相关研究围绕两种集聚经济对企业创新的作用已进行了较为深入的实证研究，由于研究对象和研究数据选用不同，导致研究结果也不尽相同。纵观现有文献，相关研究存在以下不足之处：第一，相关研究大多尚未对创新行为进行细分，不同类型集聚经济对不同创新行为影响的研究有待加强。第二，已有研究多使用专利或新产品产值作为企业创新的代理指标，虽然这些代理变量在一定程度上能够反映企业创新的状况，但是更能准确反映企业创新状况的指标亟待在研究中采用。第三，大多数文献在产业或行业层面进行研究，基于企业层面的研究亟待加强。第四，从研究数据选择上来看，国内几乎所有文献使用中国工业企业数据库，且数据一般是截至 2008 年，相关研究亟待采用基于国际机构发布的较新的可靠数据。

四、技术创新与出口增长边际研究

（一）出口增长二元边际的界定

新新贸易理论为贸易增长的研究提供了新思路，在异质性的背景下，把贸易增长分解为集约边际（intensive margin）和扩展边际（extensive margin）（Melitz，2003）。由于研究侧重点和计算方法的差异，目前学术界对二元边际没有统一的定义和标准，许多研究从产品层面、企业层面和国家层面对二元边际进行了界定。Hummels and Klenow（2002）使用国家—产品层面的数据，把出口增长边际分解为集约边际和扩展边际。集约边际定义为价格和数量边际，以评估高的出口值与高的价格或数量是否相对应；扩展边际定义为出口产品到更多的市场。接下来的研究中，Bernard 等（2009）使用企业层面的数据，把美国出口增长进行了分解，集约边际定义为数量边际，扩展边际定义为出口企业进入或退出国际市场和持续出口企业中止原有的国家—产品出口关系、建立新的国家—产品出口关系。Amiti 和 Freund（2010）使用产品层面的数据，把集约边际定义为数量边际，扩展边际定义为新产品出口份额减去中止出口的产品份额。

通过对以往研究的归类可以发现，现有文献对集约边际定义为出口额的增减即数量边际几乎达成共识，但对扩展边际的定义却有很大的不同。近年来的研究中，越来越多的学者意识到出口持续性对出口增长的重要作用（Fu and Wu，2014）。Besedeš 和 Prusa（2011）使用国家—产品层面的数据，把扩展边际定义为贸易国的国家—产品出口关系数量：一个国家出口到以前从没有出口过的另一个国家，出口一种从来没有出口过的产品或已经出口过的产品出口到以前从没有出口过的另一个国家；把集约边际定义为出口持续时间和出口量的深化，即持续边际和数量边际，充分考虑了出口持续性对出口增长的重要意义。

（二）技术创新影响出口增长二元边际的相关研究

国内外学者早期对技术创新与出口的关系开展了大量的研究。Ebling 和 Janz（1999）发现，创新活动对出口绩效有重要的影响，而出口并不能增强创新活动。Roper 和 Love（2002）使用英国和德国制造企业的调查数据，发现产品创新对出口概率和出口倾向都有强烈的影响。官建成和马宁（2002）利用工业企业的调查数据对企业技术创新能力和出口行为之间的关系进行了研究，发现企业技术创新能力的整体提高与企业出口能力的加强具有较强的一致性。

异质性贸易理论开拓了贸易增长理论的新前沿（Baldwin，2005），它将出口增长分解为集约边际和扩展边际，使我们更清晰地了解出口增长的结构与特点。这为技术创新与出口之间关系的研究提供了新的视角，对把握技术创新影响出口增长发展的新动向具有重要的意义，也为政策制定者制定有针对性的政策提供了更为现实的文献依据。

国外的研究中，Filipescu 等（2013）利用 1994～2005 年西班牙制造业 696 个企业的数据，研究技术创新对出口增长二元边际的影响。他们以企业出口目的国的数量衡量扩展边际，以出口强度衡量集约边际，发现研发强度和工艺创新对出口增长二元边际有正向而显著的影响，产品创新对出口增长二元边际的影响不显著。Edwards 和 Jenkins（2014）对制造业出口增长进行了二元边际分解，研究中国在撒哈拉以南非洲地区的出口对南非在该地区出口的挤出效应，结果发现，中国出口增长的二元边际对南非出口增长的二元边际有负向而显著的影响，对中低技术产品的影响尤甚；中国出口增长的扩展边际对南非出口增长的扩展边际有负向而显著的影响，对高中低技术产品的影响差别不大；中国出口增长的集约边际对南非出口增长的扩展边际的影响不太明显。Egger 和 Kesina（2014）在对信贷约束影响中国出口增长二元边际的研究中，以是否出口衡量扩展边际，以出口强度衡量集约边际，以劳动生产率作为控制变量衡量技术进步，结果发现，技术进步对扩展边际影响不显著，对集约边际有负向而显著的影响。在稳健性检验中，发现技术进步变量不太稳健。

尽管国外学者对出口增长二元边际进行了大量宏观与微观的研究，但在技术创新与出口增长二元边际关系的研究中，几乎都是从微观层面开展的。与国外研究有所不同，国内的研究既有微观层面的，也有宏观层面的。微观层面上，张杰等（2013）以是否出口衡量扩展边际，以出口强度衡量集约边际，使用 2001～2007 年中国工业企业的面板数据，在对融资约束影响中国企业出口的二元边际的研究中，发现全要素生产率对扩展边际有正向而显著的影响，对集约边际有负向而显著的影响。康志勇（2013）使用中国企业层面的数据，采用 Heckman 两阶段选择模型实证分析了企业研发对出口行为的影响，发现企业研发对出口增长二元边际具有正向而显著的作用，且对扩展边际的影响更为显著，说明中国本土企业研发对出口贸易增长的影响更多体现在扩展边际上。盛丹（2011）在对基础设施影响中国企业出口行为的研究中，以出口决策衡量扩展边际，以出口数量衡量集约边际，发现全要素生产率对出口增长的二元边际有正向而显著的作用，且对集约边际的影响较大。宏观层面上，范爱军和刘馨遥（2012）在对中国机电产品出口增长二元边际的分析中，以 2003～2009 年中国 10 个主要机电产品贸易伙伴国为研究对象，借鉴 Hummels 和 Klenow（2002）的方法对出口增长进行了二元分解，发现技术进步对集约边际有正向而显著的影响，对扩展边际影响不显著。Chen（2013）以一个国家出口产品的数量衡量扩展边际，以一个国家每种产品的出口值衡量集约边际，使用 1975～2001 年 105 个国家的面板数据，研究技术创新对出口增长二元边际的影响，发现技术创新对出口增长二元边际有正向而显著的影响，且集约边际解释了大部分的影响。陈雯和张翊（2014）基于产品—市场角度对出口增长进行了二元边际的分解，利用 1995～2010 年世界各国双边 HS1992 六位码的贸易数据，研究研发创新对中国出口增长二元边际的影响。结果表明，集约边际主导了我国的出口增长，且其贡献度呈现不断上升的趋势；研发强度显著地促进了出口增长的集约和扩展边际。

总之，出口增长二元边际的界定中，集约边际几乎是以数量边际衡量，界定相对统一；扩展边际的界定比较多样化。国内外学者对技术创新与出口增长二元边际关系的研究较少，而且大部分是从微观层面开展研究的。未来相关研究需要借鉴 Besedeš 和 Prusa（2011）以及 Bernard 等（2009）的研究方法，以持续边际和数量边际衡量集约边际，以出口决策衡量扩展边际，从微观层面对技术创新影响出口增长二元边际开展研究。

（三）技术创新和出口持续时间

出口持续时间指一个企业进入国外市场直至退出该市场（中间没有间隔）所经历的时间，研究某个企业出口持续时间即为生存分析。技术创新和出口持续时间关系的研究文献较少。Esteve-Pérez 等（2004）使用 1990～1999 年西班牙制造企业的面板数据，分析企业生存的决定因素，结果发现，出口和研发投资是企业生存的重要决定因素。由于出口企业的生产率高，因此与非出口企业相比更不可能失败。而且从事研发活动被认为是和企业的比较优势正相关，因此与生存前景正相关。Alvarez（2007）使用智利制造企业 1990～1996 年的调查数据，把总时段分为 1990～1992 年和 1993～1996 年两个子时段，研究技术创新对出口的影响，以对外国技术许可花费为技术创新的代理变量，发现其对出口持续时间影响不显著。Lee 等（2012）使用 1612 个韩国中小企业的调查数据，探索国际化、技术资源和技术联盟对中小企业生存的影响，发现以出口等变量衡量的国际化方式和企业生存之间有正向的关系，以研发人员衡量的技术创新对企业生存的关系有调节作用。Giovannetti 等（2011）对意大利三个企业层面的数据库进行匹配，研究意大利企业的规模、创新和国际化。技术创新分别用技术水平、研发支出和创新数量来衡量。研究发现，技术水平和创新数量对企业国际化持续时间有负向的影响；研发支出对企业国际化持续时间却有正向的影响；技术水平对出口企业生存率有正向的影响。而且，国际化的企业中成功生存下来的是高技术、大规模和有技术创新的企业。Schröder 和 Sørensen（2012）从理论层面上分析企业退出、技术进步和贸易之间的关系，发现快速的技术进步和贸易自由化对出口市场退出和企业倒闭存在着影响。开放经济通过降低进入门槛使整个经济生产力进行了再分配，在技术进步速度不变的情况下，降低了出口商和非出口商的预期寿命。

国内的研究中，Chen（2012）从国家层面上做了分析，他利用专利作为代理变量，运用生存分析方法实证研究了 105 个国家技术创新对出口持续时间的影响，结果显示，技术创新对出口持续时间有正向的影响，而且对差异化产品的影响大于同质产品，这同质量阶梯模型的估计结果是一致的。在企业层面上，Sharif 和 Huang（2012）基于 2008 年广东省 492 个港资企业的调查数据研究后发现，广东有较高的新产品收入或者从事研发活动或协同创新活动的企业更有可能应对充满挑战的市场和环境的压力，也更有可能在广东生存下去，且从事进出口的企业更有可能生存下去。Deng 等（2014）利用 1998～2008 年国家统计局编纂的工业企业统计年报，实证分析得出，技术创新负向影响出口商的生存，并且在盈利能力差和有较多应收账款的非外资企业中尤为明显，但是利润高的出口商其技术创新和生存之间又是正向的关系。

（四）技术创新和出口绩效

越是技术密集的产品越能成功满足国外消费者的口味和需求，越能提高出口绩效（Chadha，2009）。关于出口绩效的定义是个棘手的问题，Sousa（2004）总结了 50 种衡量出口绩效的方法，如出口强度、出口增长率、出口利润水平、出口额、出口市场份额等都被看作是衡量出口绩效的指标。出口绩效的衡量方法应随着时代的改变，才能更加有益于未来的发展。

企业层面的实证研究首先由 Hirsch 和 Bijaoui（1985）提出，他们利用 111 个以色列从事研发的企业数据，得出技术创新对出口有正向而显著的影响。接下来大量的实证研究建立在对技术创新的不同衡量指标上，如科技投入（研发支出和雇佣科技人员等）和科技产出（专利、新产品产值和创新统计等）。一些研究利用研发支出作为衡量技术创新的变量（Özçelik and Taymaz，2004；Beise－Zee and Rammer，2006；Bhat and Narayanan，2009），一些研究利用科技人员衡量技术创新（Brouwer and Kleinknecht，1993；D'Angelo，2012），一些研究利用专利和创新统计来衡量技术创新（Wakelin，1998；Pla－Barber and Alegre，2007；Chadha，2009），一些研究利用新产品或新服务来衡量技术创新（Boso et al.，2013；Du and Girma，2007；Kongmanila and Takahashi，2009），他们都得出技术创新对出口绩效有正向影响的结论。

近年来，Özçelik 和 Taymaz（2004）对土耳其企业的研究，Monreal－Pérez 等（2012）对西班牙企业的研究，Pla－Barber 和 Alegre（2007）对法国企业的研究，D'Angelo（2012）对意大利企业的研究，Faustino 等（2012）对葡萄牙企业的研究，Boso 等（2013）对加纳企业的研究，Horatio 和 Morgan（2013）对印度企业的研究，都得出技术创新对出口绩效有正向影响的结论。

中国的研究中，Guan 和 Ma（2003）将技术创新能力划分为核心创新能力和辅助创新能力，研究其对出口绩效的影响，结果发现，核心创新能力对出口比率的影响很小，而辅助创新能力则对出口绩效起到了明显的促进作用。Du 和 Girma（2007）使用 1999～2002 年的工业企业报告研究中国企业金融和出口，发现在资本密集型部门技术创新对出口绩效有正向的影响，而在劳动密集型部门不显著。王俊和黄先海（2012）发现，跨国外包不仅直接推动了我国出口扩张，还通过促进技术创新间接地激励企业出口。Wang 等（2013）使用 2000～2003 年中国 141 个本土制造企业的数据进行研究，发现以新产品收入衡量的技术创新对企业出口绩效的影响不显著，而以研发强度衡量的技术创新对企业出口绩效有正向的影响。

对技术创新和出口绩效关系的研究还有不同的结论。Wakelin（1998）、Roper 和 Love（2002）发现，技术创新对出口绩效有负向的影响。Harris 和 Li（2009）认为，技术创新对出口绩效影响不显著。Kumar 和 Siddarthan（1994）、Du 和 Girma（2007）使用不同行业的企业数据研究技术创新对出口的影响，Nassimbeni（2001）、Guan 和 Ma（2003）用多种指标衡量技术创新，他们都得出混合的结果。

（五）技术创新和出口增长集约边际

与 Besedeš 和 Prusa（2011）的观点一致，Stirbat 等（2012）认为出口增长除

了在集约边际和扩展边际方向增加外，还有一个极其重要的持续边际，它来自集约边际，关注新产品和流入新的目的地在后期的生存时间。

国外关于技术创新对企业出口增长集约边际影响的研究较多，他们大多用出口绩效来衡量出口集约边际（Wakelin，1998；Beise - Zee and Rammer，2006；Kongmanila and Takahashi，2009；Monreal - Pérez et al.，2012），很少有学者考虑持续边际也是出口集约边际。

最早关于中国企业技术创新对出口增长集约边际影响的研究是由新加坡学者Zhao 和 Li（1997）使用调查数据开展的，他们以出口增长率衡量集约边际，发现技术创新对其有正向的影响。

由于数据缺失，国内学者对这方面的研究起步较晚，对企业集约边际的衡量也采取不同的方法。从国家层面上，Chen（2013）研究了技术创新对出口集约边际的影响，使用 1975～2001 年 105 个国家的出口数据，以专利衡量技术创新，用出口值衡量集约边际，发现技术创新对集约边际有正向的影响。从企业层面上，盛丹（2011）等研究了基础设施对中国企业出口行为影响，以出口交货值衡量集约边际，发现技术创新对扩展边际和集约边际有负的影响，但是对于不同所有制的企业存在差异；技术创新能有效地提高外资企业的集约边际，对内资企业起到了负面作用。康志勇（2013）运用中国工业部门 2001～2007 年的企业数据，以出口强度衡量集约边际，采用 Heckman 两阶段选择模型考察了中国本土企业研发对出口行为的影响。研究结果表明，中国本土企业研发对出口的扩展边际和集约边际均具有显著的促进作用。晏涛（2013）运用 2005～2007 年中国工业企业微观数据，以出口交货值除以工业销售产值衡量集约边际，利用倾向得分匹配方法研究研发创新对企业出口行为的影响，得出技术创新有助于促进企业出口增长的扩展边际和集约边际的结论。

上述研究中，对集约边际的衡量只考虑出口绩效的变化，没有涉及出口持续时间。陈雯和张翊（2014）利用制造业 26 个行业的数据，在研究技术创新对中国出口增长二元边际的影响时，由出口绩效衡量集约边际，扩展边际中涉及旧产品存在但向旧市场出口消失即出口的持续时间，得出技术创新对出口增长二元边际正向影响的结论。

总之，在技术创新对出口增长集约边际影响的研究文献中，大部分学者以出口绩效衡量集约边际，几乎没有学者从出口绩效和出口持续时间两个方面衡量集约边际。中国一些学者意识到出口持续时间的重要性（陈勇兵等，2012），但没有关注技术创新的作用，而且技术创新对出口集约边际影响的研究也刚刚起步。未来的相关研究可以以出口绩效和出口持续时间衡量集约边际，使用中国企业层面数据，研究技术创新对出口集约边际的影响。

五、价值链分工、区域发展与空间重构研究

（一）全球价值链理论研究

全球价值链（Global Value Chain，GVC）理论是因应经济全球化现象而形成的，是在经济全球化条件下分析全球产业经济现象的一种理论工具（张兴瑞，2011）。全球价值链是指为实现商品或服务价值而连接生产、销售、回收处理等过程的全球性跨企业网络组织，涉及从原料采集和运输、半成品和成品的生产及分销，直至最终消费和回收处理的整个过程。它包括所有参与者和生产销售等活动的组织及其价值、利润分配（张辉，2004）。当前，散布于全球的、处于全球价值链上的企业进行着从设计、产品开发、生产制造、营销、出售、消费、售后服务、回收循环等种种增值活动（UNIO，2002）。全球价值链理论研究根源于20世纪80年代国际商业研究者提出和发展起来的价值链理论，此后得到不断发展与拓展。20世纪90年代，Gereffi 和 Korzeniewicz（1994）在价值链理论的基础上发展了一种新的全球商品链理论（GCC）。进入2000年后，对于GCC分析的理论框架进一步发展成为GVC的框架。全球价值链框架不仅将GCC的价值创造链条扩展到了制造领域和服务领域，同时也揭示了跨国公司生产体系的脑体纵向分离和国际产业转移的本质（Parrilli et al.，2013）。

全球价值链研究集中在四个方面（Gereffi and Korzeniewicz，1994；Gereffi，1995），即投入—产出结构、区域性布局、治理结构和制度框架。张辉（2006）对四个研究领域做了简要解释，投入—产出结构研究认为。价值链是按照价值增值活动的序列串联起来的一系列的流程；区域性布局研究指出，由于跨国公司和采购商纷纷将核心竞争力领域以外的环节外包，价值链解构为片断化的不同环节，分散到世界不同的国家或地区，因此形成了真正的全球生产体系；治理结构研究则认为，价值链是由相互联系的各环节组成的具有特定功能的产业组织，链

条治理者对链条进行统一组织、协调和控制；制度框架方面的研究主要是指国内和国际制度背景在各个节点上如何对价值链产生影响。

关于全球价值链驱动机制的研究方面，Gereffi 和 Korzeniewicz（1994）根据驱动者（主导者）的不同将全球价值链驱动机制分为生产者驱动和购买者驱动两种。生产者驱动是指由生产者投资来推动市场需求，形成全球生产供应链的垂直分工体系，投资者可以是拥有技术优势、谋求市场扩张的跨国公司，也可以是力图推动地方经济发展、建立自主工业体系的本国政府。购买者驱动是指拥有强大品牌优势和国际销售渠道的跨国企业通过全球采购和 OEM 等生产组织起来的跨国商品流通网络，形成强大的市场需求，拉动那些奉行出口导向战略的发展中国家和地区的工业化（张辉，2004）。生产者驱动的全球价值链在汽车、航空、计算机、半导体和装备制造业等技术、资本密集型的产业中最为常见；而购买者驱动的全球价值链常见于鞋业、服装、玩具和自行车等劳动密集型产业（Gereffi，1999）。但这种分布并不是绝对不可逾越界限的，如全球汽车产业中，丰田等主要汽车厂商仍在坚持生产者驱动的全球价值链分工，而福特公司则不断地向购买者驱动全球价值链转型（Kaplinsky and Morris，2002）。张辉（2006）在 Gereffi 等研究的基础上总结了生产者驱动与购买者驱动的全球价值链之间的差异性。驱动机制不同会导致不同的全球价值链流向，购买者驱动的全球价值链中大部分价值增值流向了市场销售和品牌化等流通领域（Henderson，1998），而生产者驱动的全球价值链中则主要流向研发设计及核心零部件制造等研发与部分生产领域（张兴瑞，2011）。

关于全球价值链的治理模式的研究认为，全球价值链治理模式实际上就是全球经济活动中活动主体之间的合作方式。Humphrey（2002）将全球价值链的治理模式区分为市场型、网络型、准层级型和层级型四种类型，四种治理模式具有不同的属性特征。Gereffi 等（2005）则以交易成本理论、生产网络理论和综合能力理论为基石，以交易信息的复杂程度、交易信息的制度化程度和供应商能力为指标，通过三个指标高或者低之间的组合，将全球价值链的治理模式分为五种类型：市场型价值链、模块型价值链、关系型价值链、领导型价值链和层级型价值链。

针对数十个与价值链相关的概念对价值链理论研究带来价值链丛林现象及其缺陷，Wang 和 Li（2009）利用信息检索技术和搜索引擎工具，对价值链理论丛林所涵盖主要理论和概念的国内外发展现状进行了数据采集及综合对比分析，并由此预测价值链理论丛林的未来发展趋势。

（二）价值链分工与地方产业集群发展研究

在价值链分工背景下，国外学者利用全球价值链分析方法对地方产业集群的研究主要集中在产业集群升级方面。产业集群文献强调企业间合作和本地机构在促进升级中的作用，而价值链文献侧重于全球大卖家和价值链治理在升级机会中的作用。Humphrey 和 Schmitz（2002）主张集群以不同方式嵌入全球价值链，并认为这种嵌入对促进或阻碍地方层面的升级努力的影响。他们特别关注销售给全球大买家的发展中国家的企业的地位。在 Humphrey 和 Schmitz 的理论分析的基础上，Knorringa（1999）、Nadvi 和 Halder（2005）、Pietrobelli 和 Rabellotti（2007）分别进行了相关实证研究。其中，Knorringa（1999）研究印度传统集群中的生产者对内外部市场的主要变化如何做出反应。研究结果表明，在异质性的集群如印度北部的城市 Agra 中，对销售渠道做出的反应是不同的。在特定的销售渠道中的一组特定的生产商成功，而许多其他生产商纷纷倒闭或面临前所未有的绝望状况。在 Agra，20 世纪 90 年代所面临的挑战改变了集群的组成和企业间合作关系的程度。Nadvi 和 Halder（2005）针对地方集群怎样进入全球价值链或者发达国家和发展中国家中集群联系的相关研究存在的局限，利用全球外科手术器械行业作为案例，分析德国和巴基斯坦业界领先的生产集群间的联系与差异。他们认为，全球标准、低成本竞争以及医疗技术进步对两个集群增加了挑战。他们探讨对这些挑战的反应，区分知识与生产联系以说明每个集群的差异、不同轨迹和持续的联系。Pietrobelli 和 Rabellotti（2007）对拉丁美洲的巴西、智利、墨西哥和尼加拉瓜的价值链、集群和中小企业的相关问题进行了研究，结果表明，地方维度和全球维度同样重要，集群与其他本地企业的合作提供巨大的优势，参与全球价值链并与外国买家和公司的互动可以提高当地企业的能力和进入遥远的市场。然而，明显最重要的是价值链和集群的治理，这影响到本地中小型企业的升级过程。因此，具有层级的和更少的合作链往往抑制更为复杂和充满希望的形式升级。Hervas - Oliver 等（2011）通过位于相关集群中的跨国公司的子公司，分析基于陶瓷全球价值链的集群间的联系。他们首先探讨行业内的集群怎样随着时间的推移而变化，其次分析跨国公司以及对外联系的跨国公司的子公司怎样有助于联系遥远的集群和扩散创新，重塑全球价值链。Crestanello 和 Tattara（2011）分析传统服装和鞋类行业运作的价值链的治理，特别侧重于生产的去地方化，即从意大利地区威尼托罗向附近马尼亚转移。他们提出价值链治理的三种模式，并讨论这些模式对于区域发展和区域可持续性的影响。Brandt 和 Thun（2011）以中国的移动通信部门为案例，研究全球价值链端点的改变怎样改变发展中国家产业升级的前景。Frederick 和 Gereffi（2011）利用全球价值链方法分析适应纺织服装配额结束和经济衰退的领导服装出口商的升级轨迹，同时指出亚洲相对于墨西哥和中美洲的竞争成功的关键一直是终端市场多元化。Ivarsson 和 Alvstam（2011）利用来自瑞典的家居装饰零售商 IKEA（宜家家居）以及中国和东南亚供应商中的 23 家的数据，分析其全球价值链中的技术升级。

我国学者对价值链分工下的产业集群的研究则涉及产业集群升级、产业集群风险和产业集群定位。张辉（2006）在宏观和微观研究的基础上从一个比较中观的视角，系统地诠释了全球化时代地方产业集群参与全球竞争的基本方针思路和策略。杨峥萍（2004）在建立两维杠杆利用战略模型的基础上，从市场扩张能力和技术能力两方面刻画了企业或集群升级的一般路径，以及不同类型价值链控制模式下的地方产业集群升级的轨迹。王发明等（2009）以浙江绍兴纺织产业集群为案例，研究了集群价值链延伸并嵌入全球价值链的整合机制，并在全球价值链的分析框架下研究了全球价值链分工与发展中国家产业集群风险形成的关联机制。石培哲（2011）基于如何有效地指导企业集群在全球价值链上进行定位从而确立自己的动态竞争优势这一出发点，研究了企业集群在全球价值链条上定位的有关问题，力求对企业集群进行准确、科学的定位和布局，从而有效突破集群升级的难度和阻力。

（三）价值链分工与区域产业发展研究

嵌入全球价值链的区域经济体在地区差异的影响下出现不同的价值增值模式：一种是某一价值链环节的单一复制，另一种则是价值链环节的向下延伸，因此，全球价值链对区域产业发展影响不尽相同（Boomgard，1992）。张来春（2007）认为，当代全球制造业分工出现了分工主体专业化、分工形式要素化和分工空间集群化的新特点，并据此提出新时期东北制造业发展的重点是完善东北制造业产业集群和培育参与国际价值链分工的高级要素。贾俐俐（2008）将国际贸易理论、国际分工理论、国际产业转移理论和中国产业国际竞争力的演进有机融合，从全球价值链分工的角度，以中国对外贸易为切入点探讨经济全球化下中国产业国际竞争力的发展问题。王珍珍（2008）从理论上分析了现有价值链分工的利益分配决定因素，基于 1998～2005 年我国制造业不同行业数据，采用面板数据实证分析了价值链分工中的利益分配及其对工业增加值的影响。曾蓓和崔焕金（2011）的研究发现，全球价值链分工作为驱动中国产业结构国际化的主导机制，对中国产业升级和结构演化偏离国际经验产生了直接影响，而中国特殊的制度变迁模式又放大了产业结构演化的路径依赖以及国际分工的作用。Elola 等（2012）应用全球价值链框架，分析主导大企业的国际化对处于危害东道国地方生产体系的可持续性和恢复力过程中的其他国家的影响：在全球价值链体系下，只有一级供应商能够随主导企业的国际化而国际化，从而确保其在全球市场中的竞争地位，而本地的其他中小企业则遭受新兴国家生产活动再定位之苦。张平（2013）以全球价值链分工背景下发展中国家产业成长为主线，利用逻辑分析、历史经验分析和实证分析等方法，深入研究价值链分工对中国制造业成长的影响；并结合国际成功经验和中国制造业实际发展状况，探讨我国在价值链分工背景下促进制造业健康成长的战略措施。Parrilli 等（2013）利用全球价值链（GVC）、全球生产网络（GPN）和全球创新网络（GIN）三个分析框架，研究全球化的变化动态以及对地方和区域发展（LoRD）的影响，在分析它们的优势和劣势的基础上，构想出全球化背景下区域发展的更完整和动态的区域观点。

　　价值链分工下区域产业发展的研究更多地集中在区域产业转型升级方面。Kadarusman 和 Nadvi（2013）利用印度尼西亚很好地融入 GVC 的服装和电子行业的案例研究证据，探讨不同类型 GVC 安排与企业层面学习和升级之间的关系，并考虑一些 GVC 关系可能会如何限制升级。Gereffi（1999）运用全球价值链理论对东亚服装产业发展的历史进行了深入分析，并提出了其升级的方向。孙文远（2006）从产品内价值链分工的角度来研究产业升级的问题，指出根据该价值链条的增值路径来安排未来产业发展战略，以实现国家的战略利益。张辉（2007）以全球价值链理论作为基本视角，针对北京市产业升级进行了系统研究。魏国江（2008）指出，我国要按照"科学发展观"的要求，采取一定的措施改变传统的产业发展模式，加强对产业价值链及价值元的控制力度，保证产业升级以获取更多分工收益。张来春（2009）通过对国际价值链分工模式下地方产业升级内涵的探讨，结合上海汽车产业在当代国际价值链分工中的地位分析，提出了促进上海汽车产业升级的路径选择和对策思路。丁永健（2010）以企业能力理论为分析工具，研究制造业升级的两条基本途径：一是通过与全球产业价值链中上游、下游企业之间的纵向合作，提升制造企业的能力；二是抓住全球产业价值链变动的机遇，通过企业转型占据更有利的地位。卢福财和罗瑞荣（2010）从中国经济发展现实出发，分析全球价值链分工对我国经济发展方式转变的不同影响作用，在此基础上提出全球价值链分工条件下转变我国经济发展方式的对策建议。郭炳南和黄太洋（2010）从比较优势的演化入手，认为中国产业升级必须走比较优势非线性演化与线性演化并重之路，促进生产要素的高级化、推进产业模块化、实施产业集群，构建区域联动的国内价值链体系。王骠宇（2010）对全球价值链分工下的湖南产业转型升级进行了研究。Pietrobelli 和 Rabellotti（2011）认为，创新系统（IS）通过企业间和企业内网络及全球价值链（GVC）对国际知识和创新交流与合作具有重要影响。就发展中国家区域发展而言，这方面是至关重要的，因为在 GVC 中，整合在获取知识及提高学习和创新方面起着非常重要的作用。尹博乔（2011）对全球价值链分工视角下的中国产业结构优化问题进行了研究。刘广生（2011）分析了全球—国内价值链并建及其对区域产业结构升级的影响机理，建立引入价值链指标的区域主导产业选择模型，并以山东省为例进行实证分析，具体研究实现区域产业结构升级的具体途径和策略。张兴瑞（2011）以长三角地区全国百强县为案例，对全球价值链分工双面效应下的中国县域产业升级问题进行了系统研究。Ruffier（2012）分析了中国服装行业在世界纺织价值链中的扩张并发现，原始设备制造（OEM）是中国企业喜欢扩张进入服装制造的路径，低工资和低利率成为它们的竞争力以及全球市场销售份额上升的原始来源。据此，他提出中国企业家在服装价值链内升级的战略选择。袁学军（2013）对现代价值链分工下湖南产业转型升级的路径进行了探索。Marchi 等（2013）基于意大利家居装饰行业的案例研究，发展了一个完整的理论框架来分析环境升级的轨迹及其对经济升级和产业绿色化的含义。

（四）价值链分工与空间重构研究

经济全球化加速了全球价值链的延伸和片段化进程，改变了地方产业集聚的机制和模式。随着全球价值链上各个价值环节被拆分布局到更加广阔的地域范围，越来越多的国家参与到全球性的生产活动当中。这些被拆分到全球各地的价值环节片断化布局于一定的地理空间，并加速了产业集聚的全球化进程（杨瑞妍，2011）。经济全球化带来的全球产业价值链被中国发达城市"切割"，导致由高新技术产业、高端服务业聚集而成的新产业空间快速生长，并成为统领城市和区域空间重组的主导力量。不同类型、主题的产业空间通过集聚—扩散—升级—再集聚—再扩散，构成开放型的新产业价值链空间，优化了城市产业空间布局，提升了城市空间价值，并推动了城市空间的多元重构（李程骅，2008）。产业技术与组织管理的发展导致模块化时代的到来，而基于价值链的业务外包，构成了模块化发展的雏形，并随着业务外包的广度和深度的发展，构成了模块化时代的二维发展空间（于国安和韩小华，2007）。Draper（2013）讨论了全球经济中起作用的两个广泛矛盾的趋势：通过跨国公司生产网络的经济全球化和通过经济危机政策反应的全球分散。运输和通信成本的降低，使公司通过公司内贸易和联系团队生产商的网络，利用国家比较优势的差异来经营全球价值链。越来越多的国家在任务方面专业化，而不是在产品方面专业化。这促进了全球经济的集中和一体化。然而，第二个趋势涉及经济危机的政策反应，是一种发散。这促进了全球经济的集中和一体化。Wei 等（2010）基于全球价值链和全球生产网络的观点，分析中国计算机行业的生产网络、价值链和空间组织。他们发现，对称的钟形微笑曲线的观念是一个高度理想化的概念框架，对于像中国这样的发展中国家，领导企业还没有成为顶级跨国公司，微笑曲线更可能呈现出扁平化茶托形状。中国也正日益融入全球生产网络，以新兴的全球城市和全球化城市为中心的新形式的空间组织正在形成。此外，张永庆（2008）发现，在以上海为核心的长三角地区，产业总部和加工生产基地在空间上逐步分离，总部向中心城市集群布局，产业加工基地向成本比较低的、远离中心城市的地区集群布局，区域性的"总部—生产基地"发展模式初步形成。张松林和武鹏（2012）运用一般均衡及超边际分析方法，通过建立一个包含制造组装环节和品牌营销环节的内生分工模型来探索全球价值链的"空间逻辑"。研究表明，促进制造组装环节与品牌营销环节空间分离的主要动力有两个：一是发挥各个区域的外生比较优势，最大限度地提高整条价值链的生产效率；二是充分利用各个区域的专业化经济，尽量降低整条价值链的固定学习成本。

六、区域经济空间格局的形成、演化与优化研究

（一）区域经济空间格局形成的理论基础与方法研究

1. 区域经济空间格局形成的空间结构理论研究

区域空间格局发展的理论基础是由区位理论发展而来的空间结构理论。目前，空间结构理论的基础理论主要包括中心地理论和空间扩散理论。德国地理学家 W. Christaller 的"中心地理论"是关于一定区域内（国家）城市和城市职能、大小及其组成的空间结构学说，即城市"等级—规模"学说或城市区位论，并用正六边形形象地概括区域城市等级与城市规模的关系。这一理论为城市规划和区域规划提供了方法论依据。在空间扩散理论方面做出重要贡献的是瑞典学者 T. Hagerstrand、S. Godlund 以及 E. Kant 等，他们早在 20 世纪 50 年代就对事物空间扩散作了大量的研究，特别是对革新的空间扩散给予了特别的关注。

法国经济学家佩鲁（F. Perroux）的"增长极"理论和波兰萨伦巴的"点—轴发展"理论，是区域空间结构研究的基础理论。法国地理学家布德维尔（J. Boudevill）将佩鲁的抽象经济空间的增长转化为空间上的"增长中心"。美国规划专家 Friedmann（1966）在委内瑞拉研究的基础上，结合区域经济增长理论，提出区域发展的"核心—边缘"理论，并模拟了城市地区空间演化的运作过程。瑞典学者 Hagerstrand（1968）提出现代空间扩散理论，揭示空间扩散的多种形式，深化了城市地区空间结构演化理论。20 世纪 80 年代，在全球经济一体化的背景下，关注区域空间结构研究的学者 Friedmann 和 Wolff（1982）、Sassen（1991）、Pyrgiotis（1991）以及 Kunzmann 和 Wegener（1991）等从全球经济一体化、区域经济一体化、跨国网络化城市体系等视角探讨其对空间结构的影响。Doxiadis（1995）从人类居住形式的演变过程入手，提出了未来城市群体空间结构的演变必然体现人类对自然资源最大限度使用的要求，提出了世界连绵城市结构理论（Ecumnopolis）。

在空间结构理论的发展过程中，美国的 E. S. Dunn、W. Isard 和 B. J. L. Berry，德国的 E. Otremba 等发挥了重要作用。德国的 E. V. Boventer 第一次提出空

间结构理论（陆大道，1988）。当前，区域发展的空间模式主要包括 F. Perroux、L. Rodwin 和 J. B. Boudeville 提出的增长极模式，H. Prov、F. Delaisi 以及 J. R. Friedmann 提出的核心—边缘模式，陆大道提出的点—轴开发模式，E. W. Bojisi 提出的圈层发展模式（崔功豪，1999），以及梯度推进模式、跳跃开发模式等（黄翔等，1997）。

以 P. Krugman 为代表的新经济地理学研究经济活动的空间分布，从微观基础上探讨影响企业区位决策的因素，在宏观层次上解释现实中存在的各种经济活动的空间集中现象（安虎森，2005）。但是，不少学者尤其是地理界学者则认为，新经济地理学理论只注意了传统经济变量的建模，而由于社会性变量不容易建模，则更少地关注区域经济发展中的制度因素和社会文化因素，忽略了知识溢出的外部性（Olsen，2002）；只强调了从人的理性选择来解释空间经济，所建模型仅仅是基础设施、运输技术和通信成本的函数（Sheppard，2001）；新经济地理学只是传统经济地理思想的另一种表现形式而已，并无新意（Sunley，2001）；新经济地理学只注意区域聚集的空间性，却忽视了区域空间结构中整个区域过程（藤丽和王铮，2004）。

空间外部性理论的发展日益应用于空间结构与空间格局的研究中，Forni 和 Paba（2002）通过对产业关联的实证研究发现，具有动态投入—产出关联的产业之间存在着许多动态外部效应和区域溢出效应。Anselin 等（2000）对产业内及产业之间的空间外部性的研究表明，不同部门之间的知识外部性呈不均匀分布，且集聚效应也显著不同。近年来，马歇尔外部性分析传统与新经济地理学范式呈现不断融合的趋势，被新经济地理学忽视的知识和信息溢出等技术外部性进入模型（柴志贤和黄祖辉，2006）。Fingleton（2004）建立一个包含规模报酬递增和知识溢出等技术外部性在内的模型，并进行实证分析。Villar（2002）在克鲁格曼的核心—外围模型中纳入人力资本的外部性进行分析，结果表明，人力资本是培育经济集群与城市增长的重要因素。

2. 区域经济空间结构相关方法研究

一些学者们使用各种信息技术与数学模型对区域空间结构进行研究，如 Batty（1995）和 Besussi 等（1998）基于 CA 模型模拟城市增长、演变过程的动态研究；Djankov 和 Freund（2002）、Matsumoto（2004）等对城市体系空间相互作用重力模型的理论研究。另一些学者开始借助空间统计分析方法探索区域空间的关联和差异。Griffith（1987）认为，经济社会活动反映在地理空间上的相互作用就是"空间自相关"。早在 20 世纪 60 年代就有学者开始尝试使用空间自相关方法研究生态学、遗传学等问题，目前该方法已应用于区域经济研究中（徐建刚等，2006）。此外，还有一些学者利用网络研究方法对空间网络性进行研究。例如，Wilson（2000）提出以网络为平台的各种形式的流是区域经济空间系统的特殊要素；Dicken（2002）提出全球生产网络的概念；Hewings 等（2002）认为区域经济空间开始由原来的非均衡的核心—边缘格局向均衡的网络—节点式格局转变，节点、流、网络是网络结构的重要构成要素。

（二）区域经济空间格局演变研究

1. 区域经济空间组织形式研究

在区域经济空间格局研究中，最先引起学者兴趣的是构成区域经济空间格局的各种类型的经济空间组织形式。一种或者若干种经济空间组织形式在区域经济空间内的组合展现了不同的区域经济空间格局。国内外学者在研究中所总结的经济空间组织形式主要有 7 种，即核心—边缘结构、多核心—边缘结构、网络结构、点—轴结构、双核结构、点—轴—面结构和板块结构，其中，前 3 种是国外学者首先提出来的，后 4 种是国内学者的首创。

Friedman（1966）的核心—边缘理论不仅指出了经济空间的 3 种组织形式，即核心—边缘结构、多核心结构和网络结构，而且阐明了随着区域经济的发展，经济空间组织形式由核心—边缘结构向多核心—边缘结构、网络结构演变的过程。较多的实证研究验证，在北美、欧洲及亚洲等地区存在多核心—边缘结构。Giuliano 和 Small（1999）基于芝加哥地区 1970～1980 年的统计数据，确认了 32 个次核心。Tuan 和 Linda（2000）基于 1998 年我国广东地区电子产业数据的分析认为，深圳、广州、惠州和汕头是作为香港边缘的几个次核心城市，该多核心结构的发展与 FDI 从核心外流和公司重新选址密切相关。McMillan 和 Smith（2003）认为，1990 年，美国 62 个大都市中，有 48 个拥有次核心，其中，纽约和洛杉矶分别有 38 个和 46 个次核心。多核心结构发展趋势在欧盟的发展进程中表现得最为明显。Johansson（2002）的研究认为，瑞士位于 Scania 东北部分、Vanern 湖和 Dalecarlia 西南及 Smaland 东部的 3 个主要的城市带，近几十年发展成了由多个小型城市主导、首位率低于 25% 的多核心空间结构。钱运春（2003）通过研究欧洲 20 世纪 80 年代初至 90 年代末的就业比重、GDP 增长率等数据，发现在欧洲经济一体化的推动下，由于集聚经济及政府行为的共同作用，德国的萨尔州、荷兰的北荷兰区、法国东部及上诺曼底等曾经衰落的传统核心，以及卡斯蒂利亚、爱尔兰、里斯本和阿尔加维等新崛起的地区，其主要经济指标都超出了欧盟的平均水平，成为次一级的经济核心。Wilson（2000）与 Hewings 等（2002）认为，在经济全球化、信息经济和网络经济快速发展的情况下，区域经济空间结构将发生本质性的变化，由原来非均衡的核心—边缘格局向均衡的网络—节点式格局转变；节点、流、网络是网络结构的构成要素，网络结构是区域经济发展的一种有效的空间结构，它以其特有的连通性，通过有组织的连接模式有效地组织和连接节点。

陆大道（1995，2001）提出的"点—轴"理论阐明了区域经济空间的点—轴结构。该理论认为，社会经济运行客体大多在点上聚集，并通过线状基础设施连成一个有机的空间结构体系，区域经济空间结构以不同等级的"点—轴"系统为标志。陆玉麒（1998，2002）指出，双核结构是指在某一区域中，由区域核心城市和港口城市及其连线组成的一种空间结构现象，它广泛存在于我国沿海和沿江地区及其他国家和地区中；从机理上考察，它发源于港口城市与区域核心城市的空间组合，由于兼顾了区域核心城市的居中性和港口城市的边缘性，从而可以实现区位上和功能上的互补；从形成类型看，双核心结构可分为内源型和外生型两种类型。王合生和李昌峰（2000）认为，从省级规模看，长江流域存在多个由区域核心城市与港口城市构成的双核结构，包括安徽的合肥市与芜湖市、江西的南昌市与九江市及湖南的长沙市与岳阳市。吴相利（2000）基于流域空间系统和空间模式的研究提出了"点—轴—面"结构这一空间组织形式。"点—轴—面"经济空间格局是对流域经济比较发达、河流系统功能开发较为充分、河流功能与流域经济耦合联系良好的较大河流流域经济空间分异格局的一般性概括。姚士谋和王成新（2004）提出了区域板块这一有别于行政区的区域概念，并界定了区域板块的主要地域特征。胡彬（2006）认为，在长江流域内基本上形成了高、中、低3个梯次的板块结构，并分析了它们的主要特征。

2. **区域经济空间格局演变进程研究**

经济空间组织形式不仅具有一定的结构，而且呈现出一定的动态演变过程。伴随着对外开放的深入和参与国际分工的深化，中国区域空间格局发生了剧烈变化。孙久文和胡安俊（2011）根据中华人民共和国成立以来我国东部、中部、西部和东北地区经济份额的变化关系，把我国区域空间格局的演变划分为三个阶段：一是均衡阶段（1949～1978 年）。从经济份额上看，四大板块经济份额相对稳定，区域空间总体格局处于均衡阶段。二是调整阶段（1979～1992 年）。1978年中国开始实施对外开放，先后设立经济特区、沿海港口城市与沿海经济开放区，开发开放浦东新区，形成了沿海地区多渠道对外开放的格局。对内不断进行整顿调整，形成由东向西推进发展的方针。这样，东部地区就同时具有了经济开放的先发优势与接近国际市场的地理优势，四大板块的经济天平开始向东部倾斜。三是集聚阶段（1993 年至今）。1992 年邓小平南方谈话后，国家陆续对沿江、沿边、内陆和省会城市实行沿海开放城市的政策。2001 年中国加入 WTO后，对外开放全面深化，逐步形成全方位、多层次、宽领域的对外开放格局。在对外开放的驱动下，中国区域空间格局进入集聚阶段（Jian et al.，1996；Fan et al.，2011）。

根据中国城市化的演变历程，有些学者将中国区域空间格局演变划分为四个阶段：一是均衡布局阶段（1949～1977 年）。区域空间格局为西部地区新增城市数量和城市化速度高于中东部地区，东部地区城市化速度最慢。二是梯度布局阶段（1978～1990 年）。小城镇兴起使东部地区快速城市化，大城市和特大城市占比不断下降，中国区域空间格局呈现出东部快于中西部、南部快于北部的发展特征。三是区域协调布局阶段（1990～2000 年）。城市土地制度改革和户籍制度改革促使大城市开发区建设不断深化，加速了东部地区的城市化建设和中西部地区农村人口向东南沿海城市的迁移，形成了珠三角和长三角两大城市群，呈现出东南沿海城市密度高于中部、中部城市密度高于西部的空间分布趋势。四是区域统筹布局阶段（2001～2012 年）。东部地区已经形成长三角、珠三角、京津唐、山东半岛和辽中南城市群等城市密集区，在中西部发展条件优越和经济发展较快的部分地区也出现了城市群，如中原城市群、皖江城市群、成渝城市群、关中城市群等（顾朝林，1995；方创琳等，2008；陆大道和樊杰，2009；孙久文，2012）。

3. 区域经济空间格局演变机制研究

空间是社会经济的表达，由于社会正经历着结构转换，新的空间形态和过程也随之发生变化（甄峰，2004）。为此，较多学者对中国区域空间格局的演变机制进行了研究。孙久文和胡安俊（2011）以雁阵模式为理论起点，分析了中国国际角色巨变、区位模式转换与中国产业聚集格局的内在关联。他们认为，对外开放以来，尤其是 20 世纪 90 年代以来，新兴经济体的产业大量转移出来，雁阵模式进入中国大陆，在给中国带来发展奇迹的同时，极大地改变了中国的国际角色，把中国推上"世界制造基地"的宝座。伴随着中国"世界制造基地"的确立，中国对国外市场与原材料产生了巨大的依赖性，企业区位选择模式实现由"区位三角形"向"区位六边形"的蜕变，极大地推动了产业的集聚格局。建设"世界工厂"与"世界市场"双重愿景，是影响未来中国区域空间格局的重要因素。谭遂和杨开忠（2003）提出了一种基于自组织理论与新经济地理学相结合的城市与区域空间格局演变模型。在本模型中，城市与区域空间系统的集聚力量除了区位因素外，主要来自于消费者对消费品多样化的偏好和生产企业对中间产品的多样化偏好；而分散力量完全来自于各种行为主体对有限土地的竞争。

考虑到城市区域空间格局的演变源于生产要素的时空作用，西方国家学者对大都市区空间结构演变过程的研究则是和人口、产业的郊区化、中心商务区相联系。郊区增长主要有三种形式：制造业棚户区、工人阶级住区和商业阶层住区（Fox，1985）。对于郊区空间格局的演变，在不同时期其动力机制明显不同："二战"以后，郊区的增长源于大量的中产阶级郊迁，大都市区的郊区人口形成了快速增长的趋势，大都市区人口在空间地域上呈现不平衡增长趋势，郊区的增长快于市区。20世纪60年代以来，不仅居住郊区化，工作机会也逐步向郊区转移，主要的通勤模式从郊区向中心城市、郊区向郊区转移；在郊区化过程中，大都市核心区、近郊区、远郊区形成了明显的空间分异。20世纪80年代以后，大都市核心区扩散中又呈现相对集聚。继卫星城市、外围城市、郊区城市、技术郊区之后，边缘城市又成为美国大都市区外围区域的一种新的城市形态（Wallis，1994）。

作为区域空间的重要组成部分的城市群空间格局及演变机制研究始于20世纪90年代。朱英明（2001）在其《城市群经济空间分析》中指出，城市群空间结构演化的重要动力机制将仍然是集聚与扩散机制，企业或企业集团组织及其行为、知识经济、城市居住空间结构演变越来越影响着城市群空间结构演化。城市群的空间结构演化实质为低水平的均衡状态→极核式集聚发展阶段→扩散均衡发展阶段→高级均衡阶段的发展历程（陈修颖，2005），从外观形态可以概括为多中心孤立城镇膨胀阶段、城市空间定向蔓生阶段、城市间的向心与离心扩展阶段以及城市连绵区内的复合式扩展阶段（张京祥，2000），或城市区域阶段、城市群阶段、城市群组阶段和大都市带阶段等（官卫华，2003）。薛东前（2002）认为，产业聚集和产业结构演变是城市群空间扩展的直接动力，而经济活动是城市群空间扩展的决定因素。叶玉瑶（2002）则认为，城市群空间演化动力主要归功于自然生长力、市场驱动力以及政府调控力，并构建了城市群空间演化动力模型。方创琳（2011）以对国际著名城市群发展经验的分析为借鉴，分析中国城市群形成发育的总体历程与驱动因素，提出中国城市群空间范围的识别标准与"15＋8"的空间结构新格局。

作为城市群空间重要组成部分的城市区域空间格局的形成机制则差异很大。孙胤社（1992）对北京空间格局的研究表明，大都市区空间格局的形成主要由中心城市工业化和农村非农业化两种过程所决定，城市与区域有不可分割的内在联系使其构成有机整体则是城市空间格局形成的基础（万家佩等，1992），城乡联系及其作用方式、强度是城市空间格局形成机制分析的出发点（史育龙等，1997）。姚士谋和陈爽（1998）指出，生产力高速发展是长江三角洲城市空间发展的根本性因素；北京空间格局形成的主要因素是政策因素、工业化和交通因素；上海则体现在生产力发展引起工业布局地域不断向外扩展。阎小培等（2000）认为，信息网络、文化因素等影响了转型时期大都市区域的发展；胡序威、周一星和顾朝林（2000）认为，都市区形成的理论依据在于地域空间组织形式追求规模经济的内在冲动，都市区形成的推动力量是城市与乡村两种异质空间在相邻条件下的相互作用，都市区形成的触发因素是"二战"后技术进步引起的产业空间重组，而基础设施改善引起的空间通达性提高是将上述内在冲动和触发因素转变为客观实在的媒介因素。张京祥等（2001）认为，都市圈的形成是中心城市与周围地区双向流动的结果。徐海贤和顾朝林（2002）通过对温州大都市区的研究认为，宏观政策机制、市场机制等是温州大都市区形成的重要动力源泉。王兴平和崔功豪（2003）认为，高新技术发展带来的新的产业空间的出现、新概念房地产开发带来的郊区住宅区的发展等是促进城市热点空间形成的直接动力。

4. 区域经济空间格局演变评价方法

关于区域经济空间演变的评价方法涉及两个方面：一是识别区域经济空间组织形式的方法，二是评价区域经济空间格局及其演变的方法。在区域经济空间组织形式的识别方面，主要采用定性分析和定量分析相结合的方法。在核心—边缘结构的识别上，樊新生（2005）认为，核心区必须具备以下两个条件：一是人均GDP高于整个区域的均值，其相邻区域人均GDP低于整个区域的均值；二是经济增长与相邻区域的经济增长存在显著的空间负相关性。在多核心—边缘结构的识别方面，一些研究利用一系列复杂的指标（包括要素禀赋、生产和交换的货物性质及核心和边缘之间的互动）来确认区域次核心，但这些指标不易量化，操作起来较为困难（杨帆，2005）。Giuliano 和 Small（1999）利用人口和就业数据，将就业密度的峰值地区确认为次核心。Baumont、Ertur 和 Gallo（2004）利用探索空间数据分析的方法（ESDA），将就业和就业密度这两个指标都超出周边地区的区域作为潜在的核心，然后根据各个潜在核心的经济增长表现区分出核心及非核心地区，余下的潜在核心即为次核心。在其他空间组织形式的识别方面，基本上采用定性描述的方法。

在区域经济空间格局及其演变的评价方面，主要采用三种方法：一是局域型 Moran 指数方法。局域型 Moran 指数比较适合于对经济空间结构进行分析（Anselin，1995）。通过计算局域型 Moran 指数值，推算经济现象具体聚集地的范围（李小建和樊新生，2006）。二是计算 Krugman 分异指数与区位商分析相结合的方法。Krugman（1991）提出了用于测度区域专业化程度和产业地理集中度的分异指数，包括区域专业化程度指数和产业的区域集中程度指数。Traistaru 等（2002）、Erkut 和 Baypinar（2003）运用 Krugman 分异指数计算一些欧洲国家在加入欧洲一体化前后，其国内各区域的专业化程度与主要产业的地理集中度，并结合主要产业的区位商分析，研究这些国家空间分异格局及其变化。三是主成分分析和聚类分析相结合的方法。王冠贤等（2003）根据珠三角内部空间发展的基本概况，以珠三角 28 个县市为地域研究单元，选取 12 个典型指标，通过主成分分析和聚类分析，分别对 1990 年、1995 年和 1999 年珠三角内部空间进行发展类型区划分，通过对 3 个年份珠三角经济区内各类型城市综合得分值和主成分特征值的对比分析，观察到珠三角经济区正由不平衡向平衡、单极核向多极核的方向演变，经济空间呈现极化—均衡的发展态势。陈姗姗等（2006）采用这一方法分析了扬州市乡镇经济空间分异格局。

（三）区域经济空间格局优化研究

1. 区域空间职能分工研究

区域职能分工研究一直是区域经济与区域规划研究的核心问题，良好的区域分工是一个地区获取竞争优势的关键（卢明华、李国平、孙铁山，2003）。区域职能分工是区域经济空间格局优化的重要依据之一。对于区域职能分工中的空间政策问题，宋玉祥和丁四保（2010）认为，中华人民共和国成立以来无论是实施区域均衡发展战略、非均衡发展战略，还是非均衡协调发展战略，都采取了区域倾斜为主的空间政策来进行空间调控。但是，区域倾斜的空间政策存在着效率与公平时空错位、对市场调控机制的损害和区域"一刀切"的弊端。产业倾斜可实现提高效率、区域公平和环境友好三大目标的统一，是我国今后空间政策的发展取向。主体功能区划将推进区域倾斜和产业倾斜的结合，是由区域倾斜为主向产业倾斜为主的过渡，在我国空间政策转换阶段，应更多运用产业倾斜的政策手段。随着区域经济社会的快速发展，中国现行三大地带的划分已难以适应新形势下统筹区域发展的要求。为此，刘勇（2005）在全面介绍了完整的区域经济体系和美国4层次区域经济体系划分的基础上，按照科学发展观以及"五个统筹"的要求，提出了未来中国东北及东部沿海、中部及近西部和远西部新的三大地带，以及东北、京津冀鲁沿海、沪苏浙沿海、粤闽琼沿海、黄河上中游、长江上中游、珠江上中游、内蒙古、新疆和青藏高原十大综合经济区的划分方案。

对于区域内部职能分工问题，李佳洺、孙铁山和李国平（2010）对中国三大都市圈核心城市职能分工的研究表明，围绕核心城市组织的合理的区域分工体系是都市圈功能整合和谐运作、发挥其空间组织优势的关键，而良好的区域分工往往以城市间职能的互补性为基础。京津冀、长三角、珠三角三大都市圈以服务业职能为主的一般化职能开始分化，高端服务业职能逐步由一般化职能转变为专业化职能，并且向都市圈的中心城市集中。工业制造业职能在京津冀和长三角都市圈由一般化职能转变为专业化职能，在珠三角都市圈刚好相反。对于区域分工合理性问题的讨论进而提出区域空间职能分工的政策建议的研究中，李国平和范红忠（2003）认为，我国生产的极化作用不高，人口的极化作用过低。我国地区经济差距的主要原因是生产向东部地区不断集中的同时，人口没有相应地向那里集中，造成核心发达区域生产与人口分布高度失衡。鼓励中西部贫困人口向东部尤其是东部核心区域流动，是解决我国地区经济差距的有效策略。此外，一些研究从国外区域空间职能分工的经验出发，讨论我国的国内区划与国际分工问题（卢明华等，2003）。

2. 区域经济空间格局优化调整研究

区域空间格局是区域发展在空间地域上的投影，通过改善和优化空间结构提高空间效率、促进区域发展，已经成为区域空间格局整合优化的根本目标。区域空间结构的发展状况对区域成长起着重要的影响，空间结构的合理与否，直接影响到区域系统社会经济整体发展水平的提高与协调发展。因此，对区域空间结构进行系统诊断，及时进行优化调控就成为区域空间结构研究的重要内容。甄峰和顾朝林（2000）立足于经济全球化，在对广东省区域空间结构进行系统分析的基础上，提出了以下调控措施：建立科学合理的空间结构等级网络体系；加强重大工业项目和基础设施建设的区域性协调，优化区域产业布局；建立新型的核心—边缘关系，实现全区的持续协调发展；抓住粤港高技术合作新机遇，以现有国家级高新技术产业开发区为依托，构建粤港澳区域创新网络。闫小培和曹小曙（2004）针对20世纪90年代率先开展了以协调与持续发展为主题的珠江三角洲经济区城市群规划，分析了大珠江三角洲的区域空间结构特点及存在问题，提出了充分利用大珠江三角洲的有利因素进行区域空间结构调控的思路和措施。Okamoto 和 Ihara（2005）利用中国地区间投入—产出表，实证分析了中国的空间结构与区域发展，重点讨论了区域经济发展的初始条件、经济发展的其他重要因素、区域空间和结构联系。他们认为，现存的产业集聚、最终需求的空间反弹、区域间溢出和反馈效应等都是区域空间结构优化的内容。蔡人群等（2007）在分析现行省内经济区域划分存在问题的基础上，认为省内区域空间结构调整势在必行，按照"中心城市带动，生态环境协调，突出区域主导功能，河流流域上下游协调，保持县级行政界域完整"五个划分原则，提出广东区域空间结构调整优化、建立省内生态—经济功能区两个设想方案。Duan 和 Zhang（2011）基于中国的城乡空间结构演变发展迅速，二元结构的突出特点成为城乡均衡发展的主要障碍这一事实，提出了中国城乡空间一体化均衡发展的对策：社会经济的健康发展是实现城乡空间一体化的外部环境，城乡协调规划是实现城乡空间一体化的前提条件，履行政府职能是实现城乡空间一体化的关键，促进农业产业化是实现城乡空间一体化的方式，完善社会保障体系是实现城乡空间一体化的基础。贾若祥（2013）在分析优化我国次区域空间格局的有利条件的基础上，提出培育面向东南亚、南亚、中亚和东北亚的大型次区域增长极，建设面向东南亚和南亚的专业化城市网络以及面向中亚和东北亚的节点性城市的专业化城市网络。

区域差异是区域发展中普遍存在的问题，区域空间结构的优化与调整是缩小区域差异、推动区域协调发展的重要手段。为此，管卫华等（2003）以江苏省为例，根据江苏省当前存在的区域差异，以及区域差异在空间上的表现，指出20世纪90年代以来，江苏省交通基础设施的改善为空间结构的调整提供了有利条件。沿江的轴线发展为带状，线形结构向菱形结构转变，以苏南沪宁线为主的沿江"一"字形空间结构将逐步向处于形成中的"Ⅰ""Ⅱ"字形转化。区域空间结构的调整将会推动产业在空间上的转移，缩小区域间的差异，推动区域间的协调发展。舒展（2005）以福建海峡西岸经济区为案例，分析经济相对弱势区域的发展模式，提出福建海峡西岸经济区的发展模式从空间格局来看应该采用"大福建"网络式模式，科学判断区域主导产业，创造"极化效应"；正确处理区际关系，利用强势区域的"扩散效应"。朱传耿和王振波（2006）对新亚欧大陆桥桥头堡区域空间格局分析后提出了桥头堡区域应以科学发展观为指导，建立以中点新沂为核心的多层次双核结构模式，形成第一层主双核结构（徐连双核）、第二级小双核结构（"新郑""新指""新临"小双核），构成十字形空间结构体系，支撑区域经济与社会和谐发展。Banski（2010）对波兰在"二战"后优化空间格局的工作进行了描述：第一项工作始于20世纪40年代末期，将产业的分散化作为其任务，以促进落后地区的发展；第二项工作在20世纪70年代制定，促进适度多中心集中体系，并将国家工业潜力的一部分转移到发达地区中相对落后地区；第三项工作始于20世纪90年代，通过效率优先、兼顾公平的理念，再次集中在平衡的区域发展。

此外，有些学者从不同视角对区域空间格局优化进行了研究。樊杰（2013）在论证主体功能区规划在我国国土空间布局规划体系中的战略性、基础性和约束性地位的基础上，从"1、2、3、4"战略任务入手论述了优化国土空间开发格局的主要方面："1"是建设一个美好家园，"2"是促进陆地与海洋两大国土空间的统筹发展，"3"是构建我国国土空间的城市化、农业和生态安全三大战略格局，"4"是形成我国优化、重点、限制和禁止开发四类主体功能区域。梁中（2002）以区域可达性为切入点，以时空演变为基础，运用投资优化的方法，探讨了江西省基于可达性的区域空间结构优化问题。胡彬（2006）基于区域板块理论的视角提出，为促使长江流域区域的板块融合，应结合不同层次城市区域的空间结构特征和重组驱动力，制定与技术变革和全球化现实背景相适应的、以产业空间与城市空间相协同为目标、以区域治理体制为保障的空间结构政策。张占录（2011）基于不同规模的城市用地效率的差异性，通过对中国660余个不同规模城市用地效率的分析，并在总结和分析了传统城市区域空间结构基本理论和模型的基础上，提出基于城市用地效率分析的城市区域空间结构优化的极化模型。焦世泰和王世金（2011）基于分形理论中的聚集维数、网格维数和关联维数模型，对兰州—白银城市区域空间结构进行了定量分析，提出为了促进兰州—白银城市区域空间结构的良性发展，必须从点、线、面三个层面进行优化。陈红霞等

（2011）从点、线、网络和域面四个基本空间要素入手，综合考虑京津冀区域人口、经济、城镇和交通体系发展的现状与未来的地区发展定位，明确指出"三轴、四区、多中心、网络化"是京津冀区域的空间优化整合发展的可行方向。

3. 异质性产业空间选择与经济空间重构

经济集聚不仅是促进经济增长的重要动力，也同样改变了地区要素禀赋结构。对集聚的这种认知经历了由外生到内生、由宏观到微观的过程。新古典经济学框架下，马歇尔首次从劳动力池效应、中间投入和基础设施共享，以及知识溢出等方面阐述了集聚对经济增长的贡献。然而，这种阐述过于强调其外生性，忽视了内部性对要素流动的影响。与之相对应，新经济地理学则将集聚效应内生化，认为集聚的产生、发展和消解，与生产活动和生产要素的空间分布相互影响、互为因果（Krugman，1979）。近年来，异质性理论与新经济地理框架相结合，有关经济集聚方面的实证研究更进一步趋于微观（Melitz and Ottaviano，2008；Ottaviano，2011）。异质性理论认为，经济的集聚是异质性个体生产和消费的区位选择引起的结果，这种异质性个体的区位选择更造成了地区间要素质量、生产率和产业结构的巨大差异（孙晓芳，2013；李晓萍等，2015；张鑫等，2016）。

上述理论为中国学者研究区域经济发展、产业结构改革和经济增长提供了有有力的分析框架。随着近年来外需引擎减弱，国内经济增长条件发生了显著变化，以往隐藏在经济空间中的结构性矛盾逐渐激化。东部沿海地区人口和资本等要素不断集聚，经济占比越来越大；然而劳动和土地价格逐渐攀升、产业结构相对落后又制约着东部地区发展。针对这些问题，越来越多的学者开始从新经济地理的"市场拥挤效应"出发，研究最优集聚规模和集聚的"负外部性"（沈能等，2014；周圣强和朱卫平，2013），或转而从生产要素约束角度出发，研究经济空间转变和产业结构调整。例如，许多学者关注土地和房产等不可流动的要素价格的提升对本地产业结构和经济发展的制约（范剑勇和邵挺，2011；陆铭等，2015；邵朝对等，2016；高波等，2012），或考察人力资源结构的变化对大尺度范围产业转移（蔡昉等，2009；刘新争，2012）；也有学者研究经济集聚与资源环境的关系，认为工业的过度集聚将超出本地区资源环境的承载能力，带来负效应，阻碍地区经济增长（朱英明等，2012）。

以上研究为优化中国的经济空间格局提供了有益的参考。但无论是"市场拥挤效应"还是集聚的"负外部性"，均没有很好地解释为什么大城市中有些制造产业能够蓬勃发展，而另外一些产业却逐渐衰落这一现象。且中国经济结构性调整所面临的挑战，不仅仅是重构经济空间，更重要的是通过进一步优化资源配置，提高经济效益，升级产业结构，转变经济增长动力。在此意义上，本章认为以往有关经济空间和集聚的研究局限于对经济规模的探讨，而忽视了产业异质性和要素禀赋结构对可持续增长的意义。以往理论中，集聚的向心力、分散力大小，以及经济空间是否由集聚走向分散均取决于市场规模。这决定了在该框架下，整个经济在短期内增长，而长期内将处于停滞。在现实中，技术进步带动产业升级，使得生产可能性边界向外拓展。由此，集聚的内生动力发生变化，经济实现长期增长，而要素结构的改变则是影响生产技术进步的驱动力。应注意到，有关异质性企业的理论和实证研究表明，异质性企业和要素的区位选择是造成地区间生产率、产业结构和要素质量差异的重要原因。这不仅在微观层面揭示了经济集聚如何改变一个地区的产业和要素禀赋结构，而且说明产业结构需要与其要素禀赋相适应的事实。遗憾的是，相关研究大多止步于对生产率和企业空间分布的讨论，未能进一步从宏观层面观察要素结构与产业结构之间的互动关系。且国内研究描述的"腾笼换鸟"式的产业转移，往往忽略了一个地方具体的产业环境、要素禀赋和微观生产个体的异质性，是一种"政府指导式"的思维。这种产业转移是否适合地区经济健康发展尚存疑问，且有可能导致原有要素禀赋优势无法得到进一步升级。

事实上，经济结构和经济增长与要素禀赋结构相匹配的思想，在各类宏观经济理论中均有坚实的理论基础。按照增长理论的观点，经济的发展即人均产量的增长，是由要素禀赋相对丰裕的改变引发的。随着人均资本量的提高，整个社会的生产方式则由最初的劳动密集型，转变为资本密集型和技术密集型（Solow，1956）。当考虑到多个地区的开放经济体时，地区间要素禀赋的优势成为影响各地区最优产业结构的重要因素——在大卫·李嘉图的"比较优势理论"，赫克歇尔—俄林理论（H－O理论），以及后来的新贸易理论中，这种思想被反复论述。林毅夫（2010）分析了众多发展中国家经济成长中的经验，更提出了经济结构内生决定于要素禀赋结构的观点，认为一个地区经济结构的提升是从低收入到高收入、从农业经济到工业化经济的连续过程。结合中国当前的现实，也有学者从要素禀赋约束的视角研究中国的产业结构升级，发展动力转换和供给侧改革等问题（范志勇和赵晓男，2014；韩峰等，2013；刘修岩等，2011；苏杭等，2017）。然而，以上研究多局限于观点描述、宏观分析，忽略了地区差异。若要从微观的生产环节去分析研究经济结构的变化，集聚问题也是必须要考虑的必要条件。

第 II 篇

区域经济发展新旧动能转换：
问题分析

第二章 资源环境约束、认知行为偏差与产业集群发展困境

本章在新古典经济学和行为经济学的框架下，对资源环境约束与认知行为偏差对产业集群发展困境的影响机制进行分析；利用结构方程模型（SEM），对资源环境约束与认知行为偏差对产业集群发展困境的影响程度进行实证研究。研究表明：①与资源环境约束相比（总效果为0.410），企业自身存在的认知行为偏差（总效果为1.235）是导致产业集群发展困境更为重要的原因。与企业自身存在的认知偏差（总效果为0.406）相比，企业自身存在的行为偏差（总效果为0.829）是引致产业集群发展困境更为重要的因素。②在认知偏差对产业集群发展困境的影响机制中，资源环境约束是一个重要的中介变量（直接效果0.190 < 间接效果0.216），这一中介变量对产业集群发展困境的影响不容忽视。在行为偏差对产业集群发展困境的影响机制中，资源环境约束不是一个重要的中介变量（直接效果0.753 > 间接效果0.076），这一中介变量对产业集群发展困境的影响可以忽视。③在所有观察变量对潜在变量的解释中，"羊群行为"对行为偏差的影响最大（载荷系数为0.920），影响程度依次降低的顺序是：确认偏差对认知偏差的影响（载荷系数为0.89）、土地资源约束对资源环境约束的影响（载荷系数为0.823）、创新困境对集群发展困境的影响（载荷系数为0.780）、水资源约束对资源环境约束的影响（载荷系数为0.747）。在此基础上，本章提出破解区域产业集群发展困境的优先方向、路径选择和关键对策。*

一、引 言

在产业集群过程中，各地区在获取各种形式的集聚经济的同时，也产生了各

---

* 本章部分内容借鉴了朱英明和张鑫：《认知偏差、行为偏差与产业集群困境》，《沿海发展研究》，2017年第1期。

种形式的集聚不经济，由此导致某一产业及其相关支撑产业或不同类型的产业在特定地域范围地理集中过程中净集聚经济利益的非最大化，从而影响地区产业集群的可持续发展能力。一旦这种集聚不经济占据强势，地区产业集群便不可避免地陷入较为困难的发展处境之中，区域产业集群发展困境问题由此产生（朱英明，2011）。综观我国各地区的产业集群现象，我们会发现不同类型的产业集群发展困境，如逐底竞争和集群转移困境（王缉慈和张晔，2008）、产业集群边缘化困境（吴月越，2007）、产业集群创新困境（朱明礼等，2006；田中伟，2006）、产业集群技术创新困境（胡大立和张伟，2007；魏剑锋，2008）、产业集群升级困境（刘东和张杰，2006；张杰和刘志彪，2007；陈捷，2008）、产业集群的无序性困境（王缉慈和张晔，2008；朱英明，2011）、产业集群的掠夺性困境（冯薇，2006；朱英明，2011）、产业集群的盲目性困境（朱英明，2011）等。尽管产业集群发展困境的表现形式不同，但其共同特征在于阻碍了产业集群的可持续发展。

传统的产业集群理论认为，区域资源环境的承载能力决定了产业集群的发展规模，区域资源环境状况对产业集群发展产生重要影响，资源环境约束是区域产业集群发展困境的主因。但是，企业集群区位决策过程存在的各种认知偏差和企业空间集群过程中的行为偏差是否也是产业集群发展困境产生的重要因素？企业的认知偏差和行为偏差是否通过资源环境约束的中介效应，导致产业集群发展困境越陷越深？为此，本章在新古典经济学和行为经济学的框架下，对产业集群发展困境问题进行深入研究。本章余下的结构安排如下：第二部分是资源环境约束与认知行为偏差对产业集群发展困境的影响机制分析，第三部分是实证结果与分析，第四部分是结论与对策建议。

二、资源环境约束与认知行为偏差对产业集群发展困境的影响机制分析

（一）资源环境约束对产业集群发展困境的影响机制分析

大量相同或不同产业的企业在特定区位的空间集群，在促进区域经济增长的

同时，必然扩大对自然资源的需求，加大自然资源消耗数量。与此同时，产业空间集群现象也导致区域污染物排放总量增加，加剧环境损害程度。自然资源与生态环境是产业集群形成的基础因素和基本条件。由于区域自然资源数量有限，生态环境承载力有度，所以从产业集群可持续发展的角度来看，加大自然资源消耗和加剧环境损害的粗放式产业集群模式是不可持续的，这种粗放式产业集群模式必然导致产业集群发展困境。作为世界上最大的发展中国家，在快速工业化和城市化的背景下，我国产业集群的资源消耗和环境损害问题更加凸显，资源环境约束已经成为产业集群发展困境最重要的影响因素之一。为此，本章基于新古典经济增长理论，分析资源环境约束对产业集群发展困境的影响机制。

Romer（2001）基于新古典经济学理论，提出了一个资源约束下的经济增长模型。在该模型中，他考虑了资源和土地对经济增长的限制，生产函数为：

$$Y(t) = K(t)^{\alpha} R(t)^{\beta} T(t)^{\phi} [A(t)L(t)]^{1-\alpha-\beta-\varphi} \quad \alpha > 0, \ \beta > 0, \ \gamma > 0, \ \alpha + \beta + \phi < 1 \tag{2-1}$$

其中，Y、K、L、A 分别表示产出、资本、劳动、"知识"或"劳动的有效性"，R 表示生产中可利用的资源，T 表示土地数量，α 是资本生产弹性，β 是资源生产弹性，ϕ 是土地生产弹性，A 与 L 以乘积的形式引入，AL 表示有效劳动。资本、劳动与劳动有效性的动态性等同于经典的索洛模型，即 $\dot{K}(t) = sY(t) - \delta K(t)$、$\dot{L}(t) = nL(t)$、$\dot{A}(t) = gA(t)$。其中，$s$ 为储蓄率，δ 为资本的折旧率，n 和 g 分别为劳动和技术进步的增长率。

在借鉴 Romer（2001）关于资源约束经济增长模型的基础上，首先，本章增加产业集群生产过程中资源消耗所产生的污染物，将其视为产业集群生产中资源消耗产生的副产品，对产业集群的产出产生负效应；其次，本章放宽原模型中经济规模报酬不变的假设，因为在产业集群生产过程中的规模报酬不变的假设将导致要素实际贡献额的估计有偏；最后，假设产业集群中 $0 < \alpha < 1$，则式（2-1）变为：

$$Y(t) = K(t)^{\alpha} R(t)^{\beta} P(t)^{-\varepsilon} [A(t)L(t)]^{\gamma} \tag{2-2}$$

其中，γ 为有效劳动的生产弹性；P 为产业集群资源消耗所产生的污染物的数量；$\varepsilon > 0$，$-\varepsilon$ 为污染物的生产弹性，负号表示对产出具有负效应。并假设污染物流量方程为（吴桥生和程金华，2009；刘耀彬和杨新梅，2011）：

$$P(t) = \mu R(t)^{\lambda} \quad \mu, \ \lambda > 0 \tag{2-3}$$

其中，λ 是资源消耗对环境污染的产出弹性系数。将式（2-3）代入式

（2-2），得到：

$$Y(t) = \mu^\lambda K(t)^\alpha R(t)^{\beta-\varepsilon\lambda}[A(t)L(t)]^\gamma \tag{2-4}$$

假设产业集群生产过程中资源对总产出的贡献要大于其生产过程中增加污染物产生的负面影响，即

$$\beta > \varepsilon\lambda \tag{2-5}$$

考虑到我国产业集群发展过程中，稀缺程度最高、依存程度最高和使用程度最为普遍的自然资源当属水资源与土地资源，因而本章中的资源投入主要是指水土资源投入。作为临界性资源的水土资源，随着产业集群的不断发展，对水土资源的需求也在迅速增长。虽然中国水土资源总量比较丰富，但水土资源的地区分布不均衡，地区水土资源的实际供给量较低，地区水土资源人均占有量更低（朱英明等，2012）。因而，在产业集群发展过程中，水土资源的增长率必然是下降的。为此，本章假设：

$$\dot{R}(t) = -rR(t), \ r > 0 \tag{2-6}$$

根据式（2-3）和式（2-6），得到产业集群生产过程中资源消耗所产生的污染物排放的增长率方程：

$$\dot{P}(t) = -r\lambda P(t) \tag{2-7}$$

对式（2-4）两边取对数，可以得到：

$$\ln Y(t) = \lambda\ln\mu + \alpha\ln K(t) + (\beta-\varepsilon\lambda)R(t) + \gamma[\ln A(t) + \ln L(t)] \tag{2-8}$$

式（2-8）两边对时间求导，可以得到各变量的增长率关系：

$$g_Y(t) = \alpha g_K(t) + (\beta-\varepsilon\lambda)g_R(t) + \gamma[g_A(t) + g_L(t)] \tag{2-9}$$

式（2-9）中 $g_X(t)$ 表示 X 的增长率。考虑到 A、L 和 R 的增长率分别为 g、n 和 $-r$，则式（2-9）变为：

$$g_Y(t) = \alpha g_K(t) - (\beta-\varepsilon\lambda)r + \gamma(g+n) \tag{2-10}$$

在平衡增长路径上，$g_Y(t)$ 与 $g_K(t)$ 相等，则：

$$g_Y^{bgp} = \frac{\gamma(g+n) - (\beta-\varepsilon\lambda)r}{1-\alpha} \tag{2-11}$$

产业集群中单位劳动力平均产出增长率为：

$$g_{Y/L}^{bgp} = g_Y^{bgp} - g_L^{bgp} = \frac{\gamma(g+n) - (\beta-\varepsilon\lambda)r}{1-\alpha} - n = \frac{\gamma(g+n) - (\beta-\varepsilon\lambda)r - n + n\alpha}{1-\alpha} \tag{2-12}$$

式（2-12）表明，对于单位劳动力平均产出的增长率来说，在平衡增长路径上，技术进步仍将是提高产业集群经济增长率的重要因素，其对人均产出增长

率的贡献为 $\dfrac{g\gamma}{1-\alpha}$，理论上有可能在保证资源环境可持续利用的条件下，实现产业集群的可持续增长，从而缓解产业集群发展困境。在这种情况下，劳动力的作用就变得比较复杂了，其对人均产出增长率的贡献为 $\dfrac{(\gamma+\alpha-1)\,n}{1-\alpha}$，可能为正也可能为负。在平衡增长路径上，产业集群单位劳动力平均产出的增长率或者为正，或者为负，其为负的经济含义是，资源环境约束会引起产业集群单位劳动力平均产出最终下降，产业集群发展困境由此产生。

在单位劳动力平均可利用的资源数量不变的情况下〔由式（2－3）可知，单位劳动力平均可利用的资源数量污染物数量也不变〕，资源的增长率不再是 $-r$，而是 n（资源利用产生的污染物的增长率不再是 $-r\lambda$，而是 $n\lambda$）。在这种情况下，不存在资源环境约束，这正是产业集群可持续发展所要求的。由式（2－12）可以得到，资源环境不受约束下产业集群平衡增长路径上单位劳动力平均产出的增长率为：

$$\hat{g}_{Y/L}^{bgp} = \frac{\gamma(g+n)+(\beta-\varepsilon\lambda)n-n+n\alpha}{1-\alpha} \qquad (2-13)$$

正是由于资源环境约束，产业集群产生了不可持续的发展困境。对于这种发展困境，我们可以利用资源环境不受约束与受到约束情况下产业集群平衡增长路径上单位劳动力平均产出的增长率之差，即所谓的"增长尾效"（Romer，2001；沈坤荣和李影，2010；谢淑玲等，2005）来表征。因此，资源环境约束下的产业集群发展困境为：

$$Cluster_{dilemma} = \hat{g}_{Y/L}^{bgp} - g_{Y/L}^{bgp} = \frac{(\beta-\varepsilon\lambda)(r+n)}{1-\alpha} \qquad (2-14)$$

由式（2－14）可知，资源环境约束下产业集群发展困境随着资源的生产弹性 β、资源投入增长率的绝对值 r、劳动力增长率 n、资本的生产弹性 α 的增加而递增，随着污染物的生产弹性绝对值 ε 与资源消耗对环境污染的产出弹性系数 λ 的乘积的增加而递减。

由式（2－5）可知，$\beta>\varepsilon\lambda$，因而 $(\beta-\varepsilon\lambda)>0$。由式（2－6）和式（2－7）可知，资源约束投入增长率与资源消耗所产生的污染物增长率间存在着正向关系。所以在式（2－14）中，在其他参数值给定的情况下，产业集群资源投入增长率越低即 r 值越大（产业集群资源消耗所产生的污染物排放量增长率也越低即 $r\lambda$ 越大），资源约束加强（环境约束减弱）对产业集群经济增长的阻碍就越大，产业集群发展困境就越大。除了产业集群内部的资源消耗引致的环境约束外，如果产业集群遭受外部环境冲击时（如太湖流域蓝藻事件的冲击），环境约束将得到强化，那么资源约束加强与环境约束加强双重叠加作用的结果将引致产业集群更大的发展困境。

由式（2－14）得到：

$$\frac{\partial \left(Cluster_{dilemma} \right)}{\partial \beta} = \frac{r + n}{1 - \alpha} > 0 \tag{2－15}$$

$$\frac{\partial \left(Cluster_{dilemma} \right)}{\partial \left(-\varepsilon \right)} = \frac{\lambda \left(r + n \right)}{1 - \alpha} > 0 \tag{2－16}$$

从式（2－15）可以看出，资源的生产弹性越大，产业集群发展困境就越大。β 的大小体现出产业集群生产中资源尤其是水土资源的重要性，这是产业集群发展过程中资源稀缺的结果。在产业集群发展过程中，通过进一步发挥知识或有效劳动的优势（溢出效应），相对提高 γ 的生产弹性，从而降低资源的生产弹性，有利于降低产业集群发展困境。式（2－16）表明，产业集群资源消耗所产生的污染物的生产负效应越明显，产业集群发展困境就越大。这一结果也表明，通过对产业集群的自然资本进行投资，进而培育自然资本，可以降低资源消耗所产生的污染物的生产弹性，从而降低产业集群发展困境[①]。由此得到命题 P1：

P1：资源环境约束将导致产业集群发展困境，资源环境约束对产业集群发展困境具有正向影响。

（二）认知行为偏差对产业集群发展困境的影响机制分析

上述从宏观层面分析了资源环境约束对区域产业集群发展困境形成的作用机制，在上述分析中，实际上隐含着一个重要的假设条件，即在产业集群发展过程中，企业区位选择的认知行为是完全理性的，也就是说，不同的企业拥有相同的

---

① 最早提出自然资本概念的是 Pearce（1988），他认为，如果自然环境被当作一种自然资产存量服务于经济函数，可持续发展政策目标就可能具有可操作性。自然资本是指一国现存自然资源和环境的经济价值。和其他资本一样，自然资本也能提供商品和服务，其存量通过可再生资源的自然增长和人类的投资活动而增加（刘伟和魏杰，2005）。自然资本构成了人类经济活动的基础，自然与资本没有清晰的边界。所谓"自然资本培育"，既不是纯粹的自然生产，也不是独立的人类生产。自然资本的含义显示了自然和资本联系的多元属性，表达了自然过程的经济学视角（成金华，2005）。相对于非产业集群地区而言，产业集群地区由于大量企业在特定区位的空间集聚导致其面临更大的资源环境约束，因此，投资于自然资本和自然资本培育，能够促进产业集群的可持续发展，减轻产业集群的发展困境。

知识和完备的信息集，企业区位选择的认知行为是无差异的。但是，通过对我国产业集群的考察发现，企业的区位选择认知行为表现与上述理论假设有着极大的差异，企业在集群区位决策过程存在各种认知偏差，企业的认知偏差会导致企业集群区位选择上出现各种行为偏差。这种非理性的认知行为偏差之所以会发生，在很大程度上是由于企业决策者的主观期望值会随着内外部环境的变化而变化，在决策过程中决策者会不断降低自己的期望值，但始终存在着让期望值最大化的努力倾向。企业为实现期望值最大化的认知行为努力，反映其追求期望值最大化的实际心理和行为过程，这一过程可以界定为"认知行为最大化"①。支配这种认知行为的内在原因，是为了通过这种认知行为获得比理性认知行为更高的效用值。换言之，非理性的认知行为偏差是行为主体的一种支出，体现为资源的不合理利用或交易成本的增加，这种支出的目的和消费商品一样，是为了获得效用。从这种意义上来说，如同资源环境约束那样，企业的认知行为偏差也能改变资源环境约束状况，对产业集群发展困境产生重要影响。当然，其影响不局限于此。为此，本章借鉴行为经济学的有关研究成果，从微观层面进一步考察企业的认知偏差与行为偏差对产业集群发展困境的影响机制。

1. 认知偏差对产业集群发展困境的影响机制

企业的认知偏差是企业认识和处理各种信息过程中产生的集群行为与客观实际不一致的认知心理现象。企业在"感知信息→处理信息→产生决策→采取行动"的整个集群认知链条中，存在各种类型的认知偏差。企业的认知偏差是产业集群发展过程中企业普遍存在的认知心理现象，具有客观存在性。为此，本章就我国企业在集群区位决策过程中普遍存在的确认偏差、框定偏差和时间偏好偏差三类认知偏差及其对产业集群发展困境的影响机制作简要分析。

企业的确认偏差是指企业在集群区位决策过程中一旦形成一个信念较强的假设或设想，就会有意识地寻找有利于证实自身信念的各种证据，不再关注那些否定该设想的证据，并人为地扭曲新的信息。由于确认偏差的存在，当企业空间集群形成一种"集群企业获得超常规发展并获得更多的利益"的信念时，企业往往对有利于产业集群发展的信息或证据特别敏感与易于接受，能够成为产业集群成员的要求非常强烈，其结果是大量企业进入集群中，加剧产业集群的资源环境

---

① 何大安（2006）在其《选择行为的理性与非理性融合》中提出了"决策行为转化和行为最大化"的观点，他用这种观点来解释金融市场中的投资行为。在本文中，作者借鉴他的观点，但作者不是应用于金融市场，而是应用于产业集群中。

约束；相反，当产业集群开始出现各种发展问题时，企业又往往只看到不利于产业集群发展的信息或外部冲击，尽快迁移出产业集群的愿望非常强烈，其结果可能是大量企业退出产业集群，产业集群发展的资源环境约束暂时得到减轻。这时，地方政府有可能出台支持产业集群发展的资源环境政策，大量企业再次迁入集群中，产业集群发展的资源环境约束再次得到加强。企业的确认偏差有可能造成产业集群资源环境约束的周期性变化，不仅通过加剧资源约束间接引致产业集群发展困境，而且通过破坏产业集群发展的社会资本、企业家精神和区域文化等非正式制度安排直接引致产业集群发展困境。

当企业通过不是透明的框定来看待产业集群发展问题时，它的判断与决策在很大程度上取决于产业集群发展问题所表现出来的特殊框定，这就是企业的框定依赖。由企业的框定依赖导致的认知与判断的偏差即为企业的框定偏差。这类偏差表明，企业对于产业集群发展的判断与决策依赖于所面临的决策问题的形式，而不是决策问题的本质，从而导致企业作出不同的发展决策。例如，在我国资源驱动型产业集群中，较多企业最初作出入驻产业集群的决定时，更多地考虑先行企业集群过程中得到的集聚经济利益，并未考虑空间集群过程中可能出现的集聚不经济（负外部性）问题，进而片面地认为入驻产业集群对企业是百利无一害的，由此导致大量企业入驻产业集群，其结果是不仅通过加剧资源约束间接引致产业集群发展困境，而且可能直接引致集群企业间的无序竞争困境。

在我国产业集群发展的过程中，部分企业的集群整体利益意识淡薄，往往倾向于推迟执行那些需要立即投入但报酬滞后的集群发展行动方案，而马上执行那些能立即带来报酬但投入滞后的集群发展行动方案。如果集群企业需要在近期与远期之间做出集群发展的行动方案选择，即使知道拖到远期去做比近期做需要付出更多的努力，企业可能仍然以企业利益高于集群利益的态度要将此行动方案拖到远期，这就是企业的时间偏好偏差。例如，在我国的自发成长型产业集群中，由于产业结构老化、产品过时、技术落后、体制陈旧等原因，产业集群也存在老化、衰退甚至灭亡的风险。尽管产业集群所在地区的地方政府对于集群转型升级给予了较大力度的政策支持，但是由于集群企业存在的时间偏好偏差，集群企业转型升级步伐缓慢、成效甚微，这在一定程度上导致了产业集群升级困境和技术创新困境。

2. 行为偏差对产业集群发展困境的影响机制

企业的认知活动产生于外部刺激和内部心理需求，是企业空间集群行为的基础与导向。在产业集群发展过程中，企业在集群区位决策过程中存在的各种认知偏差，会导致企业在集群区位选择和决策上出现各种行为偏差。为此，本章就我国企业在空间集群过程中较为普遍的羊群行为、政策依赖性偏差和噪声集群偏差三类行为偏差及其对产业集群发展困境的影响机制作如下分析。

在区域产业集群过程中，在需求方（产业集群地）向供给方（集群企业）提供的信息不完全以及企业对信息加工和处理的准确程度不高的情况下，众多企业的集群行为就不可能是完全理性的，将在更大程度上取决于其他企业的集群行为，凯恩斯及其后来人称这种行为为"羊群行为"（连远强，2005）。对于处于生命周期早期阶段的产业集群而言，伴随着行业中的龙头企业选择进入某一产业集群，很快就会有相同行业的大批企业模仿跟进，这种羊群行为除了加剧产业集群的资源环境约束从而加剧产业集群发展困境外，将可能直接导致集群企业间恶性竞争困境。对于处于生命周期中后期阶段的产业集群而言，如果产业集群出现不利于集群企业经营的环境因素，行业的龙头企业可能选择迁出产业集群，羊群行为可能引起相同行业的其他企业或者与之配套的大量企业纷纷选择迁出，这将导致集群企业的转移困境甚至整个集群转移困境。

一般而言，地方政府在产业集群发展上的驱动意识和宏观调控意识，对企业的集群行为有很强的导向作用。与发达国家企业集群行为不同，我国的企业集群行为受区域优惠政策的影响较严重，企业集群的区位选择倾向于优惠政策出台的区域，企业的集群行为在政策反应上存在"政策依赖性偏差"，其结果如下：一方面，企业的政策依赖性偏差将加剧优惠政策出台多的区域的资源环境约束，进而直接加剧产业集群发展困境；另一方面，企业的政策依赖性偏差将削弱优惠政策出台少的区域的产业集群竞争力，直接导致这些区域产业集群被边缘化的困境和集群转移困境。

产业集群中的某些企业为了追求自身利益，把注意力集中到那些与产业集群整体发展无关，但可能影响产业集群发展的"噪声"（跑关系、跑项目、跑补助等）上，产业集群过程中的这种行为称为噪声集群偏差。在同一产业的不同企业构成的产业集群中，由于企业间的产品同质化现象严重，所以企业间的竞争异常激烈。为了在产业集群中得以生存与发展，甚至为了获取更大的经济利益，企业不是在工艺创新和产品创新上下功夫，而是通过"关系网络"获取企业发展的各种资源。由于这种获取资源的收益远远大于成本，所以噪声集群偏差会造成产业集群成员间关系的扭曲，使其他企业在产业集群发展上无所作为，良好的集群发展环境被破坏，引致产业集群的升级困境、创新困境或被边缘化困境。

综上所述，由于企业自身存在的认知偏差和行为偏差，一方面，通过改变资源环境约束下的产业集群发展困境方程（2-14）中的有关参数，尤其是资源环境投入增长率，间接引致产业集群发展困境；另一方面，通过企业自身存在的各种类型的认知偏差和行为偏差，直接导致多种产业集群发展困境。企业自身存在的认知偏差与行为偏差对产业集群发展困境的影响是上述两个方面综合作用的结果，不仅取决于不同类型的认知偏差和行为偏差的影响力度，而且深受资源环境约束这一中介因素的中介效应大小的影响。由此得到命题 P2、P3 和 P4：

P2：认知偏差将导致产业集群的资源环境约束，认知偏差对产业集群资源环境约束具有正向影响（H2.1）；行为偏差将导致产业集群的资源环境约束，行为偏差对产业集群资源环境约束具有正向影响（H2.2）。

P3：认知偏差将导致产业集群发展困境，认知偏差对产业集群发展困境具有正向影响（H3.1）；行为偏差将导致产业集群发展困境，行为偏差对产业集群发展困境具有正向影响（H3.2）。

P4：认知偏差通过产业集群资源环境约束这一中介变量间接导致产业集群发展困境，在认知偏差对产业集群发展困境的影响中，资源环境约束这一中介变量具有较大的影响力（P4.1）；行为偏差通过产业集群资源环境约束这一中介变量间接导致产业集群发展困境，在行为偏差对产业集群发展困境的影响中，资源环境约束这一中介变量具有较大的影响力（P4.2）。

三、资源环境约束与认知行为偏差对产业集群发展困境影响的实证分析

（一）数据采集与理论模型构建

作者于 2012 年 7 月上旬对江苏省经信委（中小企业局）认定的部分特色产业集群进行了问卷调查。江苏特色产业集群是依托相关产业集聚区，具有一定产业规模和企业集聚，已建成较为完善的公共服务平台，具有较高知名度和特色的产业集群。江苏特色产业集群的认定始于 2009 年，目前已经认定了三批共 69 个

特色产业集群。这些特色产业集群的共同特征如下：第一，产业集聚度高。具有较强的产业优势和竞争力，有较强的产业配套能力，产出规模 50 亿元以上或国内市场占有率 30% 以上，有一批具有较高声誉的行业龙头企业。第二，产业成长性好。产业符合国家产业政策发展方向，产业集群近三年的年平均发展速度达到 15% 以上，具有广阔的市场空间和发展潜力。第三，产业创新能力强。集群内企业重视科技进步与技术创新，研发投入占营业收入的比重不低于 2%。优先吸纳高新技术企业、科技型企业入驻，创建名牌产品，打造区域品牌，拥有五个省级以上名牌产品、驰（著）名商标。第四，公共服务完善。按照产业发展内在需要建立并逐步完善各类公共服务平台，初步具备研发设计、检验检测、业务培训、信息咨询、知识产权保护、融资担保、产品展销、物流服务等功能。其中，有一家是省级以上公共服务平台。第五，发展环境优良。当地政府已出台促进产业集群发展资金、税收、用地等方面的鼓励政策，充分发挥产业政策和行业规划的导向作用，指导和扶持产业集群发展。第六，带动力强。产业集群成为当地经济的主要增长点，为地区社会事业发展提供强大的经济支持，促进地方充分就业，促进社会和谐，对周边地区产业集聚发展有一定的示范和带动作用①。具有这些特征的特色产业集群是否也存在发展困境？如果特色产业集群存在明显的发展困境，那么那些非特色产业集群势必存在更大的发展困境。为了破解江苏面广量多的产业集群的发展困境，尽快为政府决策部门提供决策依据，我们选择部分特色产业集群作为案例，试图更好地揭示我国经济发达地区产业集群是否存在发展困境、存在哪些困境、困境产生的原因是什么。为了使选择的特色产业集群具有地区代表性，本章选择苏南、苏北和苏中地区的特色产业集群（见表 2 - 1）。问卷调查内容是有关企业在集群过程中的资源环境约束、认知偏差、行为偏差、集群发展困境等相关情况。

本章的数据全部来自于产业集群的问卷调查，要测量的是影响产业集群发展困境的各潜在变量之间的结构关系，因此本章选择结构方程模型（SEM）方法。SEM 属于比较常用的综合性统计分析技术和模型方法。该方法允许同时处理多个因变量，能够测量分析潜在变量，可以同时估计因子结构和因子关系，并能比较和评价不同的理论模型。计量经济学中的联立方程模型虽然也使用联立方程组，但是类似于多元回归，只能处理有观察值的变量，还要假定其观察值不存在测量

---

① 江苏特色产业集群的这些特征源于《江苏省特色产业集群认定办法（试行）》（苏中小合作〔2011〕119 号）中第二章第四条的申报条件。

误差。然而，许多变量不能直接测量，即使可以找到一些观察变量作为这些潜在变量的"标识"，但这些潜在变量的观察标识总是包含了大量的测量误差。传统的因子分析允许对潜在变量设立多元标识，也可以处理测量误差，但它不能分析因子之间的关系。只有结构方程模型，既可以分析潜在变量之间的结构关系，又能够处理测量误差。所以，对本章所要研究的问题而言，SEM 无疑是非常合适的技术手段（王冀宁、赵顺龙，2007）。

表 2 - 1　江苏特色产业集群问卷调查样本分布情况

地区分布		样本企业数量（家）	所占样本比例（%）
苏南地区	常州强化木地板产业集群	48	29.63
	常州轨道交通产业集群	29	17.90
苏北地区	盐城市建湖县石油装备产业集群	29	17.90
	盐城市建湖县节能电光源产业集群	30	18.52
苏中地区	扬州市宝应县输变电装备产业集群	26	16.05
合计		162	100

在前述资源环境约束、认知行为偏差对产业集群发展困境的影响机制分析的基础上，根据结构模型的构建原理，本章将认知偏差和行为偏差设定为外生潜在变量，将资源环境约束和集群发展困境设为内生潜在变量，构建反映潜在变量之间关系的结构模型；根据样本特色产业集群在资源环境约束、认知偏差、行为偏差和集群发展困境方面的特征表现，构建反映确定的潜在变量与选择的观察变量之间的关系的测量模型。在结构模型和测量模型的基础上，构建本章研究的理论模型（见图 2 - 1）。

（二）描述性统计与实证结果

以往的研究认为，资源环境约束是区域产业集群发展困境的主因。但是，企业集群区位决策过程存在的各种认知偏差和企业空间集群过程中的行为偏差是否也是产业集群发展困境产生的重要因素？企业的认知偏差和行为偏差是否通过资源环境约束的中介效应，导致产业集群发展困境越陷越深？为此，本部分首先对样本数据进行描述性统计分析，其次对结构方程模型进行估计，最后给出实证分析结果。

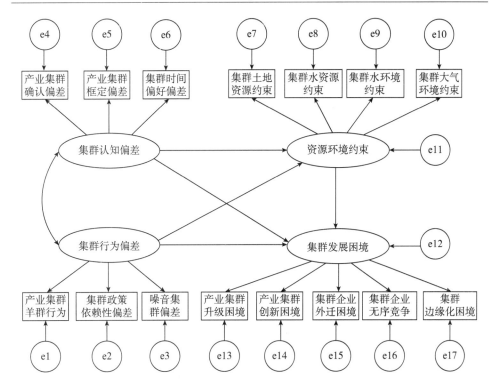

图 2 - 1　产业集群发展困境结构方程模型

当建立结构方程模型所使用的数据是由直接调查得到的结果时，调查数据是否能说明调查的结论，需要对数据的有效程度（效度）和可信程度（即信度）进行分析。在对样本企业问卷效度检验时，运用主成分分析法对影响潜在变量的观察变量进行探索性因素分析，按照特征值大于 1 的原则和最大方差法正交旋转，得到第一主成分的方差贡献率（见表 2 - 2），从而帮助我们考察所涉及的问题即观察变量的重要性。由表 2 - 2 可以看出，所有潜在变量第一主成分的方差贡献率都大于 40%，观察变量对潜在变量的贡献率较大，说明观察变量的选择与所研究的问题关系较密切。根据社会科学研究常用的方法，以克朗巴哈（Cronbach）α 系数作为量表信度评价标准，如果克朗巴哈（Cronbach）α 系数在 0.35 ~ 0.70，则认为变量的内部具有一致性。从表 2 - 2 中可以看出，对问卷涉及的克朗巴哈（Cronbach）α 系数都大于 0.35，说明本研究所采用的问卷表通过了信度检验。

表2-2 问卷调查数据的效度与信度分析

潜在变量	第一主成分特征值	第一主成分方差（%）	克朗巴哈 α 系数
集群认知偏差	1.70	42.52	0.42
集群行为偏差	1.91	47.85	0.45
资源环境约束	1.72	43.07	0.50
集群发展困境	1.91	47.78	0.61

表2-3 提供了样本的潜在变量和观察变量的描述性统计量。由于本章的问卷调查采用 Likert 5 点量表形式，而且四个潜在变量的均值均大于2.5，考虑到问卷调查样本是江苏政府部门认定的特色产业集群，这总体表明产业集群存在一定的发展困境，资源环境约束问题已经显现，企业在集群过程中确实存在认知偏差和行为偏差。尤其是认知偏差和资源环境约束这两个变量的问题回答的均值都比较高，这充分说明企业集群决策过程中确实存在比较大的认知偏差，产业集群发展确实面临着较大的资源环境约束。从四个潜在变量的变异系数来看，产业集群的认知偏差与行为偏差的变异系数都较小，这表明样本企业对于产业集群中存在的认知偏差和行为偏差的看法较为一致，也充分说明产业集群发展过程中普遍存在认知偏差和行为偏差，它们已经成为影响产业集群可持续发展的重要因素，也是以往的产业集群研究中常常被忽视的方面。相比较而言，资源环境约束与产业集群发展困境的变异系数相对较大，表明样本企业对于这两个问题的看法存在较大的差异，这可能与我们选择的样本集群的类型有关（传统产业集群与战略性新兴产业集群），也可能与样本集群类型的地域分布有关（经济发达地区、经济较发达地区以及经济欠发达地区）。

表2-3 样本的潜在变量和观察变量的描述性统计说明

变量	均值	标准差	变异系数
产业集群确认偏差	3.748	0.863	0.230
产业集群框定偏差	3.485	1.021	0.293
产业集群时间偏好偏差	3.245	0.629	0.194
产业集群认知偏差	3.493	2.255	0.173
产业集群羊群行为	2.761	0.881	0.319
产业集群噪音集聚偏差	2.718	0.966	0.355

续表

变量	均值	标准差	变异系数
产业集群政策依赖性偏差	2.877	0.887	0.308
产业集群行为偏差	2.785	1.464	0.175
产业集群用水约束	2.883	1.039	0.360
产业集群用地约束	3.644	1.010	0.277
产业集群水环境约束	2.656	0.925	0.348
产业集群大气环境约束	3.491	0.925	0.265
产业集群资源环境约束	3.169	2.462	0.194
产业集群无序竞争困境	2.804	0.838	0.299
产业集群企业外迁困境	2.387	0.706	0.296
产业集群创新困境	3.141	1.116	0.355
产业集群升级困境	3.117	0.819	0.263
产业集群边缘化困境	2.221	0.794	0.357
产业集群发展困境	2.734	2.692	0.197

利用 Amos 7.0 软件对 SEM 模型进行参数估计，经过多次修正之后，得到理论假设能够接受和拟合度良好的模型（见表2-4）。由表2-4可以看出，在测量模型的主要总体拟合指标中，模型卡方值为50，自由度为36，P=0.06 > 0.05，表示模型接受理论假设。RMSEA=0.46<0.05，GFI=0.957>0.900，NIF= 0.966>0.900，CFI=0.99>0.900，表明模型拟合度良好。

表2-4 估计模型的拟合指标

统计量	卡方值	自由度	P值	RMSEA	GFI	NFI	CFI
模型指标	50	36	0.06	0.460	0.957	0.966	0.990

表2-5为结构方程模型路径系数与载荷系数的估计结果。由表2-5可以看出，除了集群企业外迁困境对产业集群发展困境的影响不显著外，模型的路径系数和载荷系数[①]均比较理想，都通过了显著性检验，因而结构方程模型路径系数

---

① 潜在变量与潜在变量间的回归系数称为路径系数，潜在变量与观察变量间的回归系数称为载荷系数（易丹辉，2008）。

和载荷系数的估计结果可信程度是很高的。我们利用标准化载荷系数估计值，分析不同观察变量对其相应的潜在变量的解释程度①。在对"产业集群认知偏差"这个潜在变量的解释中，对产业集群认知偏差影响程度由大到小的观察变量的顺序是：确认偏差、时间偏好偏差和框定偏差。在对"产业集群行为偏差"这个潜在变量的解释中，对产业集群行为偏差影响程度由大到小的观察变量的顺序是：羊群行为、噪声集聚偏差和政策依赖性偏差。在对"资源环境约束"这个潜在变量的解释中，对资源环境约束影响程度由大到小的观察变量的顺序是：土地资源约束、水资源约束、大气环境约束、水环境约束。在对"产业集群发展困境"这个潜在变量的解释中，对产业集群发展困境影响程度由大到小的观察变量的顺序是：创新困境、升级困境、无序竞争困境、边缘化困境、企业外迁困境。此外，在所有潜在变量中，羊群行为对产业集群行为偏差的影响最大（载荷系数为0.920），影响程度依次降低的顺序是：确认偏差对产业集群认知偏差的影响（载荷系数为0.89）、土地资源约束对资源环境约束的影响（载荷系数为0.823）、创新困境对产业集群发展困境的影响（载荷系数为0.780）、水资源约束对资源环境约束的影响（载荷系数为0.747）。上述观察变量对潜在变量的影响程度的排序，将为我们破解产业集群发展困境提供决策顺序。

表2-5　结构方程模型路径系数与载荷系数估计结果

变量间的关系	非标准化参数估计值	标准差	临界比率值	P值	标准化参数估计值
资源环境约束＜－－－产业集群认知偏差	0.540	0.097	5.559	0.000***	0.526
资源环境约束＜－－－产业集群行为偏差	0.396	0.166	2.382	0.017*	0.185
产业集群发展困境＜－－－产业集群行为偏差	0.799	0.188	4.241	0.000***	0.753
产业集群发展困境＜－－－资源环境约束	0.204	0.071	2.854	0.004**	0.410
产业集群发展困境＜－－－产业集群认知偏差	0.097	0.045	2.178	0.029*	0.190
土地资源约束＜－－－资源环境约束	1.000	—	—	—	0.823

---

①　利用非标准化参数估计值分析不同的观察变量对潜在变量的影响程度时，涉及识别性问题。在表2-5中，在潜在变量和各观察变量之间的载荷系数中有一个观察变量出现"1"，其余的观察变量则没有。这个"1"表示识别性，也就是在非标准化的估计值中作为解释的基准。识别性的问题就是"等化"的问题，所谓等化就是将潜在变量的测量单位与观察变量的测量单位设为相同（荣泰生，2009）。利用非标准化参数估计值进行分析时，只能对同一潜在变量的观察变量的影响程度进行比较，不能对不同潜在变量的观察变量的影响程度进行比较。因此，本文的分析中利用标准化参数估计值。

续表

变量间的关系	非标准化 参数估计值	标准差	临界 比率值	P 值	标准化参 数估计值
大气环境约束＜－－－资源环境约束	0.942	0.118	7.954	0.000＊＊＊	0.690
水资源约束＜－－－资源环境约束	0.881	0.073	11.988	0.000＊＊＊	0.747
水环境约束＜－－－资源环境约束	0.449	0.097	4.611	0.000＊＊＊	0.393
噪音集聚偏差＜－－－产业集群行为偏差	1.000	—	—	—	0.386
羊群行为＜－－－产业集群行为偏差	2.816	0.606	4.650	0.000＊＊＊	0.920
政策依赖性偏差＜－－－产业集群行为偏差	0.782	0.186	4.201	0.000＊＊＊	0.332
确认偏差＜－－－产业集群认知偏差	1.000	—	—	—	0.890
框定偏差＜－－－产业集群认知偏差	0.548	0.099	5.535	0.000＊＊＊	0.427
时间偏好偏差＜－－－产业集群认知偏差	0.586	0.071	8.250	0.000＊＊＊	0.618
边缘化困境＜－－－产业集群发展困境	1.000	—	—	—	0.482
无序性困境＜－－－产业集群发展困境	1.191	0.223	5.334	0.000＊＊＊	0.515
创新困境＜－－－产业集群发展困境	2.249	0.415	5.418	0.000＊＊＊	0.780
升级困境＜－－－产业集群发展困境	1.176	0.275	4.285	0.000＊＊＊	0.531
企业外迁困境＜－－－产业集群发展困境	0.176	0.111	1.588	0.112n.s.	0.096

注：未列标准差者为参照指标，是限制估计参数。n.s.、＊、＊＊、＊＊＊分别表示 p＞0.05、p＜0.05、p＜0.01、p＜0.001。

由于本章主要是分析认知偏差、行为偏差与资源环境约束对集群发展困境的影响，所以我们更关心外生潜在变量认知偏差与行为偏差对内生潜在变量资源环境约束和集群发展困境的影响状况。由表2－5可知，资源环境约束对产业集群发展困境影响的标准化路径系数是0.410，这表明产业集群地区的资源环境约束对产业集群发展困境产生显著的正向影响，即产业集群地区的资源环境约束越强，则由此引致的产业集群发展困境就越深。命题P1由此得到验证。

由表2－5可知，认知偏差对资源环境约束的标准化路径系数是0.526，行为偏差对资源环境约束的标准化路径系数是0.185，这表明产业集群过程中企业存在的认知偏差及其行为偏差，都对资源环境约束产生显著的正向影响，即产业集群的认知偏差和行为偏差越大，则由此引致的资源环境约束就越大。命题P2由此得到证明。相对于行为偏差来说，认知偏差对产业集群的资源环境约束作用更大。可能的原因在于，本书中研究的样本是江苏省政府相关部门认定的江苏特色产业集群，特色产业集群严格的申报条件使产业集群过程中存在的行为偏差受到较大影响，导致集群企业的资源消耗和环境损害受到较大限制，因而产业集群的资源环境约束程度由此降低。而产业集群过程中的认知偏差则受不到相关认定条款的影响，导致资源消耗和环境损害受到较少限制，因而产业集群的资源环境约束程度没有较大程度的降低。

由表 2 - 5 发现，企业的认知偏差对产业集群发展困境影响的路径系数是0.190，企业的行为偏差对产业集群发展困境影响的路径系数是 0.753，这表明产业集群过程中企业存在的认知偏差及其行为偏差，都对产业集群发展困境产生显著的正向影响，即产业集群的认知偏差和行为偏差越大，则由此引致的产业集群发展困境就越大。命题 P3 由此得到证明。需要我们高度重视的是，企业的行为偏差对产业集群发展困境的影响程度要比企业的认知偏差对产业集群发展困境的影响程度高得多，而且在对产业集群发展困境影响的所有路径系数中，企业的行为偏差的路径系数最高。这说明在产业集群发展的新形势下，资源环境约束已经不是产业集群发展困境的主因，取而代之的是企业区位决策过程中的行为偏差，这为今后决策者破解产业集群发展困境提供了全新的决策思路。

在分别分析了认知偏差、行为偏差和资源环境约束对产业集群发展困境的影响之后，有必要对两个外生潜在变量对产业集群发展困境影响的直接效果、间接效果和总效果进行比较和分析，以便了解影响产业集群发展困境的中介变量的影响力以及总效果的大小。由图 2 - 1 和表 2 - 5 可知，认知偏差对产业集群发展困境的直接效果 = 0.190，认知偏差对产业集群发展困境的间接效果 = 认知偏差对资源环境约束的直接效果（0.526）×资源环境约束对产业集群发展困境的直接效果（0.410）= 0.216，认知偏差对产业集群发展困境的总效果 = 0.190 + 0.216 = 0.406。由于认知偏差对产业集群发展困境的直接效果（0.190）<认知偏差对产业集群发展困境的间接效果（0.216），所以，在认知偏差对产业集群发展困境的影响中，资源环境约束这一中介变量具有较大的影响力[①]。命题 P4.1 由此得到证明。这启示我们，在分析企业的认知偏差对产业集群发展困境的影响时，我们需要透过资源环境约束因素，要充分重视资源环境约束这一中介变量对产业集群发展困境的中介效应。

行为偏差对产业集群发展困境的直接效果 = 0.753，行为偏差对产业集群发

---

① 结构方程模型中直接效果和间接效果之间的关系原则是这样的：如果直接效果 > 间接效果，表示中介变量不发挥作用，研究者可忽略此中介变量；如果直接效果 < 间接效果，表示中介变量具有影响力，研究者要重视此中介变量（荣泰生，2009）。

展困境的间接效果 = 行为偏差对资源环境约束的直接效果（0.185）×资源环境约束对产业集群发展困境的直接效果（0.410）= 0.076，行为偏差对集群发展困境的总效果 = 0.753 + 0.076 = 0.829。由于行为偏差对产业集群发展困境的直接效果（0.753）>认知偏差对产业集群发展困境的间接效果（0.076），所以，在行为偏差对产业集群发展困境的影响中，资源环境约束这个中介变量并不能发挥重要影响作用，资源环境约束这一中介变量的影响力可以忽略[①]。命题 P4.2 没有得到证明，这说明命题 P4.2 在江苏特色产业集群中不成立，但在江苏的非特色产业集群、全国其他省市的产业集群中是否成立，是我们今后需要进一步研究的内容。

比较企业的认知偏差和行为偏差对产业集群发展困境影响的总效果可知，行为偏差对产业集群发展困境的影响程度更大，这警示我们，在破解我国集群发展困境的对策措施中，除了要破解传统的资源环境约束外，必须重视纠正企业存在的各种认知偏差和行为偏差，而且要更加高度重视纠正企业的各种行为偏差。

四、结论与对策建议

区域产业集群发展有利于经济要素的集约和优化配置，有利于行业间的融合和相互协作，有利于资源的共享和循环利用，是实现区域产业结构调整和合理布局的有效途径。产业集群已经成为发展现代制造业的集中区、吸引投资创业的重点区和机制改革的先导区，是区域经济发展的重要载体。但是，在产业集群发展过程中，各地区依然沿用过去大量消耗资源和破坏环境的粗放式产业集群模式，企业集群区位决策过程存在各种认知偏差，以及企业空间集群过程存在各种行为偏差，致使区域产业集群面临多种发展困境，已经严重制约了产业集群的可持续发展。

传统的产业集群理论认为，资源环境约束是产业集群发展困境的主因。行为经济学理论则强调企业集群过程存在的各种认知偏差和行为偏差在产业集群发展困境的重要影响。为此，本章在新古典经济学和行为经济学的框架下，对认知偏

---

① 结构方程模型中直接效果和间接效果之间的关系原则是这样的：如果直接效果>间接效果，表示中介变量不发挥作用，研究者可忽略此中介变量；如果直接效果<间接效果，表示中介变量具有影响力，研究者要重视此中介变量（荣泰生，2009）。

差、行为偏差与资源环境约束对产业集群发展困境的影响问题进行理论与实证研究。本章的研究表明，第一，与资源环境约束相比（总效果为0.410），企业自身存在的认知行为偏差（总效果为1.235）是导致产业集群发展困境更为重要的原因。与企业自身存在的认知偏差（总效果为0.406）相比，企业自身存在的行为偏差（总效果为0.829）是引致产业集群发展困境的更重要的因素。第二，在认知偏差对产业集群发展困境的影响机制中，资源环境约束是一个重要的中介变量（直接效果0.190 < 间接效果0.216），这一中介变量对产业集群发展困境的影响不容忽视。在行为偏差对产业集群发展困境的影响机制中，资源环境约束不是一个重要的中介变量（直接效果0.753 > 间接效果0.076），这一中介变量对产业集群发展困境的影响可以忽视。第三，在所有观察变量对潜在变量的解释中，羊群行为对行为偏差的影响最大（载荷系数为0.920），影响程度依次降低的顺序是：确认偏差对认知偏差的影响（载荷系数为0.89）、土地资源约束对资源环境约束的影响（载荷系数为0.823）、创新困境对产业集群发展困境的影响（载荷系数为0.780）、水资源约束对资源环境约束的影响（载荷系数为0.747）。

上述结论在政策上具有非常重要的意义。第一，在区域转型升级发展的背景下，区域资源环境状况、经济发展水平、社会文化传统等要素已成为影响和约束产业集群发展的外部条件，而反映企业身上经常稳定表现出来的心理特点的个性心理特征和反映企业进行区位决策活动基本动力的个性倾向性则是影响和约束产业集群发展的内在要素。在内外因素的共同作用下，企业通常会出现各种各样的认知行为偏差。相对于产业集群发展的外部条件的相对稳定性，产业集群发展的内在要素则具有更大的可变性。因此，破解产业集群发展困境的优先方向，应当是更加关注企业自身存在的认知行为偏差，一方面需要企业主管部门对企业进行集群发展的整体利益和个体利益间关系的普及教育，另一方面需要企业主管部门对企业进行心理学和行为经济学等方面的普及教育，让企业切实认识到自身存在认知行为偏差对产业集群可持续发展造成的较大负面影响，以此促进破解产业集群发展困境。第二，考虑到在认知偏差对产业集群发展困境的影响机制中，资源环境约束是一个重要的中介变量，而在行为偏差对产业集群发展困境的影响机制中，资源环境约束不是一个可以忽略的中介变量，因此，破解产业集群发展困境的路径选择应充分考虑区域资源环境约束这一中介变量在产业集群发展困境形成中的中介效应的强弱，根据各区域这一中介变量对集群发展困境的中介效应的不同来选择破解区域产业集群困境的具体路径。第三，由于各观察变量对相应的潜在变量的贡献程度差异巨大，所以破解区域产业集群发展困境的关键对策是，针对那些载荷系数最大的观察变量提出相应的破解对策。就本章的研究而言，具体的对策措施如下：纠正企业的"羊群行为"＋纠正企业的确认偏差＋降低区域土地资源约束＋降低水资源约束。在破解产业集群发展困境中，关键要破解产业集群的创新发展困境。

第三章　地区二元性、出口导向型 FDI 与中国地区经济差距扩大

本章认为，中国的地区经济差距扩大源于中国的地区二元性，全球化专用要素地区分布的不平衡性则起着重要的促进作用。为此，本章构建由沿海地区与内陆地区、一般生产要素与全球化专用要素构成的生产函数模型，分析中国地区经济差距扩大的微观机理。研究结果表明，高度集聚于沿海地区的全球化专用要素在促进其经济增长的同时，对内陆地区的经济增长几乎没有产生溢出效应，导致沿海与内陆地区经济差距扩大。缩小地区经济差距的政策措施在于，在弱化地区二元性的基础上，推动内陆地区的全球化专用要素的集聚增长，发挥内陆地区的全球化专用要素增长对其经济增长的促进作用，同时加强沿海与内陆地区产业的前后向联系，注重提高沿海地区的全球化专用要素增长对内陆地区经济增长的溢出效应。*

一、引　言

改革开放以来，中国地区经济差距出现了扩大的趋势，这是一个普遍观察到的现象（蔡昉等，2001）。在中国经济高速增长的"中国奇迹"的背景下，中国地区经济差距不断扩大引起了决策者的极大关注，已经颁布的国家"十二五"规划已经将缩小地区差距作为国家改革和发展的重要目标之一。中国地区经济差距为何不断扩大？国内外学者对此给予了高度关注，也提出了各种各样的假说解释这种现象。代表性的假说包括：第一，地区间资本流动说。郭金龙和王宏伟（2003）以及王小鲁和樊纲（2004）将地区经济差距的扩大归结为地区间的资本

＊ 本章部分内容借鉴了朱英明：《地区二元性、出口导向型 FDI 与中国地区经济差距扩大》，《浙江师范大学学报社会科学版》2017 年第 5 期。

流动，认为市场机制支配下的以追求利益最大化为目的的地区间资本流动，使资金大量流向东部，加速了东部地区的经济增长，同时也扩大了东部地区与中西部地区的经济差距。第二，地区发展战略说。林毅夫和刘培林（2003）将地区经济差距扩大归因于地区发展战略的差异，他们认为，中西部省区市的发展战略较之东部省区市而言，更加接近于违背比较优势的战略，这是导致 1978 年以来地区差距逐渐扩大的重要原因。Yang（1990）认为，改革开放前的"毛泽东式发展战略"与改革开放后的"不平等发展战略"的差异造成了地区经济差距的扩大。第三，市场化程度说。Young（2000）认为，市场分割和地区性保护政策是地区差距拉大的关键，因为地区性的市场保护会使本地企业的资源配置状况偏离本地的比较优势。蔡昉、王德文和都阳（2001）认为，劳动力市场扭曲影响要素配置效率，由此产生的效率差异正是促成近年来中国地区之间收入差距扩大的深层原因。程必定（1995）将地区经济差距扩大归根于市场化程度的差距，他认为，1980 年以后以推动市场化进程为特征的改革开放在中国逐步深化，地区经济差距的扩大更加明显和突出了。章奇（2001）认为，导致目前地区差距扩大的罪魁祸首并不是市场，相反，正是由于各个省在利用市场和发展机会上存在差距，地区发展差距才逐渐扩大。第四，产业集聚说。范剑勇和朱国林（2002）认为，改革开放以来，地区差距持续扩大的根本原因是第二产业的高产值份额和非农产业在空间上的不平衡分布。范剑勇（2004）结合国际经验进一步认为，中国现阶段仍处于"产业高集聚、地区低专业化"的状况，使得制造业集中于东部沿海地区，无法向中部地区转移，进而推动了地区差距不断扩大。第五，全球化说。Fujita 和 Hu（2001）的研究表明，全球化（由出口和外国直接投资 FDI 来衡量）和经济自由化（由国有企业所占份额的下降和乡镇企业的增长来表明）对日益增大的地区差距有显著的影响。万广华、陆铭和陈钊（2005）构建了一个包含贸易和 FDI 变量的收入决定函数，研究发现，进一步的全球化（以商品和服务交换以及外国资本流入为主的经济全球化）会导致中国地区间收入差距扩大。Zhang 和 Zhang（2003）构建了一个劳动生产率函数，利用对外贸易和 FDI 作为全球化的衡量指标，实证分析表明全球化是扩大地区差距的重要因素。第六，财政分权说。Qiao、Martinez - Vazquez 和 Xu（2008）构建了财政分权的理论模型，利用 1985～1998 年的面板数据进行检验。他们发现，中国的财政分权在导致经济增长的同时，也导致地区差距的显著增加。Tsui（1996）主张，财政分权和更有利于富有的沿海省份的中国地区发展政策的再定位，扩大了富有省份和贫穷省份间的差距。

已有研究的不足之处在于：第一，已有研究主要还是在宏观层面的实证分析，缺乏中国地区经济差距扩大的微观机理的专门研究，更不用说在此基础上给出中国地区经济差距扩大的经验证据。第二，大多数研究的对象为省级行政区域，跨省份的大区间尤其是沿海与内陆地区的经济差距扩大的研究很少。第三，已有研究忽视中国的地区二元性特点及其在中国地区经济差距中的基础作用。第四，已有研究没有充分考虑经济全球化背景下的专用要素（即全球化专用要素）地区分布的不平衡性及其在中国地区经济差距扩大中的重要促进作用。为此，本章遵循这样的逻辑顺序：以中国的地区二元性和全球化专用要素地区分布的不平衡性作为研究的逻辑起点，构建由沿海地区与内陆地区、一般生产要素与全球化专用要素构成的生产函数模型，分析中国地区经济差距扩大的微观机理，在此基础上给出中国 1992~2009 年地区经济差距扩大的经验证据，最后以简要结论与启示结束本章。

本章余下部分的结构安排如下：第二部分简要分析中国的地区二元性与全球化专用要素地区分布的不平衡性，并给出本章的主要观点；第三部分构建理论模型，对中国地区经济差距扩大的微观机理进行分析；第四部分侧重于对第三部分的理论模型进行计量检验，给出中国地区经济差距扩大的经验证据；第五部分是结论与启示。

二、地区二元性、全球化专用要素 地区分布的不平衡性

中国作为一个发展中国家，具有典型的二元经济特征，即农村落后的农业部门与城市先进的现代非农业部门。二元性的表现形式包括：经济二元性、社会二元性、技术二元性和地区二元性，而与中国地区经济差距扩大密切相关的二元性是地区二元性（Fu，2007）。中国的地区经济差距并不是一个新问题，早在中华人民共和国成立初期就已经存在。改革开放后，尤其是 20 世纪 90 年代后，中国的地区经济差距出现了扩大的趋势。本章认为，中国的地区经济差距扩大源于中国的地区二元性，全球化专用要素地区分布的不平衡性是地区经济差距扩大的重要影响因素。

（一）地区二元性

有关中国地区经济差距表现形式的一个基本看法是，中国地区经济差距突出地表现在跨省、区、市（以下简称省份）的大区间的经济差距，即东部沿海地区和中西部内陆地区的经济差距。林毅夫、蔡昉和李周（1994）以及蔡昉等（2002）认为，中国省份间的经济差距越来越主要是由于沿海与内地间（组间）的差距造成的。刘力（2005）对中国地区经济差距的分析表明，现阶段中国地区经济差距的主要表现形式是东、中、西的地带差异，地带差异形成的结构性因素主要是第二产业在空间上的分布不均衡，而第三产业的空间不均衡程度及其对地带差异的作用则日益凸显。关于中国地区经济差距发展趋势的一个基本观点是，改革开放后中国的地区经济差距呈现出扩大化趋势。程必定（1995）认为，中华人民共和国成立以来，特别是改革开放以来，在各地区经济蓬勃发展的同时，区域差距不是缩小了，而是明显扩大了。就全国而言，这种情况突出地表现在东部地区和中西部地区的区域差距变动上。林毅夫、蔡昉和李周（1998）认为，东部地区人均收入增长持续高于平均水平，中西部地区仍然低于平均水平，导致三类地区间的差距进一步拉大。兰宜生（2002）认为，改革开放以来，中国经济的显著特点是，地区发展差距扩大，东部发达地区与中西部落后地区的相对差距不断扩大。

中国地区经济差距之所以具有上述的表现形式和发展趋势，首先源于中国的地区二元性。中国的地区二元性导致了中国沿海与内陆地区独特的经济关系。由于地理、人口、历史和政治因素的影响，内陆地区主要在能源与原材料产品生产以及初级产品生产方面专业化，沿海地区则在制成品尤其是高附加值产品生产方面专业化。内陆地区向沿海地区提供粮食、能源、矿产和其他原材料，沿海地区将原材料和中间产品加工成制成品，销往国内外市场。在国内贸易中，沿海地区是能源、原材料以及初级产品的净进口方，机械和电子产品等制成品的净出口方；内陆地区则是能源、原材料以及初级产品的净出口方，机械和电子产品等制成品的净进口方。Fu（2007）的研究表明，中国沿海与内陆地区的经济关系，属于 Singer（1950）和 Singer（1974）在发达国家和发展中国家环境中描述的典型的中心—外围类型。按照 Singer 的假说，当两个经济体系之间的经济关系属于中心—外围类型时，贸易和投资的收益将不均衡分布。中心地区（发达经济体）

将成为经济关系中的获益者，而边缘地区（欠发达经济体）则成为损失者。随着时间的推移，这种经济关系反过来会扩大两个经济体间的经济差距。

1978～2009 年，尽管沿海与内陆地区均呈现出持续高速增长的态势，实际 GDP 年均增长速度分别为 11.66% 和 10.23%，实际人均 GDP 的年均增长速度分别为 10.30% 和 9.27%，但是沿海与内陆地区的实际 GDP 和实际人均 GDP 的相对差距却分别以年均 1.30% 和 0.94% 的速度增长。中国经济一直运行在二元轨道上，拥有繁荣并快速发展的沿海地区和贫穷并以较低速度增长的内陆地区（Jian et al.，1996）。由表 3－1 可以看出，就实际人均 GDP 的绝对差距而言，1990 年是 1978 年的 2.95 倍，2009 年则是 1990 年的 10.15 倍；就实际 GDP 的绝对差距而言，1990 年是 1978 年的 5.92 倍，2009 年则是 1990 年的 21.73 倍。就实际人均 GDP 的相对差距而言，1990 年是 1978 年的 1.10 倍，2009 年则是 1990 年的 1.22 倍；就实际 GDP 的相对差距而言，1990 年是 1978 年的 1.11 倍，2009 年则是 1990 年的 1.35 倍。无论是绝对差距还是相对差距，自 20 世纪 90 年代以来，沿海与内陆地区的经济差距进一步扩大，其中实际 GDP 方面的差距扩大得更加突出。如图 3－1 所示，自改革开放以来，沿海与内陆地区经济差距呈现逐步扩大的变化趋势。

表 3－1　中国的地区差距：绝对差距和相对差距（1978 年不变价）

年份	绝对差距（沿海/内陆）		相对差距（沿海/内陆）	
	实际 GDP（元）	实际人均 GDP（元/人）	实际 GDP（元）	实际人均 GDP（元/人）
1978	169	170	1.10	1.58
1990	1002	501	1.22	1.73
2009	21779	5081	1.64	2.11
1990/1978	5.92	2.95	1.11	1.10
2009/1990	21.73	10.15	1.35	1.22

基于以上分析，本章认为，改革开放以来，尤其是自 20 世纪 90 年代以来，沿海与内陆地区经济差距的扩大固然与其他影响因素有关，但是地区二元性及其引致的地区间经济关系则是最基本的影响因素。因此，本章将中国的地区二元性作为研究的逻辑起点，将沿海与内陆地区作为中国地区差距扩大微观机理分析的基本单元。

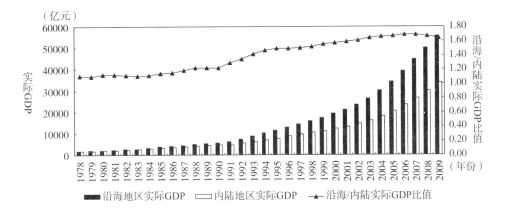

图 3 - 1 1978～2009 年中国的地区经济差距：GDP（1978 年不变价）

（二）全球化专用要素地区分布的不平衡性

中国地区经济差距扩大的现象是在改革开放后中国经济高速增长的背景下产生的。因此，导致中国地区经济差距扩大的因素除了上述的地区二元性外，必然与引致中国经济高速增长的因素密切相关。有关引致中国经济高速增长的因素在国际贸易以及 FDI 与经济增长间关系的文献中有较多的阐述。国际贸易文献中有关出口促进经济增长的渠道包括：剩余出路效应、资源重新配置、专业化增强、市场扩大、资本积累、技术转移和知识溢出、X 效率效应等（Myint，1955；Corden，1985；Grossman and Helpman，1991；Baldwin and Caves，1997）。Nurkse（1961）将出口看作是 19 世纪新定居区增长的发动机，Krueger（1995）将出口看作是新兴工业化国家（NICs）增长的发动机。在 FDI 与经济增长间关系的文献中，Balasubramanyam 等（1999）以作为经济增长发动机的 FDI 为论题，在新增长理论框架内分析了 FDI 在促进经济增长中的作用。Casey（2006）则以作为经济发展发动机的 FDI 为论题，分析了 FDI 在 EU 一体化区域内对经济发展的促进作用。Basu 和 Guariglia（2007）认为，FDI 是发展中国家增长的发动机，FDI 对增长的正向影响可能源于知识溢出和技术升级因素。Freeman（2004）、Lee（2009）以及 Gunaydin 和 Tatoglu（2005）分别将 FDI 看作是越南、东盟 5 国和土耳其等国家或地区增长的发动机。

就中国而言，自改革开放以来，利用外资是中国对外开放基本国策的重要内容，中国的经济发展模式就是利用外资和加工贸易，因而利用外资和对外贸易成为近三十年来中国经济发展的主要动力之一，是中国经济增长名副其实的发动机（魏浩，2009）。一些研究者认为，FDI 是中国经济增长的发动机，如 Wei、Yao 和 Liu（2009）对中国 FDI 及其地区差异的研究，Xing（2006）对于中国吸引 FDI 的原因的研究。另一些研究者则认为，贸易和 FDI 是中国经济增长的发动机，如 Hsiao 和 Hsiao（2006）对于东亚和东南亚 FDI、出口与 GDP 关系的研究，Fu（2004）对于中国的出口、联系以及地区收入差距间关系的研究。

改革开放后，贸易和 FDI 已经成为中国经济高速持续增长的主要推动力。事实上，中国经济高速增长的奇迹，主要是发生在东部沿海地区，而广大的中西部地区却在增长的相对位势上发生普遍的"塌陷"，由此造成了地区间经济发展的失衡和严重的地区差距（刘志彪和张少军，2008）。这主要是由于出口和 FDI 大多集中在沿海地区，对内陆地区具有有限的前后向联系，对内陆地区的增长产生微弱的溢出效应，因此，出口和 FDI 对沿海地区而不是对内陆地区起着增长发动机的作用（Fu，2004）。从微观层面上讲，地区经济差距扩大现象主要是由于不同地区加入全球价值链的方式和程度的差异（刘志彪和张少军，2008）。由于中国的地区二元性特征，沿海地区有大量的加工制造企业参与跨国公司主导的国际产品内分工、加入全球价值链、融入国际经济循环大系统中，而内陆地区只有极少数加工制造企业参与跨国公司主导的国际产品内分工、加入全球价值链、融入国际经济循环大系统中。事实上，沿海地区加入全球价值链的加工制造企业通常是那些 FDI 投资的加工型出口企业。尽管 FDI 投资的加工型出口企业的统计数据无法得到，但是 FDI 投资的加工型出口企业地区分布的不平衡性特征，可以由外商投资企业出口商品值以及 FDI 的地区分布图得到佐证。如图 3 - 2 所示，1992 ~ 2009 年，沿海地区外商投资企业出口占全国外商投资企业出口的比例一直高达 97.94% ~ 96.86%。外商投资企业出口高度集聚于沿海地区，成为沿海与内陆地区经济差距扩大的重要影响因素。1992 ~ 2009 年，尽管沿海地区 FDI 占全国 FDI 的比例呈现出下降趋势，但仍高达 73.17%。绝大多数 FDI 仍集聚于沿海地区，也是沿海与内陆地区经济差距扩大的另一个重要影响因素。

相对于内陆地区而言，高度集聚于沿海地区的出口导向的 FDI 是推动沿海地区经济增长的"专用要素"。这种专用要素的突出特征在于：第一，一定时期内不能在一国之内跨地区流动，但可以跨国流动；第二，这种专用要素高度集聚于沿海地区，因而具有地区分布的不平衡特点；第三，这种专用要素与地区二元性

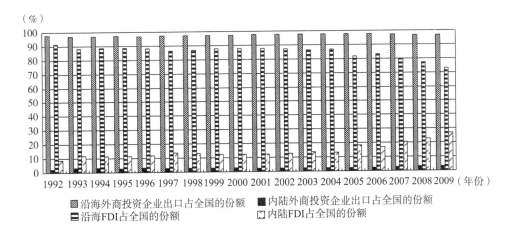

沿海外商投资企业出口占全国的份额   内陆外商投资企业出口占全国的份额
沿海FDI占全国的份额   内陆FDI占全国的份额

图 3-2   中国外商投资企业出口和 FDI 的地区分布不平衡现象

具有密切的关系，一方面表现在这种专用要素的形成源于地区二元性，另一方面表现在地区二元性的强化反过来会加剧这种专用要素的地区不平衡性。因此，这种专用要素不同于传统的地区专用要素模型（SF 模型）中的"自然专用要素"。由于这种专用要素的形成及其积累与跨国公司主导的全球化过程密切相关，它是各地区在比较优势原理的基础上通过参与国际产品内分工、加入全球价值链、融入国际经济循环大系统形成的，因而本书的研究将其称为"全球化专用要素"，以区别于自然专用要素。对于那些非出口导向的外商投资以及非基于外商投资的贸易，尽管与经济全球化过程有关，但是，在本章中它们不属于全球化专用要素的范畴。基于上述对全球化专用要素的界定，本书的研究利用各地区出口导向的 FDI 变量作为其拥有的全球化专用要素的代理变量。遗憾的是，中国的统计部门没有出口导向的 FDI 这一统计指标。为此，本书的研究以外商投资企业出口作为地区拥有的全球化专用要素的代理变量。

在经济全球化的背景下，一国内部全球化专用要素地区分布的不平衡性决定了跨国公司产业转移的方式。一般来说，跨国公司向全球化专用要素丰裕地区（沿海地区）的产业转移以垂直型产业转移为主，这种产业转移的动机主要是利用沿海地区的要素禀赋优势和生产的规模经济优势，将沿海地区纳入跨国公司主导的全球价值链中；而向全球化专用要素匮乏地区（内陆地区）的产业转移则以水平型产业转移为主，这种产业转移的动机主要是在内陆地区推广品牌和占有内陆地区的市场。就全球化专用要素高度集聚的沿海地区而言，其加入跨国公司主导的全球价值链所形成的国际代工模式，是以外资进行国际代工为主的生产模式。这种外资主导的国际代工模式一方面使沿海地区最大限度地获得"全球化专用要素租金"，由此促进了沿海地区的经济增长和收入提高；另一方面使沿海地区形成从国外进口机器设备、原材料和半成品，简单组装后出口销售"两头在外"的国际循环模式，导致沿海与内陆地区产业的前后向联系效应大为减弱，地区间技术溢出效应被阻断，地区间经济增长和收入差距扩大。因此，全球化专用要素地区分布的不平衡性是中国地区经济差距扩大的重要促进因素。基于上述分析，本章将全球化专用要素地区分布的不平衡性作为本书研究的逻辑中介，将地区拥有的全球化专用要素纳入 SF 模型中，以便进行中国地区经济差距扩大的微观机理分析。

三、中国地区经济差距扩大的微观机理

（一）传统 SF 模型的评介

本章认为，从微观层面来分析中国地区经济差距扩大的现象，具有重要的意义。在这方面，Yu（1981）、Hazari（1983）以及 Eor 和 Dalal（1999）的研究值得一提。他们将国际贸易研究领域中用来分析要素禀赋变化对国家间收入分配影响的 SF 模型，扩展到一国内部地区收入差距问题的研究。Yu（1981）构建了一个 2 地区、3 要素（劳动、资本和地区专用要素）和 2 部门的生产函数模型，研究专用要素和一般要素的变化对地区资源分配、产品生产和总就业的影响。Hazari（1983）构建了 2 地区、3 要素（劳动、资本和地区专用要素）和 3 商品的生产函数模型，研究专用要素和一般要素积累对地区收入差距的影响。Eor 和 Dalal（1999）构建了 2 地区、4 要素（两种地区专用要素、劳动、资本）和 3 部门的生产函数模型，研究存在地区专用要素情况下的收入分配效应。在他们的研究中，"要素专用性"是现实世界中普遍存在的、与地理因素和地理环境有关的一种现象，专用要素是地理上不可流动的投入品。例如，油井是石油生产的专用要素，海滩是旅游业发展的专用要素（Hazari，1983），这样的地区专用要素实际上是地区自然专用要素。他们的研究表明，地区自然专用要素的积累将导致地区经济差距扩大。传统的 SF 模型在解释中国地区经济差距扩大方面的主要缺陷在于：第一，尽管该模型是两地区模型，但是该模型并未考虑到地区二元性在地区经济差距扩大中的基础性影响作用；第二，尽管该模型对一般生产要素的流动性作出了严格的假设条件，但是这些假设条件并不符合中国改革开放后尤其是 20 世纪 90 年代以后要素市场的实际状况；第三，尽管该模型将与地理因素和地理环境相关的自然专用要素纳入其中，但是该模型没有考虑到与跨国公司主导的全球化过程密切相关的全球化专用要素地区分布的不平衡性及其在地区经济差距扩大中的重要促进作用。因此，传统的 SF 模型就不可能对 20 世纪 90 年代以来中国日益扩大的地区经济差距做出令人信服的解释。尽管如此，传统的 SF 模型仍对本书进行中国地区经济差距扩大的微观机理分析具有一定的启发意义。因此，在传统的 SF 模型基础上，将全球化专用要素纳入包含沿海地区与内陆地区的生产函数模型中，无疑是解读中国地区经济差距扩大的微观机制、破解中国地区经济差距扩大的关键。

（二）理论模型

假设：第一，经济体由两个地区（沿海地区和内陆地区）构成。不失一般性，本书的研究假设沿海地区利用一般要素即劳动 L_1 和资本 K_1 以及全球化专用要素 S_1 进行制成品 X_1 的生产，内陆地区利用一般要素即劳动 L_2 和资本 K_2 以及全球化专用要素 S_2 进行制成品 X_2 的生产。第二，产品市场为完全竞争的市场结构，生产函数是凹性、线性齐次生产函数，生产函数具有规模收益不变特征。第三，研究时段为 1992 ~ 2009 年，这一时期的早期阶段是中国建立市场机制阶段，劳动力在地区间自由流动的限制逐渐被取消，因而假设地区间实际工资率相同。由于地区间对资本的不正当竞争或恶性竞争，因而假设地区间资本租金不同。这一时期的后期阶段是中国完善市场经济体制阶段，劳动力在地区间能够完全自由流动，因而假设地区间实际工资率相同。地区间对资本的不正当竞争或恶性竞争得到根本性的改善，因而假设地区间资本租金也相同。第四，产品价格是外生决定的。

1. 中国市场经济建立的早期阶段

两地区生产函数为：

$$X_1 = X_1(K_1, L_1, S_1) \tag{3-1}$$

$$X_2 = X_2(K_2, L_2, S_2) \tag{3-2}$$

考虑到中国地区二元性引致的全球化专用要素地区分布的不平衡性，即内陆地区的全球化专用要素数量远远小于沿海地区的全球化专用要素数量，即 $S_2 \ll S_1$，基于计算简化的目的，本研究对上述生产函数进一步简化：假设沿海地区拥有全球化专用要素 S，而内陆地区则缺乏全球化专用要素，即

$$X_1 = X_1(K_1, L_1, S) \tag{3-3}$$

$$X_2 = X_2(K_2, L_2) \tag{3-4}$$

在产品市场完全竞争和利润最大化的条件下，每种要素按照其边际产品价值进行支付，由此得到：

$$w_1 = p_1 X_{L1}(K_1, L_1, S) \tag{3-5}$$

$$w_2 = p_2 X_{L2}(K_2, L_2) \tag{3-6}$$

$$r_1 = p_1 X_{K1}(K_1, L_1, S) \tag{3-7}$$

$$r_2 = p_2 X_{K2}(K_2, L_2) \tag{3-8}$$

其中，w_i 和 r_i 分别是沿海与内陆地区的实际工资率和资本租金，p_1 和 p_2 分别是 X_1 和 X_2 的价格。$X_{j1} \equiv \partial X_1 / \partial j$ 和 $X_{j2} \equiv \partial X_2 / \partial j$ 分别是第 j 个要素在沿海与内陆地区的边际产品。

根据假设条件三，在中国市场经济建立的早期阶段，$w_1 = w_2$ 和 $r_1 = \alpha r_2$（$\alpha \neq 1$），劳动被充分利用，而资本没有被充分利用，由此得到

$$\sum_i L_i = \bar{L} \tag{3-9}$$

$$\sum_i K_i = K \leqslant \bar{K} \tag{3-10}$$

其中，$\bar{L}$ 为既定的无弹性的劳动供给量，$\bar{K}$ 为既定的最大资本供给量，K 为资本的总使用量。

为了计算的简化，可以通过单位的选择使得 $p_1 = p_2 = 1$。将式（3-9）代入式（3-5）～（3-8），并利用假设条件三，由此得到：

$$X_{L1}(K_1, L_1, S) = X_{L2}(K_2, \bar{L} - L_1) \tag{3-11}$$

$$r_1 = X_{K1}(K_1, L_1, S) \tag{3-12}$$

$$\alpha r_2 = \alpha X_{K2}(K_2, \bar{L} - L_1) \tag{3-13}$$

为了得出全球化专用要素变化对地区产出的影响，式（3-11）～式（3-13）对 S 微分，则：

$$X_{LK1}\frac{dK_1}{dS} + X_{LL1}\frac{dL_1}{dS} + X_{LS1} = X_{LK2}\frac{dK_2}{dS} - X_{LL2}\frac{dL_1}{dS}$$

$$\frac{dr_1}{dS} = X_{KK1}\frac{dK_1}{dS} + X_{KL1}\frac{dL_1}{dS} + X_{KS1} = 0$$

$$\frac{d(\alpha r_2)}{dS} = \alpha X_{KK2}\frac{dK_2}{dS} - \alpha X_{KL2}\frac{dL_1}{dS} = 0$$

其中，$X_{jj1} = \partial^2 X_1/\partial j^2 = \partial X_{j1}/\partial j$，$X_{jj2} = \partial^2 X_2/\partial j^2 = \partial X_{j2}/\partial j$，$X_{jm1} = \partial^2 X_1/\partial j\partial m$，$X_{jm2} = \partial^2 X_2/\partial j\partial m$（对于沿海地区而言，$j$，$m = K$，$L$，$S$；对于内陆地区而言，$j$，$m = K$，$L$；而且 $j \neq m$）

上述结果以矩阵形式表示为：

$$\begin{bmatrix} X_{LK1} & -X_{LK2} & X_{LL1} + X_{LL2} \\ X_{KK1} & 0 & X_{KL1} \\ 0 & \alpha X_{KK2} & -\alpha X_{KL2} \end{bmatrix} \begin{bmatrix} \dfrac{dK_1}{dS} \\ \dfrac{dK_2}{dS} \\ \dfrac{dL_1}{dS} \end{bmatrix} = \begin{bmatrix} -X_{LS1} \\ -X_{KS1} \\ 0 \end{bmatrix} \qquad (3-14)$$

利用克莱姆法则，得出：

$$\frac{dK_1}{dS} = \frac{\Delta_1}{\Delta} = \frac{X_{KK2}(X_{KL1}X_{LS1} - X_{KS1}X_{LL1}) + X_{KS1}(X_{KK2}X_{LL2} - X_{KL2}^2)}{X_{KK2}(X_{KK1}X_{LL1} - X_{KL1}^2) + X_{KK1}(X_{KK2}X_{LL2} - X_{KL2}^2)} \qquad (3-15)$$

$$\frac{dK_2}{dS} = \frac{\Delta_2}{\Delta} = \frac{X_{KL2}(X_{KS1}X_{LK1} - X_{KK1}X_{LS1})}{X_{KK2}(X_{KK1}X_{LL1} - X_{KL1}^2) + X_{KK1}(X_{KK2}X_{LL2} - X_{KL2}^2)} \qquad (3-16)$$

$$\frac{dL_1}{dS} = \frac{\Delta_3}{\Delta} = \frac{X_{KK2}(X_{KS1}X_{LK1} - X_{KK1}X_{LS1})}{X_{KK2}(X_{KK1}X_{LL1} - X_{KL1}^2) + X_{KK1}(X_{KK2}X_{LL2} - X_{KL2}^2)} \qquad (3-17)$$

根据式（3-9）得出：

$$\frac{dL_2}{dS} = -\frac{dL_1}{dS} = -\frac{X_{KK2}(X_{KS1}X_{LK1} - X_{KK1}X_{LS1})}{X_{KK2}(X_{KK1}X_{LL1} - X_{KL1}^2) + X_{KK1}(X_{KK2}X_{LL2} - X_{KL2}^2)} \qquad (3-18)$$

根据前述的新古典生产函数的假设，可以得出：

$$X_{j1} > 0,\ X_{j2} > 0,\ X_{jj1} < 0,\ X_{jj2} < 0,\ X_{jm1} > 0,\ X_{jm2} > 0 \qquad (3-19)$$

根据 $X_1 = X_1$（K_1，L_1，S）和 $X_2 = X_2$（K_2，L_2）具有线性齐次性和凹性的特点，可以得到：

$$X_{KK1}X_{LL1} - X_{KL1}^2 > 0 \qquad (3-20)$$

$$X_{KK2}X_{LL2} - X_{KL2}^2 = 0 \qquad (3-21)$$

利用式（3-19）至（3-21），由此可以确定：

$$\frac{dK_1}{dS} > 0, \quad \frac{dK_2}{dS} < 0, \quad \frac{dL_1}{dS} > 0, \quad \frac{dL_2}{dS} < 0 \tag{3-22}$$

沿海与内陆地区总产值由下式给出：

$$Y_1 = p_1 X_1 = X_1 \tag{3-23}$$

$$Y_2 = p_2 X_2 = X_2 \tag{3-24}$$

为了分析全球化专用要素积累对地区经济的影响，本研究将式（3-23）和式（3-24）对 S 进行微分：

$$\frac{dY_1}{dS} = \frac{dX_1}{dS} = X_{K1}\frac{dK_1}{dS} + X_{L1}\frac{dL_1}{dS} + X_{S1} \tag{3-25}$$

$$\frac{dY_2}{dS} = \frac{dX_2}{dS} = X_{K2}\frac{dK_2}{dS} + X_{L2}\frac{dL_2}{dS} \tag{3-26}$$

根据式（3-19）和式（3-22），容易判定式（3-25）和式（3-26）的符号，即

$$\frac{dY_1}{dS} > 0, \quad \frac{dY_2}{dS} < 0 \tag{3-27}$$

2. 中国市场经济的完善阶段

根据假设条件3，在中国市场经济体制不断完善阶段，$w_1 = w_2$、$r_1 = r_2$，劳动被充分利用，资本也被充分利用，由此得到：

$$\sum_i L_i = \overline{L} \tag{3-28}$$

$$\sum_i K_i = \overline{K} \tag{3-29}$$

$$w_1 = w_2 = X_{L1}(K_1, \ L_1, \ S) = X_{L2}(\overline{K} - K_1, \ \overline{L} - L_1) \tag{3-30}$$

$$r_1 = r_2 = X_{K1}(K_1, \ L_1, \ S) = X_{K2}(\overline{K} - K_1, \ \overline{L} - L_1) \tag{3-31}$$

式（3-30）和式（3-31）分别对 S 求微分，化简后得到下面的矩阵形式：

$$\begin{bmatrix} X_{LK1} + X_{LK2} & X_{LL1} + X_{LL2} \\ X_{KK1} + X_{KK2} & X_{KL1} + X_{KL2} \end{bmatrix} \begin{bmatrix} \dfrac{dK_1}{dS} \\ \dfrac{dL_1}{dS} \end{bmatrix} = \begin{bmatrix} -X_{LS1} \\ -X_{KS1} \end{bmatrix} \tag{3-32}$$

则

$$\frac{dK_1}{dS} = \frac{-X_{LS1}(X_{KL1} + X_{KL2}) + X_{KS1}(X_{LL1} + X_{LL2})}{(X_{LK1}^2 - X_{KK1}X_{LL1}) + (2X_{KL1}X_{KL2} - X_{KK2}X_{LL1} - X_{KK1}X_{LL2})} \tag{3-33}$$

$$\frac{dL_1}{dS} = \frac{-X_{KS1}(X_{KL1} + X_{KL2}) + X_{LS1}(X_{KK1} + X_{KK2})}{(X_{LK1}^2 - X_{KK1}X_{LL1}) + (2X_{KL1}X_{KL2} - X_{KK2}X_{LL1} - X_{KK1}X_{LL2})} \tag{3-34}$$

根据生产函数具有线性齐次性和凹性的特点，可以得到：

$$X_{KL1}X_{KL2} < X_{KK1}X_{LL2} \tag{3-35}$$

$$X_{KL1}X_{KL2} < X_{KK2}X_{LL1} \tag{3-36}$$

$$2X_{KL1}X_{KL2} < (X_{KK2}X_{LL1} + X_{KK1}X_{LL2}) \tag{3-37}$$

由式（3-19）、式（3-20）和式（3-37）可知：

$$\frac{dK_1}{dS} > 0, \quad \frac{dL_1}{dS} > 0 \tag{3-38}$$

由式（3-28）和式（3-29）可知：

$$\frac{dK_2}{dS} < 0, \quad \frac{dL_2}{dS} < 0 \tag{3-39}$$

类似于中国市场经济建立的早期阶段情况下的推导，容易得出：

$$\frac{dY_1}{dS} > 0, \quad \frac{dY_2}{dS} < 0 \tag{3-40}$$

由式（3-22）、式（3-38）和式（3-39）可以看出，在中国建立市场机制和完善市场经济体制阶段，伴随着全球化专用要素在沿海地区的集聚，地区间的资源分配将发生变化，内陆地区的一般生产要素即劳动和资本开始向沿海地区转移，内陆地区的一般生产要素即资本和劳动投入量将减少，沿海地区的一般生产要素即资本和劳动的投入量将增加。由式（3-27）和式（3-40）可知，全球化专用要素在沿海地区的集聚增长，将促进沿海地区的经济增长，降低内陆地区的经济增长。由此得出命题1：

命题1：在中国建立市场机制和完善市场经济体制阶段，全球化专用要素在沿海地区的集聚增长将促进沿海地区的经济增长，降低内陆地区的经济增长，因而沿海地区与内陆地区的经济差距将扩大。

由命题1得知，伴随着全球化专用要素在沿海地区的集聚增长，与沿海地区全球化专用要素相匹配的一般生产要素投入量将不断增加，形成的生产性资本量和劳动量不断增加，对沿海地区的经济增长产生了显著的正向溢出效应，由此促进了沿海地区的经济增长。但是，由于沿海地区全球化专用要素的集聚增长是在参与国际产品内分工、加入全球价值链、融入国际经济循环大系统中形成，因此，沿海地区的全球化专用要素集聚所形成的生产性资本品及其与之相配套的劳动需求的专用性极强。此外，由于地区二元性导致的沿海与内陆地区独特的经济关系，内陆地区尚未全面加入沿海地区主导的国内价值链、纳入全国经济循环系统，沿海与内陆地区产业的前后向联系较为薄弱，因而沿海地区对内陆地区的经济增长几乎产生不了显著的正向溢出效应。由此得到推论1：

推论1：在中国建立市场机制和完善市场经济体制阶段，全球化专用要素在沿海地区的集聚增长虽然能促进沿海地区的经济增长，但不能对内陆地区产生增长的溢出效应，由此导致沿海与内陆地区的经济差距进一步扩大。

四、中国地区经济差距扩大的经验证据

（一）模型设定

假设地区 i 的生产函数为：

$$Y_{it} = f_i(L_i, K_i, t) \tag{3-41}$$

式中，Y_{it} 表示地区 i 在时间 t 时的实际 GDP；L_i 和 K_i 分别表示地区 i 的劳动投入量和实际资本存量。

如上文中提到的那样，本研究以外商投资企业出口作为地区拥有的全球化专用要素的代理变量。因此，本研究将全球化专用要素引入到模型中，实际上是将外商投资企业出口变量引入到生产函数中，这是由于：第一，与出口取向相关的激励由于规模经济和竞争效应可能引起更高的全要素生产率；第二，出口可能减轻严重的外汇限制，从而使一国能够进口更加先进的机械和原料；第三，出口可能提高技术创新率，激发从国外的动态学习（Balasubramanyam et al.，1996）。式（3-41）由此变为：

$$Y_{it} = f_i(L_i, K_i, S_i, t) \tag{3-42}$$

式中，S_i 表示地区 i 的全球化专用要素。

对式（3-42）取对数并对时间求导，得到：

$$y_{it} = c + \alpha lab_{it} + \beta cap_{it} + \delta gsf_{it} + \mu_{it} \tag{3-43}$$

式中，y_{it}、lab_{it}、cap_{it} 和 gsf_{it} 分别为实际地区生产总值、劳动、实际资本存量、实际全球化专用要素的增长率；α、β 和 δ 分别为劳动、资本、全球化专用要素的生产弹性；μ_{it} 为扰动项。

由生产函数可知，产出增长除了与劳动、资本等投入要素有关外，还受到其他多种因素的影响，如制度、开放条件、人文等，而滞后一期的产出能够反映出这些因素的影响。模型中包含一个滞后因变量，不仅是考虑增长的动态过程，而

且是因为滞后因变量可成为许多其他被忽略变量的代理变量。此外，本章的研究选择滞后一期主要是由于较多的解释变量和每个地区相对较短的时间序列（Nair – Reichert Weinhold，2001）。由此得到：

$$y_{it} = c + \alpha lab_{it} + \beta cap_{it} + \delta gsf_{it} + \varepsilon y_{it-1} + \mu_{it} \tag{3-44}$$

式中，y_{it-1} 为 y_{it} 的一年滞后变量。

沿海地区的全球化专用要素增长对内陆地区经济增长的溢出效应，由内陆地区增长方程中的溢出效应变量 sp_{it} 来度量。仿效 Demurger（2000）和 Fu（2004）的做法，本章将内陆省份 i 接受到的溢出效应 sp_{it} 表示为由内陆省份 i 和沿海省份 j 间的地理距离调整后的沿海省份的全球化专用要素增长率的加权平均值，具体计算公式为：

$$sp_{it} = \sum_{j=1}^{N=12} \omega_{jt} \frac{gsf_{jt}}{d_{ij}} \tag{3-45}$$

式中，ω_{jt} 为沿海省份 j 全球化专用要素占沿海所有省份全球化专用要素总额的比例，gsf_{jt} 为沿海省份 j 全球化专用要素增长率，d_{ij} 为内陆省份 i 和沿海省份 j 间由其省会城市间距离度量的地理距离。因此，包含沿海地区全球化专用要素的溢出效应的内陆地区增长方程为：

$$y_{it} = c + \alpha lab_{it} + \beta cap_{it} + \delta gsf_{it} + \eta sp_{it} + \varepsilon y_{it-1} + \mu_{it} \tag{3-46}$$

模型的解释变量包含因变量的滞后项，从而使解释变量与随机扰动项存在相关性，这导致模型存在内生性问题，因此，采用标准的随机效应或固定效应估计方法将导致参数估计的有偏和非一致性。为了解决这一问题，Anderson 和 Hsiao（1981）提出了工具变量法（IV），Arellano 和 Bond（1991）提出了广义矩法（GMM），Kiviet（1995）提出了修正的最小二乘虚拟变量方法（LSDV）。对于小样本的动态宏观经济面板数据的估计，修正的 LSDV 方法可以得出最好的结果，但是它不容易实施，GMM 方法是仅次于修正的 LSDV 方法的解决办法（Judson and Owen，1999），因此本章采用 GMM 方法。为了检验估计结果的稳健性，本章也给出基于不同面板数据技术得出的结果。由于全球化专用要素增长率变量可能具有内生性，本章采用随机解释变量（内生性）检验的 Wu – Hausman 检验。如果解释变量存在内生性，则估计中利用 IV 方法，否则用正常的固定效应或者随机效应模型，这取决于随机效应和固定效应模型的 Hausman 检验。

在对设定的生产函数模型进行一次差分得到的差分模型中，解释变量 Δy_{it-1} 和随机扰动项 $\Delta \mu_{it}$ 相关。尽管 y_{it-2} 与 Δy_{it-1} 高度相关，但与 $\Delta \mu_{it}$ 不相关，因而可以将 y_{it-2} 作为 Δy_{it-1} 的工具变量（白仲林，2008）。在本章的模型中，除了滞后因变量这一解释变量外，还有其他的解释变量，而 y_{it} 的行为部分地依赖这些解释变量的行为，y_{it-1} 的取值部分地取决于这些解释变量滞后一期的数值。因此，这些滞后一期的解释变量就是比较理想的工具变量，可以用这些滞后解释变量作为滞后内生变量的工具（潘省初，2009）。因此，本章用因变量的二期滞后即 y_{it-2} 和其他的解释变量的一期滞后作为 y_{it-1} 的工具变量。

（二）样本及数据说明

1. 研究时段选择与地区划分

由图 3-1 可知，自 20 世纪 90 年代开始，沿海与内陆地区的经济差距呈现出不断扩大之势。1992 年邓小平南方谈话之后，东部沿海地区的加工制造企业依托其区位优势，更加积极主动地参与跨国公司主导的产品内分工、加入全球价值链、融入国际经济循环大系统中，东部沿海地区全球化专用要素呈现出加速增长的态势。因此，本章的研究时段选择在 1992 ~ 2009 年。

本章研究的地区划分按照两分法，分为沿海地区与内陆地区。沿海地区包括北京、天津、河北、辽宁、上海、江苏、浙江、福建、山东、广东、广西、海南 12 个省份。由于数据缺失较多，研究不包括西藏自治区。又由于重庆市直辖之前的部分数据无法得到，研究将重庆市并入到四川省中。因此，内陆地区包括山西、内蒙古、吉林、黑龙江、安徽、江西、河南、湖北、湖南、四川、贵州、云南、陕西、甘肃、青海、宁夏、新疆 17 个省份。

2. 数据说明

（1）实际 GDP 增长率（y_{it}）。根据《新中国六十年统计资料汇编》和《中国统计年鉴 2010》中各省份 GDP（当年价）和 GDP 指数计算得到。

（2）地区劳动增长率（lab_{it}）。用地区就业人数增长率来表示，根据《新中国 60 年统计资料汇编》和《中国统计年鉴 2010》相关数据计算得到。

（3）地区实际资本存量增长率（cap_{it}）。1990 年的初始资本存量数据来自于张军等（2004）；固定资产投资价格指数来自于历年的《中国统计年鉴》；固定资产投资额（当年价）数据来自于《新中国六十年统计资料汇编》和《中国统计年鉴 2010》；固定资产折旧（当年价）数据来自于《中国国内生产总值核算历史资料（摘要）：1952 ~ 1996》、《中国国内生产总值核算历史资料（1952 ~ 2004）》以及 2006 ~ 2010 年《中国统计年鉴》。年折旧率取 5%，利用公式 $K_{it} =$

$(1-\alpha)K_{it-1}+I_{it}$ 计算出 1992~2009 年各地区实际资本存量，进而计算出其增长率。

（4）全球化专用要素增长率（gsf_{it}）。如前文所述，本章利用外商投资企业出口额作为全球化专用要素的代理指标。各地区外商投资企业出口额（当年价）来自于历年的《中国统计年鉴》，个别地区的个别年份来自于相应省份的统计年鉴。人民币对美元汇率（年平均价）来自于《中国统计年鉴2010》。平减指数利用 GDP 平减指数同于（1）中的数据来源，由此计算出沿海地区与内陆地区实际外商投资企业出口增长率，即沿海与内陆地区的全球化专用要素增长率。

（5）沿海地区对内陆地区增长的溢出效应（sp_{it}）。计算实际外商投资企业出口增长率的数据同于（4）中的数据来源。省会城市间距离利用《中国电子地图2008》测得①。利用式（3-45）计算出沿海地区对内陆地区增长的溢出效应。

1992~2009 年各变量的统计描述见表3-2。

表 3-2　1992~2009 年中国 29 个省份各变量的统计特征值（%）

统计指标	y_{it}	lab_{it}	cap_{it}	gsf_{it}	sp_{it}	y_{it-1}
平均值	1.804	0.143	1.055	1.078	15.729	2.136
中位数	1.549	0.113	0.789	0.047	0.039	1.800
最大值	6.975	0.649	7.551	84.070	553.036	7.818
最小值	0.000	-0.061	0.000	-0.929	-0.177	0.054
标准差	1.458	0.130	1.038	4.380	45.047	1.700
样本数	493	493	493	493	493	493

注：各变量的增长速度是按照 1992~2009 年、1993~2009 年、……、2008~2009 年、2009 年分别计算的，各变量的增长速度会出现负数和零的情况。

（三）回归结果分析

表 3-3 是静态和动态面板数据模型估计的结果。结果表明：

第一，就全球化专用要素增长对地区经济增长的影响而言，在沿海地区所有估计模型中，全球化专用要素增长都对地区经济增长产生显著的正向影响。尤其是在动态面板数据模型中，全球化专用要素增长率提高 1%，就会引起沿海地区

① 北京灵图软件技术有限公司：《中国电子地图 2008》，人民交通音像电子出版社 2007 年版。

表 3 - 3　地区经济增长：面板数据估计结果（1992~2009 年）

被解释变量：y_{it}

解释变量	内陆地区						沿海地区		
	静态（1）	静态（2）	动态（3）	静态（4）	静态（5）	动态（6）	静态（7）	静态（8）	动态（9）
c	0.162*	0.253**	-0.119***	0.254***	0.293***	-0.120***	-0.281**	0.138**	-0.069***
	(0.097)	(0.123)	(0.001)	(0.089)	(0.113)	(0.001)	(0.123)	(0.056)	(0.001)
lab_{it}	9.972***	7.933***	0.085***	9.009***	7.520***	-0.078***	4.488***	3.518***	0.074***
	(0.805)	(1.372)	(0.006)	(0.817)	(1.232)	(0.006)	(0.406)	(0.221)	(0.003)
cap_{it}	0.405***	0.344***	0.034***	0.354***	0.315***	0.035***	1.323***	1.027***	0.052***
	(0.069)	(0.099)	(0.001)	(0.069)	(0.093)	(0.001)	(0.087)	(0.048)	(0.001)
gsf_{it}	0.053***	0.182***	-0.018***	0.041***	0.159***	-0.018***	0.240***	0.227***	0.012***
	(0.009)	(0.047)	(0.001)	(0.009)	(0.051)	(0.001)	(0.016)	(0.012)	(0.000)
sp_{it}				0.002***	0.002	0.000***			
				(0.001)	(0.002)	(0.000)			
y_{it-1}			0.906***			0.907***			0.839***
			(0.001)			(0.001)			(0.001)
样本个数	306	289	272	306	289	272	216	204	192

续表

被解释变量：y_{it}

解释变量	内陆地区						沿海地区		
	静态 (1)	静态 (2)	动态 (3)	静态 (4)	静态 (5)	动态 (6)	静态 (7)	静态 (8)	动态 (9)
计量方法	FE	IV – FE	GMM	FE	IV – FE	GMM	FE	IV – FE	GMM
$Adj. R^2$	0.703	0.379	0.996	0.719	0.474	0.996	0.835	0.622	0.994
Hausman 统计量（H_0：随机效应）	87.041***			84.658***			30.362***		
Wu – Hausman p 值（H_0：gsf_{it} 有外生性）	0.000		0.000	0.000		0.000	0.000		0.000
LLC 统计量 Fisher – PP 统计量（H_0：有单位根）	−4.866*** 117.15***	−7.337*** 106.02***	−8.865*** 148.96***	−5.101*** 137.70***	−7.734*** 124.27***	−8.925*** 151.18***	−6.267*** 155.03***	−5.490*** 77.56***	−9.091*** 147.40***
Sargan 统计量（p 值）（H_0：过度识别约束有效）			4.04E – 24 (1.000)			1.13E – 23 (1.000)			5.76E – 25 (1.000)

注：***、**和*分别表示在1%、5%和10%的统计水平上显著，括号内数字为标准误差。

经济增长率提高 0.012%。但是，在内陆地区动态面板数据模型中，全球化专用要素增长都对地区经济增长产生显著的负向影响。全球化专用要素增长率提高 1%，就会引起内陆地区经济增长率降低 0.018%。因此，全球化专用要素是沿海地区经济增长的驱动力，但不是内陆地区经济增长的驱动力，由此导致沿海与内陆地区经济差距的扩大。命题 1 由此得到证明。

第二，就沿海地区的全球化专用要素增长对内陆地区增长的溢出效应而言，在内陆地区的所有模型中，沿海地区的全球化专用要素增长对内陆地区增长的溢出效应的系数均为正。但是，在静态 IV - FE 模型中统计上不显著。更重要的是，尽管在动态 GMM 模型中统计上显著，但是它的大小却可以忽略。这表明，沿海地区的全球化专用要素增长在促进沿海地区经济增长的同时，对内陆地区经济增长的溢出效应是极其微弱的，不能对内陆地区产生增长的溢出效应，由此进一步扩大沿海地区与内陆地区的经济差距。推论 1 由此得到证明。

第三，就地区经济增长的动态过程而言，沿海地区与内陆地区滞后一年的经济增长速度的估计系数均显著为正，而且在所有的动态 GMM 模型中都是稳健的，这表明沿海地区与内陆地区自身都具有很强的增长惯性，上一年的经济增长速度对当年的经济增长速度具有很大的影响力。但是，沿海地区与内陆地区的这种影响力非常近似（估计系数 0.839 ~ 0.907），这表明尽管中国的地区经济差距扩大是在高速增长的背景下产生的，但是地区经济的增长惯性不是沿海地区与内陆地区经济差距扩大的重要影响因素。

第四，就劳动和资本对地区经济增长而言，除了内陆地区的动态 GMM 模型（6）外，在沿海与内陆地区的其他静态和动态模型中，变量的估计系数均为正，统计上显著，而且估计结果在静态和动态模型中都是稳健的。这表明，沿海与内陆地区的一般要素（劳动和资本）的投入增长都对其经济增长产生显著的促进作用。但是，作为地区经济增长的一般生产要素的劳动和资本投入来说，它们对沿海与内陆地区经济差距扩大的影响已经超出了本章的研究内容，这留待以后做深入研究。

（四）计量检验

1. 随机效应和固定效应模型的 Hausman 检验

在静态面板数据模型设定时，是采用固定效应模型还是随机效应模型，取决于 Hausman 统计量检验结果。由表 3 – 3 可知，所有的静态面板回归模型 Hausman 统计量相对应的概率在 1% 的统计水平上显著，因而检验结果拒绝了随机效应的原假设，应该建立个体固定效应模型。

2. 随机解释变量（内生性）的 Wu – Hausman 检验

在对全球化专用要素增长对地区产出增长的影响进行经验分析时，本章的研究是以地区产出水平的增长率作为被解释变量，通过该变量对于全球化专用要素变量的回归系数的符号、大小以及显著程度，来判断全球化专用要素增长对于地区产出水平变化的影响。由于地区所拥有的全球化专用要素与地区本身的要素禀赋、技术水平、劳动力状况以及经济发展水平密切相关，因此，全球化专用要素变量可能与产出水平相互影响，这使得该解释变量具有内生性。为此，本章采用 Wu – Hausman 统计量检验怀疑具有内生性的解释变量 gsf_{it}。由表 3 – 3 可以看出，在沿海地区与内陆地区的有关模型中，gsf_{it} 在 Wu – Hausman 统计量相对应的概率在 1% 的统计水平上显著，因而检验结果拒绝了该解释变量具有外生性的原假设，表明该变量具有内生性。因此，本章采用 FE 和 IV – FE 方法对静态模型进行估计。

3. 面板残差单位根检验

为了检验回归结果或检验滞后阶的稳健性，需要对模型回归的残差进行面板单位根检验，如果残差不是面板单位根过程而是平稳过程，那么可以认为参数估计量不是伪回归结果。为此，本章选择相同根情形下的 LLC 单位根检验以及不同根情形下的 Fisher – PP 单位根检验。如表 3 – 3 所示，所有面板单位根检验结果都在 1% 的显著水平上拒绝了"残差存在单位根"的原假设，表明面板残差是平稳的，沿海与内陆地区的所有静态和动态模型的设定是合适的，估计结果具有稳健性。

4. 工具变量选取的 Sargan 检验

由于动态面板数据模型 GMM 估计一般不具有经典的拟合优度 R^2 和 F 统计量，所以一般采用 J 统计量来执行假设检验。由于本章使用了系统内部解释变量的滞后项作为其工具变量，故报告 Sargan 检验对判断工具变量是否有效十分必要。从表 3 – 3 可知，三个动态 GMM 模型中计算的 Sargan 检验的 P 值均在 10% 的显著性水平上接受了"过度识别约束有效"的原假设，即工具变量的选取是有效的，由此可以判断出采用 GMM 估计方法估计出的参数结果具有稳健性。

五、结论与启示

长期以来，中国地区经济差距研究领域的学者在解释中国地区经济差距扩大的原因时，一方面倾向于对中国省份间的经济差距扩大现象进行研究，没有充分考虑到中国的地区二元性及其在地区经济差距扩大中的基础性影响作用；另一方面倾向于从国内发展环境的视角进行分析，没有充分考虑到全球化专用要素地区分布的不平衡性及其在地区经济差距扩大中的重要促进作用。即使个别学者考虑到全球化对中国地区经济差距扩大的影响，也没有进行微观层面的理论分析和相应的计量检验。为此，本章在充分考虑上述两个方面的基础上，构建由沿海地区与内陆地区、一般要素和全球化专用要素构成的生产函数模型，并利用地区经济增长过程中一般要素投入、全球化专用要素、溢出效应、滞后因变量等变量，对中国地区经济差距扩大问题进行微观机理分析和计量经济分析。计量经济分析的结果充分支持了本章的基本判断与微观机理分析的结论，这也是本章研究的创新之处。

本章研究的主要结论是：第一，中国的地区经济差距扩大源于中国的地区二元性，全球化专用要素地区分布的不平衡性则起着重要的促进作用。全球化专用要素是沿海地区经济增长的驱动力，但是它却不是内陆地区经济增长的驱动力，由此导致沿海地区与内陆地区经济差距的扩大。第二，高度集聚于沿海地区的全球化专用要素在促进其经济增长的同时，对内陆地区的经济增长几乎没有产生溢出效应，由此进一步扩大沿海地区与内陆地区的经济差距。

本章研究的启发意义在于：要成功破解20世纪90年代以来中国地区经济差距扩大现象的谜团，必须基于中国地区二元性的客观现实，需要在劳动和资本投入等变量之外，将全球化专用要素纳入SF模型分析框架中。本章研究认为，包含地区二元性和全球化专用要素地区分布不平衡性的分析框架，对于缩小中国地区经济差距扩大趋势具有十分重要的意义。因此，缩小中国地区经济差距的理论研究和政策研究必须解决的两个重要课题包括：第一，如何弱化中国固有的地区二元性特征，改善全球化专用要素地区分布的不平衡现象，推动内陆地区的全球化专用要素的集聚增长，将内陆地区更多的加工制造企业加入跨国公司主导的全球价值链，纳入国际经济循环大系统，发挥内陆地区的全球化专用要素增长对其经济增长的促进作用；第二，如何在充分发挥沿海地区的全球化专用要素增长对其经济增长的促作用的同时，将内陆地区的加工制造企业加入沿海地区主导的国内价值链，纳入全国经济循环系统，切实加强沿海地区与内陆地区产业的前后向联系，注重提高沿海地区的全球化专用要素增长对内陆地区经济增长的溢出效应。

第四章　中国城市化波动、工业化波动和服务化波动

本章以中国工业化、城市化和服务化时间序列数据为检验对象，揭示工业化波动和服务化波动对城市化波动的影响。研究结果表明：中国城市化波动可以划分为六个不同的发展阶段；工业化波动最为剧烈，服务化波动最为平缓，城市化波动介于两者之间；城市化波动滞后于服务化波动，服务化波动滞后于工业化波动；城市化波动主要源于自身波动的冲击，工业化波动和服务化波动冲击的影响较小；城市化波动分别对工业化波动和服务化波动的脉冲响应曲线均为明显的正弦波，但脉冲响应时滞以及冲击力度明显不同；工业化波动对城市化波动具有显著的负向影响，服务化波动对城市化波动具有显著的正向影响。*

一、引言

自 20 世纪 60 年代以来，中国独特的城市化现象一直是学术界研究的热点，研究的焦点涉及中国城市化、工业化和经济发展间的关系问题，其中最具代表性的主题是中国的城市化滞后问题。Perkins（1969）在对中国农业发展的研究中较早地提出了中国滞后城市化（Under – urbanization）的观点。Cell（1979）在对中国反城市化（De – urbanization）的研究中，得出中国的城市化滞后于工业化的结论。Orleans（1982）在对中国城市人口的概念、集聚和利害关系进行分析的基础上，指出中国实现"四个现代化"的关键问题是城市化滞后于工业化。Whyte（1983）在对中国当代城镇和乡村的研究中认为，城镇和乡村的人为分割导致中国的城市化滞后。Ran 和 Berry（1989）对中国 1949～1986 年滞后的城市化政策

　　＊ 本章内容借鉴了朱英明：《中国城市化波动的解释：工业化波动和服务化波动的冲击》，《中国人口科学》2010 年第 3 期。

进行了评价。Ebanks 和 Cheng（1990）采取国际比较的方法，对中国滞后城市化模式的独特特征进行了分析。Chan（1994）认为，中国采取的限制农村—城市流动的行政措施这一"看不见的围墙"，在降低工业化成本的同时，抑制了城市化的发展。周振华（1995）认为，进入 90 年代以来，城市化大发展绝非偶然，是中国城市化长期滞后累积效应带来被迫调整的结果。廖丹清（1995）将中国城市化滞后的三大制约因素归结为企图通过经济手段过早过快消灭三大差别的认识误导、从"单一生产城市"到"限制大城市"的战略偏差、以城市户籍及福利制度为核心的城乡隔离的体制僵化。陈亚军和刘晓萍（1996）认为，改革开放前30 年的体制特点，是造成城市化滞后于工业化和经济发展水平的根本性因素。Lin（1998）从反城市主义（Anti - urbanism）或城市倾向（Urban - biased）的视角，对中国城市化受控下的工业化进行了研究。Dong 和 Putterman（2000）对中国改革开放前的工业发展及其政府垄断的研究发现，中国的城市化严重滞后于工业化与经济发展。李文（2001）认为，中国人口就业结构的转换严重滞后于产业结构的变动，中国的城市化滞后是产业结构与就业结构严重错位的结果。郭克莎（2002）的研究表明，中国的城市化并没有严重滞后于工业化。中国的问题在于工业化的偏差而不在于城市化的偏差。工业化的偏差主要表现之一是工业化过程中服务业发展（经济服务化）严重滞后，影响了非农产业就业的增长，进而影响到城市化水平的提高。朱铁臻（2002）认为，"三农"问题表面上看是落后的传统农业与现代农业的矛盾，从根本上讲是农业发展与城市化滞后的矛盾。白南生（2003）将中国经济中存在的结构偏差归结为高工业化和低服务业比重、产业结构中的高工业化和低城市化。陆铭和陈钊（2004）指出，中国的城市化水平滞后于经济发展和工业化进程主要是由城乡分割的管理体制造成的。吕政等（2005）强调，中国的城市化滞后工业化，不是通过计算城市化率与工业化率之差是否符合国外的经验标准来判断的。大量的非农就业人口和依托非农就业人口生存的相关人口不能够在城市中生活，就意味着城市化滞后工业化。

城市化、工业化和服务化问题，都是现阶段中国经济发展过程中面临的重大理论和现实问题。尽管学术界在每个问题上或彼此间的关系上已经进行了较多研究，但是对于城市化波动及其冲击影响问题还缺乏相应的研究。本章其余部分的结构安排如下：第二部分到第四部分为主体部分。其中，第二部分为城市化波动、工业化波动、服务化波动的动态度量，第三部分简要分析中国城市化波动、工业化波动与服务化波动间的关系,第四部分给出中国城市化波动的理论假说与计量检验。第五部分是全文的结论及启示。

二、城市化波动、工业化波动、服务化波动的动态度量

(一) 数据来源与水平测度

在本章所用的数据中,1998 年前的数据来源于《新中国五十年统计资料汇编》[①],1998 年后的数据来源于各年的《中国统计年鉴》。

被普遍接受的城市化的定义是美国学者弗里德曼的定义,他将"城市化过程区分为城市化 I 和城市化 II。前者包括人口和非农业生产活动在规模不同的城市环境中的地域集中过程、非城市性景观转化为城市性景观的地域推进过程;后者包括城市文化、城市生活方式和价值观在农村的地域推进过程。因此,城市化 I 是可见的、物化了的或实体性的过程,而城市化 II 则是抽象的、精神上的过程。城市化 I 可称为广义城市化,城市化 II 可称为狭义城市化,我们的研究工作的重点应该是狭义城市化"(许学强等,1997)。对于城市化水平的度量,一般采用人口城市化率,即城市人口占总人口的百分比(郭克莎,2002)。在本章中,我们以特定时期(一年)内城市人口与总人口的百分比作为城市化水平的度量标准。

目前,最具代表性的工业化定义是《新帕尔格雷夫经济学大辞典》的定义,"工业化是一种过程。首先,一般来说,国民收入(或地区收入)中制造业活动和第三产业所占比例提高了;其次,在制造业和第三产业就业的劳动人口的比例一般也有增加的趋势。在两种比率增加的同时,除了暂时的中断以外,整个人口的人均收入也增加了"[②]。按照这一定义,工业化过程主要表现为非农产业的产值比重和就业比重的提高过程。按照郭克莎(2002)的观点,由于我国存在工业化偏差问题,所以我们不宜直接用工业产值(增加值)比重作为衡量工业化水

① 国家统计局国民经济综合司:《新中国五十年统计资料汇编》,北京:中国统计出版社 1999 年版。
② 《新帕尔格雷夫经济学大辞典》(中文版,第 2 卷),北京:经济科学出版社 1996 年版。

平的指标，而工业就业比重则是一个衡量工业化水平的直接指标。为此，我们以特定时期（一年）内工业从业人员占总从业人员的百分比作为工业化水平的度量标准。

近年来，服务化概念的提法在学术研究文献中开始出现并引起学者们的极大关注。郭克莎（2002）将第三产业的发展理解为经济服务化，并提出了就业结构服务化的概念。贺有利（2008）则对服务化进行了专门研究，将服务化定义为"第三产业（亦称广义服务业或服务业）在国内生产总值和就业中所占比例越来越大，由低级向高级、由简单向复杂演变的过程"。按照这一定义，服务化主要表现为第三产业产值比重和就业比重的增加过程。基于与工业化水平度量标准相一致的考虑，服务化水平的衡量指标以特定时期（一年）内第三产业从业人员与总从业人员的百分比表示。

（二）城市化波动、工业化波动、服务化波动的动态度量

利用消除趋势法，我们将实际城市化水平（U）、实际工业化水平（I）、实际服务化水平（S）分别分解为趋势成分和周期成分。利用消除趋势后的城市化周期成分（Uc）、工业化周期成分（Ic）和服务化周期成分（Sc）分别作为城市化波动、工业化波动和服务化波动的动态度量。

在利用趋势消除法估算 Uc、Ic 和 Sc 时，常常利用被广泛使用的 Hodrick - Prescott 滤波方法（Hodrick and Prescott，1997），对包含趋势成分 $\{Y_t^T\}$ 和周期成分 $\{Y_t^C\}$ 的时间序列 $\{Y_t\}$ 进行分解，则：

$$Y_t = Y_t^T + Y_t^C \quad t = 1, 2, 3, \cdots, T$$

计算 HP 滤波就是从 $\{Y_t\}$ 中将 $\{Y_t^T\}$ 和 $\{Y_t^C\}$ 分离出来。时间序列 $\{Y_t\}$ 中的可观测部分趋势 $\{Y_t^T\}$ 常被定义为下面最小化问题的解：

$$\min\left\{ \sum_{t=1}^{T} (Y_t - Y_t^T)^2 + \lambda \sum_{t=1}^{T} \left[(Y_{t+1}^T - Y_t^T) - (Y_t^T - Y_{t-1}^T) \right]^2 \right\}$$

在利用 HP 滤波分析中国城市化波动、工业化波动和服务化波动时，我们采用 OECD 的建议取 $\lambda = 25$。利用 Eviews 6.0 软件，我们得到 1952~2007 年中国城市化波动、工业化波动和服务化波动的变动状况（见表 4-1）。

表4－1　中国城市化波动、工业化波动与服务化波动的变动状况

年份	工业化（I）（%）	服务化（S）（%）	城市化（U）（%）	工业化波动（Ic）（%）	服务化波动（Sc）（%）	城市化波动（Uc）（%）
1952	6.01	9.07	12.46	0.2678	1.0866	0.1309
1953	6.43	8.90	13.31	0.0816	0.2891	0.2943
1954	6.88	8.24	13.69	－0.0853	－1.0419	－0.0176
1955	6.27	8.16	13.48	－1.3368	－1.8913	－0.9416
1956	5.97	8.71	14.62	－2.3137	－2.2226	－0.5542
1957	5.89	9.76	15.39	－3.0629	－2.1035	－0.5540
1958	16.60	15.17	16.25	7.1211	2.4774	－0.4374
1959	11.01	17.19	18.41	1.4061	4.0052	1.0712
1960	11.51	18.36	19.75	2.1553	5.1563	1.9350
1961	8.69	11.67	19.29	－0.1244	－1.1032	1.2144
1962	6.58	9.94	17.33	－1.5724	－2.1836	－0.8277
1963	6.13	9.89	16.84	－1.4030	－1.5510	－1.3069
1964	6.11	9.92	18.37	－0.9476	－0.9042	0.2742
1965	6.38	10.00	17.98	－0.3915	－0.3097	－0.0246
1966	6.62	9.76	17.86	－0.0624	－0.1381	－0.0246
1967	6.59	9.70	17.74	－0.1917	0.1224	－0.0059
1968	6.55	9.74	17.62	－0.5090	0.4092	0.0221
1969	7.12	9.26	17.50	－0.3757	0.1148	0.0505
1970	8.16	9.01	17.38	0.1068	－0.0147	0.0693
1971	9.08	9.08	17.26	0.4025	0.1023	0.0667
1972	9.75	9.19	17.13	0.4307	0.1779	0.0179
1973	10.11	9.01	17.20	0.1648	－0.1300	0.1156
1974	10.44	8.94	17.16	－0.0988	－0.4403	0.0317
1975	11.22	9.33	17.34	0.1293	－0.4171	0.0735
1976	12.08	9.73	17.44	0.4926	－0.5066	－0.0829
1977	12.21	10.68	17.55	0.1897	－0.1483	－0.3746
1978	12.48	12.18	17.92	0.0791	0.6983	－0.5751
1979	13.02	12.62	18.96	0.2719	0.4699	－0.2829
1980	13.22	13.06	19.39	0.1360	0.2451	－0.7638
1981	13.26	13.57	20.16	－0.1815	0.0938	－1.0420

续表

年份	工业化（I）（%）	服务化（S）（%）	城市化（U）（%）	工业化波动（Ic）（%）	服务化波动（Sc）（%）	城市化波动（Uc）（%）
1982	13.09	13.45	20.80	−0.7690	−0.6939	−1.5313
1983	12.97	14.23	23.50	−1.3977	−0.6017	0.0564
1984	13.15	16.06	31.90	−1.8179	0.5343	7.5201
1985	16.74	16.76	23.71	1.1358	0.5725	−1.2731
1986	17.51	17.18	24.52	1.3618	0.3794	−0.8772
1987	17.70	17.80	25.32	1.1829	0.4291	−0.3951
1988	17.78	18.28	25.81	1.0974	0.3601	−0.1847
1989	17.29	18.31	26.21	0.6262	−0.1759	−0.0679
1990	15.17	18.51	26.41	−1.3533	−0.6120	−0.1896
1991	15.35	18.90	26.94	−0.9993	−0.9739	−0.0515
1992	15.59	19.80	27.46	−0.5854	−0.9631	−0.0182
1993	15.77	21.20	27.99	−0.2254	−0.5718	−0.0918
1994	16.03	23.00	28.51	0.2501	0.1559	−0.3141
1995	16.18	24.80	29.04	0.6899	0.8991	−0.6828
1996	15.89	26.00	30.48	0.7926	1.1306	−0.3033
1997	15.46	26.40	31.91	0.8592	0.6870	−0.0737
1998	13.33	26.70	33.35	−0.7010	0.2600	0.0601
1999	12.69	26.90	34.78	−0.7631	−0.1864	0.1152
2000	12.38	27.50	36.22	−0.5241	−0.1984	0.1462
2001	12.23	27.70	37.66	−0.1605	−0.6150	0.1732
2002	12.42	28.60	39.09	0.5223	−0.3670	0.2103
2003	NA	29.30	40.53	NA	−0.3609	0.2949
2004	NA	30.60	41.76	NA	0.2118	0.2157
2005	NA	31.35	42.99	NA	0.2239	0.1799
2006	NA	32.22	43.90	NA	0.3596	−0.1441
2007	NA	32.36	44.94	NA	−0.2256	−0.3251

注：自 2003 年起至今，国家统计局没有对全部工业从业人员数量进行统计，所以以就业结构度量的工业化水平和工业化波动数据缺失。

三、中国城市化波动、工业化波动与服务化波动间的关系分析

（一）中国城市化波动特征分析

纵观中华人民共和国成立以来中国实际城市化历史的全过程，中国实际城市化发展的突出特点是受政治和经济因素的冲击影响较大，相应地出现多次波动现象。进一步分析中国城市化的周期成分（Uc）可以看出，中国城市化周期成分（Uc）呈现出围绕趋势成分（Ut）曲线上下波动的特点（见图4－1），这使得中国城市化周期成分（Uc）的波动比实际城市化进程的波动更为复杂。根据中国城市化周期成分（Uc）的波动状况，可以将中国城市化波动划分为以下六个阶段，每个阶段表现出不同的波动特征。

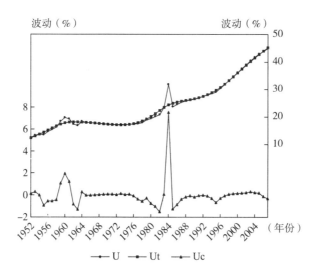

图4－1　中国实际城市化（U）、城市化趋势（Ut）和城市化周期（Uc）序列

1952～1958 年：城市化波动表现出类似正弦函数的波动特征，城市化进程具有较大的波动性，实际城市化水平快速提高。城市化波动的最大值为 0.29%，

最小值为 - 0.94%，均值为 - 0.30%，变异系数为 - 1.49。实际城市化水平由 1952 年的 12.46% 提高到 1958 年的 16.25%，年均增长 4.52%。以"156 项"大型建设项目为中心、由 694 个大中型建设项目组成的工业建设是影响城市化波动的主要因素。工业化起步时期的城市化表现出较大的波动性。

　　1959 ~ 1964 年：城市化波动表现出类似正弦函数的波动特征，城市化进程具有很大的波动性，实际城市化过程中出现第一次逆城市化现象。城市化波动的最大值为 1.94%，最小值为 0.27%，均值为 0.39%，变异系数为 3.20。实际城市化水平由 1959 年的 18.41% 降低到 1964 年的 18.37%，年均降低 0.04%。工业化过程中的"大跃进"和工业调整政策是影响城市化波动的主要因素。工业化大幅波动时期的城市化表现出很大的波动性。

　　1965 ~ 1976 年：城市化波动表现出近似水平线的特征，城市化进程表现出微弱的波动性，实际城市化过程中出现第二次逆城市化现象。城市化波动的最大值为 0.12%，最小值为 - 0.01%，均值为 0.03%，变异系数为 2.11。实际城市化水平由 1965 年的 17.98% 降低到 1976 年的 17.44%，年均降低 0.28%。政治运动"文化大革命"是影响城市化波动的主要因素。工业化停滞时期的城市化表现出微弱的波动性。

　　1977 ~ 1985 年：城市化波动表现出类似正弦函数的波动特征，城市化进程具有最大的波动性，实际城市化水平增长较快。城市化波动的最大值为 7.52%，最小值为 - 1.53%，均值为 0.20%，变异系数为 14.50。实际城市化水平由 1977 年的 17.55% 提高到 1985 年的 23.71%，年均增长 3.83%。农村体制改革的推进以及放宽建镇标准实行镇管村体制是影响城市化波动的主要因素。城镇人口统计标准的放宽导致 1984 年的城市化出现最大的波动性。

　　1986 ~ 1995 年：城市化波动表现出倒 U 形的波动特征，城市化进程的波动性小，实际城市化水平的增速放缓。城市化波动范围在水平轴之下，波动的绝对值的最大值为 0.88%，波动的绝对值的最小值为 0.02%，均值为 - 0.29%，变异系数为 - 1.01。实际城市化水平由 1986 年的 24.52% 提高到 1995 年的 29.04%，年均增长 1.90%。城市经济体制改革的推进以及总体开放格局的形成是影响城市化波动的主要因素。经济环境治理整顿下的城市化波动值全部为负值。

　　1996 ~ 2007 年：城市化波动表现出倒 U 形的波动特征，城市化进程的波动性较小，实际城市化水平稳定快速增长。城市化波动的最大值为 0.29%，最小值为 - 0.33%，均值为 0.05%，变异系数为 4.55。实际城市化水平由 1996 年的

30.48% 提高到 2007 年的 44.94%，年均增长 3.59%。市场配置资源作用的加强是影响城市化波动的主要因素。全球化和市场化背景下的城市化波动具有较大的波动性。

（二）中国城市化波动、工业化波动与服务化波动间的关系分析

根据表 4 - 1 中城市化波动（Uc）、工业化波动（Ic）和服务化波动（Sc）的数据，我们绘制出中国 1952～2007 年城市化波动、工业化波动和服务化波动图（见图 4 - 2）。进一步利用 Statistics 6.0 软件，我们可以对 1952～2007 年城市化波动、工业化波动和服务化波动状况分别进行拟合，得到它们的波动方程（见表 4 - 2）。

表 4 - 2　中国 1952～2007 年城市化波动、工业化波动、服务化波动拟合

拟合方程	振幅（A）	角频率（ω）	初相（φ）	周期 （T = 2π/ω）	右移距离 （φ/ω）
Uc：y = 0.3438sin（0.5048x − 3.0237）	0.3438	0.5048	− 3.0237	12.4469	5.9899
Ic：y = − 0.961sin（0.6932x − 1.0657）	0.9610	0.6932	− 1.0657	9.0640	1.5374
Sc：y = 0.2341sin（0.3405x − 1.6705）	0.2341	0.3405	− 1.6705	18.4528	4.9060

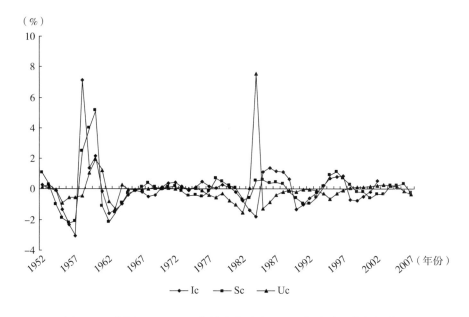

图 4 - 2　中国 1952～2007 年城市化波动、工业化波动和服务化波动

由表 4 - 2 可以看出，中国 1952 ～ 2007 年城市化波动、工业化波动和服务化波动间存在以下关系：第一，城市化波动、工业化波动和服务化波动均表现出形如 $y = A\sin(\omega x + \phi)$ 的正弦函数的波动特征，但三者间在波动振幅（A）、周期（$T = 2\pi/\omega$）、平移距离（ϕ/ω）间存在较大差异，表明 1952 ～ 2007 年中国城市化波动、工业化波动和服务化波动间在波动方向、波动程度、滞后状况等方面存在较大差异。第二，由拟合方程表达式可以看出，工业化波动拟合方程振幅前的系数为负，而城市化波动和服务化波动方程振幅前的系数均为正。这表明，就波动方向来说，1952 ～ 2007 年，中国工业化波动的方向与城市化波动和服务化波动的方向相反。第三，通过比较城市化波动、工业化波动和服务化波动拟合方程的振幅和周期，我们发现，工业化波动的振幅最大，周期最小；服务化波动的振幅最小，周期最大；城市化波动的振幅与周期均介于两者之间。这说明，就波动程度而言，1952 ～ 2007 年，中国工业化波动最为剧烈，服务化波动最为平缓，城市化波动程度介于工业化波动和服务化波动之间。第四，通过比较城市化波动、工业化波动和服务化波动的拟合方程的平移距离（ϕ/ω），我们发现，就滞后状况而言，1952 ～ 2007 年，中国城市化波动滞后于服务化波动，服务化波动又滞后于工业化波动。就彼此间的滞后程度而言，城市化波动滞后于工业化波动的程度最大（5.9899 - 1.5374），服务化波动滞后于工业化波动的程度次之（4.9060 - 1.5374），城市化波动滞后于服务化波动的程度最小（5.9899 - 4.9060）。

四、中国城市化波动的理论假说与计量分析

（一）中国城市化波动的理论假说

前面我们主要通过对中国城市化波动、工业化波动和服务化波动的时间序列数据的观察，来发现中国城市化波动的特征及其与工业化波动和服务化波动间的关系，但是这种直接的观察并没有揭示工业化波动与服务化波动对城市化波动的影响。因此，本部分给出工业化波动与服务化波动影响城市化波动的理论假说与逻辑证明。

无论是城市化还是工业化和服务化，它们都与经济增长密切相关。早在 1962

年，美国地理学家莱恩·贝利曾指出，一个国家的经济发展水平与该国的城市化程度之间存在着某种联系（谢文蕙和邓卫，1996）。城市化是中国下阶段经济增长的中心环节（樊纲，2001）。城市化是中国未来经济持续高增长的强大动力（朱铁臻，2002）。工业化和服务化本身是中国经济增长过程中最重要的两个组成部分。因此，作为实际城市化、实际工业化和实际服务化重要组成部分的城市化波动、工业化波动与服务化波动，必然都与经济增长波动息息相关。上述的拟合方程也表明，城市化波动、工业化波动和服务化波动均表现出经济周期的波动性特征。这预示着一个基本的判断：城市化波动、工业化波动和服务化波动彼此间的冲击影响将表现出经济周期的波动特征。因此，我们得到如下理论假说：

理论假说1：中国城市化波动、工业化波动、服务化波动间具有密切联系，城市化波动对工业化波动与服务化波动的冲击反应分别表现出经典经济周期理论推断的波动特征。

纵观世界城市化发展的历史可以看出，城市化过程是个自然而然的形成过程，是市场选择的产物（白南生，2003）。美国地理学家诺瑟姆通过对世界各国城市化发展的研究，得出城市化进程遵循S形曲线的发展规律。与之相对应，城市化波动也具有围绕该S形曲线上下波动的发展规律。无论外部冲击（包括工业化波动冲击和服务化波动冲击）如何，市场机制下城市化波动固有的发展规律不会因此而改变。城市化波动自身的冲击是引致城市化波动的内因，而工业化波动和服务化波动的冲击则是引致城市化波动的外因。此外，"与工业相比，服务业具有明显较高的就业弹性，并且随着经济发展水平的提高而不断增强对整个就业的带动效应。同时，从我国经济增长和产业结构变动的趋势看，工业就业比重上升的空间已经较小，非农产业就业比重的较快上升只能主要依靠服务业的迅速扩张"（郭克莎，2002）。所以，就服务化波动对城市化波动冲击和工业化波动对城市化波动冲击的贡献程度而言，前者总是大于后者。基于以上观察和分析，我们又得到如下理论假说：

理论假说2：城市化波动是城市化波动自身冲击与外部冲击综合作用的结果，其中城市化波动自身冲击是城市化波动的主要因素，工业化波动冲击和服务化波动冲击则居于次要地位。就工业化波动和服务化波动对城市化波动的影响程度而言，服务化波动的冲击更大一些。

城市化、工业化和服务化间的协调发展，是一条十分重要的国际经验。彼此间既不能超前，也不宜滞后，否则，将阻滞其他过程的推进（高波，1994）。服务化滞后是我国工业化过程中的一个突出的结构性问题，也是导致城市化滞后于工业化的主要原因，城市化进程不可能超越就业结构非农化的中介作用而自我演进（郭克莎，2002）。作为实际城市化、实际工业化和实际服务化重要组成部分的城市化波动、工业化波动和服务化波动间也需要协调发展，否则也将会出现彼此间不能协调发展的格局。反映在中国城市化波动、工业化波动和服务化波动方面，表现为城市化波动滞后于服务化波动，服务化波动又滞后于工业化波动。由于服务化波动滞后在中国滞后连锁关系链上处于具有承上启下作用的关键环节，所以从彼此间协调发展的客观规律来看，服务化波动的冲击首先将引发工业化波动，同时工业化波动对服务化波动具有反馈作用；随后，工业化波动的冲击会继续对服务化波动产生反馈作用；随着时间的继续推移，通过服务化波动的中介作用，城市化波动的冲击将引发工业化波动，同时工业化波动对城市化波动具有反馈作用。这样，我们由此得到如下理论假说：

理论假说3：从城市化波动、工业化波动和服务化波动的逻辑顺序和演进过程来看，服务化波动起着重要的中介作用。在较短时间内，服务化波动和工业化波动间具有互为因果关系；从长期来看，城市化波动与工业化波动间具有互为因果的关系。服务化波动也是引起城市化波动和工业化波动的重要原因。

在城市化发展的动力机制中，农业发展是城市化的初始动力，工业化是城市化的根本动力，第三产业发展（即服务化）是城市化的后续动力（谢文蕙和邓卫，1996）。日本地理学家国松久弥认为，现代城市化过程就是第二产业和第三产业聚集的过程。随着发达国家工业现代化的实现，工业化在城市化过程中的作用减弱，第三产业在城市化中的作用日益突出（许学强等，1997）。基于上述实际城市化动力机制的论述，我们得出一个基本判断，即伴随中国城市化进程的不断发展，城市化波动的动力机制将随之发生变化，工业化波动在城市化波动过程中的作用将逐渐减弱，服务化波动在城市化波动中的作用将逐渐增强。我们由此得到如下理论假说：

理论假说4：伴随着中国城市化的不断发展，工业化波动对城市化波动的影响作用逐渐降低，而服务化波动对城市化波动的影响作用逐渐增强。

（二）中国城市化波动的计量分析

我们首先在向量自回归（VAR）的框架下，利用脉冲响应函数、方差分解和格兰杰因果检验等计量经济学方法对工业化波动和服务化波动对城市化波动的影响进行分析，其次利用一般线性回归（OLS）方法进一步量化工业化波动和服务化波动对城市化波动的影响，并据此证明前述理论假说。

1. 城市化波动对工业化波动与服务化波动的脉冲响应分析

在实际应用中，由于 VAR 模型是一种非理论性的模型，它无须对变量做任何先验性约束，因此在分析 VAR 模型时，往往不分析一个变量的变化对另一个变量的影响如何，而是分析当一个误差项发生变化或者说模型受到某种冲击时对系统的动态影响，这种分析方法称为脉冲响应函数方法（高铁梅，2006）。按照脉冲响应函数方法的要求，首先，我们分别检验 1952～2007 年城市化波动、工业化波动和服务化波动序列的平稳性。利用 Eviews 6.0 软件进行单位根的 ADF 检验，结果显示，它们在 1% 的显著性水平上都拒绝原假设，接受不存在单位根的结论，表明这三个时间序列均为平稳序列。其次，我们检验 1952～2007 年城市化波动分别与工业化波动和服务化波动间是否存在协整关系。利用 Eviews 6.0 软件对相关回归方程的残差序列进行单位根检验，结果显示，它们在 1% 的显著性水平上都拒绝了原假设，接受其残差序列不存在单位根的结论，表明城市化波动分别与工业化波动和服务化波动间存在协整关系，因而城市化波动分别与工业化波动和服务化波动间具有长期均衡关系。最后，确定 VAR 模型滞后阶数。VAR 模型滞后阶数的选择由 Eviews 6.0 软件完成，5 个评价指标（LR、FPE、AIC、SC 和 HQ）显示应建立 VAR（3）模型，我们由此确定建立城市化波动、工业化波动和服务化波动的 VAR（3）模型，并据此给出城市化波动分别对工业化波动与服务化波动冲击的反应结果（见表 4 - 3 和图 4 - 3）。

表 4 - 3　中国城市化波动对工业化波动、服务化波动冲击的反应

滞后期间（年）	1	2	3	4	5	6	7	8	9
Uc 对 Sc 的脉冲响应值（%）	0	0.234	0.116	0.016	- 0.022	- 0.046	- 0.031	0.002	0.017
Uc 对 Ic 的脉冲响应值（%）	0	- 0.002	0.041	- 0.026	- 0.199	- 0.103	- 0.011	0.066	0.094

从表 4 - 3 和图 4 - 3 可以看出，城市化波动对于服务化波动冲击的脉冲响应曲线是一个明显的正弦波。脉冲响应的具体时间轨迹为：当 1 个百分点的服务化波动冲击发生之后，城市化波动出现了明显的正向反应，并在 2 年后达到最大值，此时城市化水平增加 0.234 个百分点。此后，服务化波动对城市化波动的冲

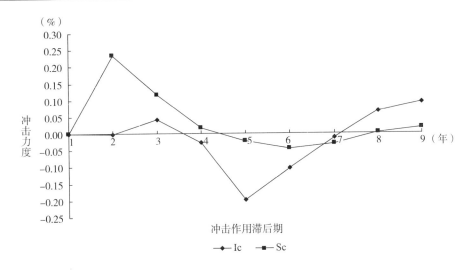

图 4 - 3 中国城市化波动对工业化波动、服务化波动冲击的反应

击持续减弱，并于第 6 年降低到最小值，此时城市化水平减少 0.046 个百分点。随后，服务化波动对城市化波动的冲击开始加强，在第 8 年城市化水平增加 0.002 个百分点。至此，城市化波动对于服务化波动冲击的脉冲响应曲线形成了一个完整的周期。这与凯恩斯经济周期理论的乘数—加速数模型的理论推断的波动特征非常类似，周期大致为 8 年，这论证了本章的理论假说 1。

城市化波动对于工业化波动冲击的脉冲响应曲线也是一个较为明显的正弦波。脉冲响应的具体时间轨迹为：当 1 个百分点的工业化波动冲击发生之后，城市化波动出现了明显的正向反应，并在 3 年后达到最大值，此时城市化水平增加 0.041 个百分点。此后，工业化波动对城市化波动的冲击持续减弱，并于第 5 年降低到最小值，此时城市化水平减少 0.199 个百分点。随后，工业化波动对城市化波动的冲击开始加强，在第 7 年城市化水平减少 0.011 个百分点。至此，城市化波动对于工业化波动冲击的脉冲响应曲线形成了一个较为完整的周期（周期为 7 年）。这也与经典的乘数—加速数经济周期理论推断的波动特征大致吻合，也同样支持了本章的理论假说 1。

上述分析表明，城市化波动对于服务化波动的脉冲响应模式与城市化波动对于工业化波动的脉冲响应模式非常相似。不同之处在于脉冲响应时滞以及冲击力度方面：城市化波动对于服务化波动的脉冲响应时滞短于城市化波动对于工业化波动的脉冲响应时滞，服务化波动对城市化波动的冲击力度大于工业化波动对城市化波动的冲击力度。可能的原因在于，由于中国的服务化波动滞后于工业化波动，所以在中国城市化发展过程中，当1个百分点的服务化波动冲击和工业化波动冲击发生之后，相对滞后的服务化波动凭借其"后发优势"，将对城市化波动产生更大的冲击作用。

2. 城市化波动的方差分解分析

方差分解是通过分析每一个结构冲击对内生变量变化（通常用方差来度量）的贡献度，进一步评价不同结构冲击的重要性。其基本思路如下：预测前 s 期向量自回归的误差为：

$$y_{t+s} - \hat{y}_{t+s|t} = \varepsilon_{t+s} + \Psi_1 \varepsilon_{t+s-1} + \cdots + \Psi_{s-1} \varepsilon_{s-1} \tag{4-1}$$

因此，前 s 期预测的均方误差（MSE）为：

$$\mathrm{MSE}(\hat{y}_{t+s|t}) = E\big[(y_{t+s} - \hat{y}_{t+s|t})(y_{t+s} - \hat{y}_{t+s|t})'\big] = \sum + \Psi_1 \sum \Psi_1' + \cdots +$$

$$\Psi_{s-1} \sum \Psi_{s-1}' \tag{4-2}$$

我们可以利用乔利斯基分解将方差矩阵 $\sum$ 进行正交分解，然后利用式（4 - 2）给出每个正交化新息（innovation）对前 s 期预测 MSE 的贡献。根据不同冲击对各变量前 s 期预测 MSE 的贡献率，就可以分析不同冲击对各变量的重要程度（贾俊雪，2008）。中国工业化波动、服务化波动分别对城市化波动影响的相对重要性如表4 -4 所示。

表4 -4　中国城市化波动的方差分解

时期（年）	1	2	3	4	5	6	7	8	9
标准差	1.27	1.30	1.36	1.37	1.39	1.39	1.39	1.39	1.40
Uc 冲击（%）	100	96.79	96.22	96.24	94.25	93.64	93.59	93.38	92.95
Ic 冲击（%）	0	0.00	0.09	0.13	2.18	2.71	2.71	2.93	3.36
Sc 冲击（%）	0	3.21	3.69	3.63	3.58	3.65	3.70	3.69	3.69

从表4 -4 可以看出，1~4 年，城市化波动自身冲击的贡献率高达96% 以上，而工业化波动和服务化波动冲击的总和的贡献率不足4%。至第9 年，城市化波动自身冲击的贡献率仍高达92.95%，而工业化波动和服务化波动冲击的贡献率分别为3.36% 和3.69%。这表明，无论短期还是长期，城市化波动主要源于自身波动的冲击，工业化波动和服务化波动冲击的影响较小，这证明了本章的理论假说2。就工业化波动和服务化波动对城市化波动影响的重要性而言，无论

短期还是长期，都是服务化波动冲击的贡献更大一些，这进一步验证了本章的理论假说2。进一步分析发现，在短期，服务化波动冲击的贡献度远远大于工业化波动冲击的贡献度；在长期，服务化波动冲击的贡献度与工业化波动冲击的贡献度相差不大。从保持中国城市化持续稳定发展的角度来看，主要的政策措施应是努力降低城市化自身波动。此外，短期应采取一系列措施来降低服务化波动对城市化波动的冲击，远期的政策目标应是同时降低工业化波动和服务化波动对城市化波动的冲击。

3. 城市化波动、工业化波动、服务化波动间格兰杰因果分析

对于两个变量 y 与 x，如果关于所有的 $s > 0$，基于 $(y_t, y_{t-1}, \cdots)$ 预测 y_{t+s} 得到的均方误差，与基于 $(y_t, y_{t-1}, \cdots)$ 和 $(x_t, x_{t-1}, \cdots)$ 两者得到的 y_{t+s} 的均方误差相同，则 y 不是由 x Granger 引起的。反过来，如果 x 不是由 y Granger 引起的，那么我们认为 y 与 x 之间不存在格兰杰因果关系。这样的定义可以推广到二元或多元向量的情况中（高铁梅，2006）。考虑到中国城市化波动、工业化波动、服务化波动间存在的滞后关系，我们从滞后1期开始进行格兰杰因果检验，一直检验到每个 VAR 方程的系数估计出现观察数不足时为止。在本章中，最大滞后数为12期。将所有拒绝原假设的检验结果列在表4-5中。

表4-5 中国城市化波动、工业化波动和服务化波动 Granger 因果检验

原假设	滞后阶数	χ^2 值	P 值
Sc 不能 Granger 引起 Ic	2	6.0470	0.0486
Ic 不能 Granger 引起 Sc	2	7.0048	0.0301
Ic 不能 Granger 引起 Sc	3	33.4383	0.0000
Ic 不能 Granger 引起 Sc	4	41.6670	0.0000
Ic 不能 Granger 引起 Sc	5	38.3147	0.0000
Ic 不能 Granger 引起 Sc	6	32.2684	0.0000
Uc 不能 Granger 引起 Ic	7	36.9306	0.0000
Ic 不能 Granger 引起 Sc	7	103.9557	0.0000
Uc 不能 Granger 引起 Ic	8	45.5116	0.0000
Ic 不能 Granger 引起 Sc	8	72.4025	0.0000
Uc 不能 Granger 引起 Ic	9	59.5135	0.0000
Uc 不能 Granger 引起 Ic	10	41.5681	0.0000
Ic 不能 Granger 引起 Uc	12	129.2029	0.0000
Uc 不能 Granger 引起 Ic	12	35.5081	0.0004
Sc 不能 Granger 引起 Uc	12	135.0723	0.0000
Sc 不能 Granger 引起 Ic	12	37.7683	0.0002

由表4-5可以看出，在5%的显著性水平上，滞后期为2时，服务化波动与工业化波动之间存在着双向格兰杰因果关系，表明服务化波动可以在较短时间内引起工业化波动，工业化波动也可以在较短时间内引起服务化波动，这就验证了本章的理论假说3。在滞后期为3、4、5、6、7、8时，工业化波动均为服务化波动的格兰杰原因，工业化波动与服务化波动间是一种单向关系，表明工业化波动经过较长的时间后才会引起服务化波动。在滞后期为7、8、9、10时，城市化波动均为工业化波动的格兰杰原因，城市化波动与工业化波动间是一种单向关系，表明城市化波动经过更长的时间后才会引起工业化波动。在滞后期为12时，工业化波动与城市化波动之间存在着双向格兰杰因果关系，表明工业化波动在很长的时间内引起城市化波动，城市化波动也在很长时间内引起工业化波动。此外，服务化波动分别为城市化波动和工业化波动的格兰杰原因，表明服务化波动经过很长时间后，将分别引起城市化波动和工业化波动，这也进一步验证了本章的理论假说3。

从总体上看，在较短时间内，工业化波动与服务化波动间存在双向或单向格兰杰因果关系。在较长时间内，城市化波动与工业化波动间存在双向或单向格兰杰因果关系。从城市化波动、工业化波动和服务化波动间协调发展的角度来看，短期可以通过工业化波动和服务化波动间的双向或单向因果关系来促进其协调发展；长期则需要通过城市化波动和工业化波动间的双向或单向因果关系来促进其协调发展。

4. 城市化波动的回归分析

在上述向量自回归模型分析的基础上，我们利用一般线性回归模型，进一步分析工业化波动和服务化波动对城市化波动的影响（见表4-6）。采用 White 异方差检验，在1%的显著性水平上接受回归方程的残差序列不存在异方差的原假设。采用 Breusch-Godfrey 序列相关的 LM 检验，在1%的显著性水平上接受回归方程的残差序列不存在序列自相关的原假设。

表4-6 中国城市化波动的线性回归分析

解释变量	系数	标准差	t 统计值	概率值	Adj. R^2	D-W 值
Ic	-0.4474	0.1513	-2.9575	0.0048	0.2004	2.1457
Sc	0.6003	0.1658	3.6211	0.0007		

从表4－6可以看出，在1%的显著性水平上，工业化波动对城市化波动具有显著的负向影响，而服务化波动对城市化波动具有显著的正向影响，这在一定程度上支持了理论假说4。当工业化波动水平增加1倍时，城市化波动水平将减少44.74%；当服务化波动水平增加1倍时，城市化波动水平将增加60.03%。因此，从促进中国城市化平稳健康发展的角度来看，当务之急应采取各种政策措施降低服务化波动对城市化波动带来的较大冲击。

五、结论与启示

基于中国实际城市化、实际工业化和实际服务化的时间序列数据，本章对中国1952～2007年城市化波动进程进行阶段划分，对城市化波动、工业化波动和服务化波动进行拟合分析，分别利用脉冲响应函数、方差分解、格兰杰因果检验和线性回归方法对城市化波动进行计量分析与检验。本章得出以下几个结论：

中华人民共和国成立后，中国城市化波动大致划分为六个阶段。1952～1958年、1959～1964年、1977～1985年的城市化波动都表现出类似正弦函数的波动特征；1965～1976年的城市化波动表现出近似水平线的特征；1986～1995年、1996～2007年的城市化波动均表现出倒U形的波动特征。

就波动方向而言，中国工业化波动的方向，与城市化波动和服务化波动的方向相反。就波动程度而言，工业化波动最为剧烈，服务化波动最为平缓，城市化波动介于工业化波动和服务化的波动之间。就滞后状况而言，城市化波动滞后于服务化波动，服务化波动又滞后于工业化波动。就彼此间的滞后程度而言，城市化波动滞后于工业化波动的程度最大，服务化波动滞后于工业化波动的程度次之，城市化波动滞后于服务化波动的程度最小。

城市化波动对工业化波动与服务化波动的脉冲响应曲线均为明显的正弦波，不同之处在于脉冲响应时滞以及冲击力度方面：城市化波动对于服务化波动的脉冲响应时滞较短，服务化波动对城市化波动的冲击力度较大。

无论短期还是长期，城市化波动主要源于自身波动的冲击，工业化波动和服务化波动冲击的影响较小，相比较而言，服务化波动冲击比工业化波动冲击的贡献更大。从保持中国城市化持续稳定发展的角度看，主要的政策措施应是努力降低城市化自身波动。此外，短期应采取一系列措施来降低服务化波动对城市化波动的冲击，远期的政策目标应是同时降低工业化波动和服务化波动对城市化波动的冲击。

在较短的时间内，工业化波动与服务化波动间存在双向或单向格兰杰因果关系。在较长时间内，城市化波动与工业化波动间存在双向或单向格兰杰因果关系。从城市化波动、工业化波动和服务化波动间协调发展的角度来看，短期可以通过工业化波动和服务化波动间的双向或单向因果关系来促进其协调发展，长期则需要通过城市化波动和工业化波动间的双向或单向因果关系来促进其协调发展。

工业化波动对城市化波动具有显著的负向影响，而服务化波动对城市化波动具有显著的正向影响。因此，从促进中国城市化平稳健康发展的角度来看，当务之急应采取各种政策措施降低服务化波动对城市化波动带来的较大冲击。

区域经济发展新动能培育：
新战略区域构建策略

第五章 中国新战略区域发展理论研究

中国特色社会主义进入新时代，中国区域发展也进入了一个新阶段，这对传统的政府部门提出或实施的"经济区域"提出新挑战，研究并推进"战略性区域"发展是中国特色社会主义新时代面临的重大课题之一。本章将我国新战略区域置于全球化、工业化、城镇化和市场化的背景中加以考察，从一个全新的视角全面审视和科学界定我国新战略区域；根据支撑未来我国经济增长的四大驱动因素，在定量评价与定性分析方法相结合的基础上，采用矩阵分类法对我国新战略区域进行类型划分。*

一、引言

习近平总书记在中国共产党第十九次全国代表大会报告中郑重宣示，"中国特色社会主义进入了新时代，这是我国发展新的历史方位"（习近平，2017）。对于我国区域发展而言，学习贯彻党的十九大精神，一个重要方面就是深刻领会"新时代"的丰富内涵，准确把握我国区域发展新的历史方位，促进我国区域经济的持续、快速和协调发展。事实上，在进入中国特色社会主义新时代后，我们仍处于社会主义初级阶段这个基本国情和最大实际（习近平，2017）。我国区域经济发展仍将面对很多新问题：一是区域需求结构失衡问题。长期以来，我国区域经济增长过度依赖投资、出口需求拉动，消费尤其是居民消费成为区域经济发展的最大短板。二是区域产业结构缺陷。我国区域经济发展中还存在着产业结构不合理、缺乏核心技术、管理方式粗放等问题。三是区域资源环境约束。伴随着我国区域工业化与城镇化进程的加快，资源相对不足、环境承载能力较弱、环境

＊ 本章部分内容借鉴了朱英明：《新时代中国新战略区域发展研究》，《贵州省党校学报》2018 年第 2 期。

容量有限已经成为我国区域发展的新特征。面对区域发展的这些新问题，有必要开展前瞻性的研究，研究并推进战略性区域发展是进入中国特色社会主义新时代后面临的重大课题之一。

伴随着中国特色社会主义进入新时代，我国区域发展也进入了一个新的发展时期，这一时期既是区域经济发展的黄金时期，也是区域发展问题的凸显时期。各地区由于资源禀赋和发展阶段差异，区域发展问题的重要性日益显现，未来我国区域经济发展势必呈现多元化、梯度化的多层级增长格局。依照这种发展趋势，区域经济发展将对传统的政府部门提出或实施的代表性经济区划方案中的"经济区域"提出新挑战，这些传统的"经济区域"包括国家"七五"计划提出的三大地带［东部地带（12 个省份）、中部地带（9 个省份）、西部地带（10 个省份）］（赵华，2016）、"九五"计划提出的七大经济区（长江三角洲及沿江地区、环渤海地区、东南沿海地区、西南和华南部分省区、东北地区、中部五省地区、西北地区）（全国人大财政经济委员会办公室，2008），以及"十五"计划提出的东部、西部、中部、东北四大板块（中国社会科学院经济研究所，2006）。在区域经济空间重塑的过程中，能够支撑我国或区域未来经济增长的先导性和战略性区域即"新战略区域"将脱颖而出。毫无疑问，中国特色社会主义新时代下重构新战略区域经济空间结构，优化新战略区域经济空间格局，推动新战略区域发展，无疑是破解区域发展难题、实现未来我国经济增长的重大战略举措。实施新战略区域发展战略，培育一批新战略支点和新增长极点，对于推进西部大开发形成新格局，加快东北等老工业基地振兴，推动中部地区崛起，实现东部地区优化发展，建立更加有效的区域协调发展新机制，都具有重要的现实意义和深远的历史意义。

二、新战略区域概念界定

"战略"一词最早应用于军事方面，是指筹划和指导战争全局的方略。王元认为，战略性区域一定是从我国的整体发展、地缘政治格局和未来新的增长动力的角度来定义，它并不一定是对目前我国经济发展起着重要带动和支持作用的地区，重要的是对我国长远发展具有带动作用，以及对整体经济格局产生直接或间接影响的地区。刘冬梅主张，战略性区域应包括那些极具发展潜力、新兴的高成长区域，具有地缘优势、技术扩散潜力强的区域，以及关乎国家安全的重要区域。陈光指出，战略性区域不是区域层面的，而是国家层面的；不一定是经济发展水平最高的，而是综合来看具有重要战略意义的区域；不一定是当前最重要的，而是从长远发展看具有重要意义的区域；不一定是国家已确定的，也包括具有成长和发展潜力的区域。战略区域是具有带动性、先进性、成长性、外向性、高效性与规模性的区域；新战略区域是支撑未来我国经济增长的区域，是对国家长远发展具有战略意义的区域，是未来我国经济增长的战略区域。为了科学界定我国新战略区域，需要将我国新战略区域置于全球化、工业化、城镇化和市场化的背景中加以考察，从一个全新的视角全面审视和分析支撑战略区域的经济增长。

从全球化维度来看，分工的边界正从传统的产业、产品层次转换为价值链层次，分工的内容也正从传统的产业分工、产品分工深化为新型的价值链分工。考虑到分工是经济增长的重要源泉之一，因而嵌入全球价值链、参与价值链分工将成为未来我国新战略区域经济增长的重要驱动力。

从工业化维度来看，我国总体上正处于波特四阶段发展模型中从要素驱动和投资驱动向创新驱动转变的阶段，创新驱动将成为未来我国新战略区域经济增长的另一重要驱动力。

从城镇化维度来看，我国在人口转移型的城镇化（强调的是人口由农村向城市的空间转移，即量的城镇化）快速发展的同时，结构转换型的城镇化（强调的是区域经济社会结构由传统社会向现代社会的转型，即质的城镇化）发展缓慢，创造需求的城镇化还滞后于创造供给的工业化，城镇化将是未来我国新战略区域经济增长的第三个重要驱动力。

从市场化维度来看，党的十八届三中全会审议通过的《中共中央关于全面深化改革若干重大问题的决定》明确指出，要使市场在资源配置中起决定性作用和更好地发挥政府作用，市场化进程中市场与政府间的协调关系将成为未来我国经济增长的重要保障。

毫无疑问，工业化将为未来我国新战略区域经济创造强大的供给，城镇化将为未来我国新战略区域经济创造旺盛的需求，市场化将使未来我国新战略区域经济充满活力，全球化能够为未来我国新战略区域经济不断拓展新的增长空间。工业化、城镇化、市场化和全球化界定了我国新战略区域"四位一体"的基本内涵。新战略区域的本质内涵就是支撑未来经济增长的区域。

三、新战略区域类型的划分方法

本部分根据支撑未来我国经济增长的四大驱动因素，在定量评价与定性分析方法相结合的基础上，采用矩阵分类法对我国新战略区域进行类型划分，主要步骤如下：

第一，根据区域嵌入全球价值链的方式和深度确定初始新战略区域。区域经济嵌入全球价值链主要有贸易性嵌入与产业嵌入两种途径，其中全球价值链的贸易性嵌入深度可以用外贸依存度来近似衡量，产业性嵌入深度可以用外资依存度近似衡量。采用外贸依存度与外资依存度这两个全球价值链分工的核心指标，分别按高低分组并组合，将我国区域发展模式分为四类：贸易性嵌入深、产业性嵌入深，贸易性嵌入深、产业性嵌入浅，贸易性嵌入浅、产业性嵌入深，贸易性嵌入浅、产业性嵌入浅。最后一种模式容易将区域锁定在全球价值链的低端位置，导致"结构封锁效应"，不利于未来区域经济增长；而前三种模式中区域深度或较深嵌入全球价值链，占据全球价值链高或较高附加值环节，"结构封锁效应"较弱，有利于区域在全球价值链向高端继续攀升，有利于未来区域经济增长。基于价值链分工这一主导因素，本部分确定的我国初始新战略区域有三种类型：贸易性嵌入深、产业性嵌入深区域（V1），贸易性嵌入深、产业性嵌入浅区域（V2），贸易性嵌入浅、产业性嵌入深区域（V3）。

第二，根据区域创新驱动发展能力，在初始新战略区域的基础上确定准新战略区域。区域创新能力可以从创新投入与创新产出两个方面反映，其中创新投入力度可以用区域 R&D 经费占 GDP 的比重来近似衡量，创新产出能力可以用区域每万人口发明专利拥有量来近似衡量。采用区域 R&D 经费占 GDP 的比重与区域每万人口发明专利拥有量分别按高低分组并组合，将创新驱动发展区域划分为四类：创新投入力度大、创新产出能力强区域（I1），创新投入力度大、创新产出能力弱区域（I2），创新投入力度小、创新产出能力强区域（I3），创新投入力度小、创新产出能力弱区域（I4）。显然，最后一类区域不属于新战略区域范畴，新战略区域只可能包括前三类区域。基于区域创新驱动发展能力这一主导因素，本部分采用矩阵分类法，以进一步将我国新战略区域细分为九种类型：V1I1、V1I2、V1I3、V2I1、V2I2、V2I3、V3I1、V3I2、V3I3。

第三，将区域资源配置中市场与政府间的协调关系（政府行为规范化、经济主体自由化）（M）、城镇化进程中质与量的协同发展（人口转移型的城镇化、结构转换型的城镇化）（U）作为我国新战略区域划分的必要条件，在准新战略区域的基础上确定新战略区域。根据新战略区域嵌入全球价值链的深度和创新驱动发展能力的差异，九类新战略区域可以进一步归并为四类：第Ⅰ类是创新驱动发展能力强、深度嵌入全球价值链、资源配置中市场与政府间关系协调且城镇化质与量协同发展的新战略区域，包括 R1；第Ⅱ类是创新驱动能力强、较深嵌入全球价值链、资源配置中市场与政府间关系协调且城镇化质与量协同发展的新战略区域，包括 R2、R3；第Ⅲ类是深度嵌入全球价值链、创新驱动发展能力较强、资源配置中市场与政府间关系协调且城镇化质与量协同发展的新战略区域，包括 R4、R5；第Ⅳ类是较深嵌入全球价值链、创新驱动发展能力较强、资源配置中市场与政府间关系协调且城镇化质与量协同发展的新战略区域，包括 R6、R7、R8、R9（见图 5 - 1）。

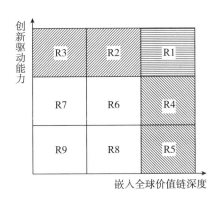

图 5 - 1 中国新战略类型划分的矩阵分类

第六章　中国新战略区域类型划分与特征分析

首先，本章以我国 290 个地级及以上城市为例，从全球化、工业化、城镇化、市场化四个角度，综合考虑贸易型嵌入和产业性嵌入的深度、创新驱动发展的创新投入力度和创新产出能力、区域城镇化发展的质量与速度以及区域资源配置中市场的决定性作用和政府作用的发挥等方面，据此界定我国地级市的新战略区域。其次，对我国中国新战略区域发展特征进行分析。在此基础上，提出新时代下促进我国未来经济增长的对策建议。*

一、中国新战略区域的类型划分

根据新战略区域的概念界定，本部分以我国 290 个地级及以上城市为例，从全球化、工业化、城镇化、市场化四个角度，综合考虑贸易型嵌入和产业性嵌入的深度、创新驱动发展的创新投入力度和创新产出能力、区域城镇化发展的质量与速度以及区域资源配置中市场的决定性作用和政府作用的发挥等方面，据此界定我国地级市的新战略区域。考虑到城市层面数据的可得到性，指标体系中各级指标选取参见表 6－1。其中，以外贸依存度和外资依存度分别表征全球化中的贸易型嵌入和产业性嵌入状况；以科技支出占财政支出的比重和每万人口发明专利拥有量分别表征工业化中的创新投入和创新产出；以非农业人口占总人口的比重和建成区面积占城市面积的比重表征城镇化量的方面；以人均道路铺装面积人均公共绿地面积、万元工业总产值工业废水排放量等指标表征城镇化质的方面；以财政收入占 GDP 比重和非国有经济在工业总产值中的比重分别表征市场化中

---

　　* 本章部分内容借鉴了邵娟：《江苏省新战略区域经济增长研究》，南京理工大学硕士学位论文，2017年。

的政府与市场的关系以及非国有经济发展状况（相关数据主要来自2016年《中国城市统计年鉴》，部分缺失数据由对应省份2016年统计年鉴整理补充）。

表6-1 中国新战略区域类型划分的指标体系

一级指标	二级指标	三级指标变量
全球化	贸易型嵌入	外贸依存度［进出口总额占GDP的比重（%）］
	产业型嵌入	外资依存度［FDI占GDP的比重（%）］
工业化	创新投入	科技支出占财政支出的比重（%）
	创新产出	每万人口发明专利拥有量（件）
城镇化	城镇化数量	非农业人口占总人口的比重（%）
		建成区面积占城市面积的比重（%）
	城镇化质量	人均道路铺装面积（平方米）
		人均公共绿地面积（公顷/人）
		万元工业总产值工业废水排放量（吨/万元）
市场化	政府与市场的关系	财政收入占GDP比重（%）
	要素市场的发育程度	非国有经济在工业总产值中的比重（%）

根据区域嵌入全球价值链的方式和深度确定的初始新战略区域共计131个。其中，V1类型城市有47个，V2类型城市有27个，V3类型城市有57个（见表6-2）。

表6-2 全球化维度下我国初始新战略区域类型

分类	数量（个）	城市地区
V1	47	北京、天津、太原、大连、丹东、上海、南京、无锡、常州、苏州、南通、连云港、淮安、杭州、宁波、嘉兴、湖州、合肥、厦门、泉州、漳州、九江、鹰潭、吉安、青岛、烟台、威海、日照、郑州、广州、深圳、珠海、佛山、江门、肇庆、惠州、东莞、中山、儋州、昆明、西安、金昌、镇江、绍兴、石家庄、徐州、扬州
V2	27	营口、温州、绍兴、金华、衢州、舟山、台州、丽水、铜陵、福州、东营、潍坊、滨州、安阳、汕头、汕尾、河源、清远、潮州、揭阳、崇左、海口、三亚、贵阳、崇左、宁德、唐山

续表

分类	数量（个）	城市地区
V3	57	秦皇岛、阳泉、鄂尔多斯、辽阳、铁岭、长春、吉林、辽源、通化、白山、哈尔滨、齐齐哈尔、鸡西、鹤岗、大庆、佳木斯、牡丹江、黑河、泰州、芜湖、蚌埠、马鞍山、淮北、滁州、宿州、六安、亳州、池州、宣城、南昌、新余、赣州、宜春、上饶、济南、开封、洛阳、鹤壁、新乡、焦作、濮阳、漯河、三门峡、武汉、长沙、株洲、湘潭、衡阳、常德、郴州、永州、重庆、成都、拉萨、铜川、嘉峪关、天水

在上述初步确定的初始新战略区域的基础上，根据区域创新驱动发展能力，划分的准新战略区域共计 76 个。其中，V1I1 类型城市有 34 个、V1I2 类型城市有 7 个、V1I3 类型城市有 1 个、V2I1 类型城市有 10 个、V2I2 类型城市有 4 个、V2I3 类型城市有 2 个、V3I1 类型城市有 6 个、V3I2 类型城市有 8 个、V3I3 类型城市有 4 个（见表 6-3）。

表 6-3　全球化、工业化维度下我国准新战略区域类型

类型	数量（个）	城市地区
V1I1	34	东莞、中山、南京、南昌、南通、厦门、合肥、嘉兴、大连、威海、宁波、常州、广州、惠州、无锡、昆明、杭州、江门、泉州、泰州、淮安、深圳、湖州、珠海、绍兴、芜湖、苏州、西安、郑州、镇江、青岛、上海、北京、天津
V1I2	7	佛山、吉安、太原、烟台、肇庆、连云港、鹰潭
V1I3	1	金昌
V2I1	10	丽水、台州、温州、潍坊、潮州、绍兴、舟山、衢州、贵阳、铜陵
V2I2	4	三亚、河源、滨州、金华
V2I3	2	东营、汕头
V3I1	6	成都、新余、武汉、济南、长沙、马鞍山
V3I2	8	宜春、宣城、株洲、洛阳、滁州、焦作、蚌埠、通化
V3I3	4	哈尔滨、嘉峪关、重庆、铜川

将区域资源配置中市场与政府间的协调关系、城镇化进程中质与量的协同发展作为我国新战略区域划分的必要条件，将上述的准新战略区域进一步划分为四类 45 个新战略区域的划分。其中，R1 类型的新战略区域有 27 个，R2 和 R3 类型的新战略区域分别有 6 个和 5 个，R4 和 R5 类型的新战略区域分别有 2 个和 0

个，R6、R7、R8 和 R9 类型的新战略区域分别有 3 个、0 个、1 个、1 个（见表
6-4）。

表6-4　全球化、工业化、城镇化和市场化维度下我国新战略区域类型

类型		数量（个）	城市地区
Ⅰ	R1	27	北京、上海、天津、深圳、南京、杭州、厦门、青岛、西安、郑州、昆明、苏州、无锡、常州、镇江、宁波、南通、珠海、江门、泰州、湖州、中山、惠州、嘉兴、威海、芜湖、南昌
Ⅱ	R2	6	贵阳、丽水、台州、温州、潍坊、舟山
	R3	5	武汉、济南、长沙、马鞍山、新余
Ⅲ	R4	2	太原、烟台
	R5	0	
Ⅳ	R6	3	三亚、金华、滨州
	R7	0	
	R8	1	株洲
	R9	1	重庆

二、新战略区域的发展特征分析

（一）新战略区域主要集中分布在东部城市群地区

就新战略区域的地区分布看，中国新战略区域分布差异显著。首先，从三大
地区层面来看，中国新战略区域主要分布在东部地区，中部地区次之，西部地区
最少，东部地区、中部地区和西部地区分别占全部新战略区域的 71.10%、
20.00% 和 8.90%。其次，从城市群层面来看，不同城市群的新战略区域集中程
度差异显著。新战略区域集中较多的城市群主要有长三角城市群、珠三角城市
群、山东半岛城市群、长江中游城市群，新战略区域分别达到了 40.00%、
11.10%、11.10%、11.10%，京津冀城市群仅有 2 个新战略区域，其他城市群
的新战略区域则明显较少，甚至没有新战略区域。

（二）新战略区域具有更快的经济增长

从人均 GDP 来看，新战略区域人均 GDP 水平要明显高于全国人均 GDP。2011 年，新战略区域人均 GDP 为 6.28 万元，全国人均 GDP 仅为 3.64 万元，是新战略区域的 58%；至 2015 年，新战略区域达到 8.59 万元，全国仅为 5.00 万元。从 GDP 增长率来看，新战略区域的 GDP 增长率明显高于全国平均水平，2011 年新战略区域的 GDP 增长率为 12.20%，全国 GDP 增长率为 9.50%；至 2015 年，尽管新战略区域与全国的 GDP 增速均出现了明显的下降，但新战略区域的经济增速仍然高于全国的经济增速。

（三）新战略区域更深嵌入全球价值链

新战略区域依托其良好的区位条件以及较早加入全球贸易和生产网络参与全球化过程的先发优势，更深嵌入全球价值链，并在全球价值链上不断向高端攀升。新战略区域的全球化水平明显高于全国平均水平。从实际利用外资来看，2011~2015 年，新战略区域的平均实际利用外资额均在 25 亿美元以上且整体呈上升趋势，而全国所有城市的平均水平还不足 10 亿美元。从新战略区域利用外资额的全国占比来看，2011~2013 年从 54.32% 下降至 51.86%，2013 年开始呈上升趋势。尽管作为新战略区域的城市个数仅为全国城市总数的 15.5%，但其利用外资占比始终在 50% 以上。

（四）新战略区域的创新驱动能力显著提升

新战略区域的工业总产值均值要明显高于全国平均水平。2011 年，新战略区域的工业总产值平均为 7583 亿元，而全国所有城市的均值仅有 284 亿元，是新战略区域的 37.5%。至 2015 年，新战略区域的工业总产值明显比全国均值上升更快。从工业总产值占比来看，2011~2015 年，新战略区域工业总产值占所有城市的比重有下降趋势，但创新投入和创新产出占所有城市的比重却持续攀升。

（五）新战略区域成为中国新型城镇化的引领区

就城镇化量的方面而言，2015 年，新战略区域人口城镇化率（市辖区人口与总人口的比重）和土地城镇化率（市辖区建成区面积与总面积比重）分别为 57.26% 和 9.35%，而全部城市人口城镇化率和土地城镇化率则分别为 34.48% 和 5.58%。就城镇化质的方面而言，2015 年，新战略区域的人均城市道路面积、建成区绿化覆盖率、万元工业总产值的污水排放量分别为全部城市的 70.00%、92.20%、110%。新战略区城镇化数量和城镇化质量方面明显优于全部城市，新战略区域将继续成为推进我国新型城镇化的引领区。

（六）新战略区域现代市场体系更加完善

自党的十八届三中全会全面深化以经济体制改革为重点的改革以来，新战略区域更好地处理政府和市场的关系，在更好地发挥政府作用的同时，进一步凸显市场在资源配置中的决定性作用。新战略区域加快完善现代市场体系，在非国有经济发展、产品市场的发育程度以及要素市场的发育程度等方面都居于领先地位。例如，就以公共财政收入占 GDP 比重来衡量的市场化水平而言，新战略区域的市场化程度比全部城市高 3.22 个百分点。新战略区域市场化程度的提升将有助于加快转变新战略区域经济发展方式，由此带动中国经济更有效率、更加公平、更可持续发展。

三、新时代下促进我国未来经济增长的对策建议

（一）加快培育中国经济增长的新战略区域

在中国特色社会主义新时代背景下，如何创新区域发展思路，破解区域发展难题，促进未来中国经济的持续增长？依据区域经济的增长极理论，可以在中国境内培育支撑未来经济增长的新战略区域，以此作为中国经济增长的新战略支点

和新增长极点；通过这些新增长极点的培育，充分发挥其对创新生产要素的集聚辐射功能；以这些新战略支点为基础，构建并培育新战略区域间的新经济发展轴带；通过新的"点—轴"模式，促进中国经济的持续健康增长。

（二）加快促进工业化、城镇化、市场化和全球化的协调发展

工业化将为未来中国新战略区域经济创造强大的供给，城镇化将为未来中国新战略区域经济创造旺盛的需求，市场化将使未来中国新战略区域经济充满活力，全球化能够为未来中国新战略区域经济不断拓展新的增长空间。工业化、城镇化、市场化和全球化界定了中国新战略区域"四位一体"的基本内涵。工业化、城镇化、市场化和全球化对新战略区域经济增长的影响程度差异显著，因此，加快促进工业化、城镇化、市场化和全球化的协调发展，实现"1＋1＋1＋1＞4"的经济增长效应，是促进中国新战略乃至中国经济可持续增长的重要路径。

（三）更好地发挥政府在促进区域经济增长中的作用

过多的政府支持不仅不能显著促进新战略区域经济增长，反而可能制约新战略区域的经济增长，因为过多的政府支持可能存在机构"缺位"、职责"错位"、功能"虚位"、管理"越位"等现象。为此，在促进中国新战略区域经济增长的过程中，需要认真贯彻落实党的十八届三中全会精神，在充分发挥市场在资源配置中的决定性作用的同时，通过纠正机构、职责、功能、管理方面的不到位现象，更好地发挥政府在促进区域经济增长中的宏观调控作用。

（四）充分利用区域经济增长中的投资驱动效应

按照波特的创新驱动发展四阶段理论，中国已经进入投资驱动向创新驱动过渡的阶段，投资驱动在中国经济增长中的作用在下降，而创新驱动在中国经济增长中的作用在提高。这表明，在促进中国新战略区域经济增长方面，需要根据各地区创新驱动发展的阶段特点，正确处理好经济增长过程中创新驱动与投资驱动之间的关系，既要保持短期的增长速度，又要实现长期的经济增长；在充分发挥

区域经济增长中创新驱动效应的基础上，还要充分利用区域经济增长中的投资驱动效应，尤其是新技术、新产业、新业态和新商业模式方面的投资驱动效用，以便实现中国经济的可持续增长。

第七章　江苏省新战略区域
经济增长分析

本章根据新战略类型划分方法，利用江苏省县级市 2009～2014 年的统计数据，对江苏省新战略区域类型进行划分；基于数据包络分析法（DEA），对江苏省新战略区域经济增长的全要素生产率进行定量分析；构建新战略区域经济增长模型，对江苏省新战略区域经济增长影响因素进行计量分析，深入分析影响江苏省新战略区域经济增长的主要因素。*

一、江苏省新战略区域的类型划分

根据第二章关于新战略类型的划分方法，本部分利用江苏省县级市 2009～2014 年的统计数据，对江苏省新战略区域类型进行划分。

（一）基于全球化的江苏省新战略区域类型划分

采用外贸依存度与外资依存度这两个全球化的核心指标，分别按高低分组并组合，将江苏省新区域发展模式分为四类。

贸易性嵌入深、产业性嵌入深（V1）：昆山市、金坛市、常熟市、太仓市、如皋市。

贸易性嵌入深、产业性嵌入浅（V2）：江阴市、宜兴市、张家港市、启东市、靖江市。

贸易性嵌入浅、产业性嵌入深（V3）：溧阳市、大丰市、仪征市、丹阳市、

---

　　* 本章部分内容借鉴了邵娟：《江苏省新战略区域经济增长研究》，南京理工大学硕士学位论文，2017年。

句容市。

贸易性嵌入浅、产业性嵌入浅（V4）：盐城市、泰州市、宿迁市、新沂市、邳州市、海门市、东台市、高邮市、扬中市、兴化市、泰兴市。

最后一种模式容易将区域锁定在全球价值链的低端位置，导致"结构封锁效应"，不利于未来区域经济增长；而前三种模式中区域深度或较深嵌入全球价值链，占据全球价值链高或较高附加值环节，"结构封锁效应"较弱，有利于区域在全球价值链向高端继续攀升，有利于未来区域经济增长。基于价值链分工这一主导因素，本部分初步确定的江苏省新战略区域有三种类型：贸易性嵌入深、产业性嵌入深区域（V1），贸易性嵌入深、产业性嵌入浅区域（V2），贸易性嵌入浅、产业性嵌入深区域（V3）。

（二）基于全球化、工业化的江苏省新战略区域类型划分

采用创新投入与创新产出分别按高低分组并组合，将创新驱动发展区域划分为四类。

创新投入力度大、创新产出能力强区域（I1）：昆山市、溧阳市、金坛市、常熟市、张家港市、太仓市、启东市、海门市、丹阳市、扬中市、句容市。

创新投入力度大、创新产出能力弱区域（I2）：东台市、大丰市、仪征市。

创新投入力度小、创新产出能力强区域I3：江阴市、宜兴市。

创新投入力度小、创新产出能力弱区域（I4）：新沂市、邳州市、如皋市、高邮市、兴化市、靖江市、泰兴市。

显然，最后一类区域不属于新战略区域范畴，新战略区域只可能包括前三类区域。基于区域创新驱动发展能力这一主导因素，根据全球化维度以及工业化维度的划分结果，采用矩阵分类法，以进一步将江苏省新战略区域细分为九种类型。

V1I1：昆山市、金坛市、常熟市、太仓市。

V1I2：无。

V1I3：无。

V2I1：张家港市、启东市。

V2I2：无。

V2I3：江阴市、宜兴市。

V3I1：溧阳市、丹阳市、句容市。

V3I2：大丰市、仪征市。

V3I3：无。

（三）基于全球化、工业化和城市化的江苏省新战略区域类型划分

采用城市化量与质分别按高低分组并组合，将江苏省县级市划分为四类。

城市化质与量水平均高区域（U1）：昆山市、溧阳市、金坛市、常熟市、张家港市、太仓市、启东市、丹阳市、扬中市、句容市、大丰市、仪征市。

城市化质的水平高、量的水平低区域（U2）：东台市、海门市。

城市化质的水平低、量的水平高区域（U3）：江阴市、宜兴市。

城市化质与量水平均低区域（U4）：新沂市、邳州市、如皋市、高邮市、兴化市、靖江市、泰兴市。

显然，最后一类区域不属于新战略区域范畴，新战略区域只可能包括前三类区域。根据全球化维度、工业化维度划分出来的城市化质与量的水平均处于较高水平，因此进一步将江苏省新战略区域细分为九种类型：V1I1U1、V1I2U1、V1I3U1、V2I1U1、V2I2U1、V2I3U1、V3I1、V3I2U1、V3I3U1。

（四）基于全球化、工业化、城市化和市场化的江苏省新战略区域类型划分

根据公式市场化水平 ＝1－财政收入/GDP，地方财政收入占比越低，表示市场化水平越高。由于所有县级市市场化程度较高，因此我们将上述所划分出来的13个县级市均列入新战略区域，其余的县级市列入非新战略区域（见表7－1）。

表7－1　江苏省新战略区域划分结果

区域类型	包含城市
新战略区域	昆山市、金坛市、常熟市、太仓市、张家港市、启东市、江阴市、宜兴市、溧阳市、丹阳市、句容市、大丰市、仪征市
非新战略区域	如皋市、高邮市、兴化市、靖江市、泰兴市、新沂市、邳州市、东台市、海门市

二、江苏省新战略区域经济增长的全要素生产率分析

（一）全要素生产率分析方法

全要素生产率（Total Factor Productivity，TFP）是一种包括所有生产要素的生产率测量，由于该概念和方法最早由索洛提出，因此全要素生产率又被称为"索洛余值"。所谓全要素生产率，是用来衡量生产效率的指标，它有三个来源：一是效率的改善，二是技术进步，三是规模效应。在计算上它是除去劳动、资本、土地等要素投入之后的"余值"，由于"余值"还包括没有识别带来增长的因素以及概念上的差异和度量上的误差，因此它只能相对衡量效益改善和技术进步的程度。

TFP一般利用数据包络分析法（Data Envelopment Analysis，DEA）进行测度。DEA是由数学、数理经济学、管理科学和运筹学的交叉领域产生和发展起来的，起源于1957年英国经济学家法雷尔（Farrell）的研究，他在计算英国农业生产力的效率值时没有使用以前学者常用的"预设函数"，而是利用了"非预设生产函数"，基于这一开创性的研究法，雷尔提出了新的生产效率衡量方法，其核心是在"非预设生产函数"形式下通过数学规划方法求出效率前沿面。数据包络分析法是从决策单元间的相对有效性来入手的，即对评价群体的众多决策单元DMU，首先分析投入与产出的比率，在评价运算时以决策单元DMU的各投入（或产出）指标的权重为变量，在寻求最优解以确定有效生产前沿面时采用数学线性规划的方法；有效生产前沿确定后，通过各决策单元DMU与有效生产前沿面之间的距离就可判断各决策单元DMU是否DEA有效，如果决策单元DMU处于生产可能集的"生产前沿面"上则该决策单元是DEA有效，而非DEA有效或弱DEA有效的决策单元DMU则可通过投影方法来寻找非DEA有效或弱DEA的原因和应该改进的方向与程度。这就是DEA方法的核心思想和运用原理。

（二）新战略区域全要素生产率测算与分解

本章主要选取资本、劳动力以及土地作为投入要素。其中，资本采用全社会

固定资产，利用各省的价格指数进行价格平减，使用永续盘存法换算成资本存量；劳动力选取年末从业人员；土地选取新战略区域的土地面积。选取 GDP 作为产出指标，以 2009 年不变价格计算实际 GDP。

以新战略区域 2009～2014 年面板数据为样本，采用 DEAP 软件对新战略区域进行 Malmquist 指数测算，得到不同年份的 Malmquist 指数 TFP、技术进步指数 TC、技术效率变化指数 EC、纯技术效率变化指数 PTE、规模效率变化指数 SE（见表 7 – 2）。

表 7 – 2　新战略区域 TFP 指数以及分解

区域	指数	2009～2010 年	2010～2011 年	2011～2012 年	2012～2013 年	2013～2014 年	均值
金坛市	EC	1.12	1.09	1.03	1.14	0.94	1.06
	TE	0.82	0.76	0.94	0.98	1.03	0.90
	PE	0.95	1.09	1.00	1.00	1.00	1.01
	SE	1.18	0.99	1.03	1.14	0.94	1.05
	TFP	0.92	0.83	0.96	1.12	1.03	0.95
常熟市	EC	1.26	1.02	0.95	0.91	1.12	1.05
	TE	0.86	0.74	0.94	0.98	1.03	0.90
	PE	1.13	1.05	0.96	0.92	1.16	1.04
	SE	1.11	0.97	1.00	0.99	0.97	1.01
	TFP	1.08	0.75	0.90	0.89	1.15	0.94
江阴市	EC	0.98	0.96	0.96	1.11	1.00	1.00
	TE	0.90	0.90	1.05	0.94	1.01	0.96
	PE	0.99	0.95	0.99	1.07	1.00	1.00
	SE	0.99	1.00	0.97	1.04	1.00	1.00
	TFP	0.88	0.86	1.01	1.05	1.01	0.96
宜兴市	EC	1.16	0.93	1.01	0.99	0.99	1.01
	TE	0.80	0.75	0.94	0.97	1.03	0.89
	PE	1.04	1.00	1.01	1.03	0.99	1.01
	SE	1.11	0.93	1.00	0.97	1.00	1.00
	TFP	0.93	0.70	0.95	0.96	1.01	0.90

续表

区域	指数	2009~2010 年	2010~2011 年	2011~2012 年	2012~2013 年	2013~2014 年	均值
张家港市	EC	1.01	0.92	0.91	1.19	1.00	1.00
	TE	0.92	0.78	1.01	0.94	1.02	0.93
	PE	1.00	0.96	0.95	1.09	1.00	1.00
	SE	1.01	0.96	0.96	1.09	1.00	1.00
	TFP	0.92	0.72	0.92	1.12	1.02	0.93
太仓市	EC	1.06	1.03	0.97	1.06	1.05	1.03
	TE	1.03	1.01	1.09	0.97	1.02	1.02
	PE	1.00	1.00	1.00	1.00	1.00	1.00
	SE	1.06	1.03	0.97	1.06	1.05	1.03
	TFP	1.09	1.04	1.06	1.03	1.07	1.06
启东市	EC	1.10	0.74	1.02	1.01	0.92	0.95
	TE	0.79	0.68	0.94	0.98	1.03	0.87
	PE	0.95	0.86	1.01	1.01	0.88	0.94
	SE	1.16	0.86	1.01	1.00	1.05	1.01
	TFP	0.87	0.50	0.95	0.99	1.05	0.87
溧阳市	EC	1.25	0.89	0.99	1.17	1.08	1.07
	TE	0.81	0.80	0.97	0.95	1.02	0.91
	PE	1.06	1.04	0.98	1.03	1.02	1.03
	SE	1.18	0.86	1.01	1.14	1.06	1.04
	TFP	1.01	0.72	0.96	1.11	1.10	0.97
大丰市	EC	1.20	1.28	0.99	0.98	0.84	1.05
	TE	0.86	0.68	0.94	0.98	1.03	0.89
	PE	1.05	1.02	0.88	0.99	0.97	0.98
	SE	1.15	1.26	1.13	0.98	0.87	1.07
	TFP	1.04	0.87	0.93	0.96	0.87	0.93
仪征市	EC	1.35	0.95	0.98	1.00	1.06	1.06
	TE	0.80	0.73	0.94	0.98	1.03	0.89
	PE	1.00	1.00	1.00	1.00	1.00	1.00
	SE	1.35	0.95	0.98	1.00	1.06	1.06
	TFP	1.09	0.69	0.92	0.97	1.09	0.94

续表

区域	指数	2009～2010 年	2010～2011 年	2011～2012 年	2012～2013 年	2013～2014 年	均值
丹阳市	EC	1.18	0.97	1.01	0.99	0.88	1.00
	TE	0.79	0.65	0.94	0.98	1.03	0.87
	PE	1.00	1.00	1.00	1.00	1.00	1.00
	SE	1.18	0.97	1.01	0.99	0.88	1.00
	TFP	0.93	0.63	0.95	0.97	0.91	0.87
句容市	EC	1.08	0.90	1.01	0.98	0.89	0.97
	TE	0.79	0.65	0.94	0.98	1.03	0.87
	PE	1.00	1.00	1.00	1.00	1.00	1.00
	SE	1.08	0.90	1.01	0.98	0.89	0.97
	TFP	0.85	0.58	0.95	0.96	0.92	0.84
昆山市	EC	1.00	1.00	1.00	1.00	1.00	1.00
	TE	1.05	0.93	1.03	0.99	1.03	1.00
	PE	1.00	1.00	1.00	1.00	1.00	1.00
	SE	1.00	1.00	1.00	1.00	1.00	1.00
	TFP	1.05	0.93	1.03	0.99	1.03	1.00

表 7 - 2 表明，2009 年和 2014 年 TFP 均值大于 1 的只有太仓市和昆山市。2009～2014 年，只有昆山市和太仓市的 TFP 一直大于 1，但江阴市、张家港市、溧阳市等 4 个城市的 TFP 一直处于稳步增长的状态，自 2012 开始，这 4 个城市的 TFP 开始大于 1，说明昆山市、江阴市、太仓市、张家港市以及溧阳市的经济增长在 2012～2014 年得到很大的改善，增幅分别为 14.9%、10.5%、2%、8.8%、1.6% 左右。其中，昆山市和太仓市的技术进步指数均值大于 1，说明这两个城市生产效率改善的主要原因是技术进步指数的变化带来的，也就是生产前沿面移动效应引起生产效率的改善和提高。新战略区域的两个 TFP 大于 1 的城市，其全要素生产率的提高和改善都是源于技术进步指数和技术效率变化指数，因为两个城市的 EC 指数和 TE 指数均大于 1，也就是说在经济增长中，太仓市和昆山市资源配置效率相对于其他城市更高；技术效率变化指数均大于 1，最高的是太仓市，均值高达 1.03，也就是说在 2009～2014 年，资源配置效率平均提高了 3%，虽然同期技术进步指数也提高了约 0.1%，但其影响程度相对资源配置效率较小一些。

全要素生产率指数 TFP 小于 1 的城市有金坛市、常熟市、江阴市、宜兴市、张家港市、启东市、溧阳市、大丰市、仪征市、丹阳市、句容市等，表明这几个城市的生产效率在 2009～2014 年没有得到明显的改善，主要原因是没有引起生产的前沿面的移动效应。金坛市的 TFP 为 0.95，表明该市在考察期间并没有改善生产率，虽然技术效率变化指数为 1.06，但技术进步指数较低，抵消了资源配置效率提高对 TFP 的正向影响。TFP 小于 1 的城市，大部分是因为较低的技术进步指数抵消了较高的资源配置效率。而 TFP 大于 1 的城市，都源于大于 1 的技术进步指数和技术效率变化指数。

为此，我们将江苏省新战略区域城市的生产效率情况分为三类：第一类是以太仓市为代表的技术进步指数和资源配置效率均大于 1 的城市，包括太仓市和昆山市。第二类是资源配置效率大于 1，而技术效率变化指数小于 1 的城市。这一类以金坛市为代表，包括金坛市、常熟市、江阴市、宜兴市、张家港市、溧阳市、大丰市、仪征市以及丹阳市。第三类是技术进步指数和技术效率变化指数均小于 1 的城市，以启东市为代表，包括启东市和句容市。

三、江苏省新战略区域经济增长的影响因素分析

（一）指标与数据

1. 经济增长（GDP）

本部分选取人均 GDP（PGDP）作为经济增长变量，并通过价格指数平减换算为 2009 年的不变价，数据主要来自 2010～2015 年的《江苏省统计年鉴》以及部分地级市统计年鉴。

2. 资本（K）

固定资产投资与经济增长相互促进（宋丽智，2011），固定资产依然是中国经济增长重要的驱动力量（丁志国，2012）。本部分选取新战略区域人均固定资产投资作为衡量资本的变量。

3. 产业结构（IS）

产业结构升级是影响经济增长的重要因素之一（刘伟、张辉，2008），新战

略区域在产业结构不断地升级和转变中，第二、第三产业的影响也在不断地加深。因此，本部分选取非农产业产值占 GDP 的比重作为衡量产业结构升级的度量指标。

4. 城市化（U）

城市化水平大多用城镇人口占比来体现，鉴于非农业人口具有系列统计资料，统计口径没有发生变化，本部分借鉴较多学者的做法，选取非农业人口比重替代城镇人口占比。

5. 劳动力（L）

本部分采用年末从业人员占年末总人口比重进行衡量。

6. 政府支持（GS）

新战略区域城市的发展离不开政府的财政投入和支持，本部分采用政府财政支出占本市 GDP 的比重来衡量新战略区域城市政府支持的水平。

（二）模型构建

设 Y_t 为经济增长水平，x_i 为影响经济增长水平的因素，则经济增长水平与影响因素之间的总量生产函数为：

$$Y_t = f(x_1, x_2, \cdots, x_i) \qquad (7-1)$$

其中，Y_t 是第 t 时期的产出，x_i（$i=1, 2, \cdots, k$）表示影响经济增长的第 i 项因素，对上式求全微分，得到：

$$dY_t = \frac{\partial f}{\partial x_2} dx_1 + \frac{\partial f}{\partial x_2} dx_2 + \cdots + \frac{\partial f}{\partial x_k} \qquad (7-2)$$

两边同时除以 Y_t，整理得到：

$$\frac{dY_t}{Y_t} = \frac{x_1}{Y_t} \frac{\partial f}{\partial x_1} \frac{dx_1}{Y_t} + \frac{x_2}{Y_t} \frac{\partial f}{\partial x_2} \frac{dx_2}{Y_t} + \cdots + \frac{x_k}{Y_t} \frac{\partial f}{\partial x_k} \frac{dx_k}{Y_t} \qquad (7-3)$$

由式（7-3）可以得到影响经济增长的第 i 项因素对于经济增长的弹性：$\frac{\partial f}{\partial x_1} x_1 / Y_t = b_0$，则式（7-3）可以改写为：

$$\frac{dY_t}{Y_t} = b_0 + b_1 \frac{dx_1}{x_1} + b_2 \frac{dx_2}{x_2} + \cdots + b_k \frac{dx_k}{x_k} \qquad (7-4)$$

对式（7-4）两边进行对数化处理得到如下计量模型：

$$\ln Y_t = b_0 + b_1 \ln x_1 + b_2 \ln x_2 + \cdots + b_k \ln x_k + \mu \qquad (7-5)$$

（三）稳健性检验

面板模型包括固定效应模型和随机效应模型，固定效应模型和随机效应模型的不同在于协方差结构的理论假设不同。固定效应模型估计过程利用的是个体横截面数据相对于样本个体时间序列均值的全部偏差，而随机效应模型估计过程利用的是部分偏差。如果研究只以样本自身效应为条件进行推论，比较适合采用固定效应模型；而如果想以样本回归结果对总体效应进行推论，随机效应模型更适合。这只是定型化的分析，在实际研究中，则需要更加量化的检验来确定选择哪一种模型，一般采用 Hausman 检验。Hausman（1978）以固定效应模型和随机效应模型之间没有差别为零假设，如果不能拒绝零假设，则说明使用随机效应模型将更加可靠。Hausman 检验的原理是，固定效应模型和随机效应模型的差别主要在于其相应的协方差矩阵。如前所述，对于固定效应模型来讲，估计过程利用的是个体横截面数据相对于该组个体时间序列数据均值的全部偏差，而随机效应模型估计过程中利用的仅是部分偏差。

表 7 - 3 给出了 Hausman 检验结果。在面板数据模型经验估计中各变量的处理上，均采取取自然对数的方法以消除变量间的多重共线性问题。

表7 - 3　新战略区域经济增长的 Hausman 检验结果

Hausman 检验	新战略区域
Chi^2	10.5327
Prob.	0.1615
模型选择	R

根据 Hausman 检验结果，接受原假设，即本章样本数据应该选择随机效应模型。

面板数据模型在进行回归之前需要对数据的平稳性进行检验。如果数据不平稳，即使回归的拟合度很高、各系数通过显著性检验，结果也依然没有任何意义。这样就会出现伪回归的情况。数据的平稳性是指序列的统计规律不随时间推移发生变化。研究主要通过单位根检验的方法来对数据的平稳性进行检验。单位根的检验方法有很多种，主要有 LLC、IPS、ADF 等。本章选择 LLC、IPS、ADF

和 Fisher PP 对经济增长、人均固定资产投资、产业结构、城市化水平、劳动力投入以及政府支持等序列进行单位根检验，结果如表 7-4 所示。

表 7-4 单位根检验结果

序列	LLC	IPS	ADF	Fisher PP	结论
LNGDP	-5.4441	-0.7556	28.1571	83.6427	平稳
	(0.0000)	(0.0000)	(0.0000)	(0.0000)	
LNK	-1.3327	3.0957	7.1773	9.8123	不平稳
	(0.0906)	(0.9990)	(1.0000)	(0.9983)	
LNIS	-9.3111	-7.8903	90.4978	158.5400	平稳
	(0.0000)	(0.0000)	(0.0000)	(0.0000)	
LNU	-7.8133	4.3585	63.7517	108.8400	平稳
	(0.0000)	(0.0000)	(0.0000)	(0.0000)	
LNL	-7.1488	-1.2547	37.9281	48.7848	不平稳
	(0.0000)	(0.1408)	(0.0615)	(0.0004)	
LNGS	-7.3684	-2.767	50.301	80.4784	平稳
	(0.0000)	(0.0028)	(0.0028)	(0.0000)	
LNGDP	-9.8365	-3.9208	62.6466	62.4303	平稳
	(0.0000)	(0.0000)	(0.0000)	(0.0000)	
ΔLNK	-7.6482	-4.4139	67.9632	69.5993	平稳
	(0.0000)	(0.0000)	(0.0000)	(0.0000)	
ΔLNIS	-9.2676	-4.4066	67.8904	78.1983	平稳
	(0.0000)	(0.0000)	(0.0000)	(0.0000)	
ΔLNU	-13.8828	-4.4131	65.8058	100.172	平稳
	(0.0000)	(0.0000)	(0.0000)	(0.0000)	
ΔLNL	-5.7601	-3.0843	54.8043	69.0461	平稳
	(0.0000)	(0.0000)	(0.0000)	(0.0000)	
ΔLNGS	-10.1919	-5.0998	74.4414	94.4272	平稳
	(0.0000)	(0.0000)	(0.0000)	(0.0000)	

根据单位根检验的结果可以发现，原序列并不都是平稳的，但原序列的一阶差分都是平稳序列。为了进一步判断经济增长与各解释变量之间是否存在协整关系，需要对序列做协整检验。

在随机效应回归的基础上，需要对回归方程的残差进行单位根检验。如果残差序列也是平稳的，说明经济增长与人均固定资产投资额等解释变量存在协整关系。残差的单位根检验结果如表7－5所示。

表7－5 残差序列单位根检验

残差	LLC	IPS	ADF	Fisher PP	结论
Resid	－ 4. 4293 (0. 00000)	－ 2. 77752 (0. 00000)	48. 2604 (0. 00000)	27. 373 (0. 00000)	平稳

残差序列的单位根检验结果说明，各截面回归方程的残差序列单位根检验结果均表示拒绝"各截面回归方程的残差序列具有相同单位根"的原假设。可以发现，各种方法的检验结果都表示这些残差序列是平稳的，从而说明经济增长与人均固定资产额（K）、产业结构（IS）、城市化水平（U）、劳动力投入（L）以及政府支持（GS）等解释变量之间存在协整关系。

（四）结果分析

江苏省新战略区域经济增长的影响因素回归分析结果如表7－6所示。

表7－6 新战略区域经济增长影响因素回归结果

解释变量	模型 1	模型 2	模型 3	模型 4
C	1. 7236 *** (19. 7837)	1. 7717 *** (20. 1797)	1. 9072 *** (20. 1338)	2. 3298 *** (7. 5748)
LNK	0. 3523 *** (24. 8615)	0. 3435 *** (21. 4902)	0. 3162 *** (17. 7550)	0. 3052 *** (12. 7350)
LNIS	3. 3679 *** (5. 4861)	3. 3856 *** (15. 2412)	3. 5552 *** (5. 7541)	2. 0359 ** (2. 1608)
LNU		0. 2382 * (10. 0639)	0. 3392 (0. 1479)	0. 1597 (－ 0. 6698)
LNL			0. 3690 *** (13. 1777)	0. 2820 ** (2. 3479)

解释变量	模型 1	模型 2	模型 3	模型 4
LNGS				- 0. 2120 **
				(1. 7272)
Adj.	0. 8814	0. 8793	0. 8862	0. 9592
F – statistic	0. 1373	0. 1393	0. 1355	0. 1321
Prob.	0. 0000	0. 0000	0. 0000	0. 0000

注：括号内为 t 值，*** 、** 、* 分别代表 1% 、5% 、10% 显著水平。

由表 7 - 6 中模型 1 可以看出，产业结构和资本两个变量的系数均为正，且都通过了显著性检验。其中产业结构对经济增长的影响较大，系数为 3. 3679，也就是说产业结构每增长 1 个百分点，可以带来人均 GDP 相应增长 3. 3679 个百分点，影响程度较高。但新战略区域的 13 个县级市的产业结构中非农产业比重很高，平均水平在 93% 左右，因此在较高的产业结构基数上增长一个百分点非常困难，反而对于非战略区域的城市可以是一个很好的借鉴，产业结构中农业比重较高的城市可以通过优化和升级产业结构来促进经济增长。资本对于经济增长的影响虽然通过了显著性检验，但人均固定资产投资额每增长一个百分点，经济增长 0. 3523 个百分点，对经济增长的影响程度明显低于产业结构。从四个模型回归的系数可以看出，新战略区域人均固定资产投资额的估计系数在 0. 3052 ~ 0. 3523，说明固定资产投资在新战略区域对经济增长具有一定的推动作用。

模型 2 在模型 1 的基础上加入解释变量城市化水平，根据回归的结果可以发现，城市化水平对经济增长具有正向影响，系数为 0. 2382，也就是说城市化水平每增加一个百分点，经济增长 0. 2382 个百分点，影响程度相对较小。此外，城市化水平的引入，使资本对经济增长的影响几乎没有变化，但产业结构对经济增长的影响略有上升，系数由原来的 3. 3679 上升至 3. 3856。非农产业从业人员的增加使城市化水平提高的同时，产业结构中非农产值比重也增加，从而促进经济的增长。城市化水平对新战略区域经济增长的平均影响系数在 0. 2 左右。城市化发展对县域经济具有推进作用，这是因为新战略区域城市化的发展会带来人口和产业的集聚，规模经济的外部性将通过这种人口和产业的集聚充分发挥出来，从而使新战略区域经济生产中的各经济要素产生溢出效应，最终达到提高生产效率的目的，促进新战略区域经济增长。与此同时，随着新战略区域城市化的不断发展，农村剩余劳动力也会不断被城市所吸纳，其结果就会扩大农业生产的劳均耕地规模，促进现代农业的发展，最终也间接促进了新战略区域产业结构的升级，使新战略区域经济快速发展。

模型3在模型2的基础上引入解释变量劳动力投入。劳动力投入对经济增长的影响也呈现出正向关系，系数为0.3690，通过了1%的显著性检验，表明从业人员占总人口的比重每增加一个百分点，经济增长0.3690个百分点。此外，劳动力投入解释变量的引入，在促进经济增长的同时，使产业结构以及城市化水平对经济增长的影响也加大，影响系数分别从3.3856和0.2382上升到3.5552和0.3392。从业人员的增加，大部分投入到第二产业和第三产业，必然会带来非农产业从业人员比重的提高，因而非农产业产值比重也会提高。因此，劳动力投入指标的加入会在一定程度上加大产业结构以及城市化水平对经济增长的影响。

模型4在模型3的基础上引入政府支持这一解释变量。政府支持对于经济增长影响的系数为负，这也表明，随着市场化水平进程的加快，政府应持续发挥简政放权、放管结合、优化服务的改革调控作用。

第 IV 篇

区域经济发展新动能培育：
企业技术创新策略

第八章　集聚经济对企业创新
行为的影响研究

　　本章基于世界银行 2012 年对中国 25 个城市 1578 家私营企业的调查数据，运用二元离散 Logit 模型，考察集聚经济（地方化经济和城市化经济）对企业创新行为（企业独立创新、合作创新和模仿创新行为）的影响。结果表明：①城市化经济对三种创新行为均有显著的正向作用，对合作创新影响最大，独立创新次之，模仿创新最弱。②地方化经济对三种创新影响不一致，对独立创新影响不显著，对合作创新有显著的负向作用，对模仿创新有显著的正向影响。③在企业分规模回归的结果中，地方化经济的影响没有发生变化，城市化经济的影响具有明显的企业异质性。对小企业而言，城市化经济对这三种创新行为均有显著的促进作用；对大中企业而言，城市化经济仅对合作创新有显著的正向影响。在此基础上，本章从政府视角提出有利于集聚经济促进企业创新的对策建议。*

一、引言

　　自改革开放以来，中国经济经历了 40 年的高速发展，目前已经成为仅次于美国的世界第二大经济体，增长速度之快令世人瞩目。过去的高增长主要依靠投资和出口拉动，高水平的投资和过高的外贸依存度带来了产能过剩加剧、资源环境破坏、贸易摩擦增加、经济运行风险加大、自主创新能力降低等消极影响，造成持续增长动力不足。现在我国经济已步入由高速增长向中高速增长的新常态，要推动经济增长方式由数量扩张转向质量提优，关键是深入实施创新驱动发展战略（Wu，2009）。企业作为我国创新驱动发展的重要主体，其创新行为在我国科

　　＊ 本章部分内容借鉴了杨金娇、朱英明：《集聚经济对企业创新行为的影响研究》，《中国科技论坛》2018 年第 1 期。

技创新过程中具有极其重要的作用。

我们统计了中国 31 个省份 2010～2014 年单位工业企业所拥有的有效专利数和工业企业数。统计结果显示，工业企业倾向于聚集在长三角、珠三角地带，其中，江苏省、广东省、浙江省集聚的企业数量位列前三位，西北地区的宁夏、青海、西藏等省份集聚的企业数量则非常低。企业是专利发明的主要行为主体，有效专利数区域分布与企业数量分布呈现出高度一致性。由此可见，企业数量分布不均衡是造成企业创新行为地区差异的主要原因之一。除此以外，是否还有其他影响因素呢？尤其是企业集聚所形成的集聚经济是否也是引起企业创新行为差异的重要原因呢？不同类型的集聚经济即地方化经济（相同产业的企业间专业化集聚所形成的集聚经济）与城市化经济（不同产业的企业间多样化集聚所形成的集聚经济）（傅十和和洪俊杰，2008）对企业创新行为的影响效果又存在怎样的差异呢？本章针对以上这些问题展开了研究。

本章基于世界银行 2012 年调查数据，运用 Logit 模型，研究地方化经济和城市化经济对企业创新行为选择的影响。以下部分结构安排为：第二部分是研究假说，第三部分是数据说明、模型设定与变量解释，第四部分是估计结果与分析，第五部分是结论与建议。

二、研究假说

独立创新、合作创新和模仿创新是创新行为的三种形式。独立创新要求企业自身研发实力雄厚，前期积累成果丰富，能够独立在企业内部开发新产品或改进新工艺，通过自身努力突破技术难关、创造创新成果、成就领先地位（周亚虹，2012）。合作创新重视企业与企业、企业与研究机构、企业与高校之间的合作，形成资源互补、联合研发、协同创新的通力合作局面，降低单个企业创新风险，共同推动技术创新（傅家骥和程源，1998）。模仿创新强调对已有先进技术的再消化与吸收，在引进购买稳定技术的基础上进行创新，缩短创新周期，提高创新成功率（王瑞欢和张忠德，2012）。

独立创新需要收集各种各样的信息，汇聚各行各业的人才，掌握丰富多样的技术知识。而城市化经济集聚了不同产业的相同或不同企业，不同企业间频繁的知识溢出和便捷的信息扩散使集聚区域成为庞大的信息储备库，极大地降低了企业的信息收集和独立创新成本。人才、资金等稀缺创新要素的集聚，营造良好的创新环境，激发企业独立创新的活力；不同企业间进行包括面对面交流在内的各种联系，提供丰富多样的知识和技能，降低企业独立创新的难度；多重领域间的思维碰撞，转变独立创新思维，激发企业独立创新的灵感（Nightingale，2006）。城市化经济有利于企业吸收其他企业的先进思想，拓宽技术创新路径，增大独立创新可能性（程开明，2011）。

合作创新是以共同利益为基础，跨越企业边界，通过资源信息共享，实现优势互补的创新方式（D'Aspremont and Jacquemin，1991）。多样化集聚环境中类别众多的上下游厂商的存在，畅通企业间的信息交流，便捷和相关厂商合作关系的达成，企业可根据关联产品的需求特征，有针对性地进行合作创新。数量繁多的高校和科研院所的共存，巩固了不同机构和企业间的业务往来，为企业和科研机构提供了共同研发、合作创新的平台（Glaeser，1998）。合作企业选址邻近，有效克服彼此信息不对称的问题，避免机会主义行为，防止交易摩擦创新，降低合作创新成本（李玲和陶锋，2012）。城市化经济提供丰富的合作渠道，降低合作的不确定问题，加快合作创新的进程。

模仿创新的主要优势在于节约开发费用，降低创新失败率，规避市场风险。伴随着专利保护制度的逐渐完善，单纯的模仿行为无法占据有力的市场地位，在模仿的基础上进行再创新是必由之路，所以可认为模仿创新是独立创新的一种重要发展模式（王瑞欢和张忠德，2012）。城市化经济对独立创新的重要性同样适用于模仿创新。选择模仿创新的企业一般实力薄弱，风险承受能力欠缺，需要依靠日积月累的公共知识池，获得多样化环境中的创新人才和创新基础，从集群中的知识外溢汲取力量进行模仿创新。不同行业间的发明创新在具备类似科学知识的基础上可以借鉴应用，多元化的产业结构可以实现跨产业技术的模仿重组，有利于企业知识技能的交换（Combes，2000）。城市化经济具备的多样化知识碰撞、丰富的资源组合、跨行业间技术借鉴，提高模仿创新的成功率。

城市化经济对企业三种创新行为均具有不可替代的作用，由此提出假设1：

假设1：城市化经济对独立创新、合作创新和模仿创新具有促进作用。

地方化经济意味着同类产业的相同或类似企业在同一区域空间上的集聚。一方面，专业化劳动力市场池的形成可以有效应对商业周期及失业的不确定性，大量就业和发展机会对人才产生磁场效应，人才的汇聚为创新提供人才储备（原毅军和谢荣辉，2015；Marshall，1920），有利于独立创新。另一方面，同类企业地理位置的邻近，熟练劳动力流动频繁，加剧集聚区域内知识扩散的速度（Fujita and Thisse，1996），企业创新成果易被其他企业模仿，创新企业无法获得超额利润，抑制企业进行独立创新的内在动力。地方化经济对独立创新具有多重影响，可能以促进作用为主，也可能以抑制作用为主，因而地方化经济对独立创新的影响具有不确定性。

对合作创新来说，同类产业的相同或类似企业集聚，生产产品同质化，加剧企业间白热化竞争（Oort and Stam，2006），削弱进行合作创新的积极性。而且专业化集聚环境中的企业工艺流程相似，技术水平趋同，为保持核心竞争力，难以做到机密技术的共享，易引发合作中的信任问题，阻碍预期目标的顺利实现。地方化经济中同类企业的高度集中导致的激烈竞争乃至恶性竞争将阻碍合作创新的顺利进行。

但是，对模仿创新来说，地方化经济具备一系列优势。同类产业相同或类似企业地理位置的邻近，方便倾向模仿的企业掌握创新技术的最新动态，在已有新产品的基础上改进产品、优化设计、丰富内涵，满足挑剔消费者的多样需求（吴延兵和米增渝，2011），获得超额的模仿创新收益。行业内技术人才的地理集中形成深厚的劳动力蓄水池（Beaudry and Stefano，2003），简化相应技能劳动力与需求企业的匹配复杂性，提供模仿创新所需要的人力资源。兼之同类企业所具备的相似知识基础，利于模仿企业快速掌握新产品的技术知识，降低企业模仿创新的难度。地方化经济的诸多特征均对模仿创新大有裨益。

地方化经济对企业三种创新行为的影响具有显著的差异性，由此提出假设2：

假设2：地方化经济对独立创新的影响具有不确定性，对合作创新具有抑制作用，对模仿创新具有促进作用。

三、数据说明、模型设定与变量解释

（一）数据说明

本章使用的数据源于2012年世界银行对中国民营企业的问卷调查数据。世界银行是基于行业、企业和地区三个维度进行随机分层抽样。从行业分布上来看，一共包含制造业行业 11 类和服务业行业 7 类；从企业规模上来看，分为小型企业、中型企业、大型企业三种规模；从地区角度出发，覆盖东中西三大区域包括全国 25 个主要城市，最终得到了共 2700 个私营企业和 148 个国有企业的调查数据。本章仅选取制造业行业调查数据，剔除缺失数值后，最终得到 1578 家企业的样本数据。地方化经济指标中涉及各城市二分位行业生产总值和全国二分位行业生产总值，前者来源于样本内 25 个城市的统计年鉴，后者来源于《中国统计年鉴》；城市化经济指标计算中涉及的从业人员数来源于《中国城市统计年鉴》。

世界银行对制造业的分类基于国际标准产业分类，而中国各类统计年鉴中制造业分类基于国民经济行业分类，为了保持统计口径的一致性，本章参照向铁梅（2008）的转换方法，以世界银行使用的国际标准产业分类为准，对中国制造业类目下二分位行业进行粗略调整匹配，共统计了制造业类目下 11 个二分位行业（见表 8-1）。

表 8-1 GB2002 和 ISIC/Rev3 行业分类标准转换

国际标准产业分类	国民经济行业分类
13 农副食品加工业	
14 食品制造业	15 食品
15 饮料制造业	
17 纺织业	17 纺织
18 纺织服装、鞋、帽制造业	
19 皮革、毛皮、羽毛（绒）及其制品业	18 服装
26 化学原料及化学制品制造业	
27 医药制造业	24 化学
28 化学纤维制造业	
29 橡胶制品	
30 塑料制品	25 橡胶和塑料
31 非金属矿物制品业	26 非金属矿物
32 黑色金属冶炼及压延加工业	
33 有色金属冶炼及压延加工业	27 基本金属
34 金属制品业	28 金属制品

国际标准产业分类	国民经济行业分类
35 通用设备制造业	29 机械和设备制造
36 专用设备制造业	
37 交通运输设备制造业	34~35 运输设备
39 电气机械及器材制造业	31~32 电子产品
40 通信设备、计算机及其他电子设备制造业	

（二）模型设定

除了本章关注的集聚经济指标（城市化经济和地方化经济指标）外，影响企业创新行为的因素还有很多。在考虑企业自身特征、所在城市特征以及管理层特征的基础上，参照张峰等（2016）建立的模型，构建线性估计模型如下：

$$inv_i = a \times urb_i + b \times loc_i + c \times X + \varepsilon_i$$

其中，因变量 inv_i 刻画企业 i 的创新行为，urb、loc 分别表示城市化经济和地方化经济；X 为其他控制变量；ε_i 为误差项。

（三）变量解释

所有变量具体说明参见表8-2。

表8-2　变量名称及说明

变量	说明
创新行为	独立创新：企业是否独立研发新产品（1 表示是，0 表示否）
	合作创新：企业是否与供应商或客户合作研发新产品（1 表示是，0 表示否）
	模仿创新：企业是否引进其他企业产品或加以改进（1 表示是，0 表示否）
集聚经济	地方化经济（专业化指标）：同行业企业在同一区域集中带来的外部效应
	城市化经济（多样化指标）：不同行业企业在同一区域集中带来的外部效应
集团公司	企业是否是集团公司（1 表示是，0 表示否）
经营年限	2012 年减去企业成立时间
研发投入	企业平均每年研发投入花费

变量	说明
信息技术	反映企业及时获取外部信息以及与企业内其他部门迅速沟通的能力。本章选用信息技术在联系合作伙伴、对产品和服务进行改善、进行生产运营、进行市场销售、联系客户这五个环节的支持程度的均值进行衡量（1 表示没有，2 表示很少，3 表示有时，4 表示经常，5 表示总是）
管理者经验	管理者从事本行业工作时间
人力资本	企业内职员的平均教育水平
省会城市	企业所在城市是否省会城市（1 表示是，0 表示否）

被解释变量：企业创新行为。企业创新行为包括独立创新、合作创新和模仿创新三种创新行为。

核心解释变量：集聚经济，包括衡量地方化经济的代理指标（urb）和衡量城市化经济的代理指标（loc）。Beaudry 和 Schiffauerova（2009）在研究集聚方面的文献中进行了统计，其中测量地方化经济使用最多的指标是区位熵公式，而衡量城市化经济最多的指标是赫芬达尔指数。本章选择的地方化指标公式见公式（8-1），为区位熵公式，与彭向（2011）、薄文广（2007）的选择类似；城市化指标公式参见公式（8-2），为赫芬达尔指数，与洪俊杰（2014）选择一致。

$$loc_{rj} = \frac{Tva_{rj}/\sum_r Tva_{rj}}{\sum_j Tva_{rj}/\sum_j \sum_r Tva_{rj}} \qquad (8-1)$$

其中，r 代表行业，j 代表地区，Tva_{rj} 表示 j 城市 r 行业工业生产总值。该指数为 j 城市 r 行业工业生产总值与 j 城市制造业工业生产总值的比值除以全国 r 行业工业生产总值与全国制造业工业生产总值的比值，该指数越大表明 r 行业在 j 城市的地方化经济越强。

$$urb_{rj} = 1 - \sum_r \left(\frac{Emp_{rj}}{\sum_r Emp_{rj}}\right)^2 \qquad (8-2)$$

式中，r 代表行业，j 代表地区，Emp_{rj} 表示 j 城市 r 行业从业人员数。用 1 减去各产业就业的赫芬达尔指数，该值越大则城市化经济越强。

控制变量：本章的控制变量主要来自于世界银行 2012 年调查数据中的项目，主要包括企业是否集团公司、企业经营年限、研发投入、信息技术、管理者行业内经验、人力资本以及所在城市是否省会城市。

四、估计结果与分析

(一) 描述性统计

表 8 - 3 报告了所有变量的描述性统计值。在选用的 1578 家企业中,选择进行独立创新的企业数量较多,均值为 0.6447,大于 0.5,说明超过半数的企业选择进行独立创新;模仿创新次之,接近半数;合作创新的最少。地方化经济指数的最大值和最小值悬殊较大,说明调查的 25 个城市的专业化程度迥异,而城市化经济指数则明显相差较小,标准差仅有 0.0826,所调查的城市多样化程度接近。大部分企业是独立公司,属于集团子公司的企业占比较小。调查样本中经营年限最久的企业已营业 125 年,也有刚开业不久的企业,经营年限不到 1 年。就研发投入指标来看,均值达 1626363 元,查看原始数据可知,有很多企业的企业研发投入为 0 元,而最高研发投入为 60000000 元,均值受部分极端值影响较大。信息技术使用频繁,多数企业在日常的工作环境中需使用到信息技术。企业管理者经验不一,有具有丰富经验的资深管理者,也有初涉行业、管理经验不足的新上任管理层。企业内员工教育程度均值为 10.1679 年,大部分职员具有初中以上文化。本次调查的企业接近一半的企业是来自省会城市。

表 8 - 3   变量的描述性统计

变量	样本数	均值	标准差	最小值	最大值
独立创新	1578	0.6447	0.4788	0	1
合作创新	1578	0.3857	0.4869	0	1
模仿创新	1578	0.4718	0.4994	0	1
地方化经济	1578	1	1.2361	0.0162	7.6362
城市化经济	1578	0.7996	0.0826	0.5511	0.9211
集团公司	1578	0.1102	0.3132	0	1
经营年限 (年)	1578	13.1425	8.2909	1	125
研发投入 (元)	1578	1626363	16500000	0	600000000
信息技术	1578	3.2902	1.1940	0	5

变量	样本数	均值	标准差	最小值	最大值
管理者经验（年）	1578	17.1013	7.5666	1	47
人力资本（年）	1578	10.1679	1.8229	1	18
省会城市	1578	0.3946	0.4889	0	1

（二）制造业整体回归分析

本章使用的因变量为二分变量，所以选择采用 Logit 模型进行估计。在正式分析前，对所有变量进行相关分析，相关性很强的变量进行剔除处理。使用 Logit 模型和 Probit 模型进行初步估计得出的系数相近，同时稳健标准误的 Logit 估计结果与普通标准误比较几乎没有差别，所以可以判断不存在模型设定问题。Logit 模型估计出来的系数大小没有实际意义，要解释每个变量在多大程度上影响因变量需进一步计算出变量的边际效应，此处使用 Stata 的"Margins"命令计算出边际效应，表示自变量每增加一单位引起概率比的变化百分比。对制造业整体数据运用 logit 回归得到的结果如表 8 - 4 所示。

表 8 - 4　制造业整体回归结果

变量	独立创新		合作创新		模仿创新	
	系数	边际效应	系数	边际效应	系数	边际效应
地方化经济	0.0078	0.0017	- 0.0857 **	- 0.0183 **	0.0740 *	0.0182 *
	(0.0448)	(0.0096)	(0.0454)	(0.0097)	(0.0418)	(0.0102)
城市化经济	2.2634 ***	0.4791 ***	3.5503 ***	0.7590 ***	1.5181 *	0.3728 *
	(0.8201)	(0.1672)	(0.8608)	(0.1804)	(0.7864)	(0.1922)
集团公司	0.3919 **	0.0829 **	0.2060	0.0440	0.0497	0.0122
	(0.1973)	(0.0435)	(0.1746)	(0.0372)	(0.1658)	(0.0407)
研发投入	0.0000 ***	0.0000	0.000	0.000	0.000	0.000
	(5.75E - 08)	(0.0000)	(0.000)	(0.000)	(0.000)	(0.000)
信息技术	0.2061 ***	0.0436 ***	0.5312 ***	0.1136 ***	0.1373 **	0.0337 **
	(0.0475)	(0.0121)	(0.0506)	(0.0094)	(0.0438)	(0.0106)

变量	独立创新		合作创新		模仿创新	
	系数	边际效应	系数	边际效应	系数	边际效应
管理者经验	- 0. 0143 ***	- 0. 0030 *	0. 0006	0. 0001	0. 0023	0. 0006
	(0. 0074)	(0. 0015)	(0. 0072)	(0. 0016)	(0. 0068)	(0. 0017)
人力资本	- 0. 0637 **	- 0. 0135 **	- 0. 1307 ***	- 0. 0279 ***	- 0. 0500 *	- 0. 0123 *
	(0. 0306)	(0. 0067)	(0. 0311)	(0. 0065)	(0. 0286)	(0. 0070)
省会城市	0. 4369 ***	0. 0924 **	0. 0865	0. 0185	- 0. 3381 **	- 0. 0830 **
	(0. 1457)	(0. 0299)	(0. 1402)	(0. 0299)	(0. 1333)	(0. 0324)
常数项	- 1. 3309 **		- 3. 7121 ***		- 1. 2543 *	
	(0. 7210)		(0. 7549)		(0. 6852)	
LR	132. 79 ***		161. 26 ***		22. 92 **	
预测准确率（%）	66. 03		67. 05		55. 64	
样本数量（个）	1578		1578		1578	

注：括号中是回归系数标准差，***、**和*分别表示1%、5%和10%的显著性水平。

1. 城市化经济与创新行为

表8-4第三行是城市化经济对三种创新行为的影响系数。城市化经济对合作创新和独立创新在1%的统计水平上显著为正，对模仿创新的影响在10%的显著水平上为正，表明城市化经济对三种创新均具有显著的促进作用，与Zhang（2014）的研究结果类似。且城市化经济对合作创新、独立创新和模仿创新的边际效应依次为75.96%、47.91%、37.28%，表明城市化经济每提高一个单位，企业选择合作创新的可能性增加75.96%，选择独立创新可能性提高47.91%，选择模仿创新的可能性上升37.28%。这表明，城市化经济对合作创新影响最大，对独立创新影响次之，对模仿创新影响最弱。

实证结果验证了假设1的正确性，城市化经济对三种创新均有显著的促进作用，但促进效果不完全相同。这可能是因为：完成创新的过程是对未知范畴的寻觅，仅依靠本企业的能力势单力薄，创新难度艰巨，所以企业亟须汲取外在环境中的力量，形成上下游产业链通力合作的局面，促进产品的推陈出新，提高企业创新绩效（Lager and Frishammar，2012）。城市化经济环境存在众多潜在的合作伙伴，具备充足的协同创新可能性，对合作创新的促进作用显然更突出。进行独立创新需要吸收城市化经济中多元化的创新思想，利用多样化集聚过程形成的人才优势，同样受益于城市化经济影响。而模仿创新是对已有技术的再消化吸收，研发周期短、市场风险小、人才依赖性弱，对城市化经济的仰仗不如合作创新和独立创新那么重要。

2. 地方化经济与创新行为

表 8-4 第二行是地方化经济对三种创新行为的影响系数。地方化经济对企业独立创新的影响不显著，对合作创新的影响在 5% 的统计水平上显著为负，对模仿创新的影响在 10% 的统计水平上显著为正，与假设 2 基本一致。

可能的原因在于：大量专业性人才在集聚区域内汇聚会对独立创新带来正面影响，但是专业化环境中的知识外溢会引发其他企业的"搭便车"行为，侵蚀企业的创新收益，对独立创新带来负面效应，地方化经济对独立创新的影响不显著可能是正负两种作用的相互抵消导致的。在专业化发展环境中，同类或类似企业产品同质化会加剧彼此间的竞争乃至恶性竞争，企业为争夺市场份额进行激烈角逐，难免打击双方合作的可能性，由此造成对合作创新影响不利的结果。至于模仿创新，地方化经济放大了同类或类似企业间的知识溢出效应，企业生产工艺或生产技术的相似性降低了模仿创新难度，先行者的创新成果极易被后来者模仿，因此，地方化经济对模仿创新十分有利。

（三）制造业分规模回归分析

一般认为，企业规模和企业创新行为之间具有密不可分的关系，然而究竟是大中企业还是小企业有利于企业技术创新众说纷纭。折中的意见是大小各异的企业规模对技术创新各有利弊。大中企业拥有"资源丰富"和"规模优势"的优点（Rogers，2004），但其冗杂的组织机构妨碍创新研发的进程；而小企业则具备"行动灵活"和"创新活力"的优势，但创新资源的缺乏抑制创新灵感的实践（朱允卫，2004）。为此，本章接下来对制造业企业分规模回归，探究集聚经济对不同规模企业创新行为的影响。

国务院颁布的《统计上大中小型企业划分办法（暂行）》中以"从业人员数""销售额""资产总额"三个指标作为企业规模的划分标准。本章采用"从业人员数"这一指标：小于 300 名职员的企业为小型企业，拥有 300 名及以上职员的企业为大中型企业。因为估计出的具体系数与边际效应符号一致，且系数并无具体含义，此处仅给出相应变量的边际效应，估计结果如表 8-5 所示。

表8－5　制造业分规模回归

变量	大中型企业			小型企业		
	独立创新边际效应	合作创新边际效应	模仿创新边际效应	独立创新边际效应	合作创新边际效应	模仿创新边际效应
地方化经济	0.0007	－0.0247	－0.2770	0.0011	－0.0150	0.0256 **
	(0.0216)	(0.0227)	(0.0259)	(0.0103)	(0.0106)	(0.0112)
城市化经济	0.5632	1.1985 ***	0.0172	0.4522 **	0.6586 ***	0.4368 **
	(0.4245)	(0.4534)	(0.5059)	(0.1867)	(0.1967)	(0.2068)
集团公司	0.1852 *	－0.1337	0.0299	0.0770 *	0.0682 *	0.0220
	(0.1026)	(0.0968)	(0.1117)	(0.0449)	(0.0404)	(0.0438)
研发投入	0.0000 ***	0.0000	0.0000	0.0000 ***	0.0000	0.0000
	(0.0000)	(0.0000)	(0.0000)	(0.0000)	(0.0000)	(0.0000)
信息技术	0.0011	0.1432 ***	0.0139 *	0.0465 ***	0.1085 ***	0.0371 ***
	(0.0237)	(0.0217)	(0.2765)	(0.0107)	(0.0104)	(0.0114)
管理者经验	－0.0031	－0.0067 *	－0.0011	－0.0027 *	0.0015	0.0008
	(0.0035)	(0.0037)	(0.0042)	(0.0017)	(0.0017)	(0.0018)
人力资本	－0.0334 **	－0.0381 **	0.3058 *	－0.0098	－0.0261 ***	－0.2083 ***
	(0.0152)	(0.0156)	(0.0183)	(0.0070)	(0.0071)	(0.0075)
省会城市	0.0081	－0.0407	0.0438	0.1073 ***	0.0284	－0.1046 ***
	(0.0782)	(0.7349)	(0.08831)	0.0329	(0.0327)	(0.0347)
LR	56.82	52.28	5.31	104.52	123.63	31.87
预测准确率	70.12%	71.78%	59.34%	65.89%	65.74%	56.92%
样本数量	241	241	241	1337	1337	1337

注：括号中是回归系数标准差；＊＊＊、＊＊和＊分别表示1%、5%和10%的显著性水平。

　　地方化经济和城市化经济对小型企业的回归结果与对所有企业的回归结果几乎保持一致，而对大中型企业的回归结果则大相径庭。对大中型企业而言，城市化经济对独立创新和模仿创新均无影响，对合作创新影响较大，多样化程度提升一单位，选择合作创新的可能性提升119%，大于对所有企业进行回归的结果。

　　原因可能是大中型企业生产规模大、市场占有率多、抵御风险能力强、科研资金充足、组织管理高效、消息来源众多，这些优势足以支撑企业内部进行独立创新或模仿创新的需要，对城市化经济依赖性不强。而小型企业在风险预防、资金筹措、人才管理、信息畅达等方面均处于不利局面，需要依靠集聚区域中提供的多样性资源要素弥补自身不足才能实现企业创新。所以，城市化经济对小型企业的三种创新行为均有显著的正向影响，对大中型企业仅显著促进企业的合作创新行为，独立创新和模仿创新无显著影响。实证结果也间接印证熊彼特所说的"大型企业是经济进步的发动机"的观点，支持了 Jiang 等（2013）的研究结果，引进模仿、独自研发以及合作创新是创新的三种来源，小型企业受限于风险承受能力优先选择模仿创新，大型企业具有资金优势可以选择独立创新或合作创新推进技术的飞越，实现产品创新，抢占市场以独占创新收益。

五、结论与建议

本章基于 Logit 模型实证分析了集聚效应对企业独立创新、合作创新和模仿创新的影响，得出如下结果：①城市化经济对三种创新行为均有显著的正向作用，对合作创新影响最大，独立创新次之，模仿创新最弱。②地方化经济对三种创新影响不一致，对独立创新影响不显著，对合作创新有显著的负向作用，对模仿创新有显著的正向影响。③在企业分规模回归的结果中，地方化经济的影响没有发生变化，城市化经济的影响具有明显的企业异质性。对小型企业而言，城市化经济对这三种创新行为均有显著的促进作用；而对大中型企业来说，城市化经济仅对企业的合作创新有显著的正向影响。针对所得到的结果，本章提出以下对策建议。

第一，政府应全面营造有利于企业创新的多样化发展环境。城市化经济对企业创新的影响呈现显著的促进作用，通过提高集聚区域内城市化经济的发展水平，可以有效提高企业创新的可能性。政府应全面营造有利于不同产业间相互关联企业与机构空间集聚的多样化环境：全面推动产业链上下游企业之间资源共享、信息交流、优势互补，实现技术创新的传播与扩散，带动产业链上下游共同创新发展。全面铲除桎梏科技成果转化的制度障碍，完善研究成果转移转化机制，推动创新成果向实体企业的快速转移，推进产学研用紧密结合。全面建设覆盖创新全链条的科技服务体系，面向企业提供技术检测、技术咨询、技术认证、技术转移等专业服务，为集聚区域内企业打造便于创新、易于创新、乐于创新的多元化和谐氛围。

第二，政府应重点打造有利于企业创新的专业化发展环境。地方化经济能推动企业模仿创新，要鼓励以模仿见长的产业或企业同聚一处，深化集群内专业化环境，发挥企业模仿的后发优势。政府应重点打造有利于企业创新的各具特色的专业化发展环境（产业集群）：重点识别本地经济水平、资源禀赋、产业结构、区位优势等基础条件，因地制宜地建立符合地方优势的专业化特色集群，打造能辐射带动区域整体创新水平提升的强大创新增长极；重点运用财政工具、金融工具、法律工具，对技术水平先进、产品附加值高、吸纳就业多的企业加大扶持力度、拓宽融资渠道、放松规制强度，引导特色鲜明的产业集群茁壮成长；重点完善集聚区域的配套设施，注重生产功能、生活服务、生态环境三位一体协调发展、优化资源配置，提供优质服务，增强承载能力，提升集聚区域形象，实现生产高效便捷、生活舒适安逸、生态整洁美丽的特色集群，吸引更多优质企业入驻。

第三，政府应科学制定有利于不同规模企业创新的差异性政策。集聚经济对小企业三种创新行为影响深远，对大型企业仅促进合作创新行为，政府应科学制定有利于不同规模企业创新的差异性政策：科学认清小型企业势单力薄的明显弱势和技术扩散主体的重要地位，完善市场竞争环境，提供公平、公正的竞争平台，实施务实有效的融资政策，破除融资困难的局面，强化优惠政策贯彻落实，持续释放创新"政策红利"，营造健全有效的创新环境扶持小企业健康发展；科学认清大中企业实力雄厚的绝对优势和自主创新源头的重要地位，进行制度创新，实现政企分离，激发大中企业的创新活力，实施政策引导，鼓励大中企业强强联手进行合作创新，优化政府服务功能，设立协调合作关系的管理机构解决合作中的争端矛盾；科学完善知识产权保护和技术有偿转让的法律法规，激励自主创新的大中企业进行持续创新，引领技术发展方向，激发跟随模仿的小企业，强化二次创新，推动新技术的不断改进和完善。

第九章　技术创新对企业出口增长
二元边际的影响研究

首先，本章把企业层面的出口增长分解为集约边际和扩展边际。其次，本章使用 1999～2009 年中国工业企业数据库和中国专利数据库的匹配数据，综合运用多种计量方法，研究技术创新对企业出口增长二元边际的影响。结果表明：技术创新对企业出口增长集约边际有正向而显著的影响，对劳动密集型企业的影响最大，对技术密集型企业的影响最小；技术创新对企业出口增长扩展边际有正向而显著的影响，对资本密集型企业的影响最大，对技术密集型企业的影响最小。最后，本章提出了增强自主创新能力，促进出口增长的政策建议。*

一、引言

改革开放以来，中国出口导向型的经济发展和以劳动密集型产品为主导的加工贸易为中国对外贸易带来了持续的繁荣，创造了强大的外汇储备。纵观中国历年出口数据发现，1997 年的亚洲金融危机使出口增长率降为 0.41%，是 1978 年以来的最低点；2008 年席卷全球的金融危机对中国出口造成了更大的创伤，出口首次出现负增长，增长率为 - 18.29%。外部冲击对中国出口的不利影响使我们不得不反思如何转变外贸增长方式，从贸易大国向贸易强国转变。在这个过程中，识别出口增长的结构和影响因素就成为首要考虑的问题。

新新贸易理论把贸易增长分解为集约边际和扩展边际，为出口贸易的研究提供了新的视角。集约边际主要指的是出口量的扩张，扩展边际则主要指的是产品种类或目的地的增加。显而易见，集约边际更易遭受外部冲击，使贸易条件恶

　　＊　本章部分内容借鉴了王奇珍、朱英明：《技术创新对企业出口增长二元边际的影响研究：基于微观企业的实证分析》，《国际贸易问题》2016 年第 4 期。

化，而扩展边际有利于一国出口多元化，使逆向贸易条件效应不太可能发生（钱学锋和熊平，2010）。随着经济全球化和一体化的加深，科学技术在一国对外贸易中的作用日益凸显。通过技术创新活动，企业可以改进产品质量，降低生产成本，参与国际市场上激烈的竞争；通过技术创新活动，以先进技术武装产品，企业可以增加出口市场份额，降低外部冲击的负面影响；通过技术创新活动，企业可以在国际市场上站稳脚跟，延长出口持续时间。

由此可见，技术创新是出口增长二元边际的重要影响因素。21 世纪以来，中国开展了大量的技术创新，研发支出、专利申请和新产品产值都大幅度增加。那么，中国企业技术创新对出口增长二元边际的影响如何？有什么样的特点？本章使用 1999 ~ 2009 年中国工业企业数据库和中国专利数据库的匹配数据，采用多种计量方法，对技术创新影响中国企业出口增长二元边际进行了理论分析和实证检验，得出技术创新正向影响出口增长二元边际并存在企业异质性的结论。

本章其他部分的结构安排如下：第二部分是模型构建，第三部分是实证分析，第四部分结论和政策含义。

二、模型构建

（一）模型设定

1. 出口增长分解模型

本章借鉴 Besedešand Prusa（2011）的研究方法，对企业层面的出口增长进行了分解，建立模型如下：

$$V_t = n_t v_t \qquad (9-1)$$

式中，V_t 表示企业时间 t 的出口额。n_t 是企业与所有国家建立贸易关系的数量，即如果只同一个国家建立贸易关系，则在时间 t 的贸易关系数量是 1；如果同 n 个国家建立贸易关系，则在时间 t 的贸易关系数量是 n_t。v_t 是每段关系的出口额。因此，企业时间 t 的出口关系包括过去年份存活到 t 年的关系 s_t 和 t 年新建立的关系 e_t，即 $n_t = s_t + e_t$。那么 t 到 $t+1$ 的出口增长为：

$$V_{t+1} - V_t = n_{t+1} v_{t+1} - n_t v_t = s_{t+1}[v_{t+1} - v_t] - d_t v_t + e_{t+1} v_{t+1} \qquad (9-2)$$

式中，s_{t+1} 是生存下来的出口关系，$[v_{t+1} - v_t]$ 是每段生存关系的出口增长额，d_t 是 t 年结束的出口关系数量，e_{t+1} 是 $t+1$ 年新建出口关系数量。假设 h_t 是出口关系由过去年份生存到 t 年的失败率，且在不同国家没有差异，则式（9 - 2）可以写为：

$$V_{t+1} - V_t = \underbrace{[(1-h_{t+1})n_t]}_{survival-stayers}\underbrace{(v_{t+1}-v_t)}_{deepening} - \underbrace{\frac{h_{t+1}n_t}{failure}} + \underbrace{\frac{e_{t+1}v_{t+1}}{entry}} \tag{9-3}$$

式（9 - 3）从企业层面把出口增长进行了分解，$\underbrace{[(1-h_{t+1})n_t]}_{survival-stayers}$ 和 $\underbrace{(v_{t+1}-v_t)}_{deepening}$ 是出口增长的集约边际，这里不但有出口量的加深，也有出口时间的延续，因此出口增长的集约边际还包括一个持续边际。$\underbrace{\frac{h_{t+1}n_t}{failure}}$ 和 $\underbrace{\frac{e_{t+1}v_{t+1}}{entry}}$ 是出口增长的扩张边际，指企业在出口市场的进入和退出。因此，本章定义集约边际为贸易额的变化和出口时间的延续，扩展边际为企业进入或退出出口市场，两者共同促进出口增长。

2. 技术创新影响出口增长二元边际的模型

为了研究技术创新对出口持续时间的影响，本章使用 Cox 风险模型进行回归，Cox 风险模型最早是由 Cox（1972）提出的一种半参数方法，能够检验多个因素对出口持续时间的影响，基本模型如下：

$$h_i(t) = h_0(t) exp\{\textstyle\sum_{i=1}^{n}\beta_i x_i\} \tag{9-4}$$

式中，x_i 是影响企业 i 出口持续时间的风险因素即解释变量，$h_0(t)$ 是基础风险函数，$h_i(t)$ 是 t 时刻的风险函数。β_i 是估计系数，$exp(\beta_j)$ 是风险比率。当 $exp(\beta_j) > 1$ 时，表示 x_i 增加会增大风险；当 $exp(\beta_j) < 1$ 时，表示 x_i 增加会减小风险；当 $exp(\beta_j) = 1$ 时，表示 x_{ij} 不影响风险。Cox 风险模型必须满足比例风险假定，即各种风险因素对出口持续时间的影响不随时间而改变。如果某一风险因素违反假定，必须引入随时间而变的解释变量，建立扩展的 Cox 比例风险模型：

$$h_i(t) = h_0(t) exp\{\textstyle\sum_{i=1}^{n}\beta_i x_i(t)\} \tag{9-5}$$

式中，$x_i(t)$ 表示风险因素随时间而改变，加入风险因素与时间的交互变量，以满足比例风险假定。

为了研究技术创新对出口额和对出口扩展边际的影响，分别建立如下两个模型：

$$export_{it} = \alpha_1 lnA + \alpha_1 innov_{it} + \alpha_2 age_{it} + \alpha_3 scale_{it} + \alpha_4 profit_{it} + \alpha_5 lever_{it} + \alpha_6 foreign_{it} +$$
$$\varepsilon_{it} \qquad\qquad\qquad\qquad (9-6)$$

$$probit(export_{it} = 0, 1) = \beta_0 lnA + \beta_1 innov_{it} + \beta_2 age_{it} + \beta_3 scale_{it} + \beta_4 profit_{it} +$$
$$\beta_5 lever_{it} + \beta_6 foreign_{it} + \delta_{it} \qquad\qquad (9-7)$$

式（9-6）和式（9-7）中，i 代表企业，t 代表年份。与式（9-6）和式（9-7）相比，式（9-5）中解释变量多了初始交易额。回归过程中涉及三组面板数据，其中，第一组样本是 Panel A，考察技术创新对出口持续时间的影响；第二组样本是 Panel B，考察技术创新对出口额的影响；第三组样本是 Panel C，考察技术创新对出口扩展边际的影响。三组数据都加入区域和行业的控制变量来控制不同区域和行业对出口的影响。为了解决技术创新与出口互相决定的内生性问题，我们用滞后一期的技术创新变量作为工具变量。当期的出口可能会影响当期的技术创新，但对过去的技术创新应该没有影响，这样就不存在反向的因果关系，从而避免了内生性问题。

（二）数据来源与变量说明

本章数据来源于 1999～2009 年中国工业企业数据库和中国专利数据库。首先，以企业名称字段对两大数据库进行匹配，选出中国专利数据库对应企业的申请专利作为衡量企业技术创新情况的指标。其次，2004 年中国工业企业数据库没有"出口交货值"这项指标，鉴于出口数据是本研究中的重要变量，因此，我们去掉这个特殊的年份。最后，删除一些代码重复、数据情况明显不符和出现遗漏的企业。

专利（$innov$）的排他性使其具有市场价值，常常被用作衡量技术创新的变量，它不仅可以衡量一个国家层面的创新能力，还可以反映企业和产业层面的创新水平。因此，本章使用申请专利衡量一个企业的技术创新情况。如果某年申请了专利，用 1 表示，否则为 0。

根据 Rauch 和 Watson（2003）的研究，出口商的出口尝试对后续出口有重要的影响，因此本章使用初始交易额作为一项影响出口持续时间的重要指标，用初次出口交易额的对数形式表示。企业财务状况对出口有较大的影响（Deng et al.，2013），因此本章用盈利能力（$profit$）和资产负债率（$lever$）衡量企业的财务状况。年龄与规模（$age\ and\ scale$）是影响出口增长的重要因素，本章使用企业成立到现在的年份衡量企业年龄，使用总资产衡量企业规模，两者都取对数形式。外资企业比内资企业有更强的出口导向，因为它们更熟悉外国市场，与外国买家有更多的联系（Fu and Wu，2014），因此本章使用一个虚拟变量衡量外资参与（*foreign*）企业，"1"代表外资企业，"0"代表非外资企业。

三、实证分析

（一）相关性分析

为防止伪回归，本章首先进行面板数据的描述性分析和考察是否存在多重共线性问题。由表9-1可知，Panel A 中，最大相关系数为0.211，最小相关系数为-0.288；Panel B 中，最大相关系数为0.260，最小相关系数为-0.278；Panel C 中，最大相关系数为0.234，最小相关系数为-0.273。因此，可以认为三组面板数据不存在严重的多重共线性问题。

表9-1 描述性统计和相关系数矩阵

Panel A	技术创新	年龄	规模	盈利能力	资产负债率	外资	出口选择
技术创新	1.000						
年龄	0.045	1.000					
规模	0.211	0.176	1.000				
盈利能力	-0.011	-0.015	-0.119	1.000			
资产负债率	-0.006	0.047	0.010	-0.288	1.000		
外资	0.001	-0.103	0.146	-0.042	-0.111	1.000	
均值	0.045	1.908	9.947	0.085	0.569	0.207	0.700
标准差	0.208	0.720	1.410	0.167	0.269	0.405	0.458
Panel B	技术创新	年龄	规模	盈利能力	资产负债率	外资	初始交易额
技术创新	1.000						
年龄	0.038	1.000					
规模	0.191	0.138	1.000				
盈利能力	-0.001	-0.002	-0.136	1.000			

续表

Panel B	技术创新	年龄	规模	盈利能力	资产负债率	外资	初始交易额
资产负债率	−0.002	0.060	0.015	−0.278	1.000		
外资	−0.003	−0.130	0.151	−0.042	−0.102	1.000	
初始交易额	0.011	−0.111	0.260	0.051	0.007	0.134	1.000
均值	0.037	1.632	9.694	0.073	0.573	0.209	8.797
标准差	0.188	0.792	1.408	0.153	0.270	0.406	1.698
Panel C	技术创新	年龄	规模	盈利能力	资产负债率	外资	出口额
技术创新	1.000						
年龄	0.057	1.000					
规模	0.234	0.169	1.000				
盈利能力	−0.002	−0.028	−0.112	1.000			
资产负债率	−0.007	0.034	0.001	−0.273	1.000		
外资	−0.003	−0.093	0.152	−0.024	−0.126	1.000	
均值	0.051	1.862	9.937	0.076	0.571	0.237	9.302
标准差	0.219	0.698	1.434	0.151	0.265	0.425	2.656

（二）技术创新影响出口增长集约边际的计量检验

1. 技术创新影响出口持续时间的计量检验

表9－2显示了技术创新影响出口持续时间的计量检验结果。首先对基础模型进行了回归，其次对违反风险比例假定的风险因素加入时间变量，进行比例风险回归。结果显示，技术创新对企业出口持续时间有正向而显著的影响，技术创新每增加1个单位，企业在出口市场生存的风险率就降为原来的0.953。

近年来，中国制造企业的技术创新活动异常活跃，研发支出和专利申请量都大幅增长。企业技术创新与要素密集度之间的关系密切，通常资本密集度高的行业技术含量也较高，而创新产品对资本、技术也具有较大的依赖性（赵伟等，2012）。因此，本章把制造企业按照要素密集度进行划分，考察技术创新对出口的影响。借鉴王岳平（2004）的研究，本章把1999～2009年制造企业划分为劳动密集型、资本密集型和技术密集型企业并进行回归检验。由表9－2可知，技术创新对三种密集型企业都有正向而显著的影响，技术创新每增加1个单位，劳动密集型企业在出口市场生存的风险率就降为原来的0.943倍，资本密集型企业在出口市场生存的风险率就降为原来的 0.949，技术密集型企业在出口市场生存的风险率就降为原来的 0.972，对劳动密集型企业的影响最大，对技术密集型企业的影响最小。所有企业开展技术创新都会提高其在国际市场上的生存概率，尤其是劳动密集型企业，可能的原因是中国出口企业大部分是劳动密集型企业，产品技术含量不高，它们频繁进入国际市场，生存时间较短（Fu and Wu，2014），因此，开展技术创新、增强产品的技术含量后，对延长其生存时间的影响较为明显。

表 9 - 2 技术创新影响出口持续时间的计量检验

变量	基础模型				比例风险模型			
	所有企业	劳动密集型	资本密集型	技术密集型	所有企业	劳动密集型	资本密集型	技术密集型
初始交易额	0.891 ***	0.872 ***	0.907 ***	0.904 ***	1.025 ***	1.025 ***	1.022 ***	1.026 ***
	(0.001)	(0.002)	(0.003)	(0.002)	(0.001)	(0.001)	(0.002)	(0.001)
技术创新	0.961 ***	0.938 **	0.951 ***	0.996	0.953 ***	0.943 ***	0.949	0.972 **
	(0.013)	(0.028)	(0.041)	(0.017)	(0.008)	(0.016)	(0.040)	(0.011)
年龄	1.053 ***	1.068 ***	1.033 ***	1.045 ***	1.053 ***	1.068 ***	1.033 ***	1.047 ***
	(0.003)	(0.004)	(0.008)	(0.005)	(0.003)	(0.004)	(0.008)	(0.005)
规模	0.972 ***	0.987 ***	0.972 ***	0.956 ***	0.969 ***	0.983 ***	0.987 ***	0.954 ***
	(0.002)	(0.003)	(0.005)	(0.003)	(0.002)	(0.003)	(0.002)	(0.003)
盈利能力	1.245 ***	1.302 ***	1.393 ***	1.142 ***	1.237 ***	1.289 ***	1.407 ***	1.134 ***
	(0.019)	(0.028)	(0.058)	(0.032)	(0.019)	(0.028)	(0.059)	(0.032)
资产负债率	1.091 ***	1.091 ***	1.115 ***	1.099 ***	1.087 ***	1.087 ***	1.113 ***	1.094 ***
	(0.010)	(0.014)	(0.031)	(0.017)	(0.010)	(0.014)	(0.030)	(0.017)
外资	0.849 ***	0.837 ***	0.823 ***	0.870 ***	1.013 ***	1.008 *	1.015	1.024 ***
	(0.013)	(0.008)	(0.018)	(0.009)	(0.005)	(0.005)	(0.011)	(0.005)
行业	控制	控制	控制	控制	控制	控制	控制	控制
区域	控制	控制	控制	控制	控制	控制	控制	控制
观测数	147755	72306	14560	53372	147755	72306	14560	53372

注：表中系数为风险比率，括号内系数为标准误差，***、** 和 * 分别表示参数的估计值在 1%、5% 和 10% 的统计水平上显著。

初始交易额在短期内对出口持续时间有正向而显著的影响，而长期却有负向而显著的影响，呈现随时间变化的特点。这一方面印证了 Rauch 和 Watson（2003）的观点，初始交易额的确对企业出口持续性有重要的影响；另一方面也说明出口的长期性更依赖于产品质量和技术的不断提高，而不能固守初始的产品生产技术。年龄对企业出口持续时间有负向而显著的影响，规模对企业出口持续时间有正向而显著的影响，且它们对不同密集型企业的影响系数相差不大。可能的解释是老的企业技术发展缓慢以及管理模式僵化，不具有年轻企业的生存优势；大型企业具有规模经济优势，降低了企业成本，同时大公司经营也更趋于多元化，可以规避国际市场上的各种不确定性风险，提高生存概率。

资产负债率和盈利能力都对企业出口持续时间有负向而显著的影响，对资本密集型企业的影响更大。外资在短期内对出口持续时间有正向而显著的影响，而长期却有负向而显著的影响，对技术密集型企业的影响更大。

2. 技术创新影响出口额的计量检验

表9－3显示了技术创新影响出口额的计量检验结果。本章采用固定效应和随机效应回归两种方法，并对劳动密集型、资本密集型和技术密集企业分别进行了检验。结果说明，技术创新对出口额有正向而显著的影响，且影响系数较小。技术创新每增加1%，出口额就增加0.054%~0.087%。技术创新对三种密集型企业都有正向而显著的影响，技术创新每增加1%，劳动密集型企业出口额就增加0.066%~0.092%，资本密集型企业出口额就增加0.063%~0.072%，技术密集型企业出口额就增加0.036%~0.069%，对劳动密集型企业的影响最大，对技术密集型企业的影响最小。技术创新能增加所有企业的出口额，尤其是劳动密集型企业。劳动密集型企业作为中国出口企业的"主力军"，技术较为薄弱，开展技术创新，会对其出口创汇有较大的影响。

表9－3　技术创新影响出口额的计量检验

变量	固定效应				随机效应			
	所有企业	劳动密集型	资本密集型	技术密集型	所有企业	劳动密集型	资本密集型	技术密集型
技术创新	0.087***	0.092***	0.072**	0.069***	0.054***	0.066***	0.063**	0.036***
	(0.009)	(0.016)	(0.032)	(0.013)	(0.008)	(0.015)	(0.031)	(0.012)
年龄	0.193***	0.168***	0.197***	0.247***	0.058***	0.074***	0.052***	0.043***
	(0.004)	(0.006)	(0.019)	(0.009)	(0.003)	(0.004)	(0.013)	(0.006)

续表

变量	固定效应				随机效应			
	所有企业	劳动密集型	资本密集型	技术密集型	所有企业	劳动密集型	资本密集型	技术密集型
规模	0.582***	0.527***	0.593***	0.674***	0.546***	0.507***	0.540***	0.609***
	(0.004)	(0.005)	(0.018)	(0.008)	(0.002)	(0.003)	(0.008)	(0.004)
盈利能力	1.405***	1.374***	1.323***	1.489***	1.567***	1.517***	1.435***	1.686***
	(0.017)	(0.021)	(0.074)	(0.035)	(0.015)	(0.018)	(0.059)	(0.031)
资产负债率	0.086***	0.059***	0.079	0.153***	0.137***	0.098***	0.118***	0.213***
	(0.011)	(0.014)	(0.051)	(0.022)	(0.009)	(0.011)	(0.039)	(0.018)
外资	0.005	−0.012	0.041	0.022	0.242***	0.192***	0.220***	0.318***
	(0.011)	(0.015)	(0.051)	(0.020)	(0.007)	(0.011)	(0.032)	(0.013)
常数项	3.146***	3.887***	2.242***	1.579***	2.565***	3.203***	1.651***	0.596***
	(0.104)	(0.054)	(0.187)	(0.221)	(0.045)	(0.061)	(0.061)	(0.012)
行业	控制	控制	控制	控制	控制	控制	控制	控制
区域	控制	控制	控制	控制	控制	控制	控制	控制
R^2	0.158	0.156	0.113	0.173	0.249	0.250	0.239	0.260
观测数	316462	159790	27850	111713	316462	159790	27850	111713

注：括号内系数为标准误差，***、**和*分别表示参数的估计值在1%、5%和10%的统计水平上显著。

年龄和规模都对出口额有正向而显著的影响，对技术密集型企业影响最大，对劳动密集型企业影响最小。与表9-2回归结果相对比发现，规模经济仍是企业出口增加的有利因素，但经验积累只是企业出口额增加的有利因素，并不能延长出口时间。从三种企业划分的角度来看，年龄和规模对出口额的增加对劳动密集型、资本密集型和技术密集型企业的影响由低到高，由此可见，规模经济和经验积累的优势随着企业技术含量越高，对出口额的影响越深。

盈利能力对出口额有正向而显著的影响，盈利能力每增加1%，出口额就增加1.405%～1.567%。在所有的影响因素中，盈利能力的影响最大。结合表9-2发现，追逐利益是企业出口的目的，但获利并不会导致持续的出口，反而可能对出口时间有负向的影响。根据Deng等（2014）的研究，当盈利能力较弱时，技术创新和出口退出之间的关系是正向的；当盈利能力较强时，技术创新和出口退出之间的关系是负向的。表9-2显示密集型企业的回归结果：盈利能力越强、

技术含量高的资本密集型和技术密集型企业的出口退出风险越大，这印证了
Deng 等（2014）的研究。但是表9-3的回归结果又说明技术含量高的技术密集
型企业高的盈利能力导致高的出口额增长，可能的原因是内需导致的利润增加占
据了企业利润相当大的一部分。

资产负债率对出口额有正向而显著的影响，对技术密集型企业的影响较大，
对劳动密集型企业的影响较小。外资对出口额影响不显著。

（三）技术创新影响出口增长扩展边际的计量检验

表9-4显示了技术创新影响出口增长扩展边际的计量检验结果。本章采用
Logit 和 Probit 两种方法，对劳动密集型、资本密集型和技术密集企业分别进行了
检验。结果说明，技术创新对出口增长扩展边际有正向而显著的影响。技术创新
每增加1%，出口增长扩展边际就增加0.151% ~ 0.262%。技术创新对三种密集
型企业都有正向而显著的影响，技术创新每增加1%，劳动密集型企业出口增长
扩展边际就增加0.158% ~ 0.276%。资本密集型企业出口增长扩展边际就增加
0.210% ~ 0.355%。技术密集型企业出口增长扩展边际就增加0.120% ~
0.212%，对资本密集型企业的影响最大，对技术密集型企业的影响最小。这说
明对所有企业而言，技术创新都是其出口选择的重要影响变量，因此要想走向国
际市场，中国出口企业必须开展技术创新，提高产品技术含量。

表9-4 技术创新影响出口增长扩展边际的计量检验

变量	Logit				Probit			
	所有企业	劳动密集型	资本密集型	技术密集型	所有企业	劳动密集型	资本密集型	技术密集型
技术创新	0.262***	0.276***	0.355***	0.212***	0.151***	0.158***	0.210***	0.120***
	(0.023)	(0.048)	(0.063)	(0.029)	(0.013)	(0.027)	(0.037)	(0.017)
年龄	-0.042***	-0.058***	-0.099***	0.001	-0.020***	-0.028***	-0.055***	0.002
	(0.007)	(0.011)	(0.018)	(0.018)	(0.004)	(0.006)	(0.011)	(0.007)
规模	0.105***	0.034***	0.117***	0.202***	0.061***	0.021***	0.069***	0.118***
	(0.004)	(0.006)	(0.010)	(0.007)	(0.002)	(0.003)	(0.006)	(0.004)
盈利能力	-0.279***	-0.429***	-0.347***	-0.103*	-0.155***	-0.241***	-0.198***	-0.051
	(0.030)	(0.041)	(0.081)	(0.057)	(0.017)	(0.024)	(0.047)	(0.034)

续表

变量	Logit				Probit			
	所有企业	劳动 密集型	资本 密集型	技术 密集型	所有企业	劳动 密集型	资本 密集型	技术 密集型
资产 负债率	0.093***	0.174***	−0.026	−0.002	0.054***	0.101***	−0.017	−0.001
	(0.019)	(0.028)	(0.054)	(0.034)	(0.011)	(0.016)	(0.032)	(0.020)
外资	0.769***	0.738***	0.671***	0.865***	0.442***	0.158***	0.395***	0.496***
	(0.015)	(0.023)	(0.044)	(0.025)	(0.008)	(0.027)	(0.025)	(0.017)
常数项	−0.239***	0.312***	−0.412***	−1.587***	−0.210***	0.296***	−0.388***	−1.562***
	(0.069)	(0.025)	(0.123)	(0.423)	(0.071)	(0.062)	(0.102)	(0.310)
行业	控制	控制	控制	控制	控制	控制	控制	控制
区域	控制	控制	控制	控制	控制	控制	控制	控制
log likelihood	−249888	−117674	−30470	−92360	−249646	−117545	−30468	−92265
观测数	474714	231189	49891	173241	474714	231189	49891	173241

注: 括号内系数为标准误差, ***、**和*分别表示参数的估计值在1%、5%和10%的统计水平上显著。

年龄对企业出口扩展边际有负向而显著的影响, 对劳动密集型和资本密集型企业有负向而显著的影响, 对劳动密集型企业影响较弱, 对技术密集型企业影响不显著。规模对企业出口扩展边际有正向而显著的影响, 对技术密集型企业影响最大, 影响系数为0.118~0.202; 对劳动密集型企业影响最小, 影响系数为0.021~0.034。我国存在大量中小型劳动密集型出口企业, 不具有经验和规模经济优势, 它们频繁地进入、退出国际市场, 对增加出口增长的扩展边际、缓解外部冲击对我国出口的影响起着重要作用 (钱学锋和熊平, 2010)。对技术密集型企业而言, 年龄不是其进入、退出国际市场的影响因素, 而规模却是非常重要的影响变量。

规模对企业出口扩展边际有正向而显著的影响, 对资本密集型企业的影响最大, 对劳动密集型企业的影响最小, 说明企业规模对资本密集型企业出口决定影响较大, 对劳动密集型企业的出口决定影响不大。盈利能力对企业出口扩展边际有负向而显著的影响, 对劳动密集型企业影响最大。资产负债率对企业出口扩展边际有正向而显著的影响, 对劳动密集型企业有正向而显著的影响, 对资本密集型和技术密集型企业影响不显著。外资对企业出口扩展边际有正向而显著的影响, 对技术密集型企业影响最大。

四、结论和政策含义

本章首先对企业层面的出口增长进行了分解，把出口增长分解为集约边际和扩展边际；其次使用 1999～2009 年中国工业企业数据库和中国专利数据库的匹配数据，综合运用生存分析、非平衡面板回归、Logit 回归和 Probit 回归等方法，研究技术创新对企业出口增长二元边际的影响；最后得出以下结论：

技术创新对企业出口持续时间有正向而显著的影响，对三种密集型企业出口持续时间都有正向而显著的影响，对劳动密集型企业的影响最大，对技术密集型企业的影响最小。技术创新对出口额有正向而显著的影响，且影响系数较小。技术创新对三种密集型企业的出口额都有正向而显著的影响，对劳动密集型企业的影响最大，对技术密集型企业的影响最小。技术创新对出口增长扩展边际有正向而显著的影响，对三种密集型企业出口增长扩展边际都有正向而显著的影响，对资本密集型企业的影响最大，对技术密集型企业的影响最小。

本章结论在以下方面具有重要的政策含义。第一，企业应以自主创新为根本，积极开展研发活动，提高产品技术含量，降低生产成本，参与国际市场竞争；应以"出口中学习"的研发溢出为辅助，在出口过程中学习国外先进的技术，再回流到本企业，消化吸收后为本企业所用。两者相辅相成，不能本末倒置。第二，国家层面上，应规范劳动密集型产品的出口秩序，防止出口出现价格战，遭遇国外反倾销。企业层面上，应提高自身技术创新能力，以技术武装产品，注重人力资本的积累，使企业做大做强，走可持续发展之路。第三，资本和技术密集型企业由于产品特点，需要大量的研发投入，可以采用自主创新，与企业、高校合作创新等多种技术创新方式，提高自身技术创新水平。鼓励资本和技术密集型企业"走出去"，通过参与国际竞争，获得更多更先进的技术，带动自身发展。

第十章　技术创新对企业出口增长
集约边际的效应研究

　　本章使用 1999～2009 年中国工业企业的数据，基于企业产品创新的视角，综合运用生存分析方法和回归分析方法研究技术创新对出口增长集约边际的影响。结果表明：技术创新对工业企业出口持续时间和出口绩效都有正向而显著的影响。将工业企业划分为高新技术和非高新技术企业后发现，专利对非高新企业出口持续时间有正向而显著的影响，而新产品产值则对高新企业出口持续时间有正向而显著的影响。专利对高新企业和非高新企业出口绩效都有正向而显著的影响，而新产品产值仅对非高新企业出口绩效有正向而显著的影响。本章最后实证检验了分地区和分所有制类型工业企业技术创新对出口持续时间和出口绩效的影响。*

一、引　言

　　新新贸易理论认为，出口增长主要是沿着扩展的贸易边际和集约的贸易边际实现的（Melitz，2003）。出口增长的扩展边际指的是建立新的贸易伙伴，开拓新的贸易市场。出口增长的集约边际分两种：一种是延长每段贸易的持续时间；另一种是加深现存的贸易关系，即增加每段贸易的出口绩效（Besedeš and Prusa，2011）。出口增长的集约边际极易遭受外部冲击，引发出口大幅度波动，导致企业在国际上的贸易利得下降（钱学锋和熊平，2010）。因此，在增加出口增长的扩展边际的同时，保持出口增长集约边际稳定增长成为非常现实的问题。

　　自我选择假说认为，更高的生产率水平有助于企业进入出口市场，而更高的

---

*　本章部分内容借鉴了王奇珍、朱英明：《技术创新的出口增长集约边际效应：基于企业产品创新的视角》，《国际经贸探索》2016 年第 2 期。

生产率水平则可能是企业以前从事技术创新活动的结果（Máñez – Castillejo et al.，2009）。由此可见，企业技术创新有利于出口。在日益激烈的竞争环境中，有些企业努力追求技术变化带来的创新机会，而有些企业则错失或忽视技术变化带来的这些创新机会（朱英明，2014）。抓住创新机会，增加创新活动和创新能力，有助于延长出口持续时间，提高出口绩效；忽视创新机会，就会被边缘化或者赶出世界市场（Dipietro and Anoruo，2006）。

自 20 世纪 90 年代中期以来，中国企业逐步成为技术创新的主体。技术创新也成为影响企业在国际市场发展的一个重要因素。相关数据表明，有技术创新的企业在出口市场上的生存率超过没有技术创新的企业的生存率；有技术创新的企业的出口绩效也远远超过没有技术创新的企业出口绩效。可见，提高技术创新水平成为延长中国企业出口持续时间、提高出口绩效进而应对外部冲击的明智之举。因此，本章基于产品创新的视角，分别用专利和新产品产值两个产品创新指标衡量企业的技术创新水平，使用生存分析方法和非平衡面板数据回归分析方法，从微观企业层面研究技术创新在出口增长集约边际的自我选择机制中的作用，以期对后续研究有所帮助。

本章其他部分的结构安排如下：第二部分是数据和变量选择，第三部分是计量模型与实证建议，第四部分是主要结论。

二、数据处理和变量选择

本章数据来源于 1999～2009 年中国工业企业数据库和中国专利数据库。首先，我们使用企业名称将两大数据库进行匹配，用中国专利数据库的申请专利作为衡量企业创新情况的一个指标。其次，鉴于 2004 年中国工业企业数据库缺失大量数据，我们去掉这个特殊的年份，这样只剩下 10 年的数据。最后，我们借鉴聂辉华等（2012）的研究，删除一些代码重复、数据情况明显不符和出现遗漏的企业。

专利作为研发的产出，大多涉及产品创新，它反映实际技术创新的可能性，可以衡量企业和产业层面的创新水平。新产品产值可以反映企业的创新能力，是企业产品创新活动的经济成果。因此，我们基于产品创新的视角，用这两个指标衡量企业的技术创新活动。由于专利申请指标较为完整，因此我们使用专利申请作为技术创新的一个衡量指标。专利申请指标是一个虚拟变量，如果企业申请了专利，用1表示，否则为0。新产品产值指标用新产品产值和工业总产值的比值衡量，取对数形式。

Rauch和Watson（2003）的三阶段搜寻成本模型说明，初始贸易额对出口持续时间有直接的影响。Besedeš和Prusa（2006）利用RW模型分析初始贸易额和贸易持续时间的关系，发现无论对哪种产品类型来说，较大的初始交易额会导致更长的持续时间。所以，我们用初次出口交易额的对数形式衡量初始交易额。

2008年金融危机对各国实体经济运行与国际贸易形成了巨大冲击，贸易额大幅度减少，可能的原因除了需求大幅减少外，还有企业难以获得融资，制约了出口能力（Buch et al.，2009）。这提醒我们财务体系在国际贸易中的重要作用。本章用资产负债率、流动负债率和盈利能力三个财务指标来衡量其对出口集约边际的影响。

一个经济体内的创新溢出比国际上更快，使企业能在国际贸易中而不是国内市场保持竞争优势（Kirbach and Schmiedeberg，2008），因此，产业内有所创新的企业会对其他企业产生外部经济或溢出效应，进而影响出口（Faustino et al.，2012）。本章利用行业区位熵衡量创新溢出，分析其对出口增长集约边际的影响。

年龄与规模是影响出口增长集约边际的重要因素（Deng et al.，2013），本章使用企业成立到现在的年份衡量企业年龄，使用总资产衡量企业规模，两者都取对数形式。外资参与企业通常与外国企业有更多的联系，更了解出口市场，会有较长的出口持续时间（陈勇兵等，2012），本章使用一个虚拟变量衡量外资参与企业，"1"代表外资企业，"0"代表非外资企业。

三、计量模型与实证检验

（一）计量模型

Cox比例风险模型是最早由Cox（1972）提出的一种半参数方法，它能够检验多个因素对出口持续时间的影响，因此本章采用此模型分析技术创新对出口持续时间的影响，模型如下：

$$h_i(t) = h_0(t)exp\left(\sum_{j=1}^{p}\beta_j X_{ij}\right) \tag{10-1}$$

其中，$h_0(t)$ 是指当所有伴随变量 X_j（$j=1, 2, \cdots, p$）都处于 0 或标准状态下的风险函数时，为基准风险函数；$h_i(t)$ 是 t 时刻的风险函数。i（$i=1, 2, \cdots, n$）代表企业，β_j（$j=1, 2, \cdots, p$）为回归系数，X_j 是风险因素。$exp(\beta_j)$ 是风险比率。当 $exp(\beta_j) > 1$ 时，表示 X_j 增加会增大风险；当 $exp(\beta_j) < 1$ 时，表示 X_j 增加会减小风险；当 $exp(\beta_j) = 1$ 时，表示 X_j 不影响风险。

非平衡面板回归是采用 1999~2009 年中国工业企业数据库的数据，由于存在企业的进入和退出，所以该数据是非平衡面板的，数据统计年份截止到 2009 年。

（二）实证检验

1. 技术创新影响出口持续时间的实证检验

各变量的描述性统计列于表 10-1 中，经过检验，变量之间不存在多重共线性。我们首先对所有企业进行回归，其次把每段贸易关系中只有 1 年间隔的片段合并成 1 个片段，对调整 1 年间隔的企业进行回归，结果见表 10-2。因为如果贸易片段间隔时间较短，如 1 年，就很有可能是统计偏误，低估出口持续时间（Fugazza et al., 2011）。

表 10-1　描述性统计

变量名	Cox 回归			非平衡面板回归		
	观测值	均值	标准差	观测值	均值	标准差
专利	147846	0.040	0.189	316462	0.051	0.219
新产品产值	147846	0.040	0.133	316462	0.046	0.141
创新溢出	147846	1.372	0.741	316462	1.381	0.664
年龄	147846	1.634	0.797	316462	1.862	0.698
规模	147846	9.697	1.445	316462	9.937	1.434
资产负债率	147846	0.579	0.316	316462	0.571	0.265
盈利能力	147846	0.081	2.215	316462	0.076	0.151
流动负债率	147846	0.921	0.201	316462	0.928	0.182
外资参与	147846	0.210	0.417	316462	0.237	0.425
初始贸易额	147846	8.785	1.778	316462	9.302	1.656

表 10-2　技术创新影响出口持续时间的总体检验

统计量	调整前的企业			调整 1 年间隔的企业		
	所有企业	高新企业	非高新企业	所有企业	高新企业	非高新企业
专利	0.940***	0.988	0.931***	0.947***	1.006	0.957***
	(0.016)	(0.038)	(0.018)	(0.016)	(0.038)	(0.005)
新产品产值	0.946**	0.872**	0.963	0.957***	0.865**	0.977
	(0.022)	(0.058)	(0.024)	(0.022)	(0.058)	(0.024)
创新溢出	0.968***	1.037	0.957***	0.969***	1.038**	0.957***
	(0.004)	(0.014)	(0.005)	(0.005)	(0.014)	(0.005)
年龄	1.066***	1.069***	1.066***	1.065***	1.069***	1.064***
	(0.004)	(0.014)	(0.004)	(0.004)	(0.014)	(0.004)
规模	0.993***	0.987	0.993***	0.992***	0.983**	0.982***
	(0.002)	(0.008)	(0.002)	(0.002)	(0.008)	(0.002)
资产负债率	1.100***	1.032	1.103***	1.118***	1.052	1.120***
	(0.012)	(0.042)	(0.012)	(0.012)	(0.042)	(0.012)
盈利能力	1.491***	0.989	1.540***	1.591***	0.994	1.650***
	(0.020)	(0.081)	(0.021)	(0.021)	(0.082)	(0.021)
流动负债率	0.865***	0.868**	0.863***	0.865***	0.875**	0.865***
	(0.015)	(0.055)	(0.015)	(0.015)	(0.055)	(0.015)
外资参与	0.873***	0.995	0.858***	0.866***	0.999	0.848***
	(0.008)	(0.023)	(0.008)	(0.008)	(0.023)	(0.008)
初始交易额	0.884***	0.894***	0.882***	0.883***	0.896***	0.882***
	(0.002)	(0.006)	(0.002)	(0.002)	(0.006)	(0.002)
N	147846	12094	135752	147846	12094	135752

注：表中系数为风险比率，括号内系数为标准误差，***、** 和 * 分别表示参数的估计值在 1%、5% 和 10% 的统计水平上显著。

由表 10-2 可知，技术创新对企业出口持续时间有正向而显著的影响，其影响弹性较小。比较调整前的所有企业和调整 1 年间隔的所有企业发现，技术创新对其影响差别不大，说明统计偏误相对较小。以专利衡量的技术创新对高新企业出口持续时间影响不显著，而对非高新企业有正向而显著的影响。与之相反，以新产品产值衡量的技术创新对高新企业有正向而显著的影响，而对非高新企业的影响不显著。可能的原因是高新企业和非高新企业在技术创新方式和产品特点上有所不同，因此对出口持续时间的影响有所不同，也说明了使用多个产品创新指标能更全面地反映技术创新对出口持续时间的影响。

企业规模对出口持续时间有正向而显著的影响，但年龄对出口持续时间有负向而显著的影响。可能的解释是大公司可以从规模经济受益，从而享有成本优势，更有可能比小公司在市场中生存，同时大公司经营也更趋于多元化，可以规避市场上的各种不确定性。但对年轻企业而言，其生存却较为艰难。

在影响出口企业持续时间的财务因素中，流动负债率降低企业失败风险，但资产负债率和盈利能力都对企业出口持续时间有负向的影响。这说明短期债务约束不但不会影响企业出口，还有助于企业灵活经营，延长出口持续时间。而企业财务状况和盈利能力却是困扰企业出口持续发展的重要因素。

企业初始交易额有助于延长出口持续时间。创新溢出对所有企业和非高新企业出口持续时间有正向而显著的影响，对高新企业有负向的影响。可能的解释是技术在行业间的溢出的确可以带动整个行业的国际化发展，但高新技术行业由于产品特性，知识产权保护更加强烈，技术在行业内传播较为困难。

外资参与对所有企业和非高新技术企业有正向而显著的影响，但对高新技术企业影响不显著。我们测算外资高新企业和非外资高新企业的出口持续时间，发现前者比后者少了0.25年，这说明外资企业在我国主要从事低技术含量的加工贸易，不注重高新技术的研发，相对于内资高新技术企业，其出口竞争优势不强、出口持续时间相对较短。

我们在研究过程中发现，东部地区有技术创新的企业占总企业的3.68%，中部地区占3.05%，西部地区占5.9%。而在所有的创新型企业中，东部地区占了85%。在出口持续时间上，东部地区时间最长，中部地区最短。按照所有制类型把所有企业分为国有、私营、港澳和外资企业，发现国有企业有技术创新的企业比重最高，私营企业最低；港澳企业的出口持续时间最长，私营企业的出口持续时间最短。为了更深刻地刻画不同地区和不同所有制企业技术创新和出口持续时间之间的关系，我们对其进行了回归分析，结果列于表10-3中。由表10-3可知，在分地区检验中，专利对东部、中部企业出口持续时间有正向的影响，但对西部企业出口持续时间影响不显著；新产品产值对所有地区企业出口持续时间都有正向的影响，对西部影响最大。在分所有制检验中，专利对私营企业出口持续时间影响不显著，而对其他企业有正向而显著的影响；新产品产值对国有企业出口持续时间有正向而显著的影响，对其他企业影响不显著。

表 10 – 3 技术创新影响出口持续时间的分地区和分所有制检验

统计量	分地区检验			分所有制检验			
	东部	中部	西部	国有	私营	港澳	外资
专利	0.962 **	0.904 **	0.929	0.894 ***	0.970	0.905 **	0.951
	(0.039)	(0.050)	(0.046)	(0.030)	(0.028)	(0.010)	(0.037)
新产品产值	0.945 **	0.817 **	0.752 ***	0.784 ***	0.960	0.948	1.024
	(0.025)	(0.067)	(0.089)	(0.043)	(0.038)	(0.060)	(0.048)
创新溢出	0.959 ***	1.051 ***	1.012	0.994	0.945 ***	0.985	0.977 ***
	(0.005)	(0.049)	(0.016)	(0.009)	(0.007)	(0.010)	(0.011)
年龄	1.087 ***	0.966 ***	0.981	1.019 ***	1.032 ***	1.108 ***	1.147 ***
	(0.004)	(0.009)	(0.016)	(0.006)	(0.007)	(0.010)	(0.010)
规模	0.981 ***	1.026 **	1.007	0.997	1.033 ***	0.975 ***	0.987 *
	(0.003)	(0.007)	(0.010)	(0.004)	(0.004)	(0.006)	(0.005)
资产负债率	1.121 ***	1.043	1.165 ***	1.172 ***	0.960 **	1.068 *	1.113 ***
	(0.013)	(0.042)	(0.060)	(0.024)	(0.020)	(0.066)	(0.025)
盈利能力	1.278 **	1.508 ***	1.538 ***	1.551 ***	1.680 ***	1.102 *	0.899 **
	(0.025)	(0.042)	(0.136)	(0.046)	(0.031)	(0.056)	(0.025)
流动负债率	0.899 ***	1.031	1.064	0.915 ***	0.862 ***	0.846 ***	1.000
	(0.018)	(0.031)	(0.066)	(0.029)	(0.007)	(0.037)	(0.011)
外资参与	0.915 ***	0.757 ***	0.808 ***				
	(0.008)	(0.036)	(0.046)				
初始交易额	0.891 ***	0.896 ***	0.907 ***	0.889 ***	0.886 ***	0.886 ***	0.901 ***
	(0.002)	(0.005)	(0.008)	(0.003)	(0.003)	(0.005)	(0.004)
N	126466	16011	5369	32180	55910	28798	30958

注：表中系数为风险比率，括号内系数为标准误差，***、** 和 * 分别表示参数的估计值在1%、5% 和10% 的统计水平上显著。

2. 技术创新影响出口绩效的实证检验

经过检验，变量之间不存在多重共线性。Hausman 检验显示非平衡面板数据在1%的统计水平上显著，因而拒绝了随机效应的原假设，应该采用固定效应模型。考虑到技术创新和出口绩效之间存在逆向因果关系，可能导致内生性问题，因此我们借鉴李坤望和刘健（2012）的研究方法，采用滞后一期的技术创新变量以规避内生性。在数据整理过程中，发现有些企业出现了转行或地区迁移的现象，这些异常值可能会导致我们的回归结果不是稳健的。因此，我们首先对原始企业进行回归分析，其次删除掉那些有转行或地区迁移的异常值，对余下企业做计量检验，回归结果列于表10-4。

表10-4　技术创新影响出口绩效的总体检验

解释变量	被解释变量（出口值）					
	原始企业			删除掉异常值的企业		
	所有企业	高新企业	非高新企业	所有企业	高新企业	非高新企业
专利	0.086***	0.049**	0.088***	0.091***	0.057**	0.093***
	(0.009)	(0.025)	(0.010)	(0.009)	(0.026)	(0.011)
新产品产值	0.103***	0.078	0.107***	0.108***	0.086	0.112***
	(0.017)	(0.054)	(0.018)	(0.018)	(0.056)	(0.019)
创新溢出	0.021**	0.044	0.017*	0.022**	0.019	0.021*
	(0.008)	(0.041)	(0.009)	(0.009)	(0.043)	(0.010)
年龄	0.193***	0.229***	0.186***	0.189***	0.242***	0.182***
	(0.005)	(0.022)	(0.005)	(0.005)	(0.022)	(0.005)
规模	0.582***	0.664***	0.571***	0.584***	0.668***	0.574***
	(0.004)	(0.018)	(0.005)	(0.005)	(0.018)	(0.005)
资产负债率	0.092***	0.106*	0.086***	0.093***	0.117*	0.085***
	(0.012)	(0.046)	(0.012)	(0.012)	(0.048)	(0.012)
盈利能力	1.408***	1.408***	1.395***	1.402***	1.417***	1.388***
	(0.017)	(0.066)	(0.018)	(0.018)	(0.071)	(0.018)
流动负债率	0.122***	0.142***	0.112***	0.116***	0.142***	0.106***
	(0.012)	(0.047)	(0.013)	(0.013)	(0.053)	(0.013)
外资参与	0.004	0.019	−0.001	0.010	0.033	0.003
	(0.012)	(0.036)	(0.013)	(0.012)	(0.038)	(0.014)
常数项	2.845***	1.703***	2.996***	2.823***	1.649***	2.971***
	(0.045)	(0.192)	(0.046)	(0.046)	(0.202)	(0.048)
组内 R^2	0.159	0.156	0.156	0.158	0.156	0.155
N	312686	26054	286632	286818	23917	262901

注：表中系数为风险比率，括号内系数为标准误差，***、**和*分别表示参数的估计值在1%、5%和10%的统计水平上显著。

由表10-4可知，在原始企业和删除掉异常数值的企业中，技术创新对出口绩效都有正向而显著的影响，且两者差距不大，说明异常数值并没有对回归结果造成太大的影响，我们的结论是稳健的。专利对高新企业和非高新企业都有正向的影响，且对后者的影响更大；新产品产值对非高新企业有正向的影响，对高新企业影响不显著。这进一步证明了高新企业和非高新企业在技术创新方式和产品特点上有所不同，使用不同的产品创新指标能更全面反映技术创新对出口绩效的影响。

企业规模和年龄都对出口绩效有正向而显著的影响，说明企业规模越大，越有更多的财务和人力资源以及更高的经济规模，因此更能承受出口贸易风险，获得更大的出口绩效。尽管在前面的分析中，我们发现年龄并不是企业持续出口的优势，但企业经营经验的积累，会使其能够获得更多的贸易份额。

三个财务指标都对企业出口绩效有正向而显著的影响，且盈利能力对出口绩效的影响最大，说明企业财务状况的好坏对出口绩效有直接的作用，尤其是企业的盈利水平。值得一提的是，高新企业比非高新企业的财务指标对出口绩效的影响更大一些，可能的原因是相对于大部分从事加工贸易的非高新企业而言，高新企业需要有更好的财务状况才能维持在国际市场上的发展。创新溢出对非高新企业出口绩效有正向而显著的影响，对高新企业出口绩效的影响不显著。外资参与对出口绩效的影响不显著。

分区域和分所有制类型进行回归的结果列于表10-5。由表10-5可知，专利对西部地区企业出口绩效影响不显著，对东部和中部地区企业出口绩效有正向而显著的影响，且对中部地区的出口绩效影响较大。新产品产值对中部地区企业出口绩效影响不显著，对东部和西部地区企业出口绩效有正向而显著的影响，且对西部地区的出口绩效影响较大。专利对外资企业出口绩效影响不显著，对其他企业出口绩效有正向而显著的影响，且对国有企业影响最大。新产品产值对国有和私营企业出口绩效有正向而显著的影响，且对国有企业出口绩效影响较大，对其他企业出口绩效影响不显著。

表10-5 技术创新影响出口绩效的分地区和分所有制检验

统计量	分地区检验			分所有制检验			
	东部	中部	西部	国有	私营	港澳	外资
专利	0.080 ***	0.220 ***	0.019	0.149 ***	0.073 ***	0.091 ***	0.018
	(0.009)	(0.039)	(0.061)	(0.021)	(0.017)	(0.020)	(0.018)

统计量	分地区检验			分所有制检验			
	东部	中部	西部	国有	私营	港澳	外资
新产品产值	0.096 ***	0.047	0.392 ***	0.326 ***	0.129 ***	0.025	-0.015
	(0.018)	(0.072)	(0.106)	(0.043)	(0.029)	(0.038)	(0.033)
创新溢出	0.024 ***	-0.055 *	0.046	0.049 **	0.013	0.008	0.037 *
	(0.009)	(0.037)	(0.054)	(0.024)	(0.016)	(0.016)	(0.017)
年龄	0.188 ***	0.295 ***	0.194 ***	0.136 ***	0.143 ***	0.218 ***	0.297 ***
	(0.005)	(0.022)	(0.035)	(0.013)	(0.009)	(0.011)	(0.010)
规模	0.582 ***	0.562 ***	0.604 ***	0.610 ***	0.561 ***	0.557 ***	0.594 ***
	(0.005)	(0.019)	(0.035)	(0.013)	(0.007)	(0.009)	(0.009)
资产负债率	0.098 ***	0.056	0.021	0.126 ***	0.069 ***	0.036	0.179 **
	(0.012)	(0.047)	(0.093)	(0.035)	(0.021)	(0.023)	(0.023)
盈利能力	1.457 ***	0.963 ***	1.225 ***	1.366 ***	1.469 ***	1.446 ***	1.298 ***
	(0.018)	(0.056)	(0.161)	(0.056)	(0.031)	(0.036)	(0.031)
流动负债率	0.132 ***	0.021	0.256 ***	0.172 ***	0.067 ***	0.131 ***	0.155 ***
	(0.013)	(0.036)	(0.083)	(0.036)	(0.020)	(0.095)	(0.096)
外资参与	0.004	0.017	0.021				
	(0.011)	(0.071)	(0.123)				
常数项	2.933 ***	2.300 ***	1.569 ***	1.952 ***	3.205 ***	3.366 ***	2.701 ***
	(0.046)	(0.185)	(0.385)	(0.134)	(0.071)	(0.096)	(0.096)
组内 R^2	0.163	0.149	0.101	0.113	0.153	0.168	0.176
N	277735	26013	8938	58372	116476	63759	74079

注：表中系数为风险比率，括号内系数为标准误差，***、**、和*分别表示参数的估计值在1%、5%和10%的统计水平上显著。

四、主要结论

本章使用1999~2009年中国工业企业数据，基于产品创新的视角，以申请专利和新产品产值作为技术创新的两个指标，综合运用生存分析方法和面板回归分析方法研究技术创新对出口增长集约边际的影响，得出以下结论：

总体上来看，技术创新对企业出口持续时间有正向而显著的影响，其影响弹性较小。以专利衡量的技术创新对高新企业出口持续时间影响不显著，而对非高新企业有正向而显著的影响。与之相反，以新产品产值衡量的技术创新对高新企业有正向而显著的影响，而对非高新企业的影响不显著。技术创新对出口绩效有正向而显著的影响。专利对高新企业和非高新企业都有正向的影响，且对后者的影响更大，但新产品产值对非高新企业有正向的影响，对高新企业影响不显著。

　　在分地区检验中，专利对东部、中部企业出口持续时间有正向的影响，但对西部企业出口持续时间影响不显著。新产品产值对所有地区企业出口持续时间都有正向的影响，对西部影响最大。专利对西部地区企业出口绩效影响不显著，对东部和中部地区企业出口绩效有正向而显著的影响，且对中部地区的出口绩效影响较大。新产品产值对中部地区企业出口绩效影响不显著，对东部和西部地区企业出口绩效有正向而显著的影响，且对西部地区的出口绩效影响较大。

　　在分所有制检验中，专利对私营企业出口持续时间影响不显著，而对其他企业有正向而显著的影响。新产品产值对国有企业出口持续时间有正向而显著的影响，对其他企业影响不显著。专利对外资企业出口绩效影响不显著，对其他企业出口绩效有正向而显著的影响，且对国有企业影响最大。新产品产值对国有和私营企业出口绩效有正向而显著的影响，且对国有企业出口绩效影响较大，对其他企业出口绩效影响不显著。

　　因此，工业企业应该增强自主创新能力，用技术创新武装出口，提高出口增长集约边际的"质"，稳定出口增长集约边际的"量"。同时，积极融入全球生产网络，提升中国企业在全球价值链中的地位。工业企业还应该积极发展互联网贸易经济，减弱全球经济政策的不稳定性对出口增长集约边际的冲击。

第Ｖ篇

区域经济发展新动能培育：
经济空间重塑策略

第十一章　异质性产业空间选择与
经济空间重塑

　　本章采用地区间产业结构变动和产业内资源配置效率来反映经济空间重塑，从理论与实证相结合的视角系统考察产业集聚是否有助于经济空间重塑。本章在 Forslid 和 Okubo（2014）自由资本流动模型的基础上，根据地区间经济水平和要素结构的差异，构建异质性产业自由资本流动模型，分析异质性产业空间选择引发的地区间产业结构升级与产业内资源配置效率改善。构建包含生产函数和成本函数的方程组模型，利用中国工业企业层面和城市层面的数据，根据异质性产业的集聚拐点、集聚的生产率效应、要素集聚速度和要素产出效率四个指标，考察异质性产业的空间选择趋势及其对中国地区间产业结构变动和资源配置效率的影响。研究发现：产业集聚促进了技术密集型产业向东部地区（集聚地区）转移，资本密集型产业向中西部地区（非集聚地区）转移，导致地区间产业结构升级；在异质性产业空间选择的过程中，产业内高生产率企业"择优而栖"的空间迁移行为提升了产业内资源配置效率。因此，产业集聚有助于经济空间重塑。拓展分析也表明，产业集聚助推经济空间重塑的前提条件是市场一体化。本章的政策启示是，基于地区间产业集聚的比较优势，实现增长动力转换；提供要素自由流动的制度保障，提高市场一体化水平。*

一、引　言

　　改革开放之初，中国经济的高增长和产业结构的快速转型，依靠的是充足、低廉的生产要素，以及东部地区的集聚优势。随着中国经济进入新常态，原有的

---

　　* 本章部分内容借鉴了张鑫、朱英明：《异质性产业空间选择与经济空间重塑》，南京理工大学经济管理学院工作论文，2018 年。

经济空间布局、产业结构和资源配置越来越不适应经济可持续发展的要求。从空间上看，多年的非均衡发展战略，导致地区间的要素丰裕程度和集聚水平差异逐渐扩大。东部地区劳动总量和生产率优势越发明显；而以土地为代表的不可流动要素价格的不断攀升，使集聚带来的效率不断下降（范剑勇和邵挺，2011；毛丰付和潘加顺，2012）。从产业结构上看，产业的低端锁定造成了大量无效供给，在劳动力供给和资本回报率不断下降的情况下，产业结构亟待向高附加值的知识密集型产业转型（黄群慧，2016）。从企业层面上看，生产要素不能有效配置到高效率企业，导致优质企业数量不够和大量"僵尸企业"的存在（申广军，2016）。事实上，当前区域不平衡、产业结构低端锁定和资源配置不合理等问题互为条件、相互制约，成为当下经济转型过程中众多结构性矛盾的逻辑起点。

面对当前结构性改革的挑战，党的十九大提出，中国经济要从高速增长转向高质量增长，要"坚持质量第一、效益优先，以供给侧结构性改革为主线，推动经济发展质量变革、效率变革、动力变革"。这客观上要求各区域发挥自身优势，提升产业结构，优化资源配置效率。有鉴于此，本章重点关注产业集聚是否有助于中国经济空间重塑。具体而言，本章采用地区间产业结构变动和产业内资源配置效率来度量经济发展质量，从理论与实证相结合的视角系统考察产业集聚是否有助于经济的高质量发展。因而，本章的选题对于大力推进中国经济空间重塑，加快全面建成小康社会、全面建设社会主义现代化国家具有重要的现实意义。

针对中国经济的结构性矛盾，现有文献主要沿着集聚规模、要素结构和企业空间选择三个方向讨论产业集聚对产业结构和经济效率的影响。①集聚规模视角的研究关注集聚水平对地区产业结构的约束。该方向研究以集聚水平与经济效率和产业结构的非线性关系为主线，认为集聚规模对经济效率的影响是倒 U 型的，因此地区发展受"最优集聚规模"的约束（沈能等，2014；周圣强和朱卫平，2013）。随着集聚水平的提高，地区内产业结构由以制造业为主转变为以服务业为主，效率提升由制造业驱动逐渐转向服务业驱动（柯善咨和赵曜，2014；于斌斌，2015）。②要素结构视角的研究侧重于对地区间产业比较优势和产业空间布局的分析（范志勇和赵晓男，2014）。例如，范剑勇和邵挺（2011）、高波等（2012）以及邵朝对等（2016）学者认为，东部地区土地和房产等不可流动的要素价格的提升倒逼本地产业结构向高级化和扁平化发展。蔡昉等（2009）和刘新争（2012）的研究则认为，当下中国的中西部地区在劳动力成本上具有比较优势，因此，劳动密集型产业应向中西部地区转移。朱英明等（2012）从经济集聚与资源环境的关系的角度出发，发现工业的过度集聚将超出本地区资源环境的承载能力，阻碍地区经济发展。③企业空间选择的研究从微观层面讨论企业空间选择、产业集聚和生产效率之间的互动（Melitz and Ottaviano，2008；Ottaviano，2011）。该类研究认为，产业集聚是不同生产率企业和要素空间选择的结果，要素自由流动能够提高资源配置效率和要素生产效率；同时，这种异质性个体的区位选择加剧了地区间生产率、要素结构和区域发展的不平衡（孙晓芳，2013；李晓萍等，2015；张鑫等，2016）。

上述研究存在的主要问题在于：一方面，有关集聚规模和要素结构的研究局限于地区差异对产业空间布局影响的单向关系，这决定了在该框架下，整个经济在短期内增长，而长期条件下停滞或发生去工业化的现象。在现实中，异质性个体的集聚引发地区产业技术的创新、资源配置效率和要素质量的提升，促进产业结构的升级和集聚内生动力的转换，从而实现经济高质量的发展。另一方面，企业的空间选择也不能完全忽略一个地区的经济环境。若企业简单转移到一个经济发展水平、技术环境和要素结构与其发展不相适应的地区，不仅无法带来成本和技术方面的改进，还会由于地区产业资源的错配导致效率损失，这对企业而言是更大的灾难（林毅夫，2010；季书涵等，2016）。再从中国过往的发展历史看，政府干预经济导致的市场分割更阻碍了资源的跨地区流动，降低了经济总体的运行效率。若要从微观环节分析产业集聚对经济质量的影响，以上问题都是必须要考虑的现实因素。

本章的主要创新点在于：第一，理论方面，将集聚规模、要素结构和企业空间选择三条研究线索统一于一个完整的分析框架，并融入地区间经济水平和要素结构差异的特征，构建了异质性产业自由资本流动模型。该模型以集聚水平和地区间要素结构变化为逻辑起点，通过分析产业集聚和地区间要素结构差异引发的异质性产业的空间选择，揭示地区间的产业升级与产业内的资源配置效率改善的过程。第二，实证方面，建立包含生产函数和成本函数的方程组模型，通过异质性产业的集聚拐点、集聚的生产率效应、要素产出效率和要素集聚速度，考察中国地区间的产业转移趋势及其资源配置效率改善路径。第三，通过拓展分析，分析了地方保护和贸易壁垒为"落后产能"提供生存空间的过程，提出产业集聚助推经济空间重塑的前提条件是充分发挥市场对资源配置的决定性作用，提高市场一体化水平。

二、理论模型构建及分析

本章在 Forslid 和 Okubo（2014）的自由资本流动模型（FC 模型）的基础上构建了异质性产业自由资本流动模型。相较于原模型，本章进行了两方面的拓展：①模型融入了集聚水平和要素结构差异。集聚地区不仅资本和劳动力数量高于非集聚地区，而且由于异质性个体选择和技术溢出效应，该地区的劳动生产率高于非集聚地区；而产业集聚引发对土地等不可流动自然资源的竞争性使用，导致企业对该类资源投入更多资本。②模型引入了产业异质性和企业异质性假设。产业异质性指的是由于技术结构不同，各产业要素投入比例和要素产出效率存在差异。企业异质性指的是同一产业内不同企业的生产效率存在差异。

模型的初始假设如下：整个社会存在集聚地区和非集聚地区（非集聚地区用＊表示），集聚地区资本和劳动力份额为 $s \in (0.5, 1)$，两地区不可流动的自然资源相同。整个社会包含农业和工业两个生产部门。农产品为同质产品，具有规模收益不变和完全竞争的特征，且无贸易成本，两地区农产品价格和劳动者工资可标准化为 1，即 $P_A = P_A^* = 1$，$W_A = W_A^* = 1$。工业部门存在多个产业，产业间不存在产品替代和竞争，但产业内部生产差异化产品，存在规模收益递增和垄断竞争，且工业产品区域间贸易存在冰山成本 $\tau > 1$。企业生产使用两种生产要素（资本 K 和劳动 L）。消费者消费不跨区，且偏好完全相同；资本可跨区域流动但不能跨行业流动。

（一）消费者行为

消费者效用函数为：

$$U = C_M^\mu C_A^{1-\mu}, \quad C_M = \prod_m C_m^{\theta_m}, \quad \sum \theta_m = 1 \tag{11-1}$$

$C_A^{1-\mu}$ 和 C_M^μ 分别为农业品和工业品的消费量，$\mu \in (0, 1)$ 为工业品消费份额。消费者对工业品的消费 C_M^μ 包含 m 类不可相互替代的产品 C_m，其中 $\theta_m > 0$ 为常数，代表各类产品固定的消费份额。假设生产 C_m 的产业中有个 i 企业生产可替代的差异化产品 C_{im}，此时可求得消费者对 C_m 的均衡消费量：

$$C_m = \left[\int_{i \in \Psi} C_{im}^{(\sigma-1)/\sigma} di \right]^{\sigma/(\sigma-1)} \tag{11-2}$$

$\sigma > 1$ 为 C_{im} 的替代弹性。令集聚地区消费者收入为 Y，则第 m 类产品的预算约束为：$\sum_{i \in k} p_{im} C_{im} = \mu \theta_m Y$，此时可求得市场对 C_{im} 的需求：

$$x_{im} = \frac{p_{im}^{-\sigma}}{\int_{i \in \Psi} p_{im}^{1-\sigma} di} \mu \theta_m Y \tag{11-3}$$

其中，p_{im} 为 C_{im} 的均衡价格，$\int_{i \in \Psi} p_{im}^{1-\sigma} di$ 为集聚地区 C_m 产品的价格指数。

（二）生产者行为

本章理论模型中的两个创新性拓展主要体现在生产者行为中。规定企业成本函数的基本形式为：$TC = hk + ax$。其中，h 和 a 分别代表固定成本和可变成本的投入系数，k 和 x 分别代表固定资本投入量和产品产量。现实经济中，集聚地区具有更高的劳动生产率水平，这既有技术溢出效应，也是异质性个体空间选择的结果。为了反映地区间劳动质量差异对企业生产率的影响，参考 Helpman 等（2004）的做法，令集聚地区产业 m 中的企业可变成本边际投入 a 服从形状参数为 $1/s$ 的帕累托分布：

$$F(a) = a_{im}^{1/s}, \ a \in (0, 1) \tag{11-4}$$

与此对应，非集聚地区产业 m 的企业可变成本边际投入分布函数为 $F^*(a) = a_{im}^{1/(1-s)}$。由成本函数可知，劳动的边际产出为 $1/a$，而公式（11-4）中 $F(\cdot)$ 为 s 的减函数，这意味着集聚地区产业 m 的劳动平均边际产出高于非集聚地区；且随着 s 的提升，企业可变成本边际投入进一步下降，两地区劳动力素质差距将进一步扩大。

以土地为代表的不可流动的自然资源主要影响异质性产业的固定投入。集聚地区以土地为代表的不可流动资源相对稀缺，这使得集聚地区企业的固定投入相对更高。且由于技术结构不同，固定成本的投入系数存在产业间差异。结合以上两点，令企业固定成本投入系数为：

$$h = 1 + \gamma_m s \tag{11-5}$$

其中，$\gamma_m \in (-1, 1)$ 体现固定投入的产业间差异。本章规定 $\gamma_m > 0$ 代表某产业具有典型的资本（资源）密集型特征，$\gamma_m = 0$ 代表某产业具有典型劳动密集型特征，$\gamma_m < 0$ 代表某产业具有典型技术密集型特征①。

最终，产业 m 中企业 i 的成本函数为：

$$TC_{im} = h_m(s)k_m + a_{im}(s)x_{im} \tag{11-6}$$

（三）均衡分析

利用公式（11-3）和公式（11-6）求得产品 C_{im} 集聚地区的均衡价格为 $p_i = \dfrac{\sigma}{\sigma-1}a_{im}$，向非集聚地区销售的价格为 $p_i^* = \dfrac{\sigma}{\sigma-1}a_{im}\tau$。两地区总消费等于总收入：$E = L + \sum \theta_m \mu E / \sigma$。不失一般性，假定农业总收入 $L = 1$，则总消费变为：$E = 1/(1 - \mu/\sigma)$，集聚地区的总收入为：$Y = sE = s\dfrac{\sigma}{\sigma-\mu}$。在垄断竞争假设下，企业超额利润为零，可求得集聚地区企业的资本收益为：

$$\pi_{im} = \frac{a_{im}^{1-\sigma}}{1+\gamma_m s} \cdot \frac{\theta_m \mu}{\sigma - \mu} \left[\frac{s}{\overline{\Delta}} + \frac{\phi(1-s)}{\overline{\Delta}^*} \right] \tag{11-7}$$

其中，$\phi = \tau^{1-\sigma}$，$\tau \in (0, 1)$ 代表两地区的贸易自由度；$\overline{\Delta}$ 和 $\overline{\Delta}^*$ 分别代表集聚地区和非集聚地区工业品价格指数②。集聚地区企业的资本收益减去非集聚地区企业的资本收益，得到资本流动方程：

$$\Delta\pi_{im} = \pi_{im} - \pi_{im}^* = \frac{\theta_m \mu a_{im}^{1-\sigma}}{\sigma - \mu} \left[\frac{s}{\overline{\Delta}}\left(\frac{1}{h_m} - \frac{\phi}{h_m^*} \right) + \frac{1-s}{\overline{\Delta}^*}\left(\frac{\phi}{h_m} - \frac{1}{h_m^*} \right) \right] \tag{11-8}$$

资本在地区间自由流动，以追逐更高的回报率。$\Delta\pi_{im}$ 的正负决定了集聚地区企业空间选择的趋势，而其值大小意味着空间选择的机会成本，决定了产业迁移动力的强弱。本章利用对公式（11-8）的分析，从以下两个层次讨论产业集聚对经济质量的提升：①通过集聚水平和要素结构对异质性产业空间选择的影响，解析地区间产业结构升级；②通过产业内异质性生产率企业的空间选择，解析产业内资源配置效率的改进。

---

① 对技术密集型产业进行这种设定，是因为技术密集型产业更加依赖集聚的知识溢出效应，较少依赖自然资源争夺。而最新的实证检验也表明，经济集聚带来技术进步和新的创新行为是推动此类产业和企业进一步集聚的驱动力。

② $\overline{\Delta} \equiv s\int_0^1 a_{im}^{1-\sigma}dF(a_{im}) + \phi(1-s)\int_0^1 a_{im}^{1-\sigma}dF^*(a_{im})$，$\overline{\Delta}^* \equiv \phi s\int_0^1 a_{im}^{1-\sigma}dF(a_{im}) + (1-s)\int_0^1 a_{im}^{1-\sigma}dF^*(a_{im})$

（四）异质性产业空间选择分析

1. 异质性产业空间选择与产业结构升级

本章利用 Matlab 软件，根据公式（11-8）绘制了自由贸易的条件下资本流动（$\Delta\pi$）、集聚水平（s）和产业异质性（γ_m）的关系图（见图 11-1）[①]。$\Delta\pi<0$ 的区域意味着产业向非集聚地区扩散，$\Delta\pi>0$ 的区域意味着产业进一步集聚。

从产业角度看，异质性产业对集聚水平和要素结构有着不同的偏好。对于资本（资源）密集型产业（$\gamma_m>0$），$\Delta\pi$ 为集聚水平的减函数 $\left(\dfrac{\partial\Delta\pi}{\partial s}<0\right)$，此类产业偏好集聚水平较低的地区。随着集聚水平提升，$\Delta\pi$ 由正转负，该类产业将退出集聚地区，转而选择非集聚地区进行生产。对于技术密集型产业（$\gamma_m<0$），$\Delta\pi$ 为集聚水平的增函数 $\left(\dfrac{\partial\Delta\pi}{\partial s}>0\right)$，集聚水平提高时，产业则进一步集聚。该类产业偏好集聚水平较高的地区。此类产业本身属于创新性产业，固定资本投入系数较低，资本和资源依赖较少，而受集聚正外部性如知识溢出、中间投入品和基础设施共享的影响较大，因此，集聚水平的上升反而会提高该类产业的优势。

从空间角度看，基于集聚水平和要素结构的异质性产业空间选择，引发了地区间的产业结构升级。由图 11-1 可以看出，在两地区集聚水平和要素结构差距不大的情况下（$0.5<s<0.6$），集聚地区依旧适合发展资源密集型产业（$\Delta\pi>0$）。随着集聚水平的提升和要素结构的改变（$0.6<s<1$），集聚地区的优势产业由资源密集型逐渐转变为技术密集型，而非集聚地区则具备了发展资源密集型产业的比较优势。图 11-1 从产业层面揭示了产业集聚如何影响地区的经济质量，本章将以上结果归纳为命题 1。

命题 1：集聚水平和要素结构的提升导致技术密集型产业向集聚地区转移，资本密集型产业向非集聚地区转移，异质性产业的空间选择使得两地区同时实现产业结构升级，由此推动经济的高质量发展。

2. 异质性企业空间选择与资源配置效率

前文分析表明，集聚水平和要素结构引发产业整体性的空间转移。然而，产

[①]　图 11-1 中，a_{im} 为常数，产业内企业不存在效率差异。影响产业资本流动的是地区间集聚水平和要素结构差异，以及产业本身的异质性。

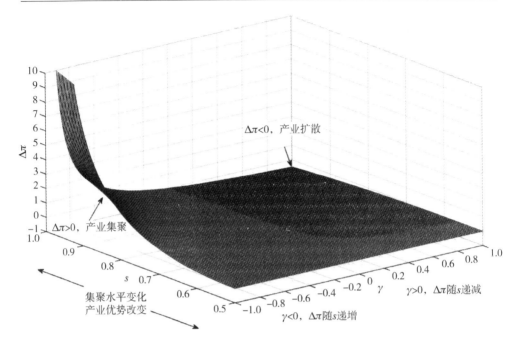

图 11 - 1   集聚水平、要素结构与异质性产业空间选择

业中的企业效率千差万别。若上述产业空间转移的主体是为逃避竞争的低生产率企业，则这种产业转移是否会滋生大量"落后产能"，降低产业整体的资源配置效率，加剧地区间差距？为了分析以上问题，本章将公式（11 - 4）对企业生产率异质性的假设引入 $\Delta \pi_{im}$ 的计算，在此基础上，本章绘制了可变成本边际投入 a_{im} 与 $\Delta \pi_{im}$ 的曲线图（见图 11 - 2）。图 11 - 2 中，横坐标 a_{im} 为企业可变投入，其值越小表明企业的生产率越高；纵坐标 $\Delta \pi$ 为资本收益差，其正负代表了企业迁移方向，其值大小代表了企业迁移动力；三条曲线分别代表三个典型异质性产业（γ_m）[①]。

对于 $\gamma_m < 0$ 的产业，$\Delta \pi$ 为正，且为 a_{im} 的减函数，这意味着技术密集型产业的高生产率企业向集聚地区迁移的动力大于低生产率企业。与此相反，对于 $\gamma_m > 0$ 的产业，$\Delta \pi$ 为负，且为 a_{im} 的增函数，这意味着资源密集型产业的高生产率企业向非集聚地区转移的动力强于低生产率企业。以上两个方向的迁移都将使企业的资本回报由负转正，从而提高产业整体的竞争力。上述结果与经典的新经济地

---

① 由图 11 - 1 可知，产业结构变化主要发生在集聚水平较高的情况，因此图 11 - 2 中 $s > 0.75$，贸易自由度为 1。

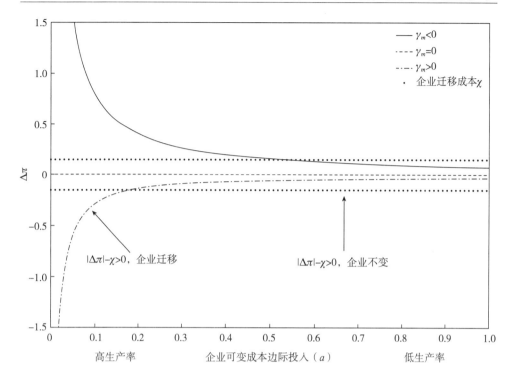

图 11 - 2 异质性生产率企业的资本流动

理理论不同。该理论认为，低生产率企业在同业竞争中处于劣势，为躲避竞争逃向非集聚地区，因此，非集聚地区分布着更多"落后产能"。本章的研究表明，相较于同业竞争压力，集聚水平和要素结构是否与产业发展相适应可能是影响企业去留更重要的因素。异质性产业空间选择并不意味着低生产率企业的迁移，更像是高生产率企业对具有比较优势地区甄别后的"择优而栖"，低效率企业反而容易成为地区内的"落后产能"。本章将以上分析归纳为命题2。

命题2：在异质性产业空间选择的过程中，高生产率企业的迁移动力强于低生产率企业，企业"择优而栖"的空间迁移行为提升了产业内资源配置效率，由此推动经济的高质量发展。

三、实证方法与数据

本章的实证分析主要考察集聚水平和要素结构差异引发异质性产业空间选择

趋势，及其对地区间产业结构和产业内资源配置效率的影响。接下来的实证分两个阶段：①建立包含生产函数和成本函数的方程组模型，利用似不相关估计法（Seemingly Unrelated Regression，SUR）进行回归；②基于第一阶段的计量结果，计算集聚的生产率效应、要素产出效率和要素集聚速度。利用异质性产业的集聚拐点、集聚的生产率效应和要素集聚速度考察异质性产业的空间选择趋势；利用地区间的要素产出效率和要素集聚速度，考察上述异质性产业的空间选择对地区间产业结构和资源配置效率的影响。

（一）计量模型构建

1. 基础模型构建

建立包含集聚变量的生产函数—成本函数方程组（Graham and Kim，2008）：

$$
\begin{cases}
\max: Y = f(X_i, U) \\
\text{s. t. } \sum_i W_i X_i = C
\end{cases}
\tag{11-9}
$$

生产函数中的自变量 X_i 和 U 分别代表企业 i 的要素投入和企业所在地区集聚水平；成本函数中 W_i 代表要素价格，C 为企业总成本。设企业生产函数为超越对数形式，并利用拉格朗日极值法求成本函数一阶最优，得到企业生产函数和成本份额函数：

$$
\log Y = \alpha_0 + \sum_{i=1}^{i} \alpha_i \log X_i + \gamma_U \log U + \frac{1}{2} \sum_{i=1}^{i} \sum_{j=1}^{i} \gamma_{ij} \log X_i \log X_j + \sum_i \gamma_{iU} \log X_i \log U +
$$

$$
\frac{1}{2} \gamma_{UU} (\log U)^2
\tag{11-10}
$$

$$
S_i^c = \frac{W_i X_i}{C} = \frac{\alpha_i + \sum_j \gamma_{ij} \log X_j + \gamma_{iU} \log U}{\sum_i \alpha_i + \sum_i \sum_j \gamma_{ij} \log X_j + \sum_i \gamma_{iU} \log U}
\tag{11-11}
$$

其中，S_i^c 为企业一阶最优条件下的成本份额。公式（11-11）和公式（11-12）为包含产业集聚影响因素的方程组模型，是本章实证分析的基础。

2. 集聚的生产率效应、要素产出效率和要素集聚速度

对公式（11-10）求 $\log U$ 的偏导数：

$$
\frac{\partial \log Y}{\partial \log U} = \gamma_U + \gamma_{UU} \log U + \sum_i \gamma_{iU} \log X_i
\tag{11-12}
$$

本章将公式（11-12）定义为集聚的生产率效应，该公式衡量了企业产出对

于集聚水平变动的敏感程度，也可看作集聚规模效应对于集聚水平变动的敏感程度。该公式从一个侧面反映了产业集聚对异质性产业空间选择的影响。类似地，对公式（11 - 10）求 $\log X_i$ 的偏导数：

$$\frac{\partial \log Y}{\partial \log X_i} = \alpha_i + \gamma_{ij} \log X_j + \gamma_{iU} \log U \qquad (11-13)$$

本章将公式（11 - 13）定义为要素产出效率，该公式衡量了企业产出对于某项要素投入变动的敏感程度，体现了产业间的技术结构差异和企业间的效率差异。若异质性产业的空间选择使生产要素流向产出效率高的行业和地区，则可以认为要配置效率得到改善。

计算生产要素流动速度，即对公式（11 - 11）取对数后分别对 $\log X_i$ 和 $\log U$ 求导：

$$\frac{\partial \log \hat{\omega}_i}{\partial \log X_i} = \frac{\gamma_{ii}}{(\partial \log Y / \partial \log X_i)} - \frac{\sum_i \gamma_{ij}}{\sum_i (\partial \log Y / \partial \log X_i)} - 1 \qquad (11-14)$$

$$\frac{\partial \log \hat{\omega}_i}{\partial \log U} = \frac{\gamma_{iU}}{(\partial \log Y / \partial \log X_i)} - \frac{\sum_i \gamma_i U}{\sum_i (\partial \log Y / \partial \log X_i)} \qquad (11-15)$$

其中，$\omega_i = \frac{S_i^c}{X_i}$。将公式（11 - 14）与公式（11 - 15）结合，得到：

$$\frac{\partial \log X_i}{\partial \log U} = \left(\frac{\partial \log \hat{\omega}_i}{\partial \log X_i} \right)^{-1} \cdot \left(\frac{\partial \log \hat{\omega}_i}{\partial \log U} \right) \qquad (11-16)$$

本章将公式（11 - 16）定义为要素集聚速度，该公式衡量了要素需求对于集聚水平变动的敏感程度，反映了异质性产业空间选择的趋势和地区内产业结构变化趋势。

（二）估计方法

本章基于公式（11 - 10）和公式（11 - 11）组成的非线性方程组构建计量模型：

$$\log Y_{it} = \alpha_0 + \sum_{j=1}^{j} \alpha_j \log X_{it}^j + \gamma_{it} \log U_{it} + \frac{1}{2} \sum_{h=1}^{h} \sum_{j=1}^{j} \gamma_{hj} \log X_{it}^h \log X_{it}^j + \sum_{j=1}^{j} \gamma_{ju} \log X_{it}^j$$

$$\log U_{it} + \frac{1}{2} \gamma_{uu} (\log U_{it})^2 + \alpha_t t + \lambda_s + \varepsilon_{it} \qquad (11-17)$$

$$S_{it}^{j} = \frac{\alpha_j + \sum_H \gamma_{jh} \log X_{it}^h + \gamma_{ju} \log U_{it}}{\sum_j \alpha_j + \sum_H \sum_j \gamma_{hj} \log X_{it}^h + \sum_j \gamma_{ju} \log U_{it}} + \omega_{it} \qquad (11-18)$$

其中，$\log Y_{it}$ 为 i 企业在 t 年的产出，$\log U_{it}$ 为产业集聚代理变量，X_{it}^j 为企业生产要素，t 代表技术进步的时间趋势，λ_s 代表产业固定效应，ε_{it} 代表生产技术无效的随机扰动项。S_{it}^j 为 i 企业 t 年份一阶最优条件下要素 j 的投入份额，ω_{it} 为随机误差。

公式（11-17）和公式（11-18）构成生产函数—成本份额函数的方程组模型，其自变量的系数由两式共同决定。由于生产函数和成本函数扰动项具有相关性，因此对于该类联立方程的估计通常采用似不相关估计（Seemingly Unrelated Regression，SUR）（Zellner and Theil，1962）。该方法使用联立方程组模型，能对不同方程的参数进行约束检验，又可以通过利用不同方程间的信息得到更加稳健的参数结果。本章使用包含劳动、资本和中间投入的三要素生产函数，并将产业集聚看作影响企业生产的技术变量。在计量过程中，为满足齐次性要求和实证的需要，去掉中间品份额方程，保留了生产函数方程、劳动和资本份额方程的结果。之后根据 SUR 回归结果，计算集聚的生产率效应、要素产出效率和要素集聚速度。

（三）数据处理

本章的数据来自国家统计局 1998～2007 年《中国工业企业数据库》和《中国城市统计年鉴》。企业投入产出数据处理阶段，剔除了不符合逻辑关系的异常记录（李玉红，2008）；剔除了企业规模较小的观测值（鲁晓东等，2012）；所有价值型数据按照 1998 年为基期平减。由于《中国工业企业数据库》各年的统计口径和依据并不相同，由此带来的差异有可能对微观层面的计量产生非常大的影响。因此，为了保证计量的稳健性，本章保留了 1998～2007 年持续经营且有完整记录的企业，最终得到的总样本数量为 227640 个。

企业投入产出指标包括企业总产出、中间投入、资本投入和劳动力投入。采用各行业工业品出厂价格指数平减的工业总产值作为生产率计算中的总产出；采用各行业投入品价格指数平减的中间投入作为企业实际中间投入。借鉴鲁晓东等（2012）的方法，以固定资产合计指标作为基础，按照永续盘存方法计算企业资本投入指标；以企业当年平均就业人数作为企业劳动力投入。借鉴 Ciccone 和

Hall（1996）的方法，以就业密度来反映产业集聚水平，具体计算公式为：$U_{it} = \dfrac{POP_{it}}{Area_i}$。其中，$POP_{it}$代表地级行政地区 i 在时期 t 的人口，$Area_i$ 代表该地区面积。由于中国在城市化和工业化的过程中，大量农业人口在非农部门就业，且要素的低价格优势主要反映在农民工就业上，而仅仅使用非农人口可能低估集聚并高估要素生产率。因此，本章采用《中国城市统计年鉴》中城市总人口度量 POP_{it}。主要变量统计描述见表 11 – 1。

表 11 – 1 主要变量统计描述

变量名称		观察值	均值	标准差	最小值	最大值	变异系数
lnden	集聚	227640	– 3.7054	0.9676	– 7.0378	– 1.2528	0.2611
lny	企业产出	227640	10.6526	1.3850	2.0794	18.4076	0.1300
lnl	劳动投入	227640	5.4732	1.1598	0.6931	12.5774	0.2119
lnk	资本投入	227640	9.4319	1.7122	0.6931	18.0995	0.1815
lnm	中间投入	227640	10.3397	1.4196	0.6931	18.3311	0.1373
Sl	人力投入比例	227640	0.0710	0.0606	0.0010	0.9564	0.8530
Sk	资本投入比例	227640	0.3078	0.2119	0.0000	0.9989	0.6886
Sm	中间投入比例	227640	0.6212	0.2157	0.0001	0.9972	0.3473

四、实证结果及分析

（一）内生性与稳健性

由公式（11 – 17）和公式（11 – 18）构成的方程组模型可能存在两个内生性问题。第一个内生性问题来自于集聚水平、地区要素结构与企业空间选择的循环因果关系。产业集聚和地区要素结构改变企业的生产效率和产出投入决策，影响了企业空间选择；而企业生产行为和空间决策反过来影响了地区要素供需和价格水平，改变了地区内要素结构和产业集聚水平。第二个内生性问题来自于宏观政策影响和其他不可观测因素引发的内生性问题。例如，西部大开发政策促使企业和人口向中西部地区流动，改变了地区间的集聚水平和要素结构。针对第一个内生性问题，本章在计量时采用集聚指标滞后一期的数据，利用三阶段最小二乘法（3SLS）进行估计。具体做法如下：对生产函数（11－17）采用普通最小二乘法，得到的系数值作为非线性成本份额函数的初始值，对成本函数（11－18）进行估计，而后利用可行广义最小二乘法（Feasible Generalized Least Squares）对方程组进行系统估计得到最终结果。针对第二个内生性问题，除了加入地区固定效应外，在计量过程中同时加入线性时间趋势。

为检验 SUR 系统估计的有效性和稳健性，本章使用固定效应模型以及面板随机前沿模型等单方程模型对式（11－17）进行单方程估计，结果见表11－2。表11－2第1列为 SUR 模型估计结果，第2列为随机前沿回归结果，第3列为包含个体和时间双固定效应的最小二乘估计。与单方程模型比较，SUR 结果的拟合优度（0.97）要好于固定效应模型（0.88）和随机前沿模型（gama 值0.62）。三种方法得到的回归系数均达到了1%的显著水平。由此可见，随机前沿和固定效应模型的结果具有一致性，但利用三阶段最小二乘法的 SUR 模型结果具有更好的稳健性和有效性。

表 11 － 2　稳健性回归结果

系数	SUR	SFA	FE
α_0	-12.081^{***}	5.642	4.483^{***}
	(0.396)	(0.078)	(0.037)
γ_u	0.079^{***}	0.292^{***}	0.375^{***}
	(0.006)	(0.010)	(0.008)
α_l	0.272^{***}	0.415^{***}	0.433^{***}
	(0.001)	(0.012)	(0.007)
α_k	0.302^{***}	0.251^{***}	0.262^{***}
	(0.002)	(0.011)	(0.005)
α_m	0.299^{***}	0.063^{***}	-0.004^{***}
	(0.004)	(0.022)	(0.006)
γ_{ll}	0.040^{***}	0.013^{***}	0.010^{***}
	(0.000)	(0.000)	(0.001)
γ_{kk}	0.108^{***}	0.012^{***}	0.011^{***}
	(0.000)	(0.000)	(0.000)

续表

系数	SUR	SFA	FE
γ_{mm}	0.139 ***	0.067 ***	0.071 ***
	(0.000)	(0.002)	(0.000)
γ_{uu}	− 0.020 ***	0.005 ***	− 0.001 ***
	(0.001)	(0.000)	(0.001)
γ_{lk}	− 0.016 ***	0.019 ***	0.025 ***
	(0.000)	(0.001)	(0.001)
γ_{lm}	− 0.023 ***	− 0.056 ***	− 0.058 ***
	(0.000)	(0.002)	(0.001)
γ_{km}	− 0.100 ***	− 0.047 ***	− 0.050 ***
	(0.000)	(0.002)	(0.001)
γ_{lu}	0.014 ***	0.025 ***	0.030 ***
	(0.000)	(0.001)	(0.001)
γ_{ku}	0.001	0.011 *	0.010 *
	(0.000)	(0.001)	(0.001)
γ_{mu}	− 0.019 ***	− 0.045 ***	− 0.053 ***
	(0.000)	(0.002)	(0.001)
R1/R2	0.967	0.621	0.883
obs	227640	227640	227640

注：***、**、* 分别表示在1%、5%、10%的水平上显著，括号内为标准差。R1 和 R2 分别为生产函数和成本份额函数 R 方值。括号内数据为生产函数和成本份额函数均方根误差。

相较于 SUR 系统估计方法，单方程模型容易高估集聚和部分要素对产出增长的贡献。集聚在 SUR 方法下的回归结果（0.08）显著小于随机前沿（0.29）和固定效应模型（0.38）的结果。本章认为，这种估计上的差异从侧面反映了集聚和要素结构对企业要素投入生产效率的影响。当集聚水平发生变化时，企业在权衡生产率和要素价格的基础上调整要素投入，进而影响产出水平和生产效率。单方程估计无法观测到企业投入产出的调整行为，将企业对成本投入的调整简单地归结到集聚的外部性中，因此容易高估集聚对产出的贡献。利用包含成本份额函数的 SUR 估计，能够使企业对成本调整反映在企业的生产函数中，从而使产业集聚和要素结构带来的内生性问题得到解决。

（二）产业集聚与异质性产业空间选择分析

本章利用公式（11 - 17）和公式（11 - 18）构成的方程组模型，运用三阶段最小二乘法的 SUR 方法进行了 3 组回归。第一组为全样本回归。考虑到行业异质性和地区异质性，本章在计量时加入了行业和地区虚拟变量，结果见表 11 - 3 Ⅰ列。第二组为分产业回归。本章借鉴沈能（2014）的方法，按照二位数产业将样本企业分为资本密集型、技术密集型和劳动密集型进行分类回归，对应理论模型中的典型异质性产业，回归结果见表 11 - 3 的 Ⅱ、Ⅲ和Ⅳ列。第三组为分地区回归。本章将总样本划分为东部地区（发达地区）与中西部地区（欠发达地区）两个子样本，这两个地区在集聚水平、市场一体化程度、基础设施完善程度、要素结构等诸多方面存在巨大差异，与理论模型中的集聚地区和非集聚地区相对应，回归结果见表 11 - 3 Ⅴ和Ⅵ列。从各组回归结果的 R 方值和均方根差看，模型整体拟合程度较好，主要回归系数都达到了 1% 的显著水平。

表 11 - 3　主要回归结果

系数	I	II	III	IV	V	VI
	总样本	资本密集型	技术密集型	劳动密集型	东部地区	中西部地区
α_0	- 12.081 ***	- 20.990 ***	- 15.713 ***	- 8.983 ***	- 12.371 ***	- 18.017 ***
	(0.396)	(0.759)	(0.620)	(0.670)	(0.412)	(1.294)
γ_u	0.079 ***	- 0.058 ***	0.074 ***	0.178 ***	0.096 ***	0.156 ***
	(0.006)	(0.010)	(0.009)	(0.010)	(0.006)	(0.025)
α_l	0.272 ***	0.256 ***	0.259 ***	0.322 ***	0.275 ***	0.199 ***
	(0.001)	(0.002)	(0.002)	(0.002)	(0.001)	(0.003)
α_k	0.302 ***	0.335 ***	0.322 ***	0.280 ***	0.307 ***	0.233 ***
	(0.002)	(0.005)	(0.004)	(0.005)	(0.003)	(0.009)
α_m	0.299 ***	0.300 ***	0.323 ***	0.161 ***	0.252 ***	0.497 ***
	(0.004)	(0.008)	(0.006)	(0.008)	(0.004)	(0.013)
γ_{ll}	0.040 ***	0.037 ***	0.036 ***	0.049 ***	0.041 ***	0.039 ***
	(0.000)	(0.000)	(0.000)	(0.000)	(0.000)	(0.000)

续表

系数	I	II	III	IV	V	VI
	总样本	资本密集型	技术密集型	劳动密集型	东部地区	中西部地区
γ_{kk}	0.108 ***	0.112 ***	0.113 ***	0.109 ***	0.106 ***	0.126 ***
	(0.000)	(0.000)	(0.000)	(0.000)	(0.000)	(0.001)
γ_{mm}	0.139 ***	0.146 ***	0.142 ***	0.156 ***	0.142 ***	0.130 ***
	(0.000)	(0.001)	(0.001)	(0.001)	(0.000)	(0.001)
γ_{uu}	− 0.020 ***	− 0.033 ***	− 0.008 ***	0.002	− 0.015 ***	0.000
	(0.001)	(0.002)	(0.001)	(0.002)	(0.001)	(0.004)
γ_{lk}	− 0.016 ***	− 0.015 ***	− 0.015 ***	− 0.013 ***	− 0.015 ***	− 0.019 ***
	(0.000)	(0.000)	(0.000)	(0.000)	(0.000)	(0.000)
γ_{lm}	− 0.023 ***	− 0.023 ***	− 0.022 ***	− 0.035 ***	− 0.025 ***	− 0.018 ***
	(0.000)	(0.000)	(0.000)	(0.000)	(0.000)	(0.000)
γ_{km}	− 0.100 ***	− 0.106 ***	− 0.106 ***	− 0.100 ***	− 0.098 ***	− 0.110 ***
	(0.000)	(0.001)	(0.000)	(0.001)	(0.000)	(0.001)
γ_{lu}	0.014 ***	0.011 ***	0.013 ***	0.014 ***	0.014 ***	0.005 ***
	(0.000)	(0.000)	(0.000)	(0.000)	(0.000)	(0.000)
γ_{ku}	0.001	0.001	− 0.001	− 0.004	0.002	− 0.001
	(0.000)	(0.001)	(0.000)	(0.001)	(0.000)	(0.001)
γ_{mu}	− 0.019 ***	− 0.010 ***	− 0.013 ***	− 0.019 ***	− 0.021 ***	− 0.013 ***
	(0.000)	(0.001)	(0.001)	(0.001)	(0.000)	(0.002)
α_t	0.007 ***	0.011 ***	0.009 ***	0.006 ***	0.007 ***	0.010 ***
	(0.000)	(0.000)	(0.000)	(0.000)	(0.000)	(0.001)
R1	0.941	0.945	0.949	0.938	0.944	0.929
R2	0.710	0.727	0.710	0.770	0.734	0.604
R3	0.870	0.894	0.907	0.899	0.874	0.875
RMSE1	0.335	0.322	0.325	0.307	0.321	0.414
RMSE2	0.050	0.048	0.047	0.307	0.048	0.060
RMSE2	0.135	0.118	0.103	0.105	0.125	0.169
obs	227640	50012	87573	67256	195930	31710

注：***、**、*分别表示在1%、5%、10%的水平上显著，括号内为标准差。R1、R2 和 R3 分别代表 SUR 模型中生产函数、劳动成本份额函数和资本成本份额函数的调整 R 方值。RMSE1、RMSE2、RMSE3 分别代表 SUR 模型中生产函数、劳动成本份额函数和资本成本份额函数的均方根误差。

利用表 11 -3 Ⅱ、Ⅲ和Ⅳ列的结果，计算不同分位数水平上集聚的生产率效应和要素集聚速度，同时利用预测产出计算异质性产业的集聚拐点，结果如图 11 -3 所示。基于以上三个指标，考察异质性产业空间选择的原因和趋势。

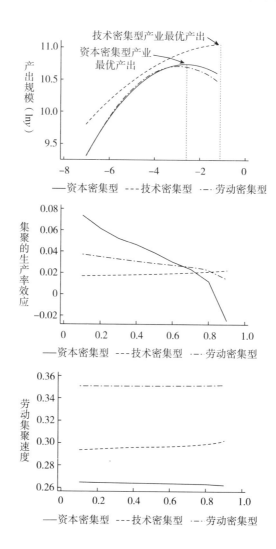

图 11 -3　产业集聚与异质性产业空间选择

集聚拐点的产业间差异（图 11 -3 上）。资本密集型和劳动密集型产业的最优集聚水平显著小于技术密集型产业。这意味着产业集聚在达到一定程度后，集聚水平进一步提升不利于资本和劳动密集型产业的发展，但有利于技术密集型产业的发展，此时资本密集型的产业出现扩散的趋势，而技术密集型产业所占比重开始提升。该结果与图 11 - 1 中异质性产业对集聚水平有不同偏好的推断完全吻合。集聚拐点的出现是由于集聚水平的提高加剧了对要素的竞争、降低了产业集聚带来的规模效应（周圣强和朱卫平，2013），但集聚拐点之所以存在显著的产业间差异，则源于部分传统产业赖以生存的经济环境和要素结构发生改变，由此导致各产业的集聚规模效应发生变动。接下来本章将利用集聚的生产率效应来论证各产业集聚规模效应敏感程度的差异，利用劳动集聚速度来考察异质性产业的空间选择趋势。

集聚的生产率效应的产业间差异（图 11 - 3 中）。资本密集型产业和劳动密集型产业集聚的生产率效应随集聚水平提高而递减，尤其是资本密集型产业，在较高的集聚水平上，集聚的生产率效应已减弱为负值，此时，集聚水平的提升不仅没有带来相应的规模经济，反而产生了副作用。这也意味着资本密集型产业整体生产效率开始下降，最优产出拐点开始出现。反观技术密集型产业集聚的生产率效应却是边际递增的，尤其是在较高的集聚水平上，集聚的生产率效应超过了劳动密集型和资本密集型。因此，集聚水平越高，技术密集型产业的规模效应越发显著。该结果进一步验证了理论模型在图 11 - 1 中的推断，即异质性产业对集聚水平有不同偏好，而根据图 11 - 3 中的结果显示，这种偏好差异源于各产业集聚规模效应敏感程度不同。

劳动集聚速度的产业间差异（图 11 - 3 下）。资本密集型产业的劳动集聚速度随集聚水平提高而递减，表明该产业在集聚水平较低地区的要素需求增长超过了集聚水平较高的地区。技术密集型产业的劳动集聚速度随集聚水平提高而递增，表明该产业在高集聚水平较高地区的要素需求增长超过了集聚水平较低的地区。以上两个产业劳动集聚速度的变化体现了产业的空间选择趋势，更进一步验证了图 11 - 1 中理论模型对于异质性产业空间选择趋势的推断。另外，观察三类产业劳动集聚速度的平均值，劳动密集型产业大于技术密集型产业，而这两者又大于资本密集型产业，本章认为这是由于劳动密集型企业数量较多，同时生产技术决定了对劳动需求较多造成的结果。

上述三点分别从集聚拐点、生产率效应和要素集聚速度三个角度验证了理论模型中异质性产业对集聚水平的不同偏好，以及对异质性产业空间选择趋势的判断。然而，这种异质性空间选择能否提升地区间产业结构、改善产业内资源配置效率，还要从空间角度结合要素的产出效率和流动趋势去考察。

（三）产业结构和要素配置效率分析

中国是一个经济和地理意义上的大国，资源禀赋和经济结构有着显著的区域异质性。从过往的发展经验看，中国的产业转型和结构性调整也不会是均质的。本章以中国东部地区和中西部地区为例，对比理论模型中集聚和非集聚地区，利用要素产出效率和要素集聚速度，分析异质性产业的空间选择给两地区的产业结构和资源配置效率带来的影响。依据表 11 - 3 V 和 VI 列的结果，本章计算了两地区三类典型产业的要素集聚速度和要素产出效率，结果见表 11 - 4。

表 11 - 4　要素产出效率和要素集聚速度

地区	产业	劳动集聚速度	资本集聚速度	劳动产出效率	资本产出效率
东部地区	资本密集	0.2629	0.0178	0.0467	0.1986
	技术密集	0.3356	0.0054	0.0494	0.2002
	劳动密集	0.2662	- 0.0128	0.0687	0.1943
中西部地区	资本密集	0.1910	0.0340	0.0378	0.2680
	技术密集	0.1607	0.0074	0.0347	0.2676
	劳动密集	0.1827	0.0354	0.0344	0.2652
东部对中西部地区比较优势（％）	资本密集	37.64	- 47.65	23.54	- 25.90
	技术密集	108.84	- 27.03	42.36	- 25.19
	劳动密集	45.70	- 136.16	99.71	- 26.73

资料来源：依据表 11 - 3 的结果，利用公式（11 - 13）和公式（11 - 16）计算得出。东部对中西部地区比较优势是指某个指标上，东部地区领先中西部地区的百分比，即（东部地区相应指标 - 中西部地区相应指标）/中西部地区相应指标。

1. 要素集聚速度与地区产业结构升级

观察表 11 - 4 要素集聚速度，东部地区正加速"劳动密集化"，而中西部地区正加速"资本密集化"，这体现在劳动集聚速度的"东高西低"，以及资本集聚速度的"西高东低"。然而，东部地区"劳动密集化"吸引的主要是技术密集型的产业资源，该地区技术密集型产业的劳动集聚速度快于其他两个产业；而中西部地区"资本密集化"吸引的主要是资本密集型和劳动密集型的产业资源。再从比较优势的视角判断两地区产业分工（见表 11 - 4，东部对中西部地区的比较优势），东部地区逐渐偏向于发展技术密集型产业，而中西部地区则侧重于发展资本密集型和劳动密集型产业；东部地区的技术密集型产业在劳动集聚速度和资本集聚速度上具有比较优势，中西部地区则是劳动密集型和资本密集型的要素集聚速度具有比较优势。上述结果表明，东部地区的产业结构正向着技术密集化和劳动人才高级化转型，而中西部地区则处在快速资本深化的阶段，产业结构偏重于资本密集型和劳动密集型产业。该结果与命题 1 中对于两地区产业结构升级的趋势判断基本一致，清楚地展现了产业集聚引发的异质性产业空间选择对两地区产业结构的提升。

2. 要素产出效率、要素集聚速度和资源配置优化

理论上，如果某一产业的要素从效率低的地区转移到效率高的地区，则可以判定产业内资源配置效率得到改善。从实证结果看，各产业在地区间的要素产出效率高低与要素集聚速度快慢基本一致。例如，技术密集型产业劳动产出效率"东高西低"，对应该产业劳动集聚速度也是"东高西低"。从比较优势的视角看，两地区的产业分工总体上提高了经济的运行效率。劳动产出效率方面，东部地区具有技术密集型产业比较优势，而中西部地区则具有资本密集型产业比较优势，两地区的产业分工方向与效率比较优势相一致。唯一例外的是劳动密集型产业，尽管该产业在东部地区具有生产率比较优势，但劳动集聚速度却低于技术密集型产业，产业资本出现负增长。该现象可能是源于劳动密集型产业所需低技能劳动力与东部地区人才高级化的集聚方向不一致，同时东部地区土地等要素的稀缺对劳动密集型产业产生了挤出效应（高波，2012）。对要素产出效率和要素集聚速度的比较分析，验证了理论模型命题 2 和命题 2 提出的产业集聚对地区间增长动力转换和产业内资源配置优化的结论。

综上所述，集聚拐点、集聚的生产率效应和要素集聚速度显示，集聚影响了异质性产业空间选择，促使东部地区向技术密集型产业转型，中西部地区向资本密集型产业转型。通过对要素产出效率和要素集聚速度的比较发现，产业内生产要素向生产效率高的地区移动，这提高了产业的资源配置效率和经济整体的运行效率。

另外值得注意的是，中西部地区资本回报率高于东部地区的结果虽然与理论模型公式（11-5）对生产者行为的假定相符，但与我国现实经验并不一致。本章认为，长期以来的地方间竞争和地方保护政策阻碍了资本的自由流动，是造成理论结果与现实经验不相符的主要原因。接下来，本章将进一步讨论有关市场一体化对于经济质量的影响。

五、拓展分析

上述的理论分析和实证研究都表明，产业集聚有助于经济的高质量发展。但是，上述研究实际上隐含着一个前提条件，那就是要素在地区间的自由流动，以及市场的高度一体化。目前，理论研究和决策部门之所以对产业集聚对经济高质量发展的推动作用认识不足，关键在于忽视了产业集聚助推经济高质量发展的市场一体化这个前提条件，其根源在于未能充分发挥市场在资源配置中的决定性作用。事实上，中国经济存在不同程度的市场分割，给商品贸易和要素自由流动带来额外成本，使产业集聚促进经济高质量发展的作用得不到充分发挥或者不明显。对于中国市场分割产生的原因，一般认为是行政分权背景下地方政府和官员对本地利益的诉求，本章无意赘述此点，而是阐述要素市场和商品市场分割对中国经济高质量发展的影响。

第一，分割的要素市场通过扭曲要素价格提高了企业迁移成本，阻碍产业结构升级。税收优惠主导的政府大规模招商引资和企业主动跨地区并购（王凤荣和苗妙，2015），土地财政模式下的基础设施建设和低价工业用地吸引投资（范剑勇和莫家伟，2014），以及以存贷款利率优惠为体现的金融抑制等现象体现了地方政府对要素价格的扭曲（金培振等，2015）。当面临经济结构调整时，上述扭曲要素价格的措施又反过来提高了迁移成本，导致企业"易进难出"，阻碍了产业的转型升级。例如，近年来地方政府提出的"腾笼换鸟"式产业转型，其主要实施困难是土地引资价格和市场价格的巨大差异，使政府面临巨额的迁移成本（刘志彪，2015）。

如果将扭曲的要素价格看作企业迁移的机会成本χ，此时企业的迁移条件则变为：$|\Delta\pi|-\chi\geq0$。如图 11-2 所示，只有当$|\Delta\pi|$大于机会成本χ时，企业才会发生迁移；低生产率的企业由于迁移的机会成本过高，因此会选择留在原地区。由此可见，要素市场分割以及由此带来的价格扭曲为"落后产能"提供了生存空间。对于低效率企业而言，由于缺乏空间转移的利益激励，企业不仅不会向合适的地区迁移，还会在政府补贴与优惠政策下成为缺乏自生能力的"僵尸企业"（申广军，2016；张栋等，2016）。不仅如此，高效率企业则有可能利用寻租活动来获得要素市场扭曲所带来的低成本要素投入和租金收益，减少企业的

R&D，从而抑制产业的转型升级（张杰等，2011）。要素市场分割也加剧了产品市场的分割：一方面，出于维护财政收入和本地投资的需要，地方政府会主动采取贸易保护措施（范爱军等，2007）；另一方面，地方竞争带来的产业趋同和产品同质化竞争也加剧了区域间贸易的边界效应（范剑勇和林云，2011）。

第二，分割的产品市场通过扭曲市场规模阻碍了企业效率的提升和产业结构的升级。新经济地理理论中，"本地市场效应"是引发集聚经济和规模经济的最重要原因：为了节省运输成本，厂商总是选择在最大的消费市场进行生产，而由于生产的规模报酬递增，市场规模的增加使生产成本进一步下降和产出规模进一步增长（Krugman，1979）。因此，各地区生产差异化产品的地区分工能够促进地区间协调发展（范剑勇和谢强强，2010）。现实情况是，中国存在多种形式的贸易保护，包括数量控制、价格控制、技术壁垒、扩大政府本地消费和阻止外地产品进入的其他无形限制等（陈敏等，2008；李善同等，2004），这些措施提高了地区间的贸易成本，将国内市场分割成为众多的地区性小市场，产生了反向的本地市场效应。

如图 11－4 所示，当产品市场存在一定程度的贸易壁垒时，集聚地区资源密集型产业对非集聚地区的收益差 $\Delta \pi_{im}$ 依旧大于 0，此时，各产缺乏迁移动力。随着市场一体化程度的提高，集聚租金逐渐降低，市场分割逐渐被打破，资源密集型产业将失去集聚对非集聚地区的优势，进而出现图 11－1 和图 11－2 中产业结构升级和资源配置效率改进的结果。而现有的实证研究也表明，产品市场分割降低了企业的生产率水平（申广军和王雅琦，2015；徐保昌和谢建国，2016）。同时，由于企业无法依托巨大的国内需求、发挥规模经济的作用，越来越多的企业被迫出口（朱希伟等，2005；张杰等，2010），而反向的本地市场效应又限制了企业的规模经济收益，损害了中国企业创造贸易附加值，造成出口产品的低端锁定（赵玉奇和柯善咨，2016；吕越等，2018）。更进一步，由于贸易出口对沿海地区经济增长的作用更大，中西部地区更依赖国内市场一体化（盛斌和毛其淋，2011），由国内市场分割引发的出口效应将进一步推动地区经济差距扩大。由此可见，市场一体化程度的提高能够缩小异质性产业的集聚租金，减少地区间的经济差距，同时为非集聚地区承接集聚地区的转出产业创造了条件。本章将以上分析归纳为命题 3。

命题 3：市场一体化是实现产业结构升级和资源配置优化的先决条件，地方保护和贸易壁垒阻碍了异质性产业的空间选择，为"落后产能"提供了生存空间。

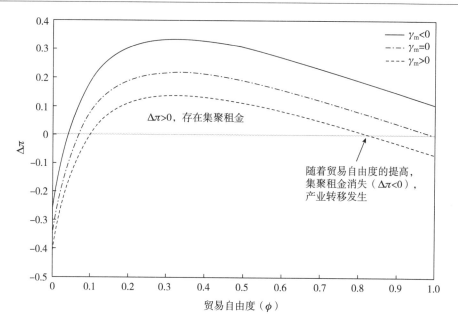

图 11 - 4 异质性产业的集聚租金

综上所述，商品和要素市场的分割从多个方面阻碍了经济发展质量的提升。地方政府对资源的非市场化配置造成的市场阻滞，成为了现阶段中国经济高质量发展的重要矛盾之一。推动经济高质量发展的举措，除了已有的政策措施外，需要在发挥市场对资源配置的决定性作用的基础上，充分利用产业集聚这一空间组织的重要机制。

六、结论与政策含义

本章采用地区间产业结构变动和产业内资源配置效率来度量经济发展质量，从理论与实证相结合的视角系统考察产业集聚是否有助于经济的高质量发展。理论和实证研究发现：集聚水平和要素结构的提升将导致技术密集型产业向集聚地区转移、资本密集型产业向非集聚地区转移，异质性产业的空间选择使两地区同时实现产业结构升级；在异质性产业空间选择的过程中，高生产率企业的迁移动力强于低生产率企业，企业"择优而栖"的空间迁移行为提升了产业内资源配置效率；而拓展分析表明，产业集聚助推经济高质量发展的前提条件是市场一体化。本章的政策启示是，以产业集聚助推经济高质量发展，要求基于地区间产业集聚的比较优势，实现增长动力转换；需要提供要素自由流动的制度保障，提高市场一体化水平。

上述研究结论具有重要的政策含义：①基于地区间产业集聚的比较优势，实现增长动力转换。东部地区在四十年的改革开放中取得了先发优势，集聚了雄厚的产业资本和丰富的人力资源。与中西部地区相比，东部地区技术进步显著，创新能力活跃，而土地和自然资源的供给日趋紧张，难以依靠大规模要素投入支撑经济增长。因此，东部地区可以依靠部分地区的人才集聚优势和技术积累，着力培育创新型产业集聚"增长极"，实现创新驱动的增长动力转换。而拥有后发优势的中西部地区则集聚了大量资源密集型企业，在提升资源密集型产业竞争力的基础上，要大力发展电子制造、装备制造、汽车产业等先进制造业，向资本更密集的产业升级，在完善现代产业体系的过程中实现发展驱动力的转换。②提供要素自由流动的制度保障，提高市场一体化水平。而当前地方政府对资源的非市场化配置构成了现阶段中国经济高质量发展的主要矛盾。为此，应当进一步深化政府间的财政体制改革，减少"促效率"的投资型财政支出和对土地财政的依赖，转向"为民生"的保障型财政政策。取消政府对要素自由流动的各类限制，如阻碍劳动跨地区转移的户籍制度，以及为吸引地方投资采取的不合理税收优惠和土地政策。打破地区间贸易壁垒，鼓励地区间的市场化竞争，同时要兼顾公平，鼓励中小企业创新。改善制度环境，加强产权保护，降低非税负担，缩小政府规模，为市场一体化和公平竞争提供良好的制度基础。

第十二章 高铁建设与中国经济空间重塑

　　本章将"高铁建设"因素纳入新经济地理研究框架，构建了高铁建设对就业、工资和经济增长空间影响的理论模型，并运用 PSM – DID 方法对其进行了实证检验。结果发现：从全国层面看，高铁建设通过就业对高铁城市工资和经济增长产生的间接负效应均小于直接正效应，高铁建设对高铁城市的就业、工资和经济增长的总效应显著为正，其弹性系数分别为 0.2067、0.1907 和 0.1491。从分地区和分城市规模相结合的层面看，高铁建设显著提升了东中部大型高铁城市的就业水平，特别是东部大型高铁城市的建筑业及高附加值行业、中部小型高铁城市的制造业及消费性服务业的就业；高铁建设给东部大型高铁城市带来的企业生产率增长效应显著，表现为高铁建设通过就业对该地区的工资和经济增长等间接效应均为正，但对中西部中、小型高铁城市的相应间接效应均为负，总体上看，高铁建设主要扩大了东部大型高铁城市与非高铁城市的工资差距和东部中型高铁城市与非高铁城市的经济增长差距。该结果证实了本章理论推理的正确性，即高铁建设直接或间接地影响了地区就业、工资和经济增长空间，重塑了中国的经济空间，这为各地区进一步借助高铁建设拓展区域发展空间、促进地区就业和经济增长、因地制宜地制定相关政策提供了依据。*

一、引 言

　　自 20 世纪 60 年代福特制造在主要工业国家衰落以来，国家经济结构向知识经济调整已成为城市和地区发展的一个普遍过程（Perl and Goetz，2015；Spieker-

---

　　* 本章部分内容借鉴了董艳梅、朱英明：《高铁建设能否重塑中国的经济空间布局：基于就业、工资和经济增长的区域异质性视角》，《中国工业经济》2016 年第 10 期。

mann and Wegener，1994），但高附加值的创新和创造性活动往往依赖于面对面的接触，而且为了受益于集聚经济往往倾向于集中在大城市，常规性活动则借助于先进电子信息技术和交通基础设施从大城市中心不断蔓延到大城市其他地区，这已变成城市空间战略的主要焦点（Timberlake，2008），而"运输是城市的创造者和破坏者，可重塑城市的空间结构"（Clark，1958）。伴随知识经济的到来，具有"时空压缩"效应的高铁应运而生（Yin et al.，2015）。截至2015年底，中国"四纵四横"高铁网络基本贯通，高铁营运里程达20260千米。为"拓展区域发展空间、厚植行业发展优势、推进供给侧结构性改革、兼顾效率与公平"，国务院于2016年7月颁布了《中长期铁路网规划》，预期到2020年中国高铁营运里程将达到3万公里，覆盖80%以上大城市，连接全国主要城市群。通过城市群战略协助加强经济、信息、劳动力和技术的流动，不仅可以减少主要城市之间的通行时间，还可以重塑城市系统（Zhang and Nie，2010），帮助经济重组（Chen，2012）。事实上，面对大规模的高铁建设，政策制定者也听到一些反对的声音，即高铁建设是以一种高价的成本方式实现所谓的"收益"（Cheng et al.，2015）。

高铁在经济发展中的作用不仅在政治决策领域而且在经济文献中一直是一个存在争议的话题。部分学者认为，高铁对区域经济增长具有明显的推动作用（Ahlfeldt and Feddersen，2015；王雨飞和倪鹏飞，2016），高铁建设一方面会直接降低交通成本从而增加收入，另一方面会增加地区就业和投资，从而间接促进地区收入增长（Chen and Silva，2013）。新经济地理之后的部分学者认为，没有先验确定是否改进的可达性将导致区域经济的收敛或发散，这种影响不是自动或普遍的，具有区域异质性（Fujita et al.，2001）。在大城市，高铁的径向连接往往促进郊区化发展，因此外围地区受益更多（Baum - Snow，2007）。然而，也有证据表明，高铁联系是以牺牲外围地区的利益为代价的，仅有利于最大城市的发展并扩大地区之间的不均衡（Wang et al.，2008；Faberd，2013）。从劳动供需视角看，增加的高铁一方面会给居民生活带来便利效应，增加地区劳动力供给；另一方面会给企业带来生产率增长效应，增加企业对劳动力的需求（Chen and Silva，2013），如果增加的基础设施给企业带来的生产率增长效应较大，则企业对劳动力需求的增加会大于劳动供给的增加，导致地区工资上升，反之则下降（Dalenberg and Partridge，1997）。此外，还有部分学者持相反态度，认为高铁的"过道效应"较明显，并未对经济增长做出贡献，长期看还可能对站点边缘区产生下降的经济压力（Ortega et al.，2012；Dai and Hatoko，2007）。

基于以上分析，目前在"稳增长、保就业"成为国家紧要之务、扩张性政策刺激增长的效应可能下降的背景下，中国政府这种"供给导向"的大规模的高铁建设在释放出部分货运资源的同时是否能够拓展区域发展空间，兼顾效率与公平，降低区域发展的差异来重塑中国的经济空间？现有研究多基于 GDP 和就业（Ahlfeldt and Feddersen，2015）、工资和就业（Redding and Turner，2015）、人口和就业（Kim，2000）等指标并采用定性或描述性的统计方法研究高铁对区域时空格局变动的影响，少有学者从就业、工资和经济增长的综合视角运用经典的政策评价（Difference – in – Difference，DID）与倾向匹配（Propensity Score Matching，PSM）相结合的方法客观评价高铁建设对区域经济空间的影响。为此，本章基于新经济地理理论视角，将"高铁建设"因素纳入经济空间组织的研究框架，构建了"高铁建设对地区就业、工资和经济增长影响"的空间经济模型，并把中国大规模的高铁建设看作准自然实验，运用倾向匹配倍差法（PSM – DID）从就业、工资和经济增长的综合视角实证检验了高铁建设对中国经济空间的影响。具体内容如下：第一，对 Redding and Sturm 的多区域空间经济模型进行扩展，构建"高铁建设"影响下的就业、工资和经济增长的多区域空间经济模型。第二，从 285 个城市中筛选出 153 个城市进行倾向得分匹配（PSM，Propensity Score Matching），找出其中的最佳匹配对象。第三，利用 PSM – DID 方法对模型假设进行实证分析。第四，多角度对实证结果进行稳健性检验。第五，根据实证结果得出相应启示。

二、理论模型

本部分在 Redding 和 Sturm（2008）、Redding（2012）的基础上构建了一个包含"高铁因素"的多区域空间经济模型，该模型包含多个地区的货物贸易成本和人的通勤成本，本章使用这一模型证明高铁建设对区域就业、工资和经济增长的影响机理。具体模型构建如下。

1. 基本假设

假设经济系统由系列区位 n 和 i 组成，这里 n 指代经典的消费区域，i 指代生产区域；经济用具有代表性的大量消费者 $\bar{L}$ 表示，他们可以在区域之间自由流动，并供给一单位具有非负效应的非弹性劳动力；每个地区 i 的有效劳动力供给①依赖于地区的劳动水平 L_i 和交通技术水平（$b_i + r_i$），其中，b_i 为地区未建高铁时的交通技术水平，r_i 为地区 i 建设高铁后提升的交通技术水平，若地区 i 未建设高铁，则 $r_i = 0$，这里交通成本被假设为具有冰山成本形式；对于每个居住在地区 i 的劳动者来说，单位劳动力中仅有（$b_i + r_i$）部分用于生产［这里 $0 < (b_i + r_i) < 1$］，剩余部分［$1 - (b_i + r_i)$］为交通成本。

2. 基本模型

（1）消费者。假设地区 n 的总收入等于总支出，具有柯布—道格拉斯效应，消费者利用收入的常比例 μ 用于购买可贸易商品，消费者效应函数由一系列可贸易产品的消费指数 C_n 和非流动性消费设施 H_n 构成。这里借鉴 Redding 等（2011）的做法，用房地产参数代替 H_n，因此，上述情形下的科布—道格拉斯效应函数形式可写为：

$$U_n = C_n^\mu H_n^{1-\mu} (0 < \mu < 1) \tag{12-1}$$

这里，可贸易产品的消费指数 C_n 采用标准不变替代弹性形式表示为：

$$C_n = \left[\sum_{i \in N} M_i c_{ni}^{\frac{\sigma-1}{\sigma}} \right]^{\frac{\sigma-1}{\sigma}} \tag{12-2}$$

其中，σ 指变量间替代弹性，本章假设变量间具有可替代性（$\sigma > 1$）；c_{ni} 指代地区 i 生产的产品在地区 n 的消费数量；本章假设在地区 i 生产的种类 M_i 在地区 n 以相同的比例 c_{ni} 消费，所有变量都被假设为受冰山成本影响。为了使在地区 i 生产的 1 单位变量运送到地区 n，应输送（$d_{ni} - f_{ni}$）数量的产品到地区 n，因为 ［（$d_{ni} - f_{ni}$）$- 1$］部分要作为运输成本而消耗掉，这里（$d_{ni} - f_{ni}$）> 1，若两地区未建高铁，则 $f_{ni} = 0$，否则 $f_{ni} > 0$，其中，d_{ni} 为地区 n 和地区 i 没有建设高铁时的运输量，f_{ni} 为地区 n 和地区 i 建设高铁后因为区域运输效率提升而减少的货运量。因此，地区 i 生产的产品输送到地区 n 的产品价格 p_{ni} 为：

$$p_{ni} = p_i (d_{ni} - f_{ni}) \tag{12-3}$$

假设地区 i 生产的产品种类对于城市 n 的消费者具有相同的城市需求弹性和相同的均衡价格，则由可贸易产品的消费指数 C_n 推导出的价格指数 P_n 为：

---

① 有效劳动力供给也是产品供给的一个方面，劳动力作为商品，一方面要做到"品种品质好"，另一方面也要做到"成本价格低"，而高铁建设一方面可以扩大劳动供给的范围，提高优质劳动力供给与市场需求的匹配度，另一方面也降低了劳动力供给的成本，尤其是时间成本，因此，高铁建设有利于提升地区的有效劳动力供给。

$$P_n \left[\sum_{i \in N} M_i P_{ni}^{1-\sigma} \right]^{1/(1-\sigma)} = \left\{ \sum_{i \in N} M_i \left[p_i (d_{ni} - f_{ni}) \right]_{ni}^{1-\sigma} \right\}^{1/(1-\sigma)} \tag{12-4}$$

这里，设 $v_n L_n$ 指地区 n 的总收入，其中 v_n 代表城市 n 的人均收入。因为每个区域 n 都具有固定消费比例和一个非弹性非流动设施供给，所以这种设施的均衡价格 γ_n 完全依赖于消费比例 $1 - \mu$、总收入 $v_n L_n$ 和非流动性设施 $\overline{H}_n$：

$$\gamma_n = \frac{(1 - \mu) v_n L_n}{\overline{H}_n} \tag{12-5}$$

在此基础上，应用谢泼德引理推导出地区 n 对地区 i 的可贸易产品的均衡需求为：

$$x_{ni} = p_i^{-\sigma} (d_{ni} - f_{ni})^{1-\sigma} (\mu v_n L_n) (P_n)^{\sigma-1} \tag{12-6}$$

（2）生产者。假设系列可贸易产品的生产成本由一个固定成本 F（$F > 0$）和一个依赖于地区生产率的可变成本 A_i 组成。因此，地区 i 的总劳动力需求数量（l_i）由地区 i 需要生产的单位产品数量 x_i 决定：

$$l_i = F + \frac{x_i}{A_i} \tag{12-7}$$

这里，本章假设捕捉生产基本面变化的生产率 A_i 随着地区的变化而变化。因此，地区 i 生产的利润最大化时的均衡价格就是边际成本不变时的价格：

$$p_{ni} = \left(\frac{\sigma}{\sigma - 1} \right) \left[\frac{(d_{ni} - f_{ni}) w_i}{A_i} \right] \tag{12-8}$$

结合利润最大化和零利润条件，各交易品种的均衡输出量应等于下列常数：

$$\overline{x} = x_i = \sum_n x_{ni} = A_i F (\sigma - 1) \tag{12-9}$$

3. 模型的均衡分析

（1）高铁的就业效应。本章假设劳动力在市场上可完全自由流动，因此，工人可跨越地点套利实际收入的差异，而每个地区 n 的实际收入取决于人均收入（v_n）、贸易品价格指数（P_n）和非流动性设施的价格（γ_n）。因此，劳动力流动实现均衡时，各地区真实收入相等，即

$$V_n = \frac{v_n}{(P_n)^\mu (\gamma_n)^{1-\mu}} = \overline{V} \tag{12-10}$$

公式（12-10）中的价格指数依赖于可贸易产品种类 M_i、产品在区域 i 的离岸价格 P_i 和产品从地区 i 运送到地区 n 的运输贸易成本（$d_{ni} - f_{ni}$）[根据公式（12-4）]，此处本章借鉴 Redding 等（2011）的研究方法，定义消费者到达可贸易产品地的可达性指数 cma_n 为：

$$cma_n = \sum_{i \in N} M_i \big[p_i (d_{ni} - f_{ni}) \big]^{1-\sigma} \qquad (12-11)$$

因此，价格指数 P_n 可表示为：

$$P_n = (cma_a)^{1/(1-\sigma)} \qquad (12-12)$$

分别用公式（12-4）、公式（12-5）、公式（12-12）替代公式（12-10）中的 γ_n、v_n 和 P_n，劳动力流动条件方程可以被重新改写成以下形式：

$$L_n = \chi (b_n + r_n)^{\frac{\mu}{1-\mu}} A_n^{\frac{\mu(\sigma-1)}{\sigma(1-\mu)}} \overline{H} (fma_n)^{\frac{\mu}{\sigma(1-\mu)}} (cma_n)^{\frac{\mu}{(1-\mu)(\sigma-1)}} \qquad (12-13)$$

这里，$\chi = \overline{V}^{-1/(1-\mu)} \xi^{\mu(1-\mu)} \mu^{-\mu(1-\mu)} (1-\mu)^{-1}$ 是真实收入 $\overline{V}$ 的常函数。因此，均衡劳动力 L_n 是交通技术水平 $(b_n + r_n)$ 和市场可达性的函数（企业市场可达性 fma_n 和消费者市场可达性 cma_n）的函数。这与 Romp 和 Oosterhaven（2003）的结论一致，即高铁建成后，一方面会降低交通成本，这通常会使生产者和消费者都能以更低的价格从更远的企业或地区购买更优的商品和服务，经济活动结果的转移最终会导致劳动供给随着工作需求的转移而转移，产生交通成本引致的就业效应；另一方面会带来地区市场可达性的变化，会促使企业或家庭搬迁，以便获得更优的生产或生活环境（Rouwendal and Meijer，2001），而这又会带来一个乘数效应，从而产生消费引致的就业效应。据此，得出本章的第一个命题：

命题1：高铁建设一方面可显著提升地区交通技术水平，产生成本引致的就业效应；另一方面也可增加地区市场可达性，产生消费引致的就业效应。因此，高铁建设可以促进地区就业空间的重塑。

（2）高铁的工资效应。根据公式（12-8）可知，均衡价格就是边际成本不变时的价格，因此，当所有市场的需求不变时，地区 i 企业的均衡工资 w_i 必须足够低，以便能卖掉产品 $\overline{x}$ 且能抵消掉其中的固定成本。根据需求公式（12-6）、均衡价格公式（12-8）和均衡产出公式（12-9），本章可以推出可贸易产品的工资方程：

$$\left(\frac{\sigma}{\sigma-1} \frac{w_i}{A_i} \right)^{\sigma} = \frac{1}{x} \sum_{n \in N} \big[w_n (b_n + r_n) L_n \big] (P_n)^{\sigma-1} (d_{ni} - f_{ni})^{1-\sigma} \qquad (12-14)$$

这一方程确定了在给定市场需求、交通成本和生产技术的情况下，地区 i 的一个企业可以支付的最大工资。方程的右边，市场 n 对地区 i 生产的可贸易产品的需求量依赖于可贸易产品的总消费 $\mu v_n L_n = w_n (b_n + r_n) L_n$、反映可贸易产品价格总量的价格指数 P_n 及双边贸易成本 $(d_{ni} - f_{ni})$，对地区 i 生产的可贸易产品的总需求是所有市场需求的加权总和，其中权重为双边贸易成本 $(d_{ni} - f_{ni})$。

在此基础上，本章借鉴 Redding 等（2011）的研究方法，定义了企业所面对的市场需求的加权总和为企业市场可达性 fma_i，即

$$fma_i = \sum_{n \in N} \left[w_n (b_n + r_n) L_n \right] (P_n)^{\sigma-1} (d_{ni} - f_{ni})^{1-\sigma} \quad (12-15)$$

这样，可贸易工资方程可以被更紧凑地写为：

$$w_i = \xi A_i^{\frac{\sigma}{\sigma-1}} (fma_i)^{1/\sigma} \quad (12-16)$$

这里，$\xi = \left[F (\sigma-1) \right]^{1/\sigma} (\sigma-1) / \sigma$。因此，工资会随着市场可达性 fma_i 的增加而增加。据此，得出本章的第二个命题：

命题 2：高铁建设可直接或通过增加有效劳动力供给的方式间接地影响地区工资水平。因此，高铁建设可以促进地区工资空间的重塑。

（3）高铁的经济增长效应。根据前述假设，地区总收入等于总支出，具有柯布—道格拉斯效应，每个区域 n 都具有固定消费比例和一个非弹性非流动设施供给，因此，对于城市 n 来说，均衡时的地区总收入可由劳动收入和非流动设施的消费组成：

$$v_n L_n = w_n (b_n + r_n) L_n + (1-\mu) v_n L_n = \frac{(b_n + r_n) L_n w_n}{\mu} \quad (12-17)$$

此处本章假设这样一个事实，即因交通成本的存在，在地区 n 仅有（$b_n + r_n$）部分的劳动用于生产，因此，总劳动收入等于单位劳动的工资 w_n 乘以有效劳动力数量除以非流动性社会消费。根据以上结果，可以得出本章的第三个命题：

命题 3：高铁建设可直接或通过增加有效劳动力供给或影响地区工资的方式间接地影响地区的经济增长。因此，高铁建设可以促进地区经济增长空间的重塑。

三、方法选择与数据说明

1. 方法选择

（1）倍差法（Differences in Differences，DID）。本章研究的主要目的就是科学评价高铁建设对中国经济空间的影响。高铁开通后，其空间影响主要来自两部分：一部分是随时间自然增长或经济形势变化而形成的所谓的"时间效应"部分，另一部分是随高铁建成投入使用而引起的所谓"政策处理效应"部分。因

此，问题的关键在于如何把随时间自然增长而引起的空间重塑效应与高铁建设这一"政策处理效应"区别开来。自然实验评估方法 DID 即倍差法能用于对一项措施或者政策实施前后的效果对比，可有效分离"时间效应"和"政策处理效应"，因此本章选择 DID 方法对高铁建设的效果进行评价，这也是目前很多学者研究高铁影响普遍使用的方法之一，即以"高铁城市"作为处理组、"非高铁城市"作为对照组，假设"高铁建设"之前两组考察变量具有相同的"时间效应"趋势，"高铁建设"后两者的变化就是"高铁建设效应"引起的变化。其基本假设模型为：

$$Y_{it} = \beta_0 + \beta_1 city_{it} + \delta_0 year_{it} + \delta_1 year_{it} \times city_{it} + \mu_i + \varepsilon_{it} \qquad (12-18)$$

其中，Y_{it} 反映城市 i 在时期 t 的经济空间结构；$city_{it}$ 为个体虚拟变量，反映 t 年开通高铁的城市取值为 1，未开通的为 0；$year_{it}$ 为时间虚拟变量，即高铁建成年份之后，$year$ 取值为 1，反之取值为 0；交互项（$year_{it} \times city_{it}$）表示高铁开通后的城市虚拟变量，其系数 δ_1 是本章主要分析的高铁开通对处理组和对照组的影响差异；μ_i 控制了个体固定效应；ε_{it} 为残差。利用表 12-1 可证明 δ_1 为倍差系数。

表 12-1　DID 法估计系数的解释

时间	处理组	对照组	差异
高铁建设前	$\beta_0 + \beta_1$	β_0	β_1
高铁建设后	$\beta_0 + \beta_1 + \delta_0 + \delta_1$	$\beta_0 + \delta_0$	$\beta_1 + \delta_1$
差异	$\delta_0 + \delta_1$	δ_0	δ_1

资料来源：笔者整理。

与以往研究有所不同，本章考虑到高铁开通除了对高铁城市（处理组）产生影响之外，还可能对非高铁城市（对照组）也产生影响。例如，开通高铁使高铁城市就业增加，这些就业可能是高铁自身创造的，也可能是从非高铁城市吸引过来的，这样，处理组和对照组之间的第一重差分就已经受到干扰，导致 DID 的结果有偏，因此，本章在 DID 之前将非高铁城市（对照组）中与高铁城市（处理组）相邻城市全部删除，以降低可能因此而产生的偏差。

（2）倾向匹配得分法（Propensity Score Matching, PSM）。事实上，城市之间异质性很大，很难具备完全一致的时间效应，因此，在做 DID 差分之前最好先选取一批各方面特征与处理组"尽可能相似"的"非高铁城市"作为匹配组。目前，以 Heckman、Rosenbaum 和 Rubin 为代表的计量经济学家逐渐发展起来的倾向得分匹配法（PSM）可以消除样本选择偏差。其具体步骤如下：①计算倾向得分值（pscore）。建立一个回归模型，因变量是一个二元虚拟变量，取 1 为处理组，取 0 为对照组，自变量是评价两组相似度的若干指标，依此计算每个城市成为处理组的概率，即倾向得分（pscore）：

$$p_i(X) = \Pr(city_{it} = 1 \mid X_i) = F[h(X_i)] \tag{12-19}$$

其中，$city_{it}$ 为处理组虚拟变量；X_i 表示第 i 个城市的特征变量；$h(\cdot)$ 为线性函数；$F(\cdot)$ 为 Logistic 函数。②根据计算出的倾向得分值（pscore）。对每个确定为处理组的城市 i，从对照组中寻找与其 pscore 最相近的一个城市作为其对照组，其匹配准则为：趋势评分必须满足平衡性。这种平衡性一方面指处理组城市的 pscore 与对应的对照组城市的 pscore 要尽量接近，另一方面指各匹配变量在处理组和对照组之间不存在显著差异。

（3）倾向匹配倍差法（PSM – DID）。PSM 能解决样本选择偏差问题，但不能避免因变量遗漏而产生的内生性问题，而 DID 能通过双重差分很好地解决内生性问题并得出"政策处理效应"，但不能很好地解决样本偏差问题。基于此，本章最终采取 PSM 与 DID 相结合的方法，以便能更精准地估计高铁的经济空间重塑效应。具体方法如下：①运用 PSM 找出匹配组；②使用匹配后的处理组和对照组进行 DID 估计。相应的回归方程为：

$$Y_{it}^{PSM} = \beta_0 + \beta_1 city_{it} + \delta_0 year_{it} + \delta_1 year_{it} \times city_{it} + \beta_2 X_{it} + \mu_i + \varepsilon_{it} \tag{12-20}$$

其中，X_{it} 是影响城市经济空间重塑的一组控制变量，这些控制变量不仅影响城市的空间重塑，也是影响城市是否建设高铁的协变量。其他变量与前文相同，式（12 – 20）为本章对高铁建设评价的基准模型。

2. 数据说明

（1）数据选择。中国高铁建设大体经历了四个阶段（Shaw et al.，2014）：①传统铁路服务阶段（2008 年 8 月之前）。这一阶段中国还没有高铁建设[①]，主要有六大交通动脉线服务于经济，即北京—上海、北京—广州、北京—哈尔滨、北京—香港、陇海（连云港—兰州）、浙江—江西，这几条线的容量几乎饱和。对于货运，陇海、北京—上海、北京—广州、浙江—江西线，平均每年每条线的交通密度为 50000~70000 万吨/千米，主要负责把中西部地区的煤炭等散装货运

---

① 2006 年之前就已经试运行的秦沈客运专线，因处于试验阶段，且没有达到 2009 年试用的《高速铁路设计规范（试用）》规定的 250 千米/小时的速度，因此不属于正式运行统计范围之内。

到东部发达地区；对于客运，主要是北京—广州、北京—上海、陇海、北京—哈尔滨和浙江—江西线，其主要交通流为南北方向，平均每年每条线交通密度为25000～50000万人/千米，而唯一重要的东西动脉是陇海线的客运交通，其旅客的平均行驶距离超过1500千米。此外，中国铁路多年来还一直面临着季节性的客流变化约束，特别是在中国农历新年和暑假期间，交通更为紧张。为应对这一问题，中国铁道部于2004年制定了"四纵四横"《中长期铁路网规划》，但直到2008年才开始大规模建设，因此，本章把2008年之前的这段时期称为传统铁路服务阶段。②早期高铁建设阶段（2009～2010年）。这段时间武广、沪宁、沪杭等高铁线相继建成，中国迎来了高铁建设的春天。③高铁降速阶段（2011～2012年）。这一阶段受温州高铁特大事故影响，2011年8月，国家开始调整高铁时刻表，把高铁最高运行时速由350千米/小时降低到300千米/小时，因此，2011～2012年也成为中国高铁运行的降速转折年。④新的高铁线服务阶段（2013年至今）。2013年中国高铁开始慢慢恢复正常运营和建设（见表12-2）。

基于以上事实，本章选取2011年作为政策执行的时间节点，把2011年之前已建成高铁的城市作为处理组，而关于对照组的选择问题，若把剩下的2011年之前未建高铁城市全部作为对照组则具有不合理性，因为2011年之后每年还有很多城市逐渐开通高铁（见表12-2），基于此，本章把研究期内2011年之后开通高铁的城市从对照组删除。

表12-2　2003～2014年中国高铁建设情况

所属阶段	开通年份	建设的高铁线
第一阶段：传统铁路服务阶段	2003	秦沈客运专线
第二阶段：早期高铁建设阶段	2008	宁合客运专线、京津客运专线、胶济客运专线
	2009	石太客运专线、合武客运专线、达成客运专线、温福客运专线、甬台客运专线、武广客运专线
	2010	郑西客运专线、福厦客运专线、成灌客运专线、沪宁客运专线、昌九客运专线、沪杭客运专线
第三阶段：高铁线降速阶段	2011	京沪客运专线、广深港专线
	2012	汉宜客运专线、合蚌客运专线、京石客运专线、石武客运专线、哈大客运专线、哈大客运专线、遂渝铁路二线

所属阶段	开通年份	建设的高铁线
第四阶段： 新的高铁线服务阶段	2013	杭甬客运专线、宁杭客运专线、渝利客运专线、厦深客运专线、盘营客运专线、西宝客运专线、津秦客运专线、茂湛客运专线、柳南客运专线、衡柳客运专线、广西沿海高铁、武咸城际高铁
	2014	向莆客运专线、武黄客运专线、武冈客运专线、大西客运专线太原至西安段、杭长客运专线、兰新第二条线、贵广客运专线、成锦乐客运专线、青容城际铁路、郑开城际铁路

注：本部分由笔者根据《中长期铁路网规划》（2008 年调整版）、列车极品时刻表 http：//www. jpskb. com/、高铁网 http：//news. gaotie. cn/等网站收集整理获得；考虑到 2015 年相关统计数据还没有出版，所以高铁建设数据统计截至 2014 年。

本章的基础样本数据来自 2008～2015 年《中国城市统计年鉴》中地级及以上城市的相关数据，考虑到部分城市统计数据缺失或做了行政区划调整，最终选取其中 285 个城市为基础样本，使用全市数据而不是市辖区数据①，并以 2007 年为基期，根据《中国统计年鉴》中各省份数据计算出各城市的 gdp 平减指数（由于没有相关城市平减指数），使用平减后的 gdp 来衡量各城市的经济发展水平。

（2）变量说明。①因变量选择。反映空间经济结构变动的指标可分为多指标和综合单一指标两类。本章借鉴 Ahlfeldt 和 Feddersen、Redding 和 Turner 以及 Kim 等学者研究高铁对经济空间重构时使用的指标，同时也为了对本章提出的三个假设进行验证，最终使用多指标分析方法，分别用地区总产值 gdp 的对数、平均工资 wage 的对数、期末从业人数 emp 的对数（分行业的就业情况则用分行业的就业人数表示）等指标从经济增长、工资和就业三个方面反映地区经济空间结构的变化。②自变量选择。本章选取高铁建设的时间虚拟变量（$year_{it}$）、高铁建设的城市虚拟变量（$city_{it}$）及其交互项（$year_{it} \times city_{it}$）作为解释变量。其中，高铁建设的时间虚拟变量度量了高铁建成前后处理组和对照组经济空间结构的变化；高铁建设的城市虚拟变量度量了高铁与非高铁城市之间经济空间变动的差异；交互项度量了高铁建设对处理组和对照组的空间影响差异，这是本章的关键

① 拥有高铁的大部分地级城市（尤其是三线城市），其高铁站点的建设离中心城区都相对较远，地方政府也是寄希望于借助高速铁路的开发契机，打造高铁新城，形成新的增长极，进而带动整个地区经济发展。因此，选取全市而不是市辖区的数据更能准确评估高铁的经济效应。

解释变量。③控制变量选择。尽管 DID 可以部分地解决内生性问题，但为了更精准地描述两组城市空间经济变动的差异，本章参考 Dai 和 Hatoko（2007）研究瑞士和日本高铁经济差异时的一些指标作为控制变量以消除模型的内生性和序列性，最终选择的控制变量主要包括城市人口（lnpop）、市场潜力（lnpot）、其他交通客运量（lnhwf）和外商投资（lnfdi）等，以它们作为控制高铁城市经济增长、工资和就业水平的变量，相应采用城市年末总人口的对数、其他城市乘以其他城市到本城市距离的倒数之和的对数（$mp_i = \sum_{j=1}^{R} RET_j d_{ij}^{-1}$，其中，$mp_i$ 为 i 城市的市场潜力，RET 代表社会消费品零售总额，d_{ij} 为城市 i 到城市 j 之间的距离）、公路水路航空客运量的对数、外商直接投资（对各地级市每年获得的实际外商投资额按照当年汇率折算为人民币价值）的对数来衡量。各变量的含义说明与描述性统计如表 12 – 3 所示。

表 12 – 3　各变量的含义说明与描述性统计

变量		全部样本		处理组样本		对照组样本	
名称	含义	均值	标准差	均值	标准差	均值	标准差
lngdp	地区总产值	15.8077	0.9047	16.6485	0.9316	15.6244	0.7876
lnwage	平均工资	10.2726	0.3089	10.4128	0.3299	10.2420	0.2956
lnemp	期末从业人数	3.4944	0.8286	4.2744	0.9289	3.3243	0.6979
lnpri	第一产业就业人数	−1.0938	1.4036	−1.3315	1.1394	−1.0420	1.4499
lnsec	第二产业就业人数	2.6198	1.0108	3.5638	0.9420	2.4140	0.9027
lnter	第三产业就业人数	2.8004	0.7767	3.4948	0.8834	2.6490	0.6610
lnpop	年末总人口	5.8617	0.7067	6.2977	0.4923	5.7667	0.7108
lnmp	市场潜力	13.8795	1.1727	14.9424	1.0706	13.6478	1.0610
lnhwf	公路、水运和民用航空客运量	9.0489	1.6087	10.1789	1.9970	8.8027	1.3949
lnfdi	外商直接投资	11.2874	1.8743	12.7932	1.6085	10.9593	1.7646
lnman	制造业就业人数	1.9264	1.2211	3.0156	1.1586	1.6890	1.0996
lnegw	电力、热力、燃气及水的生产和供应业人数	−0.2162	0.7598	0.2976	0.6564	−0.3282	0.7344
lncon	建筑业人数	0.9950	1.2561	2.0744	1.1329	0.7597	1.1547
lnwrt	批发与零售业就业人数	0.0663	1.1309	0.9921	1.2221	−0.1354	1.0027
lntts	交通运输、仓储和邮政业就业人数	0.0176	1.0466	0.8941	1.2246	−0.1735	0.8966
lnhcs	住宿和餐饮业就业人数	−1.1774	1.3035	−0.0149	1.4272	−1.4308	1.1258

变量		全部样本		处理组样本		对照组样本	
名称	含义	均值	标准差	均值	标准差	均值	标准差
ln*itc*	信息传输业就业人数	−1.0937	1.0027	−0.2963	1.2605	−1.2674	0.8428
ln*fin*	金融业就业人数	0.0447	0.8422	0.8045	0.9066	−0.1209	0.7293
ln*rea*	房地产就业人数	−1.1449	1.3022	−0.0480	1.3203	−1.3839	1.1691
ln*lbs*	租赁和商业服务业就业人数	−1.1099	1.3666	−0.0086	1.4471	−1.3500	1.2235
ln*srt*	科学研究和技术服务业就业人数	−0.9038	1.1549	0.0691	1.3966	−1.1158	0.9742
ln*mwc*	水利、环境和公共设施管理业人数	−0.6226	0.7759	−0.0692	0.8512	−0.7432	0.7032
ln*sho*	居民服务、修理和其他服务业就业人数	−2.8156	1.4219	−1.8554	1.6606	−3.0257	1.2713
ln*edu*	教育就业人数	1.3984	0.7153	1.9626	0.6349	1.2755	0.6715
ln*hss*	卫生和社会工作就业人数	0.4849	0.7466	1.1354	0.7289	0.3432	0.6715
ln*cse*	文化、体育和娱乐业就业人数	−1.3930	0.9389	−0.5828	1.1776	−1.5695	0.7732
ln*pms*	公共管理、社会保障和社会组织就业人数	1.3214	0.6306	1.7926	0.6159	1.2186	0.5855
样本数		2280		408		1872	

资料来源：笔者根据2008~2015年《中国城市统计年鉴》及《中国区域统计年鉴》数据库整理。此处为没有做任何删除的原始数据。

根据中国创新型城市综合评估结果，从建设创新型国家的战略目标出发，构建由全球创新型城市、国家创新型城市、区域创新型城市、地区创新型城市、创新发展型城市共5个层级组成的国家创新型城市空间网络结构体系，形成由4个全球创新型城市、16个国家创新型城市、30个区域创新型城市、55个地区创新型城市和182个创新发展型城市组成的国家城市创新网络空间格局。

四、实证结果

1. 样本匹配效果

本部分对处理组和对照组进行最近邻倾向匹配后绘制了核密度函数曲线（见图12-1）。根据图12-1（a）可以看出，在核匹配之前，处理组分布较为松散，而对照组倾向左偏且分布较为集中，两组样本的倾向得分值的概率密度分布存在明显差异，如果不加以匹配，直接比较这两组样本城市之间的差异，必然产生严重的估计偏误。在完成最近邻匹配后，保留下来的两组样本的概率密度分布明显趋于一致〔见图 12 - 1（b）〕，这表明匹配后两组样本城市各方面的特征已非常接近，样本的选择性偏差基本消除。此外，样本平衡性检验结果表明，两组样本之间的数据特征已趋于一致，符合可比性要求。总体上看，两组样本的匹配效果相对比较满意。

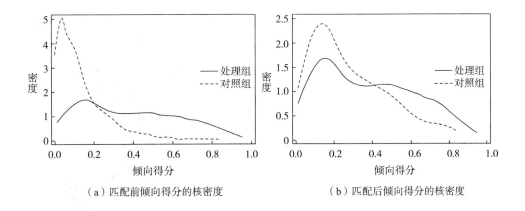

（a）匹配前倾向得分的核密度　　　　　（b）匹配后倾向得分的核密度

图 12 - 1　最近邻倾向匹配前后处理组和对照组倾向得分值的核密度分布对比

2. 基于 PSM - DID 模型的高铁建设对城市就业影响的区域异质性评价

本部分所要考察的核心内容是高铁建设对高铁城市与非高铁城市之间就业影响的区域异质性。为检验第三部分数据处理的合理性，本章首先对基础样本（即 2011 年之前建设高铁的 51 个城市为处理组，其余 234 个城市全部为对照组）数据进行 DID 估计（见表 12 - 4 中的模型 1）；其次把 2011 年之后开通高铁的城市从对照组中删除并进行 DID 估计（见表 12 - 4 中的模型 2）；再次把与高铁城市相邻的城市从对照组中删除后进行 DID 估计（见表 12 - 4 中的模型 3）；最后进行 PSM - DID 估计（见表 12 - 4 中的模型 4）。结果显示：①4 个模型解释变量交互项（$year \times city$）的回归系数均在 1% 水平上显著为正，说明高铁建设显著提升了高铁城市的总体就业（$lnemp$）水平，一定程度上加速了原有就业空间结构的不均衡。这一结果具有稳健性，与 Willigers 和 Wee（2011）的研究结论相一致。②从对照组中删除 2011 年之后开通高铁的城市，发现交互项（$year \times city$）的回归系数由未删除时的 0.11 增加到 0.12，说明把 2011 年后建设高铁的城市放入对照组中会低估高铁城市与非高铁城市之间的就业差距，若不删除该类数据，则非高铁城市（对照组）中仍包含高铁（处理组）城市的就业效应，具有不合理性。③从对照组中删除高铁城市的相邻城市，发现交互项（$year \times city$）的回归系数进一步显著增长到 0.14，即高铁城市与非高铁城市之间的就业差距进一步增加。这一结果表明，高铁城市的就业效应可能主要不是从毗邻地区吸引过来，而是自身创造的，否则删除后的就业差距应降低，同时表明高铁自身创造的就业效应可能对毗邻地区也有空间溢出效应，若不删除该类数据，则可能对 DID 结果产生偏差影响。④上述 DID 模型尽管在统计上看起来显著，但由于没有考虑样本选择偏差问题，仍可能存在估计偏误。因此，本章进一步对删除后的数据进行倾向得分匹配（PSM），然后进行 DID 估计（即 PSM – DID 估计），经 PSM – DID 估计后的协变量的标准误比普通 DID 协变量的标准误都有所降低，交互项（$year \times city$）的回归系数比普通 DID 估计值要大，整体看 PSM – DID 估计效果更优、可信度更高。综合以上观点，本章最终决定从基础样本中把 2011 年后开通高铁的城市和与高铁城市毗邻的城市删除，然后进行 PSM – DID 估计。

表 12 – 4　基于 PSM – DID 模型的高铁建设对就业影响的评价结果

模型 变量	1 lnemp	2 lnemp	3 lnemp	4 lnemp	5 lnpri	6 lnsec	7 lnter
$year \times city$	0.1066 ***	0.1166 ***	0.1424 ***	0.2067 ***	– 0.3303 ***	0.1746 ***	0.1887 ***
	(0.0286)	(0.0287)	(0.0605)	(0.0376)	(0.0856)	(0.0261)	(0.0352)
ln$tpop$	0.1873 ***	0.1160 ***	0.1931 ***	0.1916 **	– 0.0408	0.2642 ***	0.0858 **
	(0.0513)	(0.0410)	(0.0894)	(0.0545)	(0.1265)	(0.0521)	(0.0386)
lnmp	0.4033 ***	0.3940 ***	0.3819 ***	0.2353 ***	– 0.2029 *	0.2916 ***	0.1454 ***
	(0.0243)	(0.0204)	(0.0798)	(0.0275)	(0.1130)	(0.0465)	(0.0345)
ln$hwfpt$	– 0.0046	– 0.0015	– 0.0044	– 0.0162	0.0203	– 0.0032	– 0.0136 **
	(0.0060)	(0.0053)	(0.0130)	(0.0067)	(0.0184)	(0.0076)	(0.0056)
lnfdi	– 0.0249 **	– 0.0235 **	– 0.0257 *	– 0.1199 *	0.2113 **	– 0.0755 *	– 0.0060
	(0.0124)	(0.0110)	(0.0702)	(0.0142)	(0.0993)	(0.0409)	(0.0303)
_cons	– 2.8933 ***	– 2.3861 ***	– 2.5945 ***	1.1429	– 0.5879	– 1.6526 *	0.9974
	(0.4389)	(0.3699)	(1.6168)	(0.4914)	(2.2878)	(0.9424)	(0.6987)
N	2280	1616	1224	341	341	341	341
r^2	0.2551	0.2225	0.2386	0.2358	0.1861	0.4806	0.4709

续表

模型 变量	1 lnemp	2 lnemp	3 lnemp	4 lnemp	5 lnpri	6 lnsec	7 lnter
r^2_a	0.1462	0.1096	0.1264	− 0.0351	− 0.1025	0.2965	0.2832
F	96.5252	113.8778	66.8050	15.4918	11.4772	46.4565	44.6702

注：括号内数字为标准误。***、**、* 分别表示在1%、5%、10%的水平上显著。

资料来源：笔者基于 Stata 14 软件估计。

考虑到高铁城市对不同性质的企业就业影响存在行业异质性（Willigers and Wee，2011），为检验高铁建设对高铁城市与非高铁城市中不同行业就业影响的差异，本章对就业进行了分类估计。①按传统分类法，把总就业分为第一、第二和第三产业，然后分别对其进行 PSM – DID 估计（见表12－4中的模型5、模型6和模型7）。模型回归结果显示：第一产业、第二产业和第三产业交互项（year × city）的弹性系数分别为 − 0.33、0.17 和 0.19，且均在1%的水平上显著为正，说明与非高铁城市相比，高铁建设显著降低了高铁城市第一产业就业水平、提升了第二产业和第三产业的就业水平，且对第三产业的就业促进效应更大，表明高铁建设显著扩大了高铁城市与非高铁城市第二产业、第三产业尤其是第三产业的就业空间差距，这与部分学者的研究结果相一致，即高铁建设对地区就业影响最大的行业是服务行业（Brotchie，1991）。②依据《国民经济行业分类》（GB/T 4754—2011）标准把第二产业进一步细分为制造业（man），电力、热力、燃气及水的生产和供应业（egw），建筑业（con）①；第三产业细分为批发零售业（wrt）、住宿和餐饮业（hcs）等14个行业（见表12－3）②。对其进行 PSM – DID 估计（见表12－4），结果显示：高铁建设对高铁城市就业影响最显著的三大行业分别是建筑业 con（0.34）、房地产业 rea（0.29）、住宿和餐饮业 hcs（0.24）等与居民的住宿和商务旅行相关的消费性行业，这与实际是相符的，如武广高铁开通后，韶关市境外游客同比增长29.80%，衡山游客同比增长1056.50%，且带动了与旅游相关的旅馆、饭店等行业的发展，形成综合性服务产业链（林晓言等，2015），而高铁对居民消费空间的影响必然会进一步激发高铁城市对消费相关行业的就业需求增长，从而促进消费性行业就业水平的提升。其次是对高铁城市计

---

① 不包含采矿业，因采矿业对地区的地理位置依赖性较强，所以没有包含在内。

② 考虑到第一产业受高铁影响较小，没有对第一产业进行划分。

算机、软件服务业 itc（0.24）和科技研究、技术服务业 srt（0.24）等高附加值行业的就业增长影响显著。而影响值最小且为负的行业是电力、热力、燃气及水的生产和供应行业 egw（-0.01）等传统产业，但不显著。细分行业分析发现，高铁建设显著促进了高铁城市第二产业、第三产业中消费性行业和高附加值行业的就业增长，一定程度上扩大了原有高铁城市与非高铁城市之间就业空间发展的差距。

在对全国层面高铁城市与非高铁城市的就业空间进行分析的基础上，本部分还把传统的地理区位分类（把全国城市分为东、中、西三类）和按城市规模大小分类（把全国城市分为大、中、小三类）结合起来对全国城市进行了分类比较分析（见表 12-5）。结果发现：①从总体就业效应来看，东部、中部和大型高铁城市总就业（emp）的交互项（$year \times city$）系数均在 1% 水平上显著为正；把两种分类结合起来看，高铁建设对东部、中部的大型高铁城市的总就业促进效应最显著，该结果表明高铁建设主要促进了经济相对发达的东部、中部大型高铁城市就业水平的提升，扩大了东部、中部大型高铁城市与非高铁城市之间的总就业空间差距。②从分行业就业效应来看，高铁建设显著促进了高铁城市第一产业的就业转移，尤其是对东部、中部的大型、中型高铁城市影响显著；高铁建设除了对东部、中部大型高铁城市的第二、第三产业就业增长影响显著外，还对东部、中部小型高铁城市的第二产业、第三产业就业增长影响显著。其中，东部大型高铁城市第二产业中的建筑业（con）、第三产业中的信息传输和计算机软件业（itc）等高附加值行业的就业增长受高铁建设影响显著，中部高铁城市第二产业中的制造业（man）、第三产业中的批发零售业（wrt）等消费性服务业受高铁建设影响显著，小型高铁城市第二产业中的制造业（man）、第三产业中的住宿餐饮业（hcs）等消费性服务业受高铁建设影响显著，即中部小型高铁城市第二产业中的制造业和第三产业中的消费性服务业受高铁建设影响最显著。总体上看，高铁建设对不同地区高铁城市和非高铁城市就业影响的主要行业有所不同，存在区域异质性。以上结果支持命题 1 成立。

表 12-5　基于 PSM-DID 模型的高铁建设对就业影响的区域异质性评价

变量	全样本	按城市地理区位分类比较			按城市规模大小分类比较		
		东部城市	中部城市	西部城市	大城市	中城市	小城市
lnemp	0.2067 ***	0.0985 ***	0.0959 ***	0.0122	0.1354 ***	0.0067	0.0646
	(0.0376)	(0.0417)	(0.0315)	(0.0375)	(0.0431)	(0.0170)	(0.0422)

变量	全样本	按城市地理区位分类比较			按城市规模大小分类比较		
		东部城市	中部城市	西部城市	大城市	中城市	小城市
ln*pri*	-0.3303***	-0.1525***	-0.1350**	-0.0429	-0.1412**	-0.1340**	-0.0551
	(0.0856)	(0.0407)	(0.0678)	(0.0449)	(0.0625)	(0.0518)	(0.0367)
ln*sec*	0.1746***	0.0789***	0.0802***	0.0155	0.1152***	0.0138	0.0455**
	(0.0261)	(0.0165)	(0.0210)	(0.0164)	(0.0212)	(0.0088)	(0.0185)
ln*ter*	0.1887***	0.0836***	0.0984***	0.0067	0.1524***	-0.0049	0.0412**
	(0.0352)	(0.0264)	(0.0289)	(0.0155)	(0.0300)	(0.0188)	(0.0197)

注：括号内数字为标准误。***、**、*分别表示在1%、5%、10%的水平上显著。

资料来源：笔者基于Stata14软件估计。

3. 基于 PSM – DID 模型的高铁建设对城市工资影响的区域异质性评价

本部分所要考察的核心内容是高铁建设对高铁城市与非高铁城市之间工资空间影响的差异。与第2部分类似，为检验第三部分数据处理的合理性，本章依次对基础样本数据（见表12-6中的模型1）、删除对照组中2011年之后建设高铁的城市数据（见表12-6中的模型2）、删除高铁相邻城市后的数据（见表12-6中的模型3）及PSM后的数据进行DID估计（见表12-6中的模型4）。结果显示：①无论运用基础样本、删除后的数据还是PSM后的数据进行DID估计，解释变量交互项（$year \times city$）的回归系数均为正，且在1%的水平上显著，说明高铁建设显著提升了高铁城市的工资水平，扩大了高铁城市与非高铁城市的收入差距，这一结果具有稳健性，初步证明了命题2的正确性。②删除对照组中2011年后建设高铁的城市，使交互项（$year \times city$）的回归系数由0.06增加到0.09，从反面进一步证明高铁建设对高铁城市工资增长具有正向影响，若不删除，则数据具有不合理性；删除高铁毗邻城市后交互项（$year \times city$）的回归系数进一步增加到0.17，说明高铁建设自身创造的生产力效应可能对毗邻地区具有溢出正效应，若不删除，可能会导致DID偏差；PSM后进行DID估计的交互项（$year \times city$）的回归系数进一步增加到0.19，各协变量系数的标准误相对之前较小，说明PSM后的结果更具有可信度。基于此，以下用PSM – DID对高铁建设的各种工资效应进行估计。

表 12 - 6　基于 PSM - DID 模型的高铁建设对工资影响的评价结果

模型 变量	1 lnwage	2 lnwage	3 lnwage	4 lnwage	5 lnwage	6 lnwage	7 lnwage	8 lnwage
year × city	0.0619 *** (0.0116)	0.0936 *** (0.0130)	0.1673 *** (0.0204)	0.1907 *** (0.0157)	0.5802 *** (0.0746)	0.1877 *** (0.0258)	0.5027 *** (0.0646)	0.4705 *** (0.0647)
lnpop	0.0498 ** (0.0207)	0.0347 * (0.0186)	0.0729 *** (0.0302)	0.0849 *** (0.0228)	0.0668 ** (0.0286)	0.0833 *** (0.0288)	0.0464 (0.0291)	0.0650 ** (0.0282)
lnmp	0.5928 *** (0.0098)	0.5903 *** (0.0093)	0.5761 *** (0.0269)	0.2801 *** (0.0115)	0.2369 *** (0.0264)	0.2660 *** (0.0259)	0.2123 *** (0.0270)	0.2270 *** (0.0263)
lnhwf	− 0.0051 ** (0.0024)	− 0.0054 ** (0.0024)	− 0.0062 ** (0.0044)	− 0.0167 *** (0.0028)	− 0.0227 *** (0.0043)	− 0.0148 *** (0.0042)	− 0.0241 *** (0.0043)	− 0.0199 *** (0.0043)
lnfdi	0.0230 *** (0.0050)	0.0169 *** (0.0050)	0.0251 *** (0.0237)	− 0.0273 (0.0059)	− 0.0311 (0.0224)	− 0.0124 (0.0228)	− 0.0333 (0.0221)	− 0.0323 (0.0220)
lnemp					0.1184 *** (0.0240)			
yclnemp					− 0.0887 *** (0.0160)			
lnpri						− 0.0788 *** (0.0154)		
yclnpri						0.0169 (0.0133)		
lnsec							0.1755 *** (0.0341)	
yclnsec							− 0.0884 *** (0.0160)	
lnter								0.2689 *** (0.0483)
yclnter								− 0.0837 *** (0.0164)
cons	1.6121 *** (0.1773)	1.7292 *** (0.1675)	1.7607 *** (0.5456)	6.1554 *** (0.2054)	6.5280 *** (0.5184)	6.0905 *** (0.5212)	6.9699 *** (0.5150)	6.2322 *** (0.5104)
N	2280	1616	1224	341	341	341	341	341
r²	0.8012	0.7444	0.7785	0.7360	0.7692	0.7614	0.7791	0.7751
r²_a	0.7722	0.7073	0.7459	0.6424	0.6849	0.6742	0.6983	0.6929
F	1.1e + 03	1.2e + 03	749.3812	139.9725	118.5520	113.5148	125.4475	122.5728

注：括号内数字为标准误。***、**、*分别表示在 1%、5%、10% 的水平上显著。

资料来源：笔者基于 Stata 14 软件估计。

交通基础设施除了通过降低交通成本方式直接提升地区工资水平外，还会通过就业对工资产生间接影响（Oosterhaven and Elhorst，2003），即如果高铁建设给企业带来的生产率增长效应较大，则企业增加的劳动力需求大于居民便利效应带来的劳动力供给的增加，地区工资上升，反之则下降。为检验高铁建设通过就业对地区工资增长产生的间接效应，本章进一步基于 PSM – DID 模型，在以 ln-wage 为因变量的工资方程中分别增加就业及其与高铁开通后的城市虚拟变量（year × city）的交互项，即 lnemp、lnpri、lnsec、lnter 和 year × city × lnemp（yclnemp）、year × city × lnpri（yclnpri）、year × city × lnsec（yclnsec）、year × city × lnter（yclnter）（见表 12 – 6 中的模型 5、模型 6、模型 7 和模型 8）。结果表明：就业（lnemp）（包括第二产业 lnsec、第三产业 lnter）与高铁开通后的城市虚拟变量的交互项（即 yglnemp、yglnsec 和 yglnter）的系数均在 1% 的水平上显著为负，说明高铁建设通过就业对高铁城市工资增长产生的间接效应均低于非高铁城市。究其原因，从高铁城市看，这可能是因为目前高铁建设给高铁城市带来的主要还是居民生活便利效应，给企业带来的生产率增长效应较小，造成高铁城市有效劳动力供给的增加大于企业对劳动力需求的增加，进而引致高铁城市的工资下降，这一结论与 Ahlfeldt 和 Feddersen（2015）的研究结果相一致；从非高铁城市看，这可能是因为在中国劳动力无限供给时代结束的背景下，高铁开通更有利于优质劳动力迁移至其他地区，导致非高铁城市等相对落后地区劳动力供给下降，使留在当地的劳动力工资上升（Oosterhaven and Elhorst，2003）。但应该看到，高铁建设对高铁城市工资增长的直接正效应显著大于高铁建设通过就业对高铁城市工资增长产生的间接负效应，因此，总体上看，高铁建设对高铁城市工资增长的影响为正，高铁建设扩大了高铁城市与非高铁城市的工资差距。

　　此外，为进一步研究高铁建设对高铁城市与非高铁城市之间工资影响的区域异质性，本部分同样在 PSM – DID 的基础上从分地区和分城市规模相结合的层面对其进行了分类比较（见表 12 – 7）。结果显示：①从总效应看，高铁建设对东部、中部及大型、小型高铁城市工资增长的影响均在 1% 的水平上显著为正，对西部及中型高铁城市工资增长的影响不显著，说明高铁建设主要扩大了东部、中部大型和小型高铁城市与非高铁城市之间的工资差距。②从间接效应看，高铁建设通过总就业（包括第二产业、第三产业的就业）对中部、西部的中型、小型高铁城市工资增长影响的负效应最显著，但它们对东部大型高铁城市工资增长的正效应影响最显著，说明在东部大型高铁城市中，高铁建设对企业的生产率增长效应大于高铁建设给居民生活带来的便利效应，而高铁建设对中部、西部的中型、小型高铁城市的生产率增长效应还没有显现。总体上看，高铁建设通过就业对工资产生的间接效应均相对较小，各地区的总工资效应依然为正，但高铁建设对各地区工资增长影响的显著性和影响幅度存在明显差异。以上证据支持命题2成立。

表 12 - 7　基于 PSM - DID 模型的高铁建设对工资影响的区域异质性评价结果

变量	全样本	按城市地理区位分类比较			按城市规模分类比较		
		东部城市	中部城市	西部城市	大城市	中城市	小城市
$year \times city$	0.1907***	0.0839***	0.0717***	0.0351	0.1184***	0.0097	0.0626***
	(0.0204)	(0.0185)	(0.0205)	(0.0170)	(0.0167)	(0.0163)	(0.0180)
$yclnemp$	-0.0887***	0.0289*	-0.0729***	-0.0446***	0.0643***	-0.0438***	-0.1092***
	(0.0160)	(0.0153)	(0.0164)	(0.0139)	(0.0132)	(0.0133)	(0.0134)
$yclnpri$	0.0169	0.0001	0.0209	-0.0040	-0.0085	0.0027	0.0227*
	(0.0133)	(0.0126)	(0.0137)	(0.0116)	(0.0114)	(0.0108)	(0.0122)
$yclnsec$	-0.0837***	0.0250***	-0.0653***	-0.0434***	0.0619***	-0.0432***	-0.1024***
	(0.0164)	(0.0160)	(0.0173)	(0.0144)	(0.0136)	(0.0139)	(0.0143)
$yclnter$	-0.0884***	0.0439***	-0.0810***	-0.0513***	0.0881***	-0.0474***	-0.1291***
	(0.0160)	(0.0156)	(0.0163)	(0.0142)	(0.0131)	(0.0133)	(0.0131)

注：括号内数字为标准误。***、**、*分别表示在1%、5%、10%的水平上显著。

资料来源：笔者基于 Stata 14 软件估计。

4. 基于 PSM - DID 模型的高铁建设对城市经济增长影响的区域异质性评价

本部分所要考察的核心内容是高铁建设对城市经济增长空间影响的区域异质性。与第2部分和第3部分类似，本部分同样先进行了数据的筛选和比较，最终从原对照组①中删除掉2011年后开通高铁的城市（见表12 - 8中的模型1）和与高铁城市毗邻的城市（见表12 - 8中的模型2），并进行 PSM - DID 估计（见表12 - 8中的模型3），结果显示：无论运用基础数据还是处理后的数据进行 DID 估计，解释变量交互项（$year \times city$）的回归系数均为正，且在1%的水平上显著，说明高铁建设显著促进了高铁城市的经济增长，扩大了高铁城市与非高铁城市的经济增长差距，这一结果具有稳健性。经比较后最终确定删除两种情况后的 PSM - DID 估计更为合理有效。该结果初步证明了命题3的正确性。

---

① 此处因篇幅原因，没有把原始数据的 DID 结果放上，如需要，可向作者索取。

表 12 - 8 基于 PSM - DID 模型的高铁建设对经济增长影响的评价结果

模型 变量	1	2	3	4	5	6	7	8
	ln*gdp*	ln*gdp*	ln*gdp*	ln*gdp*	ln*gdp*	ln*gdp*	ln*gdp*	ln*gdp*
year × *city*	0.0477 ***	0.0547 ***	0.1491 ***	0.1459 ***	0.4166 ***	0.1449 ***	0.3394 ***	0.3380 ***
	(0.0158)	(0.0155)	(0.0145)	(0.3522)	(0.0566)	(0.0198)	(0.0464)	(0.0497)
ln*pop*	0.0579 ***	0.0535 **	0.0564 **	0.0143	0.0406 *	0.0552 **	0.0076	0.0422 *
	(0.0193)	(0.0229)	(0.0210)	(0.0168)	(0.0217)	(0.0221)	(0.0209)	(0.0217)
ln*mp*	0.3543 ***	0.3660 ***	0.1743 ***	0.0353 **	0.1403 ***	0.1647 ***	0.1036 ***	0.1369 ***
	(0.0249)	(0.0204)	(0.0106)	(0.0177)	(0.0200)	(0.0199)	(0.0194)	(0.0202)
ln*huf*	−0.0018	−0.0041	−0.0055	0.0002	−0.0094 ***	−0.0043	−0.0101 ***	−0.0076 **
	(0.0043)	(0.0033)	(0.0026)	(0.0026)	(0.0033)	(0.0032)	(0.0031)	(0.0033)
ln*fdi*	0.0190 ***	0.0219 ***	−0.0060	0.0038	−0.0066	0.0041	−0.0033	−0.0093
	(0.0197)	(0.0180)	(0.0055)	(0.0131)	(0.0170)	(0.0175)	(0.0159)	(0.0169)
ln*wage*				0.5033 ***				
				(0.0346)				
*yc*ln*wage*				−0.1325 ***				
				(0.0331)				
ln*emp*				0.0992 ***				
				(0.0182)				
*yc*ln*emp*				−0.0617 ***				
				(0.0121)				
ln*pri*					−0.0526 ***			
					(0.0118)			
*yc*ln*pri*					0.0097			
					(0.0102)			
ln*sec*						0.2046 ***		
						(0.0245)		
*yc*ln*sec*						−0.0586 ***		
						(0.0115)		
ln*ter*							0.1913 ***	
							(0.0371)	
*yc*ln*ter*							−0.0570 ***	
							(0.0126)	
cons	10.4882 ***	10.1568 ***	13.7271 ***	10.6748 ***	13.9671 ***	13.6855 ***	14.4132 ***	13.7710 ***
	(0.4234)	(0.4140)	(0.1891)	(0.3676)	(0.3933)	(0.4001)	(0.3696)	(0.3924)
N	1616	1224	341	341	341	341	341	341
r^2	0.6464	0.6367	0.6786	0.8337	0.7191	0.7027	0.7595	0.7188
r^2_a	0.5948	0.5832	0.5646	0.7730	0.6164	0.5941	0.6715	0.6161

续表

模型变量	1	2	3	4	5	6	7	8
	lngdp	lngdp	lngdp	lngdp	lngdp	lngdp	lngdp	lngdp
F	515.2542	373.6557	105.9857	178.3546	91.0591	84.0867	112.3077	90.9411

注: 括号内数字为标准误。***、**、*分别表示在1%、5%、10%的水平上显著。

资料来源: 笔者基于 Stata 14 软件估计。

考虑到高铁建设除了通过降低交通成本方式直接促进地区经济增长外, 还可能通过增加地区工资的方式间接地影响地区经济增长, 但古典经济学和新古典经济学认为, 低工资成本对经济增长具有正面作用, 即工资与经济增长具有负相关关系; 而效率工资理论认为, 工资与劳动生产率进而与经济增长具有正相关关系。为检验高铁建设通过工资对地区经济增长产业的间接影响效应, 本部分在以 lngdp 为因变量的方程中增加工资及其与高铁开通后的城市虚拟变量 ($year \times city$) 的交互项, 即 lnwage 和 $year \times city \times lnwage$ ($yclnwage$) (见表 12 - 8 中的模型 4), 检验高铁建设通过工资对高铁城市与非高铁城市经济增长影响的区域差异。结果显示: $yclnwage$ 的系数为 - 0.13, 且在 1% 的水平上显著, 说明与非高铁城市相比, 高铁建设通过工资对高铁城市经济增长的影响幅度小于非高铁城市。这一方面可能是因为高铁开通后有效促进了传统产业向外围地区转移, 把原先处于偏远地区的隐性失业人员转化为有效劳动力, 从而增加外围地区的工资和总收入水平; 另一方面也可能是因为高铁开通后产生的 "虹吸效应" 导致非高铁地区劳动力供给下降, 使当地劳动力工资水平提升 (Oosterhaven and Elhorst, 2003)。该结果部分证明了命题 3 的正确性。

考虑到高铁建设还可能通过增加就业的方式间接地影响地区经济增长, 但就业对经济增长的影响有其特定的适应范围和前提假设 (目前理论界关于就业对经济增长的影响尚未取得一致意见), 为了检验高铁建设通过就业对地区经济增长产生的间接效应, 本部分在以 lngdp 为因变量的方程中增加就业及其与高铁开通后的城市虚拟变量 ($year \times city$) 的交互项, 即 lnemp、lnpri、lnsec、lnter 和 $year \times city \times lnemp$ ($yclnemp$)、$year \times city \times lnpri$ ($yclnpri$)、$year \times city \times lnsec$ ($yclnsec$)、$year \times city \times lnter$ ($yclnter$) (见表 12 - 8 中的模型 5、模型 6、模型 7、模型 8), 结果与第 3 部分类似, 就业 (lnemp) (包括第二产业 lnsec 和第三产业 lnter) 与高铁开通后的城市虚拟变量的交互项 (即 $yclnemp$、$yclnsec$ 和 $yclnter$) 的系数均在 1% 的水平上显著为负, 说明高铁建设通过就业对高铁城市经济增长产生的间接效应均低于非高铁城市。但高铁建设无论是通过工资还是通过就业对高铁城市经济增长的间接负效应都小于高铁建设对高铁城市经济增长的直接正效应，因此高铁建设对高铁城市总体经济增长效应为正。该结果部分证明了命题3的正确性。

此外，为进一步研究高铁建设通过工资和就业对地区经济增长的影响差异，本部分同样在 PSM – DID 的基础上从分地区和分城市规模相结合的层面对其进行估计（见表 12 – 9）。结果显示：①从总效应看，除了中部地区外，高铁对东部、西部地区的大型、中型、小型高铁城市的经济增长影响均显著为正，特别是对东部中型高铁城市影响幅度最大，说明高铁建设显著扩大了东部、西部特别是东部中型高铁城市与非高铁城市之间的经济增长差距，这与 Garmendia 等（2008）的研究结论相一致，即城市走廊①内经济高度一体化为每个经济体带来经济增长机遇，但影响程度有所不同。②从间接效应看，高铁建设通过工资对东部和大型高铁城市地区经济增长的影响均在 1% 的水平上显著为正，其余地区均显著为负，表明高铁建设通过工资效应显著扩大了东部大型高铁城市与非高铁城市之间的经

表 12 – 9　基于 PSM – DID 模型的高铁建设对经济增长影响的区域异质性评价结果

变量	全样本	按城市地理区位分类比较			按城市规模分类比较		
		东部城市	中部城市	西部城市	大城市	中城市	小城市
$year \times city$	0. 1491 ***	0. 0864 ***	0. 0169	0. 0458 ***	0. 0467 ***	0. 0696 ***	0. 0328 ***
	(0. 0155)	(0. 0137)	(0. 0124)	(0. 0110)	(0. 0114)	(0. 0160)	(0. 0122)
$yclnwage$	– 0. 1325 ***	0. 1498 ***	– 0. 1446 ***	– 0. 1377 ***	0. 1465 ***	– 0. 1791 ***	– 0. 0999 ***
	(0. 0331)	(0. 0394)	(0. 0339)	(0. 0273)	(0. 0319)	(0. 0444)	(0. 0340)
$yclnemp$	– 0. 0617 ***	0. 0428 ***	– 0. 0380 ***	– 0. 0665 ***	0. 0149	– 0. 0713 ***	– 0. 0353 **
	(0. 0121)	(0. 0109)	(0. 0101)	(0. 0082)	(0. 0094)	(0. 0129)	(0. 0101)
$yclnpri$	0. 0097	– 0. 0046	– 0. 0028	0. 0171 **	0. 0062	– 0. 0013	0. 0049
	(0. 0102)	(0. 0093)	(0. 0083)	(0. 0074)	(0. 0078)	(0. 0108)	(0. 0084)
$yclnsec$	– 0. 0586 ***	0. 0613 ***	– 0. 0413 ***	– 0. 0787 ***	0. 0242 **	– 0. 0725 ***	– 0. 0394 ***
	(0. 0115)	(0. 0105)	(0. 0102)	(0. 0080)	(0. 0095)	(0. 0127)	(0. 0103)
$yclnter$	– 0. 0570 ***	0. 0422 ***	– 0. 0374 ***	– 0. 0618 ***	0. 0124	– 0. 0857 ***	– 0. 0336 **
	(0. 0126)	(0. 0114)	(0. 0106)	(0. 0087)	(0. 0098)	(0. 0136)	(0. 0105)

注：括号内数字为标准误。*** 、** 、* 分别表示在 1% 、5% 、10% 的水平上显著。

资料来源：笔者基于 Stata 14 软件估计。

---

① 国外学者（Anderson and Matthiessen，1993；Cheshire，1995；Haynes，1997）将这种由于高铁等交通系统串联起来的城市群称为城市"走廊"（corridors）。

济增长差距；高铁建设通过就业（包括第二产业和第三产业）对东部和大型高铁城市的地区经济增长的影响也均在1%的水平上显著为正，其余地区均为负，这与第3部分高铁建设通过就业对工资产生的间接效应相吻合，再次验证了高铁建设对东部大型高铁城市的生产率提升效应是显著的，这与Puga（2008）的研究结果相一致，即高铁建设可能会减少服务或消费等级较低城市的相应消费水平，一定程度上使大城市受益而小城市受损。此外，高铁建设通过对第一产业的就业还产生了对西部高铁城市的经济增长正效应，且在5%的水平上显著为正，这与中国特殊的经济地理条件是相符的。与第3部分类似，高铁建设通过工资或就业对高铁城市产生的就业负效应相对较小，高铁建设对各地区高铁城市经济增长影响的总效应均为正，但存在影响显著性和影响幅度大小的差异。以上证据支持命题3成立。

五、稳健性检验

（一）改变高铁建设前后时间窗对结果产生的影响

本章实证分析发现，高铁建设总体上显著扩大了高铁城市与非高铁城市之间的就业（lnemp）、工资（lnwage）和经济增长（lngdp）的差距，但上文的实证检验采用的是2007～2014年的城市数据，结果反映的是高铁建成之后（2011～2014年）相对于高铁建成之前（2007～2010年）平均来看受到的影响，并没有反映在高铁建成前后不同时间段内这一影响的大小及其差异，或许不同时间窗内的差异很大。因此，观察高铁建成前后不同时间窗内的效果是非常有必要的。

本章采用改变高铁建成前后窗宽的方法来检验高铁建成前后不同时间段内的影响差异。具体而言，以假设的高铁建成时间2011年为时间节点，前后分别选取1年、2年、3年、4年为窗宽进行上文中所进行的检验（见表12-10）。结果显示：①总体上看，改变观测时间窗宽并不会改变高铁建设对高铁城市经济增长（lngdp）、工资（lnwage）和就业（lnemp）（包括第一产业lnpri、第二产业lnsec、第三产业lnter）影响效应的方向，说明本章上述的实验结果是可信和稳定的。②从影响显著性看，以高铁建成前后1年为窗宽时，所有交互项（year × city）系数均不显著；以高铁建成前后 2 年、3 年和 4 年为窗宽时，除第一产业（lnpri）外，其余交互项（*year × city*）系数均在 1% 的水平上显著为正，说明高铁建设对高铁城市的影响时滞约 1 年。③从增幅上看，随着窗宽的增大，除第一产业和第二产业在高铁建设前后 3 年窗宽内的交互项（*year × city*）系数达到峰值外，就业（lnemp）（包括第三产业 lnter）、工资（lnwage）和经济增长（lngdp）的交互项（*year × city*）系数一直保持递增趋势，说明高铁建设对就业、工资和经济增长的正影响具有一定的持续性，其中高铁建设对就业持续影响的动力主要来自高铁建设对第三产业就业影响的持续性。

表 12 – 10　改变高铁建设前后时间窗的检验结果

窗宽	被解释变量						样本数
	lngdp	lnwage	lnemp	lnpri	lnsec	lnter	
1 年	0.0067	0.0260	0.0451	– 0.0109	0.0293	0.0467	81
	(0.0169)	(0.0278)	(0.1030)	(0.1737)	(0.1018)	(0.1102)	
2 年	0.0900***	0.0934***	0.1359***	– 0.1357	0.1745***	0.0978***	166
	(0.0111)	(0.0156)	(0.0306)	(0.1077)	(0.0336)	(0.0306)	
3 年	0.1382***	0.1861***	0.1776***	– 0.3303***	0.1922***	0.1616***	250
	(0.0141)	(0.0195)	(0.0304)	(0.0961)	(0.0348)	(0.0297)	
4 年	0.1491***	0.1907***	0.2067***	– 0.3031***	0.1887***	0.1746***	341
	(0.0145)	(0.0157)	(0.0376)	(0.0856)	(0.0352)	(0.0261)	

注：括号内数字为标准误。*** 、** 、* 分别表示在 1% 、5% 、10% 的水平上显著。

资料来源：笔者基于 Stata 14 软件估计。

（二）反事实检验

对照组同处理组具有可比性是本章采用倍差法来分析高铁建设对城市就业、工资和经济增长影响空间差异的一个假设前提条件，即如果不存在高铁建设这一事实，处理组和对照组之间的就业、工资和经济增长空间差异不随时间的变化而变化。为此，借鉴 Hung 和 Wang 的做法，对这一假设采用反事实检验（counterfactual test）的方法进行实证检验。本章选取 2007 ~ 2010 年这一时间段，假设这段时间都不存在高铁建设，本章分别把其中的 2008 年和 2009 年作为假想的高铁建设时间点，对其进行同主回归一致的检验，结果如表 12-11 所示。

根据表 12-11 可以看出：无论选择 2008 年还是 2009 年作为假想的高铁建成时间点，处理组和对照组的城市增长（lngdp）、工资（ln$wage$）和就业（lnemp）（包括第一产业 lnpri、第二产业 lnsec 和第三产业 lnter）的差异均没有发生显著的变化（即回归方程中交互项系数不显著），这表明，上述结论并不是随时间变动而导致的安慰剂效应的结果，此稳健性分析与前文结果基本一致。

表 12-11 改变高铁建设时间节点的检验结果

假想观测点	被解释变量						样本数
	lngdp	ln$wage$	lnemp	lnpri	lnsec	lnter	
2008 年	0.0937	0.1146	0.0315	-0.1132	0.0246	0.0474	172
	(0.0183)	(0.0209)	(0.0171)	(0.1227)	(0.0254)	(0.0129)	
2009 年	0.1140	0.1690	0.0747	-0.4542	0.0621	0.0618	172
	(0.0196)	(0.0200)	(0.0176)	(0.1279)	(0.0274)	(0.0138)	

（三）包含多次高铁建成节点的扩展模型

除了本章关注的以 2011 年作为高铁建成的时间点外，实际上，从 2008 年起，中国每年都有部分城市的高铁建成通车（见表 12-2）。本部分分别把 2011 年之前和之后每年实际建成的高铁放到同一个模型中进行检验，这不仅可以对本章得出的上述结论进行重复实验，还可以进一步检查倍差法所基于的处理组和对照组可比的假设的合理性。需要特别指出的是，因真正的高铁建设从 2008 年开始，同时考虑到高铁的影响效应具有 1 年时滞，因此本章构造了包含 6 次高铁建设影响效应且具有 1 年滞后期的 PSM-DID 回归模型：

$$Y_{it}^{PSM} = \beta_0 + \beta_1 city_{i(t-1)} + \delta_0 year_{i(t-1)} + \delta_1 year_{i(t-1)} \times city_{i(t-1)} + \beta_2 X_{i(t-1)} +$$
$$\mu_i + \varepsilon_{i(t-1)} \tag{12-21}$$

公式（12-21）中的 i 依然表示城市类别；t 表示时间，即 2008 年、2009 年、2010 年、2011 年、2012 年和 2013 年共 6 年时间；$time$ 仍表示高铁建设时间哑变量；$city$ 仍表示高铁城市哑变量；$year \times city$ 表示对应的高铁建设时间哑变量与高铁建设城市哑变量的交互项。所有的六个交互项的回归结果如表 12-12 所示。

根据表 12－12 可以看出：①从交互项系数看，研究期内，各年以就业（lnemp）、工资（lnwage）和经济增长（lngdp）为被解释变量的模型的交互项（year×city）的系数均为正，分行业来看，除第一产业外，第二产业、第三产业交互项（year×city）的系数也为正，尽管 2008 年建设的高铁对高铁城市的各种影响效应不显著，但总体影响方向与前文的实验结果是一致的，说明前文的实证结果是稳健的。②从总体趋势看，高铁建设对高铁城市的经济增长（lngdp）、工资（lnwage）和就业（lnemp）（包括第三产业 lnter）的影响虽然逐年波动不定，但总体上呈递增趋势，这与改变时间窗的检验结果类似。③从波动性看，2011年各指标的交互项（year×city）的系数均小于前后两年的相应系数，这可能是受到了 2011 年发生的温州高铁特大事故即"723"事故的影响，证明 2011 年是中国高铁运行的降速转折年。

表 12－12 包含多次高铁建成时间节点的 PSM－DID 模型分析结果

不同年份交互项	被解释变量					
	lngdp	lnwage	lnemp	lnpri	lnsec	lnter
2008 年	0.0488	0.0153	0.0561	－0.2844	0.0356	－0.0180
	(0.0496)	(0.0366)	(0.0881)	(0.1553)	(0.1151)	(0.0484)
2009 年	0.0788***	0.1075***	0.0338	－0.3481*	0.0125	0.0212
	(0.0153)	(0.0131)	(0.0387)	(0.1564)	(0.0416)	(0.0218)
2010 年	0.1120***	0.0971***	0.1389***	－0.1410**	0.1854***	0.0482***
	(0.0208)	(0.0193)	(0.0384)	(0.0723)	(0.0396)	(0.0378)
2011 年	0.0355***	0.0883***	0.0600***	－0.0805**	0.0488***	0.0474***
	(0.0083)	(0.0117)	(0.0131)	(0.1277)	(0.0168)	(0.0104)
2012 年	0.1248***	0.1028***	0.1159***	－0.2069***	0.1048***	0.1183***
	(0.0065)	(0.0097)	(0.0330)	(0.1084)	(0.0364)	(0.0394)
2013 年	0.1485***	0.1548***	0.1557***	－0.1029**	0.0888***	0.1306***
	(0.0053)	(0.0109)	(0.1739)	(0.1245)	(0.0464)	(0.0520)
样本数	230	230	230	230	230	230

注：括号内数字为标准误。***、**、*分别表示在1%、5%、10%的水平上显著。

资料来源：笔者基于 Stata 14 软件估计。

六、结论与启示

在"经济增速放缓，扩张性政策刺激增长的效应可能下降，劳动年龄人口增长逐步放缓，有效供给不足"的背景下，高铁建设成为拓展区域发展空间、促进效率和公平的重大举措。本章将"高铁建设"因素纳入新经济地理研究框架，从就业、工资和经济增长视角构建了高铁建设重塑区域经济空间的理论模型，在此基础上，从全国 285 个地级城市中筛选出 153 个城市作为样本，并运用 PSM－DID 方法对理论模型进行实证检验，判断其能否重塑中国的经济空间布局。结果发现：①从全国层面看，高铁建设通过就业对高铁城市工资和经济增长均产生显著的负效应，但其间接负效应均小于直接正效应，总体上看，高铁建设对高铁城市的就业、工资和经济增长的影响均在 1% 的水平上显著为正，其弹性系数分别为 0.2067、0.1907 和 0.1491。②从分地区和分城市规模相结合的层面看，高铁建设显著提升了东部、中部大型高铁城市的就业水平，特别是对东部大型高铁城市第二产业中的建筑业及第三产业中的高附加值行业、中部小型高铁城市第二产业中的制造业及第三产业中的消费性服务业的就业水平，说明高铁建设显著扩大了东部、中部大型高铁城市与非高铁城市之间的就业空间差距，但高铁建设主要影响的行业在不同地区有所不同，表明高铁建设就业效应的充分发挥在一定程度上是以当地的经济发展水平为前提条件的；高铁建设给大型高铁城市带来的企业生产率增长效应显著，表现为高铁建设通过就业对该地区的工资和经济增长等间接影响效应均为正，但对中部、西部中型、小型高铁城市的生产率增长效应尚未显现，其间接效应均为负，但总体上看，高铁建设对各地区高铁城市工资和经济增长影响的总效应均为正，扩大了各地区特别是中型、东部大型高铁城市与非高铁城市的工资差距和东部中型高铁城市与非高铁城市的经济增长差距。该结果证实了本章 3 个命题的正确性，即高铁建设直接或间接地影响了地区就业空间、工资空间和经济增长空间，重塑了中国的经济空间，为各地区进一步借助高铁建设拓展区域发展空间、厚植行业发展优势、推进供给侧结构性改革、兼顾效率与公平、促进地区就业和经济增长、因地制宜地制定相关政策提供了依据。

从本章的研究结论可以得出以下启示：

第一，高铁建设将重塑中国的经济空间布局，内生地促进中国经济增长方式的转变。高铁建设一方面实现了客、货分运，提高了原有铁路的货运能力，极大地增强了战略性要素、资源性要素的流动性，另一方面也降低了城市间的时间距离，促使一些战略性要素资源向高铁沿线城市集聚，加速了以"人"为核心的就业和商务活动变化，从而造成了中国城市间的产业重构和商务风格的改变，这将改变中国原有的城市群布局模式，即块状中心辐射型模式，使核心城市群原有的优势要素向高速铁路沿线扩散，逐渐形成带状城市群。高铁沿线 1.5 ~ 2 小时的可达域为高铁建设的经济影响区域，随着高铁的逐步建成和提速，要素流动的范围也将逐步扩大，最终将形成广覆盖的网状城市群结构。根据新经济地理理论，经济活动空间集聚会形成以中间投入品的分享、专业化的劳动力市场、信息和知识溢出为特征的本地市场效应和价格指数效应，从而提升集聚地区的空间效率，内生促进地区经济增长，这种效应已在东部大规模的高铁城市初步显现。因此，以高铁站点城市为基点，整合周边区域产业，形成以高铁为纽带的城市群，对促进经济转型升级、实现地区经济增长方式的转变具有极其重要的意义。

第二，高铁沿线核心城市应积极构建总部经济，促进企业价值链与区域资源实现空间的最优耦合。研究表明，高铁建设对东部大规模高铁城市第三产业中的计算机、软件等高附加值服务类行业的就业促进效应最显著，而这类高铁城市的典型代表为北上广等国内最为发达的一线城市，其综合实力和竞争力相对处于最领先的层次。高铁建设完善后，全国 93% 的人口将能够在一天之内通过高铁到达这类城市，高铁建设将直接改变这类城市的直接辐射范围。因此，高铁沿线核心城市可抓住这一机遇，将资源依赖型的制造中心逐渐撤离该类地区，进一步提升核心城市的商务、科技和文化集聚能力，使带有战略资源的大型企业总部进一步集聚于此，从而实现产业结构的升级；同时，借助核心城市的高技术化与总部效应使其商务活动日益高端化，促进区域一体化发展。

第三，高铁交汇站点城市应中端化布局其产业，宜居化其商务地点。中国纵向高铁通过带动以人口、信息、技术、订单为主的资源流动将中国的京津冀、长三角和珠三角三大城市圈串联起来，而横向高铁贯通东西，带动天然气等自然资源的流动。"四纵四横"高铁建成后，徐州、郑州、武汉、长沙等城市即是位于横纵交汇站点的城市，该类城市一般处于经济发展的中间地带，既享有核心城市圈所转移的人才、信息、技术等资源，又享有西部地区所输送的资源。研究表明，高铁建设对中等规模高铁城市的经济增长影响幅度最大，具有巨大的经济发展潜力。因此，高铁开通后，这类城市一方面可依托当地传统产业，结合现代软件及服务外包等产业的特点，发展工程机械设计与研发、软件开发与测试、物流后台服务、金融保险、动漫设计与制作等服务业；另一方面也可把传统的工业城市转型为商务办公城市，大力发展第三产业，如2012年郑东高铁站口升龙广场开盘，世界酒店巨头（希尔顿酒店）、跨国巨企（泰国正大集团）和中国大型零售业（大商集团）等企业纷纷签约进驻。此外，考虑到宜居性也是未来城市竞争力的重要因素之一，因此，传统工业城市的转型应同时注意其宜居性的打造。

第四，高铁沿线非核心城市应以站点为轴心实现产业分工专业化，同时注意其商务活动的培育。研究表明，高铁建设显著促进了中部小规模高铁城市制造业、批发零售和住宿餐饮业等消费性服务业的就业增长，因此，高铁线上的中小型非核心城市可根据自身要素优势承接高铁沿线核心城市加速转移的中低端产业，打造具有相对专业化的地级市。例如，2009年武广高铁开通后，武广线上湖南省内劳动力成本相对较低的高铁沿线城市逐渐承接起广东的加工贸易等产业，与此同时，湖南省也及时提出了将湖南省按照1+3+5模式进行城市结构重塑的设想，为武广线所经过的5个省内城市指明了产业承接的方向，高铁建设所带来的城市专业化分工呼之欲出。此外，高铁站点城市也可利用自身专业化分工的优势，依托高铁站点，形成以高铁站点为核心的商务核心区、高铁商务区和商务拓展区（商务新城）等多重商务圈格局，促进整个区域发展。

第五，非高铁城市应主动接驳高铁城市，融入中国内生发展时代的高铁网。高铁高速度的特点使其可以停留的站点较少，但研究表明，高铁建设通过就业、工资对非高铁城市的经济增长具有显著的正向影响，同时高铁自主创造的就业、工资和经济增长效应对毗邻地区也具有溢出效应，因此，周边非高铁城市应主动促进自身与高铁城市接驳的相关基础设施的建设，积极向高铁城市靠拢，以避免被边缘化。例如，2011年7月京沪高铁正式开通前，周边尚未开通高铁的江阴、张家港、常熟等城市至京沪高铁无锡东站的客运专线全部开通，实现了与高铁站点城市的无缝接驳。非高铁城市与高铁城市的主动接驳是充分释放高铁经济扩散效应的基础和桥梁。

第十三章　产业集聚对资源错配的改善效果研究

本章从 Hsieh 和 Klenow 的资源错配和产业集聚理论出发，将产业集聚因素纳入到资源错配理论研究框架，构建包含集聚因素的资源错配改善效果模型，并将资源错配程度进一步细分，通过扩展 Levinsohn – Petrin 方法，计算得到排除集聚因素影响的分行业资源错配指数。研究结果表明，72% 的行业资本配置不足，69% 的行业劳动力配置过剩；资本密集型行业普遍资本配置过剩，劳动力密集型行业普遍资本配置不足，技术密集型行业劳动力配置存在明显缺口。产业集聚的改善效果主要通过产业集聚形成的降低资本门槛和优化劳动力结构来获得，能够在资本配置过度和劳动力配置不足时改善资源错配，弹性作用分别为 0.0737 和 0.1460；但在资本配置不足和劳动力配置过度时加剧资源错配，弹性作用分别为 0.0568 和 0.0292。资本门槛和劳动力结构也分别通过与产业集聚的协同作用，对资本配置不足和劳动力配置过度产生积极作用，强化并补足产业集聚对资源错配的改善效果。本章通过分地区研究发现，产业集聚对集聚程度较高的东部地区改善效果更好，对集聚程度较低的中部、西部地区改善范围更广，这为中国产业布局、提高资源利用效率和平衡地区发展政策提供了依据。*

一、引言

资源错配研究的代表性成果是 Hsieh 和 Klenow（2009）对中国和印度的研究，他们建立了一套资源错配指数计算以及生产率缺口估算的理论框架。运用该框架，Dollar 和 Wei（2007）通过对 12400 家中国企业的研究发现，如果减少资

＊　本章部分内容借鉴了季书涵、朱英明：《产业集聚对资源错配的改善效果研究》，《中国工业经济》2016 年第 6 期。

本扭曲，可以在不增加投入的前提下，使中国的 GDP 增加 5%。即使在经济中的所有企业要素边际产出都相等，通过重新分配要素，仍可以带来产量提升（Banerjee and Moll，2010）。陈永伟和胡伟明（2013）认为，中国制造业的增长一直都是依靠大量廉价要素的投入拉动的，要素价格扭曲导致的行业间资源错配造成了制造业实际产出要降低 15%～20%。由于特殊的历史和现实原因，中国存在着很多特有的扭曲，如政府对国有企业的扶持、信贷对国有企业的倾斜、扭曲的劳动力及资源价格等，它们都加剧了资源错配（靳来群等，2015）。财政补贴、金融抑制、行政性市场进入壁垒对行业内资源错配具有显著影响，而劳动力流动管制、金融抑制则对行业间资源错配的作用明显（韩剑和郑秋玲，2014）。这些扭曲的存在，使中国的资源错配现象比成熟的市场经济国家更为严重。目前，中国经济已经进入经济新常态，从新常态经济发展规律和国内经济结构的角度来看，产业转型升级已是处于"三期叠加"下中国经济发展的主旋律，必须通过供给侧结构调整对不合理结构进行调整，并与合理结构形成结合。破解资源错配进而化解产能过剩是供给侧结构调整的重要目标之一，对新常态的发展内涵由高增长向有效率、有质量的增长转变具有重要的现实意义。

资源错配研究主要集中在资本错配和劳动力错配两个方面。在资本错配研究方面，有学者发现，国内行业集中度越低、国有企业比重越大、进出门槛越低以及中西部地区比重越大的行业，越倾向于过度投资，资本错配程度就越重（张佩，2013）。源于资本错配引发的资源配置效率损失对全要素生产率的影响突出，导致全要素生产率下降 2.6%。同时，资本错配使实际产出与潜在产出形成较大缺口，实际产出仅占潜在产出的 70%～89%（王林辉和袁礼，2014）。劳动力错配方面的研究表明，劳动力配置也不容乐观，劳动力在区域间的不均衡流动在客观上扩大了中国区域间经济发展的不平衡程度（潘越和杜晓敏，2010）。根据袁志刚和解栋栋（2011）的测算，劳动力错配在 2%～18%，并呈逐渐扩大趋势。要素流动障碍和资源误置因素的存在不仅影响经济短期的产出总量及其产出比例，也影响经济的长期产出组合方式（曹玉书和楼东玮，2011）。尽管国内学者对中国当前资本和劳动力错配进行了分地区、分行业的大量研究，但始终把资源错配看成一个单一的概念，缺乏对其内涵的深入讨论。虽然通过产出缺口估算等方法，解析了资源错配对经济发展的阻碍作用，及其导致错配的多方面的影响因素，但对资源错配问题的改善方式研究缺乏延伸。深入挖掘资源错配内涵、寻找资源错配解决方式，正是本章的研究目的所在。

如何改进资源错配问题，是一个资源错配研究必须要解决的问题。在已有的文献中，已经出现了产业集聚能够改善资源错配的思想。例如，Marshall 在其经典的《经济学原理》著作中提出了产业集聚的三个外部性，其中"劳动力市场蓄水池"通过共享劳动力市场使企业和工人收益，从而能优化劳动力配置。范剑勇和石灵云（2006）考察了产业集聚对劳动生产率的影响，认为非农产业规模报酬递增地方化是产业集聚的源泉，并提高了该区域劳动生产率，进而对地区差距产生了持久的影响。盛丹和王永进（2013）认为，产业集聚对正式和非正式金融发展的作用有助于进一步消除企业发展过程中的资金障碍。虽然在相关研究中出现了这些思想，但是有关产业集聚对资源错配的改善效果研究仍然是一个亟待探究的研究领域，本章试图对这一命题进行探讨。本章建立基于 Hsieh 和 Klenow（2009）的资源错配理论框架，将产业集聚因素纳入该理论框架中，并将资源错配进一步划分为资源配置不足和资源配置过度，据此分析产业集聚对资源错配的改善机制和改善效果。具体内容如下：①对 Hsieh 和 Klenow 的理论框架进行扩展，建立产业集聚对资源错配的影响机制模型。②扩展 Levinsohn 和 Petrin（2003）（下文简称 LP）的全要素生产率估算方法，计算排除集聚因素的分行资源错配指数。③对资源配置不足和资源配置过度行业分别进行分析，验证并解析产业集聚因素对资源错配的改善效果。

二、理论模型

（一）基本假设

本章借鉴 Hotelling（1929）有关竞争的研究成果中对于人群的假设，并参考阮建青（2008）对资本的划分，将有关社会资本的假设做如下设定：①企业投资资本 K 分为间接资本和直接资本。若投资人所持资金超过投资门槛，则社会个人可直接参与企业投资，即为直接投资；若投资人所持资金达不到门槛要求，则需通过金融市场进行投资，即为间接投资。②资本社会中每个人拥有的资本数额 K_i 存在差异，且 $K_i \in [0, 1]$ 按人群排列，为使资本简化计算，本章假设人群排序 P 服从均匀分布，如图 13-1 所示。③不同行业均存在投资门槛 F，$0 < F(h) < 1$，

F 是产业集聚程度 h 的减函数，随着产业集聚程度的提高，边际最低资本额下降的幅度越来越小，$F'(h) < 0$，$F''(h) > 0$①。④如果进入门槛与资本投资密切相关的话，那些投资越高的企业，其资本回报率也越高（Baumol，1982）。持有资本越多的企业家越倾向于将资本投入到资本回报率高的地方，如高门槛的高新技术、高端装备制造等行业，成为直接资本。而持有资本量未达到资本门槛的人群，则将资本投入资本市场，成为间接资本。根据金融错配研究理论可知，中国目前的金融体系存在严重的金融资源错配现象，这使得现有的金融体制并没有很好地完成优化资金配置从而达到优化生产要素配置的功能，使得资本错配主要来源于金融市场扭曲②，而根据理性人假设，直接投资人总会选择利润最大的企业进行投资，因此可假设间接资本存在错配而直接资本不存在错配。

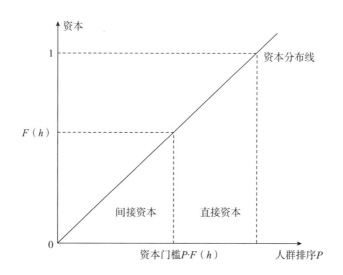

图 13 - 1 社会人群拥有的资本分布

根据 Hsieh 和 Klenow（2009）的资源错配框架，进一步假设同一行业的生产函数相同，不同行业的生产函数不同。所有行业均使用资本 K、劳动力 L 作为生

---

① 产业集聚度较高地区的企业往往本身具有较高的生产力和较强的抗风险能力，因此它们可能本身就较容易获得外部融资（Baldwin and Okubo，2006）。

② 王林辉（2004）认为，金融系统的垄断抑制了资本自由流动，进而引致产业间资本出现较大程度的错配；鲁小东（2008）也认为，金融体制并没有很好地完成优化资金配置从而达到优化生产要素配置的功能，反而对经济增长产生牵制作用。造成这种现象的原因主要在于中国金融在很大程度上仍然是一种支持国有企业的政府控制性金融。

产要素进行生产，行业中的企业均为价格接受者。此时，企业面临的价格是扭曲的，且扭曲以从价税的方式体现：τ_K、τ_L 表示行业 i 中两种生产要素的扭曲"税"。在经济社会中，根据市场均衡原理，若 $\tau > 0$，则市场上该资源短缺造成价格高估，反之，$\tau < 0$ 时则为价格低估，资源过剩。根据上文假设，将总资本 K 分为间接资本 K_j 和直接资本 K_z，资本错配发生在间接资本投资时，错配指数为 τ_K，图 13 - 1 中的三角形面积即为社会总资本，则根据图 13 - 1 推导出：

$$K_z = \frac{1}{2}[1 + F(h)][P - P \cdot F(h)], \quad K_j = \frac{1}{2}P \cdot F^2(h) \qquad (13-1)$$

$$K_z + K_j = K_i \qquad (13-2)$$

根据 Feenstra 和 Hanson（1996）以及 Anderton 和 Breton（1999）对于劳动力与分工关系的研究结论[1]，将劳动力 L 分为技术工 L_j 和非技术工 L_f，$\frac{L_j}{L_f} = \theta$，θ 反映行业对技术的需求。

Marshall（1890）的经典经济学理论指出，集聚所形成的规模经济和范围经济，促进了一般劳动力市场的发展和专业化技能的集中，形成"劳动力蓄水池"。从企业发展的角度来看，企业为享受集聚带来的集聚经济利益而不断向集聚程度高的地区聚拢；从劳动力择业的角度来看，集聚区内优秀企业也对技术工有着强大的吸引力。企业和劳动力的双向选择通过循环因果效应作用，使企业不断集聚，技术工数量不断增加。根据 Glaeser 等（1992）对 Marshall（1890）、Arrow（1962）和 Romer（1989）的理论总结提出的"MAR 外部性"理论，以及彭向和蒋传海（2011）对"MAR 外部性"的验证可知，专业化生产有助于地区产生知识溢出，而基于知识人才流动机制的知识溢出效应使技术工比例也不断增大。因此，可认为产业集聚度越高，θ 越大，即 $\theta(h)' > 0$，$\theta(h)'' < 0$[2]，错配指数为 τ_L。则行业 i 中的企业面临资本 K 和劳动力 L 的扭曲价格分别为 $(1 + \tau_{ki})p_K$、$(1 + \tau_{li})p_L$。其中，p_K、p_L 是竞争性条件下的三种要素价格水平，假设行业 i 中企业的生产函数为 $y_i = TFP_i K_i^{\beta_{ki}} L_i^{\beta_{Li}}$，为简化分析假设该生产函数为规模报酬

---

① Feenstra 认为，技术变化解释了美国 35% 的非生产性工人工资上升。Anderton 发现，中间产品进口使英国低技术工人的工资和就业水平显著降低，而高技术工人工资上涨 40% 和就业增加 1/3。

② 张杰（2008）认为，中国多数产业集群或开发区处于一种"扎堆式"的低层次集聚状态，所以造成在高创新、高研发行业，多数企业采用外部分工程度较少的一体化战略；在低创新、劳动密集型的传统行业，多数企业采用外购、外包等分工程度较大的非一体化战略；在一些技术成熟型、规模投资较大、存在主导企业行业，多数企业采用最多分工外包的非一体化战略。这种与产业集群理论相悖的现状是中国经济发展的特殊时期造成的。本章此处的假设为产业集聚的正常情况。

不变，即 $\beta_{ki} + \beta_{li} = 1$。

（二）模型构建

根据前文假设构建行业 i 的生产函数为：

$$y_i = TFP_i K_i^{\beta_{Ki}} L_i^{\beta_{Li}} = TFP_i K_i^{\beta_{Ki}} L_i^{1-\beta_{Ki}} \tag{13-3}$$

利润函数为：

$$\pi = p_i y_i - p_K K_i - p_L L_i \tag{13-4}$$

其中，根据上文可知，$p_k K_i = \dfrac{1}{2} p_k \{ [1 + F(h)][P - P \times F(h)] + (1 + \tau_k)P \times F^2(h) \}$，且由图 13-1 知，$K_i = \dfrac{1}{2}P$，则：

$$\pi = p_i y_i - p_K [1 + \tau_{Ki} F^2(h)] K_i - p_L (1 + \tau_{Li}) L_i \tag{13-5}$$

则利润最大化时：

$$\frac{\partial \pi}{\partial K_i} = TFP_i \beta_{Ki} p_i K^{\beta_{Ki}-1} L^{1-\beta_{Ki}} - [1 + \tau_{Ki} F^2(h)] p_K = 0 \tag{13-6}$$

$$\frac{\partial \pi}{\partial L_i} = TFP_i (1 - \beta_{Ki}) p_i K_i^{\beta_{Ki}} L_i^{-\beta_{Ki}} - (1 + \tau_{Li}) p_L = 0 \tag{13-7}$$

求解得到：

$$\left\{ \frac{L_f [1 + \theta_i(h)]}{K} \right\}^{1-\beta_{Ki}} = \frac{[1 + \tau_{Ki} F^2(h)] p_K}{TFP \beta_{Ki} p_i} \tag{13-8}$$

$$\left\{ \frac{L_f [1 + \theta_i(h)]}{K} \right\}^{-\beta_{Ki}} = \frac{(1 + \tau_{Li}) p_L}{TFP(1 - \beta_{Ki}) p_i} \tag{13-9}$$

将公式（13-8）、公式（13-9）相比，可得到 τ_K 与 τ_L 的关系式：

$$\tau_{Li} = \frac{[1 + \tau_{Ki} F^2(h)] p_K}{\left\{ \dfrac{L_f [1 + \theta_i(h)]}{K} \right\} p_L} - 1 \tag{13-10}$$

由公式（13-8）、公式（13-9）可以看出，劳动力结构 θ 与资本错配指数 τ_K 正相关，而与劳动力错配指数 τ_L 负相关。且由式（13-10）可以看出，τ_L 会随着 τ_K 的增加而增加，资本门槛 F 与 τ_K 负相关，与 τ_L 相关的相关关系受 τ_K 的影响。根据错配指数定义可知，越接近零刻度线错配程度越小，高于零点为配置不足，而低于零点为配置过度，相关关系如图 13-2 所示。

推论一：劳动力结构 θ 在劳动力配置不足时能起到改善作用，但在劳动力配置过度时会加剧错配。但劳动力结构 θ 对资本错配的作用效果却正好相反，即在资本配置过度时起到改善作用，而在资本配置不足时加剧错配。

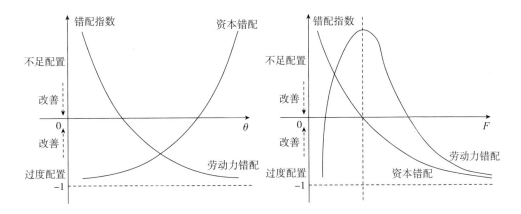

图 13 – 2　资源错配指数与劳动力结构、资本门槛的关系

推论二：资本门槛 F 对资本错配的改善机制与劳动力结构 θ 相反，对劳动力错配的改善情况受资本错配取值范围的影响，在资本配置不足而劳动力配置过度、资本配置过度而劳动力配置不足两种情况下起到改善作用，但在资本和劳动力均配置过度或均配置不足时，将加剧错配。

劳动力结构 θ 与资本门槛 F 均受到产业集聚程度的影响，因此，进一步来看产业集聚与资源错配指数的关系。

令 $F(h)' = a < 0$，$\theta(h)' = b > 0$，根据隐函数求导法则得到一阶导数：

$$\frac{\partial \tau_{Li}}{\partial (h)} = \frac{-\beta_{Ki} b (1 + \tau_{Li})}{1 + \theta(h)} \tag{13 – 11}$$

$$\frac{\partial \tau_{Ki}}{\partial (h)} = \frac{1}{F^2(h)} \left\{ \frac{b(1 - \beta_{Ki})[1 + \tau_{Ki} F^2(h)]}{1 + \theta(h)} - 2a\, \tau_{Ki} F(h) \right\} \tag{13 – 12}$$

劳动力错配方面：通过式（13 – 11）可以看出，无论劳动力配置不足还是过度，$\frac{\partial \tau_{Li}}{\partial (h)} < 0$，一阶导数始终小于零；通过计算得知，劳动力错配对产业集聚的二阶偏导数 $\frac{\partial \tau_{Li}^2}{\partial (h^2)} > 0$，则劳动力错配指数始终随产业集聚度的提高而减少，且边际改善效率递减，则可推出：

推论三：产业集聚在劳动力配置不足时起到良好的改善作用，但当劳动力配置过度时，将加剧错配。

资本错配方面：若资本配置不足，则 $\tau_{Ki} > 0$，$\dfrac{\partial \tau_{Ki}}{\partial(h)} > 0$，集聚对资本配置并

无改善作用；且资本错配对产业集聚的二阶偏导数若存在一个 $\dfrac{\partial \tau_{Ki}^{2}}{\partial(h^{2})} = 0$ 的点，

则加剧效果逐渐减缓；若资本配置过度，则 $-1 < \tau_{Ki} < 0$，存在 $\dfrac{\partial \tau_{Ki}}{\partial(h)} = 0$ 的点，即

一个极值点；继续通过式（13-10）求劳动力错配指数对产业集聚度的偏导数，
分析资本错配指数与产业集聚的相互作用关系：

$$\frac{\partial \tau_{Li}}{\partial h} = \frac{p_{K}}{\dfrac{L_{f}p_{L}}{K}} \frac{\left[\dfrac{\partial \tau_{Ki}}{\partial h} F^{2}(h) + 2aF(h)\tau_{Ki}\right]\left[1 + \theta_{i}(h)\right] - b\left[1 + \tau_{Ki}F^{2}(h)\right]}{\left[1 + \theta_{i}(h)\right]^{2}} < 0$$

$$(13-13)$$

当 τ_{Ki} 趋近于 -1 时，可求得 $\lim\limits_{\tau_{Ki} \to -1} \dfrac{\partial \tau_{Ki}}{\partial h} < 0$，且由式（13-12）知，$\tau_{Ki} = 0$ 时，

$\dfrac{\partial \tau_{Ki}}{\partial(h)} > 0$。则可推出，在资源配置过度时，产业集聚对资本错配偏导数在极限情
况下为加剧作用，直至达到极值点，开始对资本错配呈现改善效果。

推论四：产业集聚初期对资本配置过度呈现加剧作用，但随着产业集聚程度
的加深，则起到改善作用，直至资本配置由过度变为不足；而后，产业集聚则无
法改善资本配置不足。产业集聚与资源错配的关系图如图 13-3 所示。

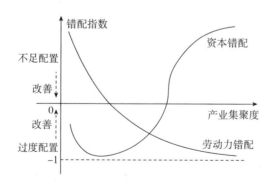

图 13-3 产业集聚程度与资源错配指数关系

（三）影响机理分析

1. 基于集聚生命周期理论的产业集聚效应分析

由模型分析可以看出，产业集聚对资源错配影响机制表现出复杂性，其影响可根据产业集聚所处的不同阶段，通过 Myrdal（1958）和 Hirschman（1960）提出的增长极模型中的"极化效应"和"扩散效应"进行阐释。从图 13-3 可以看出，产业集聚的三个生命周期阶段包括：①产业集聚起步期。在新经济地理学文献中的"第一"（First Nature）优势（Krugman，1993）说明，集聚区形成的初始条件是具备区域比较优势，因而在产业集聚初期，资本配置多数情况下是资本相对过剩而劳动力相对不足的。产业集聚由自然资源、地理位置、政策扶持等原始动力驱动，随着产业集聚程度的不断提高，集聚开始出现极化效应，城市周边地区的劳动力、资金、技术等要素会向其转移，这个阶段劳动力不断向集聚区集聚，集聚区周边剩余劳动力得以充分利用，集聚区内劳动力配置不足的情况得到改善。但由于城市周边资本的涌入造成原本就存在过剩的资本形成冗余，资本过度配置却不断加剧。②产业集聚成熟期。随着集聚的进一步加深，集聚区开始向周边地区的扩散，发挥"扩散效应"，集聚区通过产品、资金、人才、信息的流动，对周围区域的发展产生促进和带动作用，劳动力的配置由不足逐渐达到饱和，资本的配置也由于人才、技术投入的增加而提高配置效率，资本过度配置逐渐得到改善，整个集聚体呈现资源错配程度低、生产率高的状态。③产业集聚衰退期。随着集聚程度继续提高，成熟期的产业集聚区不断扩大，极化作用又开始占主导，过度集聚造成的昂贵地价、过度拥挤、污染和交通不便等离心力抵消了集聚的经济效果，劳动力配置持续过剩。产业集聚程度的提高推动了核心地区投入品价格的上涨，增加了企业的经营成本，导致资本配置缺口出现，资源错配愈演愈烈。

2. 基于新经济地理学理论的产业集聚效应分析

由 Krugman（1991）开创的新经济地理学理论及其后续研究成果可知，产业集聚区在规模报酬递增、垄断竞争的市场结构下，通过前后向关联产生的累积效应，形成相关行业的区域集聚，由产业集聚带来的集聚效应影响了集聚区内资本和劳动力配置。集聚效应又可细分为直接效应和间接效应。直接效应中的空间溢出效应和成本效应，以及间接效应中的规模效应和结构效应对劳动力和资本配置影响最大，从而影响资源错配。①直接效应：产业集聚形成的空间溢出效应加速了资本和劳动力在不同地区间的流动，区域外部市场进入可能性的提高使外部的经济发展对一个地区的经济发展创造了良好的市场需求条件，提高了资源配置效率，改善了资源错配；集聚产生的成本效应在产业集聚之初能够降低生产要素价格，成本效应所产生的规模收益会吸引更多的厂商，提高资源利用效率。但经济过度集聚造成核心地区投入品价格上涨形成离心力，抵消了集聚经济的正外部效应，对资源错配有加剧作用。②间接效应：产业集聚能够产生规模效应，使资本和高端人才集聚、资本和劳动力配置效率提高，并使中心与外围腹地经济范围持续扩大，技术水平不断提高，从而改善资源配置。但集聚规模达到一定程度，有可能过分强调效率而产生资源配置不当，进而加剧资源错配时，规模扩大也会就此停止；产业集聚产生的结构效应改变了资本和劳动力配置，产业集聚形成的规模经济有利于企业的盈利增加和风险降低，改善资本配置。对劳动力而言，产业集聚能够吸引高素质人才提升劳动力结构，但劳动力中的非技术工又会由于集聚引致的生活成本升高而选择远离集聚区，不利于劳动力配置。结构效应也会由于循环因果链作用，使发达地区必然吸收落后地区的稀缺资源，加剧资源错配现状。

三、资源错配指数计算

（一）资源相对扭曲系数计算

为研究产业集聚对资源错配的改善效果，必须先计算资本错配指数 τ_K 与劳动力错配指数 τ_L。借鉴 Hsieh 的 Klenow（2009）的做法，将整个经济体总产值记为 Y，总资本记为 K，总劳动力记为 L：

$$Y = \sum_{i=1}^{N} p_i y_{ki}, K = \sum_{i=1}^{N} K_i, L = \sum_{i=1}^{N} L_i \qquad (13-14)$$

综合式（13-6）与式（13-7）可解得：

$$K_i = \frac{\dfrac{p_i \beta_{Ki} y_i}{(1+\tau_{Ki})}}{\sum\limits_{j=1}^{N} \dfrac{p_j \beta_{Kj} y_j}{(1+\tau_{Kj}) p_k}} K, L_i = \frac{\dfrac{p_i \beta_{Li} y_i}{(1+\tau_{Li})}}{\sum\limits_{j=1}^{N} \dfrac{p_j \beta_{Lj} y_j}{(1+\tau_{Lj}) p_l}} L \qquad (13-15)$$

记行业 i 的产值在整个经济中所占的产值份额为 $s_i = \dfrac{p_i Y_i}{Y}$，则绝对扭曲系数为：

$$\gamma_K = \frac{1}{1+\tau_K}, \quad \gamma_L = \frac{1}{1+\tau_L} \qquad\qquad (13-16)$$

以资本为例，相对扭曲系数在竞争均衡下用产出加权的资本贡献值表示为：

$\beta_K = \sum\limits_{i=1}^{N} s_i \beta_{Ki}$。结合 $K_i = \dfrac{s_i \beta_{Ki}}{\beta_{Ki}} K$，可将资本相对扭曲系数定义为：$\hat{\gamma}_{Ki} = \dfrac{\gamma_{Ki}}{\sum\limits_{i=1}^{N}\left[\dfrac{s_i \beta_{Kj}}{\beta_K}\right]\tau_{Ki}}$，进一步变换为：

$$\hat{\gamma}_{Ki} = \left(\frac{K_i}{K}\right) \Big/ \left(\frac{s_i \beta_{Ki}}{\beta_K}\right) \qquad\qquad (13-17)$$

与此类似，可求出劳动力相对扭曲指数：

$$\hat{\gamma}_{Li} = \left(\frac{L_i}{L}\right) \Big/ \left(\frac{s_i \beta_{Li}}{\beta_L}\right) \qquad\qquad (13-18)$$

由式（13-17）、式（13-18）可知，要计算资本错配指数 τ_K 与劳动力错配指数 τ_L，必须先对各行业以及全行业的生产函数进行估计，得到 β_K 与 β_L。

（二）资本与劳动产出弹性计算

1. 估计方法

为应用以上分析框架，必须先估计生产函数得到 β_K 与 β_L，进而计算出各行业资源错配指数。以往的生产函数估计一般使用行业层面的数据，但由于中国的统计资料中没有关于资本存量的信息，因此需要先对资本存量进行估算。而采用不同的方法时，资本存量的估算结果差异巨大，这就极大地影响了生产函数估计的可靠性。为了克服行业层面数据资本存量估算不准确的问题，本章应用企业层面的微观数据，在 Saito（2009）研究的基础上，通过企业个体的产出投入决策，将理论模型中的集聚经济纳入到企业层面的生产函数中。

假设包含产业集聚特征的企业生产函数为具有规模报酬的 C-D 生产函数：

$$Y_{irt} = \exp(\beta_1 S_{rt} + \omega_{irt}) f(L_{irt}, K_{irt}, M_{irt}) \qquad\qquad (13-19)$$

其中，L_{irt}、K_{irt}、M_{irt} 分别代表 t 年份地区 r 中企业 i 的劳动投入、资本存量、

中间品投入；$\beta_1 S_{rt}$ 为集聚特征变量。对式（13-19）两边取对数后得到：

$$\ln Y_{irt} = \beta_0 + \beta_1 S_{rt} + \beta_2 \ln L_{irt} + \beta_3 \ln K_{irt} + \beta_4 \ln M_{irt} + \omega_{irt} + \varepsilon_{irt} \qquad (13-20)$$

其中，β_0 为常数项，ω_{irt} 为不含集聚经济因素的企业自身全要素生产率，ε_{irt} 为随机误差项，且定义 $\xi_{irt} = \omega_{irt} + \varepsilon_{irt}$。如果利用 OLS 回归方法进行全要素生产率的回归将会产生偏差，这源于两方面的因素：第一，企业个体存在投入产出决策，企业将会根据外部环境和自身生产率水平调整当期中间投入和劳动投入，并由此影响下一期生产；第二，由于企业生产的投入产出存在规模效应，该误差将随着传统投入水平呈现正相关，即与 $\beta_2 \sim \beta_4$ 的估计量自相关。本章利用 LP 的半参数估计方法，同时利用非线性工具变量法（NIV）估计集聚经济 β_1、资本投入弹性 β_3 和中间品投入弹性 β_4，利用公式（13-20）定义：

$$Z_{irt+1} = \beta_1 S_{rt+1} + \sum_{p=0}^{3} \delta_p \left[\hat{\varphi}(g) - \beta_1 S_{rt} - \beta_3 \ln K_{irt} - \ln M_{irt+1} \right]^p + \varepsilon_{irt+1}^* \qquad (13-21)$$

$$Z_{irt} = \ln Y_{irt} - \beta_2 \ln L_{irt} - \beta_3 \ln K_{irt} - \beta_4 \ln M_{irt} = \beta_0 + \beta_1 S_{irt} + \omega_{irt} + \varepsilon_{irt}^* \qquad (13-22)$$

因此，Z_{irt} 为产业集聚对企业产出的影响与企业自身全要素生产率 ω_{irt} 的加和。为了计算参数的标准差，利用 LP 的自举法对样本企业进行反复抽样，利用样本估计参数的方差平方根计算标准差。通过上述计算，最终得到企业扣除产业集聚影响因素的全要素生产率计量模型：

$$prod_{irt} = \exp(\omega_{irt}) = \exp(\ln Y_{irt} - \hat{\beta}_1 S_{irt} - \hat{\beta}_2 \ln L_{irt} - \hat{\beta}_3 \ln K_{irt} - \hat{\beta}_4 \ln M_{irt}) \qquad (13-23)$$

2. 数据来源

本章的基础数据来自国家统计局 1998~2007 年《中国工业企业数据库》，部分数据来源于《中国城市统计年鉴》《中国人口和就业统计年鉴》《中国统计年鉴》。其中，对《中国工业企业数据库》的数据进行的处理包括：第一，按照 Cai 和 Liu（2009）的方法剔除了关键指标（包括工业总产值、固定资产净值、中间品投入、职工人数）缺失的观测值；按照李玉红（2008）的方法剔除了不符合逻辑关系的异常记录（包括企业总产值为负、企业各项投入为负、中间产品投入大于工业总产值）。第二，借鉴鲁晓东等（2012）的方法剔除企业规模较小的观测值，将当期投入产出数据调整为以 1999 年不变价格计算的数据，并去掉异常值较多的饮料制造业（行业代码 16）。第三，本章选取赫芬达尔指数（HHI）作为产业集聚程度指标，其计算公式为：$HHI_i = \sum_{i=1}^{n} (y_i/y)^2$。其中，$y_i$ 代表企业 i 的生产总值，y 代表行业的生产总值。HHI_i 越大则表明该行业的集聚程度越高，并取对数。

3. 估计结果

运用上文介绍的 LP 方法，将产业集聚变量带入估计模型中，对《中国工业企业数据库》中制造业 29 个二位数行业的生产函数进行估计，得到表 13 – 1。

表 13 – 1　分行业生产函数回归结果

系数	$\hat{\beta}_1$	$\hat{\beta}_2$	$\hat{\beta}_3$	$\hat{\beta}_4$	观察值
全行业	– 0. 0064 ***	0. 0372 ***	0. 0439 ***	0. 719 ***	2047803
13	– 0. 0135 ***	0. 0317 ***	0. 0418 ***	0. 787 ***	122196
14	0. 0385 ***	0. 0251 ***	0. 0815 ***	0. 912 ***	49175
15	0. 2150 ***	0. 0578 ***	0. 0616 **	0. 782 ***	33705
17	0. 0627 ***	0. 0466 ***	0. 0734 ***	0. 783 ***	168889
18	– 0. 1530 ***	0. 0774 ***	0. 0180	0. 905 ***	96940
19	– 0. 1450 ***	0. 0568 ***	0. 0223 ***	0. 715 ***	47278
20	– 0. 0928 ***	0. 0567 ***	0. 00763	0. 9260 ***	39916
21	– 0. 1540 ***	0. 0531 ***	0. 0139	0. 9240 ***	23032
22	– 0. 1690 ***	0. 0371	0. 0275 ***	0. 7810 ***	58989
23	0. 0392 ***	0. 0488 ***	0. 0829 ***	0. 7630 ***	41229
24	– 0. 1260 ***	0. 0729 ***	0. 1380 ***	0. 7260 ***	26265
25	– 0. 0509 ***	0. 0270 ***	0. 0299	0. 9210 ***	14309
26	– 0. 1290 ***	0. 0339 ***	0. 0194 ***	0. 9290 ***	148108
27	– 0. 2180 ***	0. 0542 ***	0. 0695 ***	0. 6880 ***	40180
28	– 0. 0559 ***	0. 0243 ***	0. 0547 *	0. 8970 ***	10665
29	– 0. 1640 ***	0. 0343 ***	0. 0730 *	0. 5500 ***	23524
30	– 0. 1070 ***	0. 0489 ***	0. 0697 ***	0. 6950 ***	92201
31	– 0. 1670 ***	0. 0458 ***	0. 0042	0. 9390 ***	169702
32	– 0. 1310 ***	0. 0367 ***	0. 0824 ***	0. 8450 ***	45875
33	– 0. 1230 ***	0. 0454 ***	0. 0479 ***	0. 8560 ***	38260
34	– 0. 1350 ***	0. 0422 ***	0. 0127	0. 9410 ***	111809
35	– 0. 0915 ***	0. 0422 ***	0. 008	0. 9480 ***	147836
36	– 0. 2660 ***	0. 0381 ***	0. 1810 ***	0. 9990 ***	85780
37	– 0. 0878 ***	0. 0451 ***	0. 0071	0. 9400 ***	89540
39	– 0. 0691 ***	0. 0484 ***	0. 0367 ***	0. 5850 ***	77731
40	0. 1420 ***	0. 0524 ***	0. 0179 ***	0. 9270 ***	83410

系数	$\hat{\beta}_1$	$\hat{\beta}_2$	$\hat{\beta}_3$	$\hat{\beta}_4$	观察值
41	0.0262 ***	0.0435 ***	0.0541 **	0.5790 ***	40181
42	− 0.0896 ***	0.0634 ***	0.0377 ***	0.7880 ***	35408
43	0.0484 ***	0.0524 ***	0.0370 **	0.6310 ***	20764

注:*** 、** 、* 分别表示在1%、5%、10%的水平上显著。

资料来源:《中国工业企业数据库》(1998~2007年)。

(三) 资源错配指数计算

表13-1中资本与劳动的系数估计结果表明:第一,产业集聚对各行业的全要素生产率贡献不一,但都存在显著影响,因此,在资源错配指数计算时,将集聚经济因素排除是很有必要的。第二,全行业估计和分行业估计资本、劳动力和中间投入系数存在较大差别,本章将根据这一结果,通过式(13-17)、式(13-18)计算资本和劳动力的相对扭曲配置系数,进而根据式(13-16)计算资源错配指数。以2007年为例,表13-2列举出了二位数行业的资源相对扭曲系数和资本错配指数。

表13-2　分行业资源错配指数计算结果

二位数行业	资本相对扭曲系数	劳动力相对扭曲系数	资本错配指数	劳动力错配指数
13	0.5755	0.7686	0.7377	0.3011
14	0.8324	1.1299	0.2013	− 0.1149
15	1.1057	1.0107	− 0.0956	− 0.0106
17	0.8393	1.7568	0.1914	− 0.4308
18	0.6865	2.7794	0.4567	− 0.6402
19	0.5882	2.5344	0.7000	− 0.6054
20	0.6659	1.5349	0.5018	− 0.3485
21	0.7815	1.9172	0.2795	− 0.4784
22	1.1077	1.1141	− 0.0972	− 0.1024
23	1.2202	1.7317	− 0.1805	− 0.4225
24	0.7451	2.8986	0.3421	− 0.6550

续表

二位数行业	资本相对扭曲系数	劳动力相对扭曲系数	资本错配指数	劳动力错配指数
25	0.6056	0.2266	0.6511	3.4128
26	0.9569	0.7280	0.0451	0.3736
27	1.2449	1.0945	−0.1968	−0.0863
28	0.9616	0.5448	0.0399	0.8354
29	0.9080	1.3028	0.1013	−0.2324
30	0.8408	1.4134	0.1894	−0.2925
31	1.0278	1.4685	−0.0270	−0.3190
32	0.9883	0.4590	0.0118	1.1786
33	0.7287	0.4394	0.3722	1.2760
34	0.7490	1.2025	0.3351	−0.1684
35	5.5439	1.2743	−0.8196	−0.2152
36	1.0770	1.2332	−0.0715	−0.1891
37	1.0618	0.7665	−0.0582	0.3047
39	0.7820	0.9444	0.2788	0.0588
40	0.7113	0.7637	0.4060	0.3095
41	0.8336	1.2523	0.1996	−0.2015
42	0.7194	2.0761	0.3901	−0.5183
43	0.4578	0.5011	1.1843	0.9955

　　由表13-2可以看出，各行业之间要素扭曲程度存在巨大差距，总体来看，大多数行业资本配置不足，而劳动力配置过剩。这与中国长期以来劳动力红利、大量资本集中在少数行业、缺乏生产效率且全要素生产率较低的现状是相符的。

　　本章分别选取劳动密集型、资本密集型和技术密集型的代表行业①进行比较。三个代表行业分别是典型劳动力密集型行业纺织业（行业代码17），典型资本密集型行业非金属矿物制品业（行业代码31），以及典型技术密集型行业通信设备、计算机及其他电子设备制造业（行业代码40），三个行业的资源错配指数随时间的变化情况如图13-4所示。

　　从图13-4能够非常清晰地看出，资本错配方面，以非金属矿物制品为代表的资本密集型行业存在较为严重的资本配置过度，而以纺织业为代表的劳动密集

――――――――
　　①　根据王岳平（2004）的行业划分标准，选取三种行业分类中企业数量最多的作为代表行业。

型行业则表现为资本配置不足，技术密集型行业通信设备、计算机及其他电子设备制造业的资本错配程度则较低；劳动力错配方面，资本密集型行业和劳动密集型行业均表现出劳动力配置过度，而劳动力技能要求较高的技术密集型行业则表现为劳动力配置不足，这也与中国劳动力数量大但质量不高的现状相吻合。三类企业的错配程度均未表现出明显的随时间改善的趋势，虽然无论是从地区角度还是从行业角度来看，总体资源错配程度正在降低（靳来群等，2015），但与陈永伟和胡伟明（2013）的研究结果类似，资源错配在各行业的改善情况并不理想。

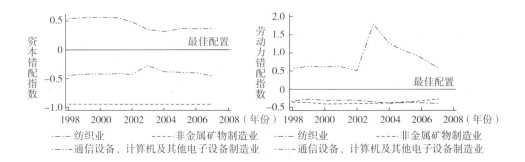

图 13 – 4　不同类型行业资源错配程度比较

四、产业集聚对资源错配的改善效果分析

（一）变量描述

1. 资本门槛（Capital Threshold）

由于资本门槛的直接测度较为困难，根据 Baumol 和 Willig（1981）的研究，最低投资规模形成的准入门槛在现实中是广泛存在的，利用股票市场直接融资或者通过银行间接融资是进入门槛的重要方式。但是，中国的资本市场并不完善，使许多资本拥有量低于该进入门槛的潜在企业家无法成为现实企业家（Banerjee and Newman，1994）。根据这一理论可以认为，融资额越大的企业其最初资本门

槛也越高。因此，根据公司财务理论，将债务与固定资产的比值[1]作为资本门槛 F 的代理变量，记为 ct。根据理论模型，预期 ct 与产业集聚度 lnhhi 呈负相关。

2. 劳动力结构（Labor structure）

劳动力结构变量则仿照王岳平（2004）的衡量劳动力密集程度的方法：劳动力报酬/产出比率，将主营业务工资、主营业务福利、保险费用三者加合得到劳动报酬，将全要素生产率贡献和资本产出贡献从产出中排除得到劳动力的产出贡献，两者比值取对数，得到劳动力结构的代理变量，记为 lnls。该值越大，则说明单位劳动力产出贡献所需工资越高，熟练工比例越高。根据理论模型，预期 lnls 与产业集聚度 lnhhi 呈正相关。

3. 控制变量

（1）知识溢出。知识溢出是产业集聚的重要特征，也是本章理论模型中讨论的一个重点。本章根据赵勇（2009）对知识溢出机制的分析，选择基于知识人才的知识溢出机制，控制劳动力结构差异。大学由于其明确的知识生产和扩散功能而被视为本地知识溢出的重要来源[2]，通过大学毕业生实现的大学向企业的知识溢出是一种间接的知识转移机制。同时，由于人力资本流动在一定程度上是一种区域现象，因此，基于人力资本流动的知识溢出机制在很大程度上具有本地化特征。所以，本章利用《中国人口与就业统计年鉴》中的"各省份在校大学生人数"作为知识溢出的控制变量。

（2）区域分工指数。考虑到产业集聚能够促进分工深化、有助于改善资源错配，但分工程度受地区发展程度影响较大，本章参考 Hummels 等（2001）和樊福卓（2011）的地区分工指数计算方法，以二位数产业和省份为标准，计算公式为：$N_{mn} = \sum_{r=1}^{m} N_i = \frac{1}{2} \sum_{r=1}^{m} (s'_i \sum_{i=1}^{n} (| s_{ir} - s_i |)$。式中，$s_{ir}$ 表示 r 地区的 i 行业产值占全国 i 行业产值的份额，s_r 表示 r 地区工业总产值占全国工业总产值的份额，n 为行业数量，m 为省份数量。该方法实现了区域分工研究地区路径分析和行业路径分析系统的统一，排除了地区分工差异对回归结果的影响。

除此以外，还加入《中国统计年鉴》中的"省份人均 GDP"和《中国城市

---

[1]　债务资本的比例能很大程度上反映企业的资本结构，不同行业的资本结构存在明显差异，郭鹏飞和孙培源（2003）的研究表明，无论是行业门类还是行业大类，同一行业上市公司的资本结构都具有高度稳定性，而行业间差异也具有稳定性。

[2]　根据 Hyeog（2004）的研究可知，人力资本从大学流向企业对日本制造业的生产力增长有很大的促进作用。Liefner 等（2003）认为，通过大学毕业生实现的知识转移能够促进发展中国家的技术升级。

统计年鉴》中的"城市人口总数"，分别控制地区发展程度差异和劳动力数量差异，上述指标均作对数处理。

表 13－3　变量统计性描述

变量定义		观测值	均值	方差	最小值	最大值
因变量	资本错配指数 τ_K	290	0.1042	1.0456	－0.9523	4.9379
	劳动力错配指数 τ_L	290	0.0621	05116	－0.6318	1.8272
核心自变量	产业集聚度（$\ln HHI$）	290	2.6963	1.0435	0.6161	6.0495
	劳动力结构（$\ln ls$）	290	－0.2010	1.6818	－2.7987	3.6872
	资本门槛（ct）	290	0.6028	0.0483	0.4883	0.7567
控制变量	区域分工指数（N）	8792	0.7296	0.9154	0.0001	9.8183
	区域知识溢出（$\ln edu$）	302	8.7589	2.1302	1.7918	12.9976
	省份人均 GDP（$\ln GDP$）	309	9.2206	0.6393	7.7681	11.0356
	城市人口（$\ln pop$）	2497	5.8197	0.7342	2.6596	8.8556

资料来源：《中国工业企业数据库》《中国统计年鉴》《中国城市统计年鉴》《中国人口与就业统计年鉴》，笔者利用 Stata 计算。

（二）模型设定

与其他资源错配的文献不同，本章将资源错配划分为资源配置过度即 $\tau < 0$ 和资源配置不足即 $\tau > 0$ 分别进行研究。为使回归的方向一致，对因变量做绝对值处理，数值越大，错配越严重。当因变量与自变量反方向变动时，则认定为改善资源错配。本章采用 1998～2007 年《中国工业企业数据库》的面板数据，从时间和截面构成的二维空间反映变量的变化特征和规律，并能够控制个体的异质性，运用 Driscoll 和 Kraay（1998）的方法对面板回归模型的异方差检验和自相关进行处理。根据理论模型可知，产业集聚对资源错配的改善作用是通过优化劳动力结构和降低资本门槛来实现的，因此，计量模型中加入资本门槛的代理变量和劳动力结构的代理变量，并将它们与产业集聚的交互项分别加入回归，解析其改善效果。在进行了 Hausman 检验后，选取面板数据进行个体与年份双向固定效应回归模型：

$$\tau_{Ki} = \alpha_0 + \alpha_1 S_{it} + \alpha_2 X_{rt} + d_t + \varepsilon_{irt} \qquad (13-24)$$

$$\tau_{Li} = \alpha_0 + \alpha_1 S_{it} + \alpha_2 X_{rt} + d_t + \varepsilon_{irt} \qquad (13-25)$$

其中，S_{it} 代表 t 时期行业 i 的产业集聚及其相关变量，X_{rt} 代表地区 r 特征的其他控制变量，d_t 代表时间哑变量，ε_{irt} 为随机误差项。回归结果如表 13 - 4 所示。

(三) 回归结果分析

1. 资本错配改善效果研究

从表 13 - 4 对资本错配的回归中可以看到，模型（1）的回归结果表明，产业集聚与劳动力结构对资本配置过度具有改善效果，但却会加剧资本配置不足；与此相反，资本门槛则能改善资本配置不足，加剧资本配置过度。回归结果均与理论模型推导结果一致，并通过 1% 的显著性检验。可能的原因在于：产业集聚将固定资产的最佳使用者在同一空间内集中，增强了固定资产的折变能力，降低了融资约束程度（茅锐，2015）。当集聚体内部的资本充足时，能通过规避集聚外部资本市场中的信息不对称和融资约束，提高资源的配置效率，改善资本错配；但在资本配置不足时，又可能因为内部代理问题和缺少有效外部监督而加剧错配。在模型（2）、模型（3）中分别加入劳动力结构、资本门槛与产业集聚的交互项后发现，交互项对资本错配的作用非常明显，说明产业集聚、劳动力结构与资本门槛都并非独立对资本错配产生影响，与理论模型设定一致。劳动力结构表现出与产业集聚产生协同促进作用：对资本过度配置的改善效果均由于交互项的加入而增强，产业集聚度的弹性系数由 - 0.0737 变为 - 0.0852，劳动力结构的弹性系数 - 0.0288 变为 - 0.0367；对资本配置不足的影响由原来的加剧作用转变为改善作用，劳动力结构的弹性系数由 0.1240 变为 - 0.5870。而资本门槛则表现出与产业集聚改善作用的相互削弱，两者的对资本错配的影响总是呈现出相反效果：当资本配置过度时，两者的交互项系数为 0.1740，削弱了产业集聚的改善作用且增加了资本门槛的加剧错配效果；资本配置不足时，交互项系数为 - 0.8640，增大了资本门槛的改善效果却也使产业集聚更加剧了资本不足配置。模型（4）中将两种交互项同时加入，三个核心变量的共同作用使产业集聚对资本配置过度的改善效果得到放大，而对资本配置不足的影响被削弱。模型（5）中将资本配置情况作为哑变量对全行业进行回归，从回归结果可以看出，基于中国当前的产业结构特征，产业集聚能对资本配置总体上

表13－4　产业集聚对资本错配的改善效果

错配程度	过度				不足				全行业
	(1)	(2)	(3)	(4)	(1)	(2)	(3)	(4)	(5)
lnhhi	-0.0737***	-0.0852***	-0.0727***	-0.0843***	0.0568***	0.0176***	0.0637***	0.0247***	-0.0113***
	(0.0003)	(0.0002)	(0.0003)	(0.0002)	(0.0010)	(0.0010)	(0.0010)	(0.0010)	(0.0006)
lnls	-0.0288***	-0.0367***	-0.0256***	-0.0319***	0.1240***	-0.5870***	0.1470***	-0.6260***	-0.0022***
	(0.0003)	(0.0003)	(0.0003)	(0.0003)	(0.0011)	(0.0024)	(0.0011)	(0.0024)	(0.0004)
ct	1.2450***	1.1400***	1.8440***	2.1370***	-1.7050***	-2.3620***	-3.6390***	-4.6410***	0.2230***
	(0.0048)	(0.0046)	(0.0116)	(0.0111)	(0.0189)	(0.0184)	(0.0325)	(0.0316)	(0.0192)
lnhhi×lnls		-0.0391***		-0.0414***		0.1610***		0.1650***	-0.0312***
		(0.0002)		(0.0002)		(0.0008)		(0.0008)	(0.0003)
lnhhi×ct			0.1740***	0.2910***			-0.8640***	-1.010***	0.2530***
			(0.0030)	(0.0030)			(0.0118)	(0.0114)	(0.0063)
lnedu	0.0060***	0.0042***	0.0064***	0.0047***	-0.0138***	-0.0181***	-0.0174***	-0.0224***	-0.0033***
	(0.0004)	(0.0004)	(0.0004)	(0.0004)	(0.0020)	(0.0020)	(0.0020)	(0.0019)	(0.0012)
lnpop	0.0061***	0.0034***	0.0064***	0.0037***	0.0175***	0.0162***	0.0177***	0.0165***	-0.0012
	(0.0007)	(0.0007)	(0.0007)	(0.0006)	(0.0033)	(0.0031)	(0.0032)	(0.0031)	(0.0021)
lnGDP	-0.0265***	-0.0170***	-0.0277***	-0.0184***	-0.0745***	-0.0418***	-0.0584***	-0.0222***	-0.0465***
	(0.0018)	(0.0017)	(0.0018)	(0.0017)	(0.0097)	(0.0093)	(0.0096)	(0.0092)	(0.0056)
N	-0.0149***	-0.0133***	-0.0145***	-0.0125***	0.0161***	0.0392***	0.0115***	0.0344***	-0.0139***
	(0.0002)	(0.0002)	(0.0002)	(0.0002)	(0.0010)	(0.0010)	(0.0010)	(0.0010)	(0.0005)
Constant	0.0818***	0.176***	-0.273***	-0.412***	2.758***	2.977***	3.850***	4.260***	1.133***
	(0.0175)	(0.0168)	(0.0185)	(0.0177)	(0.0938)	(0.0903)	(0.0946)	(0.0908)	(0.0557)
观测值	1,104,286	1,104,286	1,104,286	1,104,286	831,074	831,074	831,074	831,074	1,935,360
R-squared	0.238	0.298	0.241	0.307	0.158	0.220	0.166	0.230	0.088
样本数	340,430	340,430	340,430	340,430	266,970	266,970	266,970	266,970	545,933

注：***、**、*分别表示在1%、5%、10%的水平上显著，括号内为标准差。

资料来源：《中国工业企业数据库》《中国统计年鉴》《中国城市统计年鉴》《中国人口与就业统计年鉴》，笔者利用Stata计算。

起到改善作用，其弹性系数为 -0.0113。而在当前的劳动力结构情况下，高技术人员的增加虽然能够改善资本配置，但改善效果并不尽如人意。其原因在于，目前产业结构升级还不够充分，高技术人员的增加能改善少部分资本配置过度行业的资本配置情况，但大多数企业资本配置不足，因而改善效果不理想。所以，夯实劳动力基础才是当下解决资本错配的必要手段。资本门槛的提高无法改善资本错配，而通过产业集聚的资本效应降低各行业的准入门槛则可以起到良好的改善作用。

2. 劳动力错配改善效果研究

表 13-5 中对劳动力错配的分析与资本错配相似，产业集聚能够在产业内，通过其他企业的空间集聚构成合理的分工网络（吴建峰等，2012），由此衍生较强的外部经济，在推动经济增长的同时，优化劳动力配置，但人力资本的过度集聚又会导致交通拥挤、引起环境污染等反向抑制作用。从模型（1）的结果也可以看出，劳动力结构、资本门槛的改善效果与产业集聚相同，均在劳动配置不足时有明显的改善效果，而在劳动力配置过度的情况下加剧错配。这是由于集聚会导致集聚效应由规模效应向拥挤效应转变：虽然产业集聚所形成的向心力会吸引劳动力在空间上的因果循环聚集，通过规模效应合理配置劳动力，从而改善劳动力错配；但伴随着区域经济规模的持续扩大，拥挤效应引起的非经济性使生产要素在空间具有分散趋势，这种分散趋势会导致低收益行业出现劳动力配置不足，从而加剧劳动力错配。模型（2）中加入产业集聚与劳动力结构的交互项后，两种的作用呈现出替代性：产业集聚与劳动力结构的回归系数在劳动力过度配置时回归系数分别为 0.0292 和 0.0255，而交互项系数则为 -0.0158；当劳动力配置不足时，产业集聚与劳动力结构的回归系数分别为 -0.0156 和 -0.1260，交互项系数则为 0.1660。与模型（1）相比，模型（2）中两者对劳动力错配的改善效果由于交互项的加入而相互促进。模型（3）中的产业集聚与资本门槛的交互项，却使两者对劳动力错配表现出同方向变化作用效果：当劳动力配置过度时，交互项系数为 -0.2990，资本门槛的弹性系数由 0.2400 变为 -0.4550，由原来的加剧错配变为改善错配，产业集聚的加剧错配效果也被削弱，两者的相互作用对劳动力过度配置的改善有积极效果；当劳动力配置不足时，交互项系数为 0.3670，产业集聚与资本门槛的改善效果被相互削弱。模型（4）中纳入所有核心变量后发现，交互项的作用仍然十分显著，产业集聚确实通过与劳动力结构和资本门槛共同作用于劳动力错配，虽然劳动力结构削弱了资本门槛对劳动力配置

表13-5 产业集聚对劳动力错配的改善效果

错配程度	过度				不足				全行业
	(1)	(2)	(3)	(4)	(1)	(2)	(3)	(4)	(5)
lnhhi	0.0292***	0.0255***	0.0256***	0.0231***	−0.146***	−0.0156***	−0.144***	−0.0149***	0.0541***
	(0.0002)	(0.0002)	(0.0002)	(0.0002)	(0.0013)	(0.0012)	(0.0012)	(0.0012)	(0.0003)
lnls	0.0302***	0.0457***	0.0262***	0.0405***	−0.0433***	−0.1260***	−0.0439***	−0.1260***	−0.0383***
	(0.0002)	(0.0002)	(0.0002)	(0.0002)	(0.0003)	(0.0004)	(0.0003)	(0.0004)	(0.0002)
ct	0.2400***	0.2500***	−0.4550***	−0.3050***	−1.0240***	−0.9340***	−0.2260***	−0.4450***	−0.3150***
	(0.0041)	(0.0041)	(0.0062)	(0.0062)	(0.0198)	(0.0179)	(0.0288)	(0.0260)	(0.0105)
lnhhi × lnls		−0.0158***		−0.0137***		0.1660***		0.1650***	0.0211***
		(8.89e−05)		(9.00e−05)		(0.0005)		(0.0005)	(0.0001)
lnhhi × ct			−0.2990***	−0.2380***			0.3670***	0.2250***	−0.0571***
			(0.0020)	(0.0020)			(0.0096)	(0.0087)	(−0.0035)
lnedu	0.0143***	0.0137***	0.0124***	0.0123***	−0.0446***	−0.0444***	−0.0448***	−0.0445***	−0.0052***
	(0.0004)	(0.0004)	(0.0004)	(0.0004)	(0.0018)	(0.0017)	(0.0018)	(0.0017)	(0.0007)
lnpop	0.0051***	0.0042***	0.0043***	0.0037***	−0.0624***	−0.0567***	−0.0626***	−0.0569***	−0.0282***
	(0.0007)	(0.0006)	(0.0006)	(0.0006)	(0.0029)	(0.0026)	(0.0029)	(0.0026)	(0.0012)
lnGDP	−0.0671***	−0.0669***	−0.0644***	−0.0647***	0.2060***	0.1980***	0.2030***	0.1970***	0.0132***
	(0.0018)	(0.0017)	(0.0017)	(0.0017)	(0.0089)	(0.0080)	(0.0089)	(0.0080)	(0.0032)
N	−0.0116***	−0.0121***	−0.0129***	−0.0131***	−0.0090***	0.0090***	−0.0077***	0.0097***	−0.0111***
	(0.0002)	(0.0002)	(0.0002)	(0.0002)	(0.0011)	(0.0010)	(0.0011)	(0.0010)	(0.0003)
Constant	0.478***	0.518***	0.902***	0.850***	0.611***	−0.263***	0.156*	−0.538***	0.492***
	(0.0172)	(0.0169)	(0.0173)	(0.0170)	(0.0861)	(0.0778)	(0.0867)	(0.0785)	(0.0315)
观测值	1287885	1287885	1287885	1287885	647475	647475	647475	647475	1935360
R^2	0.187	0.215	0.207	0.227	0.138	0.297	0.141	0.298	0.058
样本数	394852	394852	394852	394852	228716	228716	228716	228716	545933

注：***、**、* 分别表示在1%、5%、10% 的水平上显著，括号内为标准差。

资料来源：《中国工业企业数据库》《中国统计年鉴》《中国城市统计年鉴》《中国人口与就业统计年鉴》，笔者利用 Stata 计算。

不足的改善作用，但对劳动力配置过度的改善产生促进作用。模型（5）中将劳动力配置情况作为哑变量对全行业进行回归，结果表明，产业集聚对中国目前劳动力普遍配置过度的情况并不能产生改善效果，且加剧作用明显，弹性系数达到0.0541。劳动力错配的改善有赖于高技术劳动力比例的提高以及高资本门槛行业的增加，即劳动力结构与产业结构的共同升级才能有效解决当前的劳动力错配问题。

劳动力配置结构效应对经济增长的贡献高于6%、对 TFP 的贡献接近20%（辛超，2015），劳动力结构对资源错配的改善正是这种高贡献率的来源之一。劳动力结构在资本配置过度与劳动力配置不足两种情况下最有利于改善资源错配。资本门槛越高的行业，融资比例也越高，针对中国资本长期"结构负利"的情况（姚战琪，2009），在资本配置不足与劳动力配置过度时提高资本门槛，则能改善资源错配。值得注意的是，在两种会加剧资源错配的情况下：资本配置不足时优化劳动力结构、劳动力配置过度时提高资本门槛，与产业集聚协同作用后仍能取得一定的改善效果。可见，产业集聚通过适当的方式辅佐，总能起到改善资源错配的作用，产业集聚的结构效应对资本和劳动力错配产生明显的影响。考虑到中国地区差异较大、产业结构差异较大，本章将东部地区与西部地区进行对比，回归结果如表13-6所示。

表13-6　分地区回归结果

错配程度	资本错配				劳动力错配			
	过度		不足		过度		不足	
地区	东部	中西部	东部	中西部	东部	中西部	东部	中西部
$\ln hhi$	-0.0886***	-0.0709***	0.0358***	-0.0187***	0.0215***	0.0271***	-0.0006	-0.0510***
	(0.0003)	(0.0005)	(0.0012)	(0.0017)	(0.0002)	(0.0004)	(0.0014)	(0.0023)
$\ln ls$	-0.0391***	-0.0396***	-0.6530***	-0.5290***	0.0419***	0.0293***	-0.129***	-0.0998***
	(0.0004)	(0.0006)	(0.0029)	(0.0041)	(0.0002)	(0.0005)	(0.0004)	(0.0008)
ct	1.8810***	2.0270***	-5.3510***	-1.5270***	-0.2590***	-0.6320***	-0.9000***	1.3070***
	(0.0136)	(0.0190)	(0.0365)	(0.0594)	(0.0070)	(0.0137)	(0.0309)	(0.0461)
$\ln hhi \times \ln ls$	-0.0515***	-0.0158***	0.174***	0.129***	-0.0150***	-0.0070***	0.1730***	0.1110***
	(0.0002)	(0.0003)	(0.0009)	(0.0014)	(0.0000)	(0.0002)	(0.0006)	(0.0012)

续表

错配程度	资本错配				劳动力错配			
	过度		不足		过度		不足	
地区	东部	中西部	东部	中西部	东部	中西部	东部	中西部
$lnhhi \times ct$	0.2040 ***	0.3480 ***	−1.2390 ***	−0.1360 ***	−0.2610 ***	−0.1520 ***	0.1330 ***	0.6400 ***
	(0.00359)	(0.00510)	(0.0134)	(0.0206)	(0.0023)	(0.0043)	(0.0102)	(0.0159)
$lnedu$	0.0036 ***	−0.0002	−0.0321 ***	0.0018	0.0127 ***	0.0010	−0.0425 ***	−0.0027
	(0.0005)	(0.0006)	(0.0025)	(0.0027)	(0.0005)	(0.0006)	(0.0022)	(0.0027)
$lnpop$	0.0047 ***	−0.0023	0.0122 ***	0.0028	0.0059 ***	0.0017	−0.0676 ***	−0.0015
	(0.0007)	(0.0016)	(0.0035)	(0.0063)	(0.0007)	(0.0016)	(0.0029)	(0.0060)
$lnGDP$	0.0009	−0.0356 ***	−0.0628 ***	0.0495 ***	−0.0454 ***	−0.0445 ***	0.0734 ***	0.2570 ***
	(0.0020)	(0.0035)	(0.0111)	(0.0171)	(0.0020)	(0.0037)	(0.0097)	(0.0153)
N	−0.0150 ***	−0.0080 ***	0.0357 ***	−0.0013	−0.0133 ***	−0.0218 ***	−0.0050 ***	0.2200 ***
	(0.0002)	(0.0008)	(0.0011)	(0.0044)	(0.0002)	(0.0009)	(0.0011)	(0.0033)
$Constant$	−0.424 ***	−0.140 ***	5.265 ***	1.395 ***	0.634 ***	1.001 ***	0.847 ***	−2.719 ***
	(0.0212)	(0.0343)	(0.1100)	(0.1600)	(0.0200)	(0.0351)	(0.0953)	(0.1440)
观测值	836794	267492	648288	182786	1002007	285878	483075	164400
R^2	0.335	0.265	0.238	0.235	0.256	0.153	0.335	0.258
样本数	255621	84816	204140	62835	301642	93218	168583	60136

注：***、**、*分别表示在1%、5%、10%的水平上显著，括号内为标准差。

资料来源：《中国工业企业数据库》《中国统计年鉴》《中国城市统计年鉴》《中国人口与就业统计年鉴》，笔者利用Stata计算。

3. 分地区改善效果差异

研究分地区回归的结果与全行业回归结果不尽相同，这是由于地区发展差距较大，且目前中国经济的核心集聚区域如珠三角、长三角、京津冀等均位于东部地区，东部地区无论是资本量还是劳动力数量及其资源的密集程度都远大于中西部地区，所以产业集聚、劳动力结构和资本门槛对资源错配的作用均表现出与全行业回归更类似的趋势。但从回归结果来看，产业集聚度的提高对中西部地区的改善效果更大，除劳动力配置过度的情况之外，均能起到改善资源配置的作用。造成这种结果的原因是东部地区城市经济过度集聚，对于企业生产率的影响主要表现为拥挤效应，产业集聚的成本效应对资源配置起着阻碍作用；而西部地区城市的经济集聚水平相对较低，经济集聚对于企业生产率的影响主要表现为集聚效应，产业集聚的成本效应是这种改善效果的重要来源（李晓萍等，2015）。但从交互项系数可以看出，当劳动力结构、资本门槛与产业集聚共同作用时，东部地区则呈现出更好的改善能力，这是由于产业集聚度较高的东部地区，其产业条件更容易吸纳高层次人才改善劳动力结构，并引入高新技术产业提高资本门槛，产业集聚正是通过这两种途径，对资源错配表现出更强的改善能力。而中西部地区由于自身发展限制，在引进人才和吸收资金方面存在劣势，虽然产业集聚能有效作用于资源错配，但却缺乏着力点，难以很好地发挥作用。因此，中西部地区的资源错配应当立足于加强引导经济活动的空间集聚，为此，需要不断加强交通、通信、物流等基础设施建设。基础设施空间溢出能显著降低本地制造业的生产平均成本和边际成本，且基础设施投资增加了基础设施的整体网络效应，使空间溢出的成本效应比本地基础设施产生的影响更为显著（张光南，2013），这有利于不断集聚人才和资本，改善资源错配。东部地区的资源错配问题就应当从转变经济发展方式入手，充分发挥人才、资金集聚优势，致力于对交通运输依赖性较小的知识密集型、创意型产业的发展，积极转移出对土地、交通、资源等依赖性较强的制造业部门，不断发挥产业集聚的空间溢出效应对资源错配的改善能力；以高新技术产业为龙头，大力发展金融业等现代服务业，不断提高产业附加值，减少产业集聚的拥挤效应造成的资源错配。

综合以上分析可以看出，产业集聚既有正的经济效应又有负的经济效应，其正效应能够对资源错配起到改善效果，且受集聚影响的劳动力结构和资本门槛也能显著改善资源错配，这种改善效果是通过"资源配置效率"的提高引起的：①产业集聚能够降低企业的准入门槛，引导直接资本流向优质企业，从而减少了由于金融系统不完善而造成的融资成本提高所导致的资本错配。②产业集聚能够促进劳动力流动并提升集聚区内技术工数量，从而使劳动力分配更加合理，劳动力错配得到改善。产业集聚的"资源配置效应"显著促进了集聚区内部的资源合理配置，改善资源错配，并有利于产业结构升级。但产业集聚所引发的拥挤效应却会加剧资源错配，造成环境污染、资本溢出、成本升高等问题，迫使企业实施区域转移（张可等，2014；周圣强，2013），通过集聚度的降低改善资源错配。

五、结论与启示

中国改革开放以来的政策恰好说明了产业集聚与资源错配之间的关系对经济

发展的重要性：20 世纪 90 年代以前，区域发展政策更侧重于经济效率的提高，中央政府重点实施了以东部沿海地区为重心的非均衡发展战略，中国宏观经济增长迅速，但随着经济的发展，区域差距逐渐扩大，"极化效应"凸显，并伴随着诸多社会问题，效率优先的非均衡发展政策逐步调整为兼顾效率和公平的区域协调发展政策。中央政府先后于 1999 年、2003 年和 2005 年提出并实施了"西部大开发""振兴东北地区等老工业基地"和"促进中部地区崛起"等均衡与协调发展战略，重视产业集聚的"扩散效应"对资源配置的影响，地区间收入差距自 2004 年起出现下降趋势，沿海地区制造业集聚势头也开始减缓，沿海地区的资源错配情况得到逐步改善，但资源错配仍然是经济发展中的强大阻力。资源错配问题本质上是由资本和劳动力的供给不合理带来的，针对中国出现的资本分配不合理、部分地区产能过剩、资源利用效率低以及劳动力平均受教育水平低、分布过于集中和流动障碍多等问题，都需要从资源供给侧进行改革，减少资源错配。根据上述研究结果，我们提出以下政策建议：

（一）基于行业差异化的产业集聚政策

无论是从理论模型还是实证分析均能看出，产业集聚对资源错配的影响既有正效应，也有负效应。不同行业的资源错配程度因其产业结构、所处发展阶段、资源投入的不同而不同，产业集聚需配合行业的资本和劳动力结构情况，兼顾资本和劳动力的配置效率合理引导。对劳动力密集型企业，要鼓励其从集聚拥挤行业转移、降低集聚程度、减少资源错配；对资本密集型企业，需鼓励其推动新技术、新产业、新业态成长，通过集聚提升资本配置效率；对技术密集型企业，应加快数量型人口红利向结构型人口红利的转变，补足劳动力配置缺口。中国当前发展中总量问题与结构性问题并存，结构性问题更加突出，因此需要突出抓好供给侧结构性改革，针对不同的行业特征，既做减法，又做加法，减少无效和低端资源配置，扩大有效和中高端资源配置，增加产业集聚区公共产品和公共服务配套，引导产业集聚形成经济增长引擎。

（二）基于区域协调化的产业集聚政策

通过分地区回归结果可以看出，以东部地区为代表的发达地区，处于产业集聚生命周期的成熟期，表现为资本配置过度和劳动力逐渐短缺，需要逐步分散资本到生产率更高的行业，对产业集聚加剧资源错配的行业进行转型升级和区域转移，以体制机制创新和降低成本来减少资源错配。对产业集聚改善资源错配的区域实施政策引导，大力发展技术密集程度高的高端装备制造业等行业，建设共享平台，打造动力强劲的引擎，增强国际竞争力。以中西部地区为代表的欠发达地区，仍然处于产业集聚的成长期，产业集聚是拉动经济发展的强大引擎，需不断提高集聚程度，扩大集聚范围。针对成长期存在的资本配置不足、缺乏高素质人才、产业集聚程度较低的现状，可将部分准入门槛高、国有资本占比重的大型资本密集型企业逐步由东部地区向中西部地区迁移，改造提升传统产业结构，带动当地经济发展，提升当地制造业水平，解决劳动力就业等问题，为产业集聚提供土壤，补足发展短板。

（三）产业集聚政策与资源配置政策有机结合

产业集聚与劳动力结构、资本门槛的交互项回归结果说明，产业集聚的改善效果需与适当劳动力政策、金融政策配合，逐步改善金融市场秩序混乱、配套产业缺乏、基础设施落后、劳动力流动存在阻碍、劳动力素质存在巨大地区差异等问题。在完善产业集聚政策的同时，在资本政策方面，加快改革完善现代金融监管体制，提高金融服务实体经济效率，实现金融风险监管全覆盖，提高产业集聚与资本的协同利用效率。在此基础上，深化国有商业银行和开发性、政策性金融机构改革，发展民营银行，启动投贷联动试点，推进股票、债券市场改革和法治化建设，促进多层次资本市场健康发展，提高直接融资比重，加强资本门槛对资源错配的改善作用。在劳动力政策方面，取消户籍限制、完善社保制度、加强职业培训、搭建区域性劳动力公共服务平台，并伴随合理人才政策、补贴支撑，以产业集聚为土壤，发挥劳动力结构对资源错配的改善作用。

第十四章　产业集聚的资源错配效应研究

资源错配是资源配置理论研究的关键问题之一，影响资源错配的因素非常复杂，既与错配本身的技术因素有关，也与产业的空间集聚因素有关。本章侧重于从内涵型错配和集聚生命周期的视角，对产业集聚对资源错配的影响效果进行实证分析。研究结果显示，产业集聚能在大多数情况对资源错配起到积极效果，而处于产业集聚成长期且资本配置不足、劳动力配置过度的行业资源错配情况最严重。产业集聚的资源错配效应研究为行业补足发展短板，提高全要素生产率，从而提高经济增长的质量和效益提供了参考。*

一、引言

资源错配是资源配置理论研究的关键问题之一，而资源错配类型是资源错配研究的基础内容之一，较多学者对此进行了探讨。从总体上看，根据资源错配的技术因素，一般就资源错配划分为内涵型资源错配和外延型资源错配，内涵型错配是指资源的边际回报在截面上不相等而产生的资源无效配置，研究的代表是Hsieh 和 Klenow（2009），他们的研究建立了内涵型错配所包含的资本和劳动力指数计算框架，至今为较多学者所借鉴。外延型错配的代表是 Banerjee 和 Moll（2010），他们定义在经济中的所有企业要素边际产出都相等时，通过重新分配要素，仍能带来产量提升的情形为外延型错配。对中国资源错配的研究大多针对内涵型错配，运用内涵型资源错配理论框架。Dollar 和 Wei（2007）通过对12400家中国企业的研究发现，如果减少资本扭曲，可以在不增加投入的前提下，使中

＊　本章部分内容借鉴了季书涵、朱英明：《产业集聚的资源错配效应研究》，《数量经济技术经济研究》2017 年第 4 期。

国的 GDP 增加 5% 。我国的资源错配研究也大多在内涵型资源错配的框架下进行，陈永伟和胡伟明（2013）计算得出，中国制造业由于要素价格扭曲导致的行业间资源错配，造成了实际产出要降低 15% ~ 20% 。内涵型错配包含资本错配和劳动力错配，这两方面的研究更加充分地证明了中国当前所面临的严重资源错配问题。在资本错配研究方面，张佩（2013）发现，国内行业集中度越低、国有企业比重越大、进出门槛越低以及中西部地区比重越大的行业，越倾向于过度投资，资本错配程度就越重。源于资本错配引发的资源配置效率损失对全要素生产率的影响突出，导致全要素生产率下降 2.6% 。同时，资本错配使实际产出与潜在产出形成较大缺口，实际产出仅占潜在产出的 70% ~ 89% （王林辉和袁礼，2014）。而劳动力错配方面的研究则发现，劳动力在区域间的不均衡流动在客观上扩大了中国区域间经济发展的不平衡程度（潘越和杜晓敏，2010）。根据袁志刚和解栋栋（2011）的测算，劳动力错配在 2% ~ 18% ，并呈逐渐扩大的趋势。要素流动障碍和资源误置因素的存在不仅影响经济短期的产出总量及其产出比例，也影响经济的长期产出组合方式（曹玉书和楼东玮，2011）。金融市场的无效配置、劳动力市场的流通受阻以及产业政策的不当侧重，是内涵型错配的主要来源，这三方面的缺憾使我国的资源错配现状较为严重，已引起国内外学者的重视。对资源错配的研究虽然起步较晚但发展迅速，现有研究虽然就劳动力错配、资本错配以及内涵型错配本身及其影响因素进行了深入分析，但对内涵型错配不同类型的分析尚未有学者关注，内涵型错配与其他经济变量间关系的探寻涉及得仍不够广泛，因此，本章尝试将产业集聚理论与内涵型错配类型相结合，探究两者之间的影响关系。

由 Krugman（1991）开创的新经济地理学理论及其后续研究成果可知，产业集聚能够对资源配置产生重大影响：产业集聚区在规模报酬递增、垄断竞争的市场结构下，通过前后向关联产生的累积效应，形成相关行业的区域集聚，集聚效应影响了集聚区内资本和劳动力配置，从而影响资源配置。季书涵等（2016）的研究指出，产业集聚的资源错配效应主要通过产业集聚形成的降低资本门槛和优化劳动力结构来获得，能够在资本配置过度和劳动力配置不足时改善资源错配，但在资本配置不足和劳动力配置过度时加剧资源错配。这一研究虽然未继续对内涵型错配类型进行深入讨论，但验证了威廉姆森假说对集聚是否能促进效率提升的猜想。威廉姆森假说认为，空间集聚在经济发展初期能显著促进效率提升，但达到一定程度后，空间集聚对经济增长的影响变小，甚至不利于经济增长。国内学者运用中国数据验证了经济增长与集聚间的倒 U 形关系，证明了威廉姆森假说的存在，同时对产业集聚的双面经济效应进行了阐述（徐盈之等，2011；孙浦阳等，2011；孙铁山，2016）。集聚会导致集聚效应由规模效应向拥挤效应转变，由规模经济转变为规模不经济，从而导致资源配置不当。朱英明（2009）通过分析产业集聚对中国区域制造业部门全要素生产率增长及其组成部分的影响发现，产业集聚引致的共有集聚经济与规模经济的增长显著负相关，共有集聚不经济却与规模经济的增长显著正相关。周圣强和朱卫平（2013）通过研究发现，2003年是我国经济发展的拐点，2003 年及以前规模效应占主导，之后拥挤效应的约束性作用逐渐凸显，集聚度与全要素生产率存在着倒 U 形关系。李晓萍（2015）等认为，东部地区城市经济过度集聚，对于企业、生产率的影响主要表现为拥挤效应；西部地区城市的经济集聚水平相对较低，经济集聚对于企业生产率的影响主要表现为集聚效应。由此可见，产业集聚对资源配置具有正负两方面的影响已在学术界达成共识，但尚未有文献从产业集聚生命周期的角度来探寻产业集聚对资源配置的影响。因此，本章将尝试细分资源错配类型及其产业集聚的生命周期，深入研究产业集聚的资源错配效应并解析其经济内涵。本章的结构安排如下：①综合 Hsieh 和 Klenow 的理论框架以及 Levinsohn 和 Petrin（2003）的扩展方法，计算排除集聚因素的四类内涵型错配指数，并将产业集聚作为核心自变量进行回归分析。②运用 Hansen（2000）面板门槛模型寻找产业集聚的门槛点，从而划分产业集聚生命周期，进行分类回归分析。③将内涵型错配类型和集聚生命周期交叉分为 16 类，随后通过面板聚类分析，将 16 种集聚错配类型划分为三类进行研究，得出最终结论。产业集聚资源配置效应的发挥是当前"十三五"阶段行业发展由自然资源依赖向人口资源依赖转变、提高全要素生产率的重要途径，对新常态发展内涵由高增长向有效率、有质量的增长转变具有重要的现实意义。

二、内涵型错配计算与分析

（一）理论模型

内涵型资源错配包含资本错配和劳动力错配两方面，为研究产业集聚的资源错配效应，首先要根据 Hsieh 和 Klenow（2009）的内涵型资源错配框架计算资本和劳动力错配指数，并沿用季书涵（2016）的做法，将内涵型资源错配分为四类。假设同一行业的生产函数相同，不同行业的生产函数不同。所有行业均使用资本 K、劳动力 L 作为生产要素进行生产，行业中的企业均为价格接受者。此时企业面临的价格是扭曲的，且扭曲以从价税的方式体现：τ_K、τ_L 表示行业 i 中两种生产要素的扭曲"税"。在经济社会中，根据市场均衡原理，若 $\tau > 0$，则市场上该资源短缺而造成价格高估；$\tau < 0$ 时则为价格低估，资源配置过剩。行业 i 中的企业面临资本 K 和劳动力 L 的扭曲价格分别为 $(1 + \tau_{Ki}) p_K$、$(1 + \tau_{Li}) p_L$。其中，p_K、p_L 是竞争性条件下的三种要素价格水平，假设行业 i 中企业的生产函数为 $y_i = TFP_i K_i^{\beta_{Ki}} L_i^{\beta_{Li}}$，为简化分析假设该生产函数为规模报酬不变，即 $\beta_{Ki} + \beta_{Li} = 1$。

$$y_i = TFP_i K_i^{\beta_{Ki}} L_i^{\beta_{Li}} = TFP_i K_i^{\beta_{Ki}} L_i^{1 - \beta_{Ki}} \tag{14 - 1}$$

利润函数：

$$\pi = p_i y_i - p_K K_i - p_L L_i \tag{14 - 2}$$

$$\pi = p_i y_i - p_K(h)(1 + \tau_{Ki}) K_i - p_L(h)(1 + \tau_{Li}) L_i \tag{14 - 3}$$

则利润最大化时：

$$\frac{\partial \pi}{\partial K_i} = TFP_i \beta_{Ki} p_i K^{\beta_{Ki} - 1} L^{1 - \beta_{Ki}} - (1 + \tau_{Ki}) p_K = 0 \tag{14 - 4}$$

$$\frac{\partial \pi}{\partial L_i} = TFP_i (1 - \beta_{Ki}) p_i K^{\beta_{Ki}} L_i^{-\beta_{Ki}} - (1 + \tau_{Li}) p_L = 0 \tag{14 - 5}$$

求解得到：

$$\tau_{Ki} = \frac{TFP_i \beta_{Ki} p_i K^{\beta_{Ki} - 1} L^{1 - \beta_{Ki}}}{p_K} - 1 \tag{14 - 6}$$

$$\tau_{Li} = \frac{TFP_i (1 - \beta_{Ki}) p_i K_i^{\beta_{Ki}} L_i^{-\beta_{Ki}}}{p_L} - 1 \tag{14 - 7}$$

接下来，加总 N 个行业的生产函数，将整个经济体总产值记为 Y，总资本为 K，总劳动力为 L：

$$Y = \sum_{i=1}^{N} p_i y_{Ki}, K = \sum_{i=1}^{N} K_i, L = \sum_{i=1}^{N} L_i \tag{14 - 8}$$

综合式（14 - 4）与式（14 - 5）可解得：

$$K_i = \frac{\dfrac{p_i \beta_{Ki} y_i}{(1 + \tau_{Ki})}}{\sum\limits_{j=1}^{N} \dfrac{p_j \beta_{Kj} y_j}{(1 + \tau_{Kj}) p_K}} K, L_i = \frac{\dfrac{p_i \beta_{Li} y_i}{(1 + \tau_{Li})}}{\sum\limits_{j=1}^{N} \dfrac{p_j \beta_{Lj} y_j}{(1 + \tau_{Lj}) p_L}} L \tag{14 - 9}$$

记行业 i 的产值在整个经济中所占的份额为 $s_i = \dfrac{p_i Y_i}{Y}$，则绝对扭曲系数为：

$$\gamma_K = \frac{1}{1 + \tau_K}, \ \gamma_L = \frac{1}{1 + \tau_L} \tag{14-10}$$

以资本为例，相对扭曲系数在竞争均衡下用产出加权的资本贡献值表示为：

$\beta_K = \displaystyle\sum_{i=1}^{N} s_i \beta_{Ki}$；结合 $K_i = \dfrac{s_i \beta_{Ki}}{\beta_{Ki}} K$，可将资本相对扭曲系数定义为：$\hat{\gamma}_{Ki} = \dfrac{\gamma_{Ki}}{\displaystyle\sum_{i=1}^{N}\left(\dfrac{s_i \beta_{Kj}}{\beta_K}\right)\tau_{Ki}}$，进一步变换为：

$$\hat{\gamma}_{Ki} = \left(\frac{K_i}{K}\right)\bigg/\left(\frac{s_i \beta_{Ki}}{\beta_K}\right) \tag{14-11}$$

与此类似，可求出劳动力相对扭曲指数：

$$\hat{\gamma}_{Li} = \left(\frac{L_i}{L}\right)\bigg/\left(\frac{s_i \beta_{Li}}{\beta_L}\right) \tag{14-12}$$

进而根据式（14-10）计算错配指数。内涵型错配包含资本错配和劳动力错配两方面，资本错配和劳动力错配均受到企业全要素生产率、资本弹性、要素投入和要素价格的影响，它们之间存在联系，并同时对企业生产造成影响。在实际经济体中，产业集聚对劳动力和资本的影响是同时的，因此需将资本错配和劳动力错配综合分析。但错配指数存在正负之分，所代表的经济意义也截然不同，数值大小仅代表错配程度，简单加合显然是不合理的。因此，本章将资本错配指数和劳动力错配指数取绝对值，取和得到行业内涵型错配程度，即

$$\tau = |\tau_K| + |\tau_L| \tag{14-13}$$

由公式（14-11）、公式（14-12）可知，要计算资本错配指数 τ_K 与劳动力错配指数 τ_L，必须先对各行业以及全行业的生产函数进行估计，得到 β_K 与 β_L。

（二）资本与劳动产出弹性计算

1. 估计方法

为应用以上分析框架，必须先估计生产函数得到 β_K 与 β_L，进而计算出各行业错配指数。以往的生产函数估计一般使用行业层面的数据，但由于中国的统计资料中没有关于资本存量的信息，因此需要先对资本存量进行估算。采用不同的方法估算资本存量结果差异巨大，这就极大地影响了生产函数估计的可靠性。为

了克服行业层面数据资本存量估算不准确的问题，本章应用企业层面的微观数据，在 Saito（2009）研究的基础上，通过企业个体的产出投入决策，将理论模型中的集聚经济纳入到企业层面的生产函数中。

假设包含产业集聚特征的企业生产函数为具有规模报酬的 C – D 生产函数：

$$Y_{irt} = \exp(\beta_1 S_{rt} + \omega_{irt}) f(L_{irt}, K_{irt}, M_{irt}) \tag{14 – 14}$$

其中，L_{irt}、K_{irt}、M_{irt} 分别代表 t 年份地区 r 中企业 i 的劳动投入、资本存量、中间品投入；$\beta_1 S_{rt}$ 为集聚特征变量。对公式（14 – 14）两边取对数后得到：

$$\ln Y_{irt} = \beta_0 + \beta_1 S_{rt} + \beta_2 \ln L_{irt} + \beta_3 \ln K_{irt} + \beta_4 \ln M_{irt} + \omega_{irt} + \varepsilon_{irt} \tag{14 – 15}$$

其中，β_0 为常数项，ω_{irt} 为不含集聚经济因素的企业自身全要素生产率，ε_{irt} 为随机误差项，定义 $\xi_{irt} = \omega_{irt} + \varepsilon_{irt}$。如果利用 OLS 回归进行全要素生产率的回归将会产生偏差，这是源于两方面的因素：第一，企业个体存在投入产出决策。企业将会根据外部环境和自身生产率水平调整当期中间投入和劳动投入，并由此影响下一期生产。第二，由于企业生产的投入产出存在规模效应，该误差将随着传统投入水平呈现正相关，即与 $\beta_2 \sim \beta_4$ 的估计量自相关。本章利用 Levinsohn 和 Petrin（2003）的半参数估计方法，同时利用非线性工具变量法（NIV）估计集聚经济 β_1、资本投入弹性 β_3 和中间品投入弹性 β_4，利用公式（14 – 15）定义：

$$Z_{irt+1} = \beta_1 S_{rt+1} + \sum_{p=0}^{3} \delta_p \left[\hat{\varphi}(g) - \beta_1 S_{rt} - \beta_3 \ln K_{irt} - \ln M_{irt+1} \right]^p + \varepsilon_{irt+1}^* \tag{14 – 16}$$

$$Z_{irt} = \ln Y_{irt} - \beta_2 \ln L_{irt} - \beta_3 \ln K_{irt} - \beta_4 \ln M_{irt} = \beta_0 + \beta_1 S_{irt} + \omega_{irt} + \varepsilon_{irt}^* \tag{14 – 17}$$

因此，Z_{irt} 为产业集聚对企业产出的影响与企业自身全要素生产率 ω_{irt} 的加和。为了计算参数的标准差，利用 LP 的自举法，对样本企业进行反复抽样，利用样本估计参数的方差平方根计算标准差。通过上述计算，最终得到企业扣除产业集聚影响因素的全要素生产率计量模型：

$$prod_{irt} = \exp(\omega_{irt}) = \exp(\ln Y_{irt} - \hat{\beta}_1 S_{irt} - \hat{\beta}_2 \ln L_{irt} - \hat{\beta}_3 \ln K_{irt} - \hat{\beta}_4 \ln M_{irt}) \tag{14 – 18}$$

2. 数据来源

本章的基础数据来自国家统计局 1998～2007 年《中国工业企业数据库》，部分数据来源于《中国城市统计年鉴》《中国人口和就业统计年鉴》《中国统计年鉴》。其中，对中国工业企业数据库进行的数据处理包括：第一，按照 Cai 和 Liu（2009）的方法剔除了关键指标（包括工业总产值、固定资产净值、中间品投入、职工人数）缺失的观测值；按照李玉红（2008）的方法剔除了不符合逻辑关系的异常记录（包括企业总产值为负、企业各项投入为负、中间产品投入大于工业总产值）。第二，借鉴鲁晓东等（2012）的方法剔除了企业规模较小的观测

区域经济发展新动能培育研究

值，将当期投入产出数据调整为以 1999 年不变价格计算的数据，并去掉异常值较多的饮料制造业（行业代码 16）。第三，本章选取赫芬达尔指数（*HHI*）作为产业集聚程度指标，其计算公式为：$HHI_i = \sum_{i=1}^{n} (y_i/y)^2$。其中，$y_i$ 代表企业 i 的生产总值，y 代表行业的生产总值。HHI_i 越大，表明该行业的集聚程度越高，并取对数。运用上文介绍的 LP 方法，将产业集聚变量带入估计模型中，对中国工业企业数据库中制造业 29 个二位数行业的生产函数进行估计，得到的结果如表 14 - 1 所示。

表 14 - 1 分行业生产函数回归结果

系数	$\hat{\beta}_1$	$\hat{\beta}_2$	$\hat{\beta}_3$	$\hat{\beta}_4$	观察值
全行业	- 0.0064 ***	0.0372 ***	0.0439 ***	0.719 ***	2047803
13	- 0.0135 ***	0.0317 ***	0.0418 ***	0.787 ***	122196
14	0.0385 ***	0.0251 ***	0.0815 ***	0.912 ***	49175
15	0.2150 ***	0.0578 ***	0.0616 **	0.782 ***	33705
17	0.0627 ***	0.0466 ***	0.0734 ***	0.783 ***	168889
18	- 0.1530 ***	0.0774 ***	0.0180	0.905 ***	96940
19	- 0.1450 ***	0.0568 ***	0.0223 ***	0.715 ***	47278
20	- 0.0928 ***	0.0567 ***	0.00763	0.9260 ***	39916
21	- 0.1540 ***	0.0531 ***	0.0139	0.9240 ***	23032
22	- 0.1690 ***	0.0371 ***	0.0275 ***	0.7810 ***	58989
23	0.0392 ***	0.0488 ***	0.0829 ***	0.7630 ***	41229
24	- 0.1260 ***	0.0729 ***	0.1380 ***	0.7260 ***	26265
25	- 0.0509 ***	0.0270 ***	0.0299	0.9210 ***	14309
26	- 0.1290 ***	0.0339 ***	0.0194 ***	0.9290 ***	148108
27	- 0.2180 ***	0.0542 ***	0.0695 ***	0.6880 ***	40180
28	- 0.0559 ***	0.0243 ***	0.0547 *	0.8970 ***	10665
29	- 0.1640 ***	0.0343 ***	0.0730 *	0.5500 ***	23524
30	- 0.1070 ***	0.0489 ***	0.0697 ***	0.6950 ***	92201
31	- 0.1670 ***	0.0458 ***	0.0042	0.9390 ***	169702
32	- 0.1310 ***	0.0367 ***	0.0824 ***	0.8450 ***	45875
33	- 0.1230 ***	0.0454 ***	0.0479 ***	0.8560 ***	38260
34	- 0.1350 ***	0.0422 ***	0.0127	0.9410 ***	111809

系数	$\hat{\beta}_1$	$\hat{\beta}_2$	$\hat{\beta}_3$	$\hat{\beta}_4$	观察值
35	− 0. 0915 ***	0. 0422 ***	0. 0080	0. 9480 ***	147836
36	− 0. 2660 ***	0. 0381 ***	0. 1810 ***	0. 9990 ***	85780
37	− 0. 0878 ***	0. 0451 ***	0. 0071	0. 9400 ***	89540
39	− 0. 0691 ***	0. 0484 ***	0. 0367 ***	0. 5850 ***	77731
40	0. 1420 ***	0. 0524 ***	0. 0179 ***	0. 9270 ***	83410
41	0. 0262 ***	0. 0435 ***	0. 0541 **	0. 5790 ***	40181
42	− 0. 0896 ***	0. 0634 ***	0. 0377 ***	0. 7880 ***	35408
43	0. 0484 ***	0. 0524 ***	0. 0370 **	0. 6310 ***	20764

注：*** 、 ** 、 * 分别表示在1% 、5% 、10% 的水平上显著。

资料来源：《中国工业企业数据库》（1998～2007）。下表同。

由表14－1可以看出，产业集聚对各行业的生产函数贡献不一，但绝大多数情况下存在明显影响，因此在分析产业集聚的资源错配效应时，将集聚因素排除是很有必要的。继续根据式（14－11）、式（14－12）计算行业资本错配指数和劳动力错配指数，然后根据式（14－13）计算行业内涵型错配程度。且以2007年为例，各行业资本和劳动力错配指数及内涵型错配程度如表14－2所示。

表14－2　分行业错配程度计算结果

二位数行业	资本相对扭曲系数	劳动力对扭曲系数	资本错配指数	劳动力错配指数	内涵型错配程度
13	1. 2056	0. 9582	0. 2056	− 0. 0418	0. 2474
14	1. 5476	0. 5161	0. 5476	− 0. 4839	1. 0316
15	0. 9072	1. 3286	− 0. 0928	0. 3286	0. 4214
17	1. 3652	0. 6162	0. 3652	− 0. 3838	0. 7490
18	0. 5336	0. 6469	− 0. 4664	− 0. 3531	0. 8195
19	0. 8403	0. 5207	− 0. 1597	− 0. 4794	0. 6391
20	0. 1694	0. 8581	− 0. 8306	− 0. 1419	0. 9724
21	0. 3171	0. 6434	− 0. 6829	− 0. 3566	1. 0394
22	0. 3128	0. 7736	− 0. 6872	− 0. 2264	0. 9136
23	1. 0062	0. 6546	0. 0062	− 0. 3454	0. 3515
24	3. 7551	0. 5843	2. 7551	− 0. 4157	3. 1708

二位数行业	资本相对扭曲系数	劳动力对扭曲系数	资本错配指数	劳动力错配指数	内涵型错配程度
25	0.6426	2.7678	− 0.3574	1.7678	2.1253
26	0.2788	1.0817	− 0.7212	0.0817	0.8029
27	0.9749	1.1504	− 0.0251	0.1504	0.1756
28	0.8140	1.0361	− 0.1860	0.0361	0.2221
29	1.1021	0.6116	0.1021	− 0.3884	0.4905
30	1.4786	0.8037	0.4786	− 0.1963	0.6749
31	0.0534	0.7245	− 0.9466	− 0.2755	1.2220
32	1.1383	1.8574	0.1383	0.8574	0.9957
33	1.0431	2.4005	0.0431	1.4005	1.4435
34	0.3490	0.8153	− 0.6510	− 0.1847	0.8357
35	0.1869	0.8451	− 0.8131	− 0.1549	0.9680
36	3.7912	0.7177	2.7912	− 0.2823	3.0735
37	0.1418	1.3669	− 0.8582	0.3669	1.2252
39	1.2417	1.1905	0.2417	0.1905	0.4322
40	0.5461	1.5940	− 0.4539	0.5940	1.0479
41	1.5924	0.8069	0.5924	− 0.1931	0.7855
42	1.0494	0.7094	0.0494	− 0.2906	0.3399
43	2.1596	2.4291	1.1596	1.4291	2.5887

由表 14 - 2 可以看出，各行业内涵型错配程度存在巨大差距。例如，同样存在严重错配问题的传统资本密集型行业石油加工、炼焦及核燃料加工业（行业代码 25），资本配置过剩而劳动力配置严重不足；而技术要求较高的知识密集型行业专用设备制造业（行业代码 36）则表现出资本配置严重不足而劳动力配置相对过剩。图 14 - 1 选取企业数量最多的五个行业（企业数量总和占全部制造业的 37%），将其错配程度随时间的变化情况进行比较，可以看出，五个行业的内涵型错配程度均没有明显的随时间改善的趋势。就错配程度而言，仅有农副食品加工业（行业代码 13）的内涵型错配程度低于 0.5，资源配置较为有效；通用设备制造业（行业代码 35）和非金属矿物制品业（行业代码 31）的错配情况较为严重，错配程度超过 1.0。可见，资源错配对中国制造业的影响广泛而深远，产业集聚优化配置资源对改善资源错配起到积极影响，这对我国制造业资源配置有效性的提高有着重要意义。

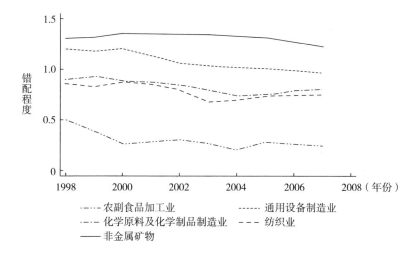

图14-1 不同行业内涵型错配程度随时间变化趋势

三、产业集聚对资源错配的影响：
内涵型错配类型的视角

由产业集聚前期研究可知，产业集聚对资源配置既有正影响也有负影响，内涵型资源错配也可细分为资本错配和劳动力错配，且配置情况也有过度和不足之分，因此，需将内涵型资源错配进行分类，并进一步从资源配置角度，划分产业集聚的发展阶段，力求细致而准确地对产业集聚的资源错配效应深入探讨。从资源错配入手，沿用季书涵等（2016）的思路，将企业的不同内涵型错配情况分为资本配置不足且劳动力配置不足、资本配置不足且劳动力配置过度、资本配过度且劳动力配置过度、资本配置过度且劳动力配置不足四类，并取资本错配指数和劳动力错配指数的绝对值之和作为错配程度，当错配程度与产业集聚度呈反方向变动时，则认为产业集聚能够减缓资源错配，反之则是加剧错配。

（一）变量说明

如表14-3所示，除核心自变量产业集聚度赫芬达尔指数外，本章还加入显著影响内涵型错配程度（记为τ）的其他控制变量：

表 14 – 3　变量统计性描述

	变量定义	观测值	均值	方差	最小值	最大值
因变量	错配程度（τ）	290	1.054	0.8682	0.1328	5.1833
自变量	产业集聚度（lnHHI）	290	2.6963	1.0435	0.6161	6.0495
	全要素生产率（lnTFP）	1979971	1.3881	1.1501	−9.0266	14.3427
	区域分工指数（N）	8792	0.7296	0.9154	0.0001	9.8183
	区域知识溢出（lnedu）	302	8.7589	2.1302	1.7918	12.9976
	人均 GDP（lnGDP）	309	9.2206	0.6393	7.7681	11.0356
	城市人口（lnpop）	2497	5.8197	0.7342	2.6596	8.8556
	本地市场效应（lnmp）	290	2.7112	1.5130	−0.9052	7.9507

资料来源：《中国工业企业数据库》《中国统计年鉴》《中国城市统计年鉴》《中国人口与就业统计年鉴》，笔者利用 Stata 计算。

1. 全要素生产率（记为 TFP）

对生产率的测算是很多实证研究的基础，回归中加入了通过 LP 方法计算得到的行业中个体企业的全要素生产率 TFP。它反映了生产过程中各种投入要素的单位平均产出水平，即投入转化为最终产出的总体效率。它除了反映技术进步外，还反映了有关物质生产的知识水平、管理技能、制度环境以及计算误差等因素，因此用 TFP 来控制个体差异对回归结果的影响。

2. 知识溢出（记为 edu）

知识溢出是产业集聚的重要特征，本章根据赵勇（2009）对知识溢出机制的分析，选择基于知识人才的知识溢出机制，控制劳动力结构差异。大学由于其明确的知识生产和扩散功能而被视为本地知识溢出的重要来源[①]，通过大学毕业生实现的大学向企业的知识溢出是一种间接的知识转移机制。同时，由于人力资本流动在一定程度上是一种区域现象，因此基于人力资本流动的知识溢出机制在很大程度上具有本地化特征。因此，本章利用《中国人口与就业统计年鉴》中的"各省份在校大学生人数"作为知识溢出的控制变量。

3. 区域分工指数（记为 N）

考虑到产业集聚能够促进分工深化，有助于改善资源错配，但分工程度受地区

[①]　根据 Hyeog（2004）的研究可知，人力资本从大学流向企业对日本制造业的生产力增长有很大的促进作用。Liefner 等（2003）认为，通过大学毕业生实现的知识转移能够促进发展中国家的技术升级。

发展程度影响较大，因此本章参考 Hummels 等（2001）和樊福卓（2011）的地区分工指数计算方法，以二位数产业和省份为标准，计算公式为：$N_{mn} = \sum_{r=1}^{m} N_i = \frac{1}{2} \sum_{r=1}^{m} (s'_i \sum_{i=1}^{n} (|s_{ir} - s_i|))$。其中，$s_{ir}$ 表示 r 地区的 i 行业产值占全国 i 行业产值的份额，s_r 表示 r 地区工业总产值占全国工业总产值的份额，n 为行业数量，m 为省份数量。该方法实现了区域分工研究地区路径分析和行业路径分析系统的统一，排除了地区分工差异对回归结果的影响。

4. 本地市场效应（记为 mp）

本地市场效应又叫作市场临近效应或市场规模效应，指企业对市场规模较大地区的偏好。本章借鉴 Harris（1954）的方法，用市场潜能作为本地市场效应的代理变量，计算公式为：$MP_r = \sum_{r \neq j} GDP_j / d_{rj} + GDP_j / d_{jj}$。其中，$GDP_j$ 为地区 j 的国内生产总值；d_{rj} 为地区 r 和地区 j 之间的距离，采用省会城市距离测度；d_{jj} 为各省级区域内部距离。市场潜能大的地区代表大市场地区。

除此以外，通过《中国统计年鉴》中的"省份人均 GDP"和《中国城市统计年鉴》中的"城市人口总数"，分别控制地区发展程度差异和劳动力数量差异，上述指标均作对数处理。

（二）结果分析

本章选用 1998～2007 年《中国工业企业数据库》的面板数据进行回归分析，从时间和截面构成的二维空间反映变量的变化特征和规律，并能够控制个体的异质性，运用 Driscoll 和 Kraay（1998）的方法对面板回归模型的异方差检验和自相关进行处理。在进行了 Hausman 检验后，选取面板年份固定效应回归模型。且为排除有可能存在的分类效应，使用面板 Tobit 估计进行对比，回归模型如下：

$$\tau = \alpha_0 + \alpha_1 S_{it} + \alpha_2 X_{rt} + d_t + \varepsilon_{irt} \qquad (14-19)$$

其中，S_{it} 代表 t 时期行业 i 的产业集聚及其相关变量，X_{rt} 代表地区 r 特征的其他控制变量，d_t 代表时间哑变量，ε_{irt} 为随机误差项。回归结果如表 14-4 所示。

由回归结果可以看出，不同错配情况下，产业集聚的资源错配效应是截然不同的：

当资本和劳动力配置均不足时（$\tau_{Ki} > 0$，$\tau_{Li} > 0$），产业集聚无法改善资源错

表14-4 产业集聚对资源错配的影响：不同错配程度视角

变量	内涵型错配类型							
	$\tau_{Ki}>0,\ \tau_{Li}>0$		$\tau_{Ki}>0,\ \tau_{Li}<0$		$\tau_{Ki}<0,\ \tau_{Li}<0$		$\tau_{Ki}<0,\ \tau_{Li}>0$	
	固定面板	面板 tobit	固定面板	面板 tobit	固定面板	面板 tobit	固定面板	面板 tobit
	(1)	(2)	(3)	(4)	(5)	(6)	(7)	(8)
lnHHI	0.5239***	0.5105***	0.0501***	0.0830***	-0.0021***	-0.1102***	-0.1755***	-0.0493***
	(0.0041)	(0.0022)	(0.0010)	(0.0010)	(0.0006)	(0.0005)	(0.0012)	(0.0009)
lntfp	0.0369***	0.0968***	-0.1980***	-0.2696***	0.0014***	-0.0102***	0.0030***	-0.0800***
	(0.0018)	(0.0014)	(0.0008)	(0.0008)	(0.0004)	(0.0004)	(0.0009)	(0.0009)
lnedu	-0.0389***	-0.0356***	-0.0373***	-0.0345***	0.0176***	0.0267***	-0.0297***	-0.0185***
	(0.0037)	(0.0030)	(0.0021)	(0.0020)	(0.0007)	(0.0006)	(0.0017)	(0.0015)
N	0.0338***	0.0724***	0.0360***	0.0181***	-0.0237***	-0.0334***	-0.0047***	-0.0120***
	(0.0027)	(0.0014)	(0.0011)	(0.0009)	(0.0005)	(0.0003)	(0.0013)	(0.0007)
lnmp	0.0014**	0.0020***	-0.0010***	-0.0002	-0.0002	0.0002*	0.0012***	0.0004
	(0.0006)	(0.0005)	(0.0003)	(0.0003)	(0.0001)	(0.0001)	(0.0003)	(0.0003)
lnGDP	0.0801***	0.1433***	0.0026	0.1748***	-0.1010***	-0.0706***	0.1706***	0.0648***
	(0.0220)	(0.0046)	(0.0099)	(0.0042)	(0.0036)	(0.0011)	(0.0088)	(0.0021)

续表

变量	内涵型错配类型							
	$\tau_{Ki} > 0$, $\tau_{Li} > 0$		$\tau_{Ki} > 0$, $\tau_{Li} < 0$		$\tau_{Ki} < 0$, $\tau_{Li} < 0$		$\tau_{Ki} < 0$, $\tau_{Li} > 0$	
	固定面板	面板 *tobit*	固定面板	面板 *tobit*	固定面板	面板 *tobit*	固定面板	面板 *tobit*
	(1)	(2)	(3)	(4)	(5)	(6)	(7)	(8)
lnpop	0.0151***	0.0171***	-0.0151***	-0.0073***	0.0128***	-0.0027***	-0.0576***	-0.0395***
	(0.0050)	(0.0029)	(0.0035)	(0.0025)	(0.0013)	(0.0007)	(0.0028)	(0.0014)
Constant	-0.4851**	-1.3037***	1.9376***	0.3247***	1.6271***	1.5593***	0.5578***	0.9497***
	(0.2072)	(0.0501)	(0.0957)	(0.0431)	(0.0344)	(0.0112)	(0.0838)	(0.0237)
年份固定效应	显著	显著	显著	显著	显著	显著	显著	显著
R-square	0.393	—	0.239	—	0.076	—	0.290	—
Wald 检验	—	0.0000	—	0.0000	—	0.0000	—	0.0000
Observations	239355	239355	545715	545715	674447	674447	367926	367926
Number of id	104977	104977	184033	184033	225746	225746	140125	140125

注：***、**、*分别表示在1%、5%、10%的水平上显著，括号内为标准差。
资料来源：《中国工业企业数据库》《中国统计年鉴》《中国城市统计年鉴》《中国人口与就业统计年鉴》，笔者利用 Stata 计算。

配，无论是固定面板模型还是 Tobit 模型的产业集聚弹性系数都高于0.5。资源配置不足时产业集聚的资源错配效应为正，可能的原因在于该产业并不具备新经济地理学文献中所提到的"第一性"（First Nature）优势（Krugman，1993），即集聚区形成的初始条件是具备区域比较优势，即使通过增加产业集聚度也难以合理分配有限资源，反而应当降低集聚度，减少因资源匮乏造成资源错配。

当资本配置不足而劳动力配置过度时（$\tau_{Ki} > 0$，$\tau_{Li} < 0$），产业集聚的资源错配效应也为正。这是由于资本匮乏使劳动力无法高效配置，久而久之造成劳动力低端锁定，难以吸引高层次人才。但值得注意的是，企业全要素生产率的提高能很好地改善资源错配。回归模型显示，全要素生产率的弹性系数接近 -0.2。除此以外，控制变量中的知识溢出起到明显的改善资源错配的作用。可见，提高劳动力素质、增加高技术劳动力是这种资源错配情况下的必要选择。

当资本和劳动力配置均过度时（$\tau_{Ki} < 0$，$\tau_{Li} < 0$），产业集聚对资源错配为减缓作用。产业集聚形成的空间溢出效应加速了资本和劳动力在不同地区间的流动，区域外部市场进入可能性的提高使外部经济的发展对一个地区经济的发展创造了良好的市场需求条件。产业集聚产生的规模效应使中心与外围腹地经济范围持续扩大，技术水平不断提高，在加速消化吸收冗余资源的同时改善资源错配。

当资源配置过度而劳动力配置不足时（$\tau_{Ki} < 0$，$\tau_{Li} > 0$），具备资本优势的产业能够通过资本吸引不断扩大集聚规模，而规模效应则能够形成"劳动力蓄水池"，并通过空间集聚构成合理的分工网络，吸引各个层次的人才，填补劳动力配置缺口。不断补充的劳动力又能反过来促进过剩资本的合理应用，起到改善资源错配的作用。因此，产业集聚也能在这种情况下减缓资源错配。

从总体上来看，产业集聚度增加对资本配置不足时并无益处，尤其在资本配置过度且劳动力配置不足的情况下，弹性系数高达0.5105，产业集聚的加剧错配效果十分明显。而与此相反，产业集聚对改善资本配置过度情况下的资源错配具有良好的作用效果，且在资本配置过度、劳动力不足的情况下更有利于改善内涵型资源错配，产业集聚系数为 -0.1755。可见，产业集聚对内涵型错配是否能发挥作用，关键在于资本配置是否充足，富余的资本才能更有效地吸收和配置劳动力，发挥产业集聚优势，优化资源配置，最大化产业集聚效果。

综上所述，产业集聚的资源错配效应并非线性：产业集聚的"资源配置效应"显著促进了集聚区内部的资源合理配置，改善资源错配，并有利于产业结构升级。但产业集聚所引发的"拥挤效应"却会加剧资源错配，造成环境污染、资本溢出、成本升高等问题，迫使企业实施区域转移（张可等，2014；周圣强，2013）。产业集聚的资源错配双重效应之所以会对资源配置产生截然不同的影响，除了其他影响因素之外，可能与产业集聚生命周期的不同发展阶段有关。为此，本章接下来将从产业集聚生命周期视角，进一步深入探讨产业集聚的资源错配效应。

四、产业集聚对资源错配的影响：集聚生命周期的视角

（一）门槛值估计

延续上文分析，继续从产业集聚的发展阶段来进行细化分类。与上一部分不同，对内涵型错配的区间划分可从资源配置不足和资源配置过度入手，不存在人为划分误差，但对产业集聚度的划分则需通过 Hansen（2000）发展的门槛模型，根据数据本身特点来内生地划分区间。本章从资源配置角度探寻集聚生命周期规律，将内涵型错配程度作为因变量，沿用上文的回归控制变量，以产业集聚度作为门槛变量，选取不同的产业集聚度逐一对模型进行估计并计算残差，残差平方和最小时所对应的产业集聚度即为门槛值。在此基础上，进一步通过"自抽样法"（Bootstrap）模拟 LM 检验 F 统计量的渐进分布临界值检验门槛效应是否存在。三门槛面板检验结果如表 14-5 所示。

表 14-5 门槛效应检验结果

模型	F 值	P 值	BS 次数	临界值		
				1%	5%	10%
单一门槛	1.7e+04***	0.000	300	84.513	67.582	58.357
双重门槛	1.5e+04***	0.000	300	-1.70E+04	-1.80E+04	-1.80E+04
三重门槛	-6.5e+03***	0.000	300	-1.20E+04	-1.30E+04	-1.30E+04

由门槛效应检验结果可以看出，搜索到第一个门槛值 $\ln HHI - 1$ 为 1.941，P值为 0.000，因此拒绝无门槛效应的假设。接下来固定第一个门槛值进一步检验模

型，得到第二个门槛值 $\ln HHI-2$ 为 2.588，仍然在 1% 的显著水平上拒绝无门槛效应假设，以此类推得到第三个门槛值 $\ln HHI-3$ 为 4.203。因此，产业集聚对资源错配存在三个门槛，且均通过了 1% 的显著性检验。门槛估计值如表 14-6 所示。

表 14-6   门槛估计值

		门槛估计值	95% 置信区间
单一门槛模型（g1）		1.941	[1.939，1.943]
双重门槛模型	Ito1（g1）	2.281	[2.278，2.284]
	Ito2（g2）	2.588	[2.582，2.594]
三重门槛模型（g3）		4.203	[4.203，4.203]

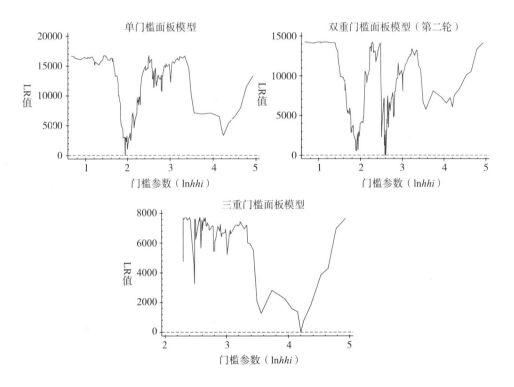

图 14-2   门槛变量似然比曲线

（二）产业集聚情况分析

由表 14-7 可以看出，总体上，我国平均产业集聚程度刚好跨过第一个产业

表 14 - 7　产业集聚对资源错配的影响：不同集聚程度视角

变量	集聚生命周期类型							
	lnhhi≤1.941		1.941<lnhhi≤2.588		2.588<lnhhi≤4.203		lnhhi>4.203	
	固定面板	面板 tobit	固定面板	面板 tobit	固定面板	面板 tobit	固定面板	面板 tobit
	(1)	(2)	(3)	(4)	(5)	(6)	(7)	(8)
$\ln HHI$	-0.0235***	-0.2627***	0.3230***	0.4742***	-0.2023***	-0.0829***	-0.3883***	-0.3188***
	(0.0010)	(0.0009)	(0.0037)	(0.0035)	(0.0028)	(0.0023)	(0.0055)	(0.0054)
$\ln tfp$	-0.0451***	-0.0857***	-0.0482***	-0.1133***	0.1077***	0.0591***	0.1194***	0.1338***
	(0.0003)	(0.0003)	(0.0006)	(0.0006)	(0.0010)	(0.0009)	(0.0040)	(0.0036)
$\ln edu$	0.0202***	0.0286***	-0.0061**	0.0287***	-0.0319***	-0.0409***	0.0225***	0.0118**
	(0.0008)	(0.0006)	(0.0027)	(0.0023)	(0.0031)	(0.0025)	(0.0052)	(0.0047)
N	-0.0365***	-0.0260***	-0.0652***	-0.0483***	0.0265***	0.0500***	0.0190***	0.0095***
	(0.0004)	(0.0003)	(0.0015)	(0.0009)	(0.0018)	(0.0010)	(0.0022)	(0.0018)
$\ln mp$	0.0005***	0.0015***	0.0010**	0.0024***	0.0028***	0.0025***	0.0007	0.0006
	(0.0001)	(0.0001)	(0.0004)	(0.0004)	(0.0005)	(0.0005)	(0.0009)	(0.0009)
$\ln GDP$	-0.0902***	-0.0220***	0.0448***	0.1451***	0.0935***	0.1274***	-0.2956***	-0.0261**
	(0.0036)	(0.0009)	(0.0146)	(0.0034)	(0.0155)	(0.0038)	(0.0388)	(0.0105)

续表

变量	集聚生命周期类型							
	lnhhi≤1.941		1.941<lnhhi≤2.588		2.588<lnhhi≤4.203		lnhhi>4.203	
	固定面板	面板 tobit	固定面板	面板 tobit	固定面板	面板 tobit	固定面板	面板 tobit
	(1)	(2)	(3)	(4)	(5)	(6)	(7)	(8)
lnpop	0.0087***	-0.0041***	0.0022	-0.0339***	-0.0207***	-0.0408***	-0.0072	-0.0058
	(0.0013)	(0.0006)	(0.0044)	(0.0023)	(0.0046)	(0.0024)	(0.0103)	(0.0065)
Constant	1.5464***	1.3306***	0.4757***	-1.0278***	1.3855***	0.9281***	4.6487***	2.0157***
	(0.0342)	(0.0100)	(0.1395)	(0.0389)	(0.1484)	(0.0426)	(0.3664)	(0.1064)
年份固定效应	显著	显著	显著	显著	显著	显著	显著	显著
R–square	0.101	—	0.185	—	0.178	—	0.332	—
Wald 检验	—	0.0000	—	0.0000	—	0.0000	—	0.0000
Observations	878760	878760	477598	477598	431878	431878	39207	39207
Number of id	308444	308444	219563	219563	184922	184922	16450	16450

注：***、**、*分别表示在1%、5%、10%的水平上显著，括号内为标准差。

资料来源：《中国工业企业数据库》《中国统计年鉴》《中国城市统计年鉴》《中国人口与就业统计年鉴》，笔者利用 Stata 计算。

集聚门槛，产业集聚的开始出现资源配置效率降低的情况。其中，47.45%的企业仍然处于产业集聚初期，未达到第一个产业集聚门槛程度，产业集聚能起到合理资源配置的作用；26.03%的企业处于产业集聚成长期，产业集聚的负影响转为正影响；24.12%的企业处于产业集聚的第三阶段，产业集聚已形成一定规模，稳定的集聚区内配置资源的方式也较为合理；仅2.40%的企业突破第三个门槛值，达到产业集聚的鼎盛阶段。

（三）实证分析

以内涵型错配程度为因变量的固定面板回归模型中检验得出三个产业集聚门槛值，将产业集聚划分为四个生命周期的不同阶段。产业集聚与内涵型错配程度的线性关系如图14-3所示，拟合直线在门槛值前后的变化趋势截然不同，门槛效应确实存在。然而，无论是产业集聚还是资源错配，都受诸多因素的影响，因此简单的线性拟合显然是不够准确的。本章仍然通过固定面板回归和面板tobit

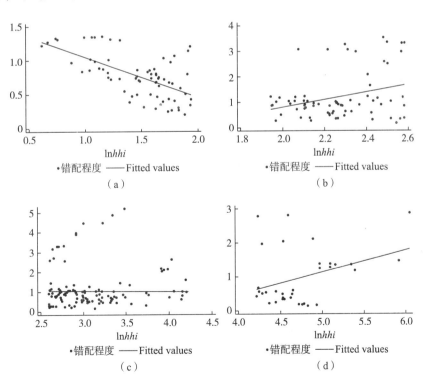

图14-3　产业集聚与内涵型错配程度的关系

回归相对比的方式，将不同产业集聚区间内产业集聚与内涵型错配程度的相关关系进行分析，解析产业集聚的资源错配效应。回归结果如表 14-8 所示。

表 14-8　产业集聚分布描述

集聚程度	观察值	中位数	平均数	方差	偏度	峰度
总体	2047803	1.9846	2.0935	0.7146	0.8100	3.9460
lnhhi≤1.941	971688	1.4887	1.4100	0.1290	−0.5600	2.2654
1.941＜lnhhi≤2.588	533090	2.2224	2.2352	0.0353	0.3316	1.9861
2.588＜lnhhi≤4.203	493861	2.8889	3.0328	0.1953	1.2507	3.5861
lnhhi＞4.203	49164	4.6205	4.6321	0.1144	1.4298	6.2713

资料来源：《中国工业企业数据库》，笔者利用 Stata 计算。

集聚萌芽期：在产业集聚的最初阶段（lnHHI≤1.941），从图 14-3（a）可以看出，产业集聚和内涵型错配程度相关关系的拟合直线斜率小于零，且斜率较大，两者有显著的负相关关系，固定面板与面板 tobit 的回归结果也表明了这点。产业集聚弹性系数均小于零，表明产业集聚在集聚初期能有效改善资源错配，有助于资本、劳动力等传统资源"第一性"优势的发挥，提高资源配置效率。此时产业集聚的资源错配效应为负。

集聚成长期：跨过第一个门槛点后来到产业集聚的第二个阶段（1.941＜lnHHI≤2.588），由图 14-3（b）可以看出，产业集聚与内涵型错配程度转变为正相关关系。模型（2）、模型（3）的弹性系数也均超过 0.3，表明随着集聚程度的提高，错配程度也提高，产业集聚对内涵型错配有加剧作用，资本和劳动力难以迅速配置到效率最高的行业从而产生错配。但由门槛回归结果可知，第二个门槛值和第三个门槛值之间仅存在 0.647 的差距，因此，应当坚定产业集聚的路线，直至产业集聚和有效市场共同发挥其配置功能，降低错配程度。

集聚成熟期：到达第三个产业集聚阶段（2.588＜lnHHI≤4.203），产业集聚与资源错配相关关系又发生转变。与图 14-3（c）的拟合直线较为平缓的斜率不同，在这一阶段回归中，固定面板模型（5）的产业集聚系数达到 −0.2023，产业集聚对资源错配有明显的改善效果。跨过成长期的摸索阶段后，资源配置开始向更合理、效率更高的方向发展，加入地区控制变量后改善效果增强，说明产业集聚也通过与其他控制变量之间产生协同作用，与地区发展相互依托，相辅相成不断发挥正向经济效应，成为地区发展的动力。

集聚鼎盛期：跨越第三个门槛点后的区间，大型国际性企业集聚，集聚区成为该产业的全国乃至世界级中心。值得注意的是，如图14-3（d）所示，随着产业集聚程度的不断加深，资源错配愈演愈烈，拟合直线斜率大于零，两者呈正相关。但加入控制变量后，模型（7）、模型（8）的回归结果却呈现出与图形截然相反的结果，产业集聚的正影响将达到前所未有的高度，影响系数超过 -0.3，地区发展对产业集聚的承载作用更加明显。

除此以外，到达产业集聚的第三、第四阶段后，个人控制变量 $lntfp$ 不再具备改善资源错配的能力，而城市规模变量 $lnpop$ 和地区发展程度变量 $lnGDP$ 则有明显的改善资源错配的效果。由此可见，从资源配置的角度来看，产业高度集聚地区资源利用率的提高需要依赖地区经济水平的发展和城市规模的扩大，单纯增加产业集聚度并不能产生良好的经济效应。换言之，若集聚地不能与当地经济发展形成共生作用，那过度集聚所造成的极化效应有可能使劳动力由于集聚引至的生活成本升高而远离集聚区，结构效应也会由于循环因果链作用，使发达地区必然吸收落后地区的稀缺资源，加剧资源错配现状。当过分强调效率而产生资源配置不当，资源错配情况被加剧时，集聚规模扩大也会就此停止。由此可见，我国产业集聚还有相当大的发展空间，资源配置的合理性也能进一步提升，产业集聚的经济效应还能发挥更大的作用。

五、产业集聚对资源错配的影响：内涵型错配类型与集聚生命周期相结合的视角

（一）数据说明

本章第二部分将资源错配分为四种不同类型，第三部分又将产业集聚区分出四个生命周期的不同阶段，接下来本章将不同资源错配类型和不同产业集聚阶段综合，分年份将工业企业数据库中的行业进一步划分为16种集聚错配类型。由表14-9中的四个年份对比可以看出，总体上，处于产业集聚萌芽期（1区间）时，各种类型的资源错配都可能出现，其中资本劳动力均配置不足时错配程度最为严重；处于产业集聚成长期（2区间）时，各种类型的内涵型错配都更加严

重，错配程度数值比萌芽期时大幅增大；集聚程度来到成熟期（3 区间）后，错配情况有所好转，错配程度数值不同程度减小；集聚程度到达鼎盛期（4 区间）后，较少出现资本配置不足的情况，而劳动力配置不足则较为严重，资本配置不足而劳动力配置过度的情况从未在此区间出现。在接下来的分析中，本章将对 16 种集聚错配类型进行聚类，更为合理地分析产业集聚下资源错配的情况。

表 14 – 9　16 种集聚错配类型企业平均错配程度

编号	1998 年	2001 年	2004 年	2007 年
1 – A	0.4988	Null	0.2811	0.4322
1 – B	0.8588	0.8525	0.5897	0.4269
1 – C	1.2634	1.1105	1.0311	0.9857
1 – D	0.6953	0.2907	0.7367	0.8029
2 – A	1.2220	1.4884	Null	Null
2 – B	1.9149	1.8293	3.0601	1.9833
2 – C	0.8860	0.8792	0.6268	0.8369
2 – D	1.0169	1.0407	1.4136	0.9211
3 – A	1.4542	0.6564	0.9804	1.2740
3 – B	0.8475	0.8547	1.3144	0.9755
3 – C	Null	0.5833	1.0537	Null
3 – D	1.0080	0.9093	0.7488	1.0221
4 – A	Null	Null	2.8109	Null
4 – B	Null	Null	Null	Null
4 – C	0.3131	0.6676	0.4275	Null
4 – D	0.8302	0.5790	Null	0.2221

注：编号中 1、2、3、4 分别表示集聚程度由低到高的四个区间。A 代表资本劳动力配置均不足，B 代表资本配置不足、劳动力配置过度，C 代表资本劳动力配置均过度，D 代表资本配置过度、劳动力配置不足。

资料来源：《中国工业企业数据库》，笔者利用 Stata 计算。

（二）单因素面板数据聚类分析

为继续沿用分类分析的思想，本章引用朱建平（2007）对面板数据聚类的做法，对 16 种集聚错配类型进行分类。针对集聚错配样本的面板数据特点，选择系统聚类法进行聚类分析。系统聚类法取决于样品间距离及类间距离，其中 Ward 法能够使同类样品的离差平方和较小，而不同类别间的离差平方和较大。这种计算方法放弃了在一切分类中求极小值的要求，而是寻找局部最优解，因而较多采用 Ward 法对面板数据进行分析，分类效果较好。$x_i(t)$ 的方差函数为：

$$var_x(t) = \frac{1}{N-1} \sum_{i=1}^{N} \left[x_i(t) - \bar{x}(t) \right]^2, 0 \leq t \leq T。$$

Ward 法要求样品间距离为欧式距离，本章将内涵型错配程度作为聚类标准，根据面板数据的非连续性特征，选择引入时间变量的欧式距离计算数据相似性，面板数据欧式距离计算公式为：$d_{ij} = \sqrt{\sum_{t=1}^{T} (ML_{i,t} - ML_{j,t})^2}$，距离越远 d_{ij} 越大。根据上述方法进行聚类分析，所得 16 种集聚错配类型的聚类树如图 14 - 4 所示。

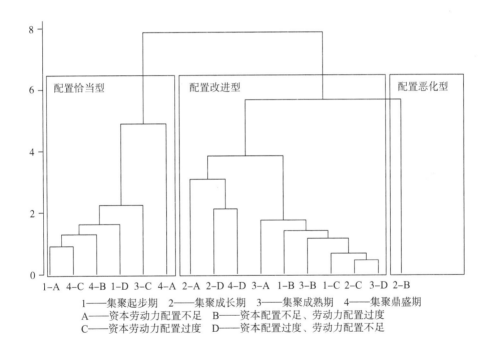

图 14 - 4　1998~2007 年 16 类集聚错配类型聚类树型图

从聚类树来看，由左至右错配程度不断增大，可将聚类树分为三类，这种分类最为贴合正态分布，适宜于分析产业集聚对总体制造业的作用效果。第一类因其错配程度最轻，可将其称为配置恰当型：该类型包含除集聚成长期外的三个集聚阶段，其中集聚鼎盛期三种错配类型行业位于，平均集聚程度也较高，此外也包含不同集聚阶段的四种不同的错配类型，可见资源配置的合理状态并非由内涵型错配类型直接决定，而应不断提升集聚程度，再根据自身集聚情况调整资本与劳动力配置比例，才能跻身配置恰当区域。第二类情况覆盖面较广，资源错配虽已影响较大但仍存在改善可能，因此命名为配置改进型：可以清晰地看出，该类型左侧的平均集聚程度高于右侧，是否能通过产业集聚改善错配，我们将通过回归分析证明。第三种分类的错配情况最为严重，我们将其称为配置恶化型：根据本章前面的分析可知，当产业集聚处于成长期时产业集聚会加剧内涵型错配，当资本配置不足且劳动力配置过度时加剧情况最为严重，这类错配恰好是这两种情况的综合，显现了产业集聚对资源错配表现出最不利的一面。

从集聚错配类型分类回归的结果（见表 14 – 10）来看，产业集聚对处于聚类树中间数量最为众多的配置改进型错配情况具有改善作用（产业集聚的弹性系数为 – 0.0217），且通过 1% 的显著性检验，作用效果明显，产业集聚能大范围地作用于内涵型错配的各种情况。对资源错配情况较轻的配置恰当型错配情况，产业集聚虽然无法直接改善错配（弹性系数为 0.0124），但控制变量中 $\ln GDP$ 达到 – 0.1073，表明针对平均集聚程度已经较高的高集聚度配置恰型行业，产业集聚并没有表现出对错配的改善效果，但地区发展对资源错配则能起到明显的作用，这一结论与上一部分分析类似，高集聚度的企业应当更加重视地区与产业的协调发展。针对配置恶化型，则更无法通过产业集聚加以改善，产业集聚的弹性系数高达 0.3530，加剧效果十分明显，这一结论恰好印证了本章上两部分的观点。控制变量 $\ln tfp$ 的弹性系数为 – 0.1226，表示对错配改善效果较好，因此，这一类企业应当重视全要素生产率的提高；同时，劳动力素质的提高（$\ln tfp$）和产业分工的深化（N）也能对改善错配起到良好的效果。

表 14 – 10　产业集聚对资源错配的影响：不同错配程度视角

	错配程度类型					
	配置恰当型		配置改进型		配置恶化型	
回归方法	固定面板	面板 tobit	固定面板	面板 tobit	固定面板	面板 tobit
	（1）	（2）	（3）	（4）	（5）	（6）
$\ln HHI$	0.0124 ***	0.0334 ***	– 0.0217 ***	– 0.0087 ***	0.3530 ***	0.4741 ***
	(0.0011)	(0.0007)	(0.0007)	(0.0006)	(0.0043)	(0.0045)

续表

回归方法	错配程度类型					
	配置恰当型		配置改进型		配置恶化型	
	固定面板 （1）	面板 tobit （2）	固定面板 （3）	面板 tobit （4）	固定面板 （5）	面板 tobit （6）
lntfp	0. 0050 *** （0. 0006）	− 0. 0465 *** （0. 0005）	0. 0347 *** （0. 0004）	0. 0073 *** （0. 0004）	− 0. 1226 *** （0. 0011）	− 0. 2830 *** （0. 0016）
lnedu	0. 0058 *** （0. 0014）	− 0. 0031 *** （0. 0011）	− 0. 0072 *** （0. 0014）	− 0. 0059 *** （0. 0011）	− 0. 0257 *** （0. 0026）	0. 0025 （0. 0027）
N	− 0. 0012 * （0. 0007）	0. 0090 *** （0. 0004）	0. 0016 ** （0. 0007）	0. 0019 *** （0. 0004）	− 0. 0138 *** （0. 0019）	− 0. 0721 *** （0. 0014）
lnmp	− 0. 0019 *** （0. 0002）	− 0. 0023 *** （0. 0002）	0. 0007 *** （0. 0002）	0. 0008 *** （0. 0002）	0. 0007 * （0. 0004）	0. 0020 *** （0. 0005）
lnGDP	− 0. 1073 *** （0. 0066）	0. 0116 *** （0. 0017）	− 0. 0205 *** （0. 0066）	0. 0505 *** （0. 0017）	0. 0252 ** （0. 0119）	0. 1835 *** （0. 0055）
lnpop	0. 0046 *** （0. 0017）	0. 0071 *** （0. 0010）	− 0. 0478 *** （0. 0024）	− 0. 0320 *** （0. 0012）	− 0. 0084 * （0. 0045）	− 0. 0001 （0. 0034）
$Constant$	1. 6090 *** （0. 0618）	0. 5984 *** （0. 0183）	1. 6694 *** （0. 0634）	0. 8925 *** （0. 0190）	1. 3050 *** （0. 1176）	− 0. 8669 *** （0. 0579）
年份固定效应	显著	显著	显著	显著	显著	显著
R − square	0. 496	—	0. 050	—	0. 556	—
Wald 检验	—	0. 0000	—	0. 0000	—	0. 0000
Observations	260756	260756	1388462	1388462	178225	178225
Number of id	123280	123280	454538	454538	97432	97432

　　综合上文分析可以看出，①处于产业集聚成长期的行业，由于政府采取补贴优惠政策不断引导集聚，从而会补充资本和劳动力，因而 A 类错配程度较低。但由于我国资源分布不均，大量资本集聚在东部地区，广大中西部地区资本较为匮乏且劳动力相对充沛，因此占据我国制造业接近半数集聚萌芽期的行业，会由于资本配置不足而劳动力配置过度出现较为严重的资源错配情况。②随着集聚逐渐成形，产业集聚进入摸索阶段的成长期，产业集聚因其正外部效应而较易获得投资和获得贷款，集聚所形成的劳动力池也能有效吸引外来务工人员加入。但无论是资本配置还是劳动力配置，都容易趋向利润率最高的产业流动而忽略利用率，

扎堆式集聚造成的昂贵地价、过度拥挤、污染和交通不便等离心力造成错配程度不断增高，尤其是出现资本配置不足而劳动力配置过度的情况时，错配程度大大高于其他集聚错配类型，若不合理产业集聚结构、完善产业链、避免低端锁定和同质竞争，并以更成熟的产业集聚为目标，将很难提高资源利用率和生产效率。③产业集聚进入成熟期后，资本和劳动力均配置充足的行业由于地区对产业集聚的承载作用，资本、劳动力均配置不足的行业仍然能迅速通过地区经济发展的吸引力而迅速得到调整，因而错配程度也较低。但资本和劳动力配置不平衡时，错配则较为严重，尤其是资本配置充分而劳动力配置存在缺口时，劳动力流动速度无法跟上资本流动速度，会出现严重的内涵型错配。④产业集聚鼎盛期时错配程度较其他三类集聚有明显好转，较易产生高度集聚的产业，如资本密集型与知识密集型产业，容易与集聚所在地区相互形成依托，相互促进资源配置效率的提高，因而错配程度普遍较小。但值得注意的是，高度集聚的产业通常以充足的资本为前提，且对劳动力的数量和质量都有较高要求，容易出现劳动力不足的情况，D 类错配相对严重，因此，亟须提高劳动力素质，加速劳动力在集聚区内外流动来解决这一错配问题。由聚类分析结果可知，产业集聚对资源有效配置的影响十分深远，只有不断深化产业集聚形式，拓展产业集聚覆盖面，才能将资源错配程度降至最低而资源配置效率达到最高。

六、结 语

综合本章对产业集聚的资源错配效应研究，可以得出以下三点结论：①对内涵型错配细分后的研究发现，产业集聚度增加对资本配置不足时并无益处，资本配置不足且劳动力配置过度时集聚负效应最为明显，弹性系数达到 0.5239。而产业集聚对资本配置过度情况具有改善效果，产业集聚在资本配置过度且劳动力配置不足时最具正效应，弹性系数为 -0.1755。②将产业集聚程度由低到高划分为生命周期的四个不同阶段分析得出，第一阶段产业集聚对内涵型错配的正效应明显（-0.0235），第二阶段集聚效应由正转负（0.3230），第三阶段继续发挥产业集聚的正向影响（-0.2023），第四阶段产业集聚对内涵型错配的改善效果达到最高（-0.3883）。③将集聚四个阶段和内涵型错配类型交互分类，16 种集聚错配类型的聚类分析结果表示，大多处于配置恰当型的产业，集聚鼎盛期错配情况最轻，但容易出现资本配置过度而劳动力配置不足。而配置恶化型的产业，集聚成长期且资本配置不足、劳动力配置过剩时资源错配情况最为严重。产业集聚对绝大多数处于聚类树中部的配置改进型有改善效果，影响系数为 - 0.0217。中国特殊的经济发展历程使中国的资源错配现象比成熟的市场经济国家更为严重。针对其内涵型错配程度，并结合我国总体产业集聚情况进行总结分析，本章提出以下对策建议：

第一，以资源最优配置为导向的集聚政策。内涵型资源错配有多种不同类型，产业集聚对不同类型的错配形式影响不一，为发挥产业集聚的正效应且避免负效应，资本配置过度且劳动力配置过度的行业以及资本配置不足而劳动力配置过度的行业，应当尽可能增加集聚程度，通过产业集聚改善资源错配。而对资本配置不足且劳动力配置不足的行业，以及资本配置过度而劳动力配置不足的行业，应谨慎选择厂址，避免过度集聚造成的资源错配问题加重。政府也应根据自身产业发展情况和当地资源配置情况，适时合理引导有效产业集聚，既做减法，又做加法，减少无效和低端资源配置，扩大有效和中高端资源配置，避免扎堆式低层次集聚造成的资源配置不合理，与此同时，注重产业结构的优化提升，地区产业合理规划，产业集聚优势发展。

第二，以集聚发展周期为依据的产业政策。产业集聚可划分为四个不同的生命周期阶段，初始阶段具有很强的正向经济效应，能够优化资源配置，经历第二阶段短暂的负向影响后，又能在第三阶段继续改善资源错配，并在第四阶段达到规模经济效应的新高度，与地区形成依托，源源不断地为经济发展输送动力。我国企业将近半数仍然处于产业集聚初级阶段，且仅有不到5%到达产业集聚的最高程度，发展潜力仍然巨大。必须坚定不移地在适合的资源配置区域，不断扩大产业集聚范围，加强周边设施配套，丰富产业种类，完善产业链构建，打造世界级产业集聚核心区，在此基础上坚持推进新型城镇化建设，加强部门与地方产业政策联动，点面结合，统筹推进产业集聚进程，补齐集聚发展短板，将产业集聚的经济效应发挥至最大。

第三，以统筹效率提升为目标的发展规划。将产业集聚区间与资源错配类型交互分为16种类型后的聚类结果显示，产业集聚处于成长期时较易出现严重的资本配置不足而劳动力配置过度的情况，这与我国当前大部分地区产业集聚和经济发展的形势相符合。产业发展受阻、错配情况严重、生产效率低下，亟须坚持政府主导下的合理规划，集中有限资本，在提高集聚程度的同时有效利用资源。

转移资本密集程度高、劳动力缺口大的行业至中西部地区，引流资本同时配置剩余劳动力。东部地区处于产业集聚鼎盛期的行业资源错配情况普遍较轻，但高端劳动力配置不足仍然阻碍行业发展，因此，开放户籍政策，加快劳动力在地区间流动仍然是当前劳动力政策的重点，土地、财政、住房等相关劳动力政策和改革举措应当形成合力，全方位统筹规划，转变当前资源错配的现状，提升全要素生产率。

参考文献

［1］ Ahlfeldt G M, Feddersen A. From Periphery to Core： Measuring Agglomeration Effects Using High – speed Rail ［R］. Serc Discussion Papers, 2015.

［2］ Alcácer J. Location Choices across the Value Chain： How Activity and Capability Influence Collocation ［J］. Management Science, 2006, 52 （10）： 1457 – 1471.

［3］ Alonsovillar O. Urban Agglomeration： Knowledge Spillovers and Product Diversity ［J］. Annals of Regional Science, 2002, 36 （4）： 551 – 573.

［4］ Alvarez R. Explaining Export Success： Firm Characteristics and Spillover Effects ［J］. World Development, 2007, 35 （3）： 377 – 393.

［5］ Amiti M, Freund C. The Anatomy of China's Export Growth. //China's Growing Role in World Trade ［M］. University of Chicago Press, 2010.

［6］ Anderson T W, Hsiao, et al. Estimation of Dynamic Models with Error Components ［J］. Publications of the American Statistical Association, 1981, 76 （375）： 598 – 606.

［7］ Andersson F, Forslid R. Tax Competition and Economic Geography ［J］. Journal of Public Economic Theory, 2010, 5 （2）： 279 – 303.

［8］ Anderton B, Brenton P. Outsourcing and Low – skilled Workers in the UK ［J］. Bulletin of Economic Research, 1999, 51 （4）： 267 – 285.

［9］ Anselin L, Varga A, Acs Z J. Geographic and Sectoral Characteristics of academic Knowledge Externalities ［J］. Papers in Regional Science, 2010, 79 （4）： 435 – 443.

［10］ Antonietti R, Cainelli G. The Role of Spatial Agglomeration in a Structural Model of Innovation, Productivity and Export： A Firm – level Analysis ［J］. Annals of Regional Science, 2011, 46 （3）： 577 – 600.

[11] Arellano M, Bond S. Some Tests of Specification for Panel Data: Monte Carlo Evidence and an Application to Employment Equations [J]. Review of Economic Studies, 1991, 58 (2): 277 – 297.

[12] Arrow K J. The Economic Implications of Learning by Doing [J]. Review of Economic Studies, 1962, 29 (3): 155 – 173.

[13] Balasubramanyam V N, Salisu M, Sapsford D. Foreign Direct Investment and Growth in EP and IS Countries [J]. Working Papers, 1996, 106 (434): 92 – 105.

[14] Baldwin J R, Caves R E. International Competition and Industrial Performance: Allocative Efficiency, Productive Efficiency and Turbulence [J]. Analytical Studies Branch Research Paper, 1997.

[15] Baldwin R E, Okubo T. International Trade, Offshoring and Heterogeneous Firms [J]. Review of International Economics, 2014, 22 (1): 59 – 72.

[16] Baldwin R, Krugman P. Agglomeration, Integration and Tax Harmonization [J]. European Economic Review, 2000, 48 (1): 1 – 23.

[17] Baldwin R. Heteroeneous Firms and Trade: Testable and Untestable Properties of the Melitz Model, NBER Working Papers No. 11471, 2005.

[18] Banerjee A V, Moll B. Why Does Misallocation Persist? [J]. American Economic Journal Macroeconomics, 2010, 2 (1): 189 – 206.

[19] Banerjee A V, Newman A F. Poverty, Incentives and Development [J]. American Economic Review, 1994, 84 (84): 211 – 215.

[20] Basu P, Guariglia A. Foreign Direct Investment, Inequality and Growth [J]. Journal of Macroeconomics, 2007, 29 (4): 824 – 839.

[21] Batty M. New Ways of Looking at Cities [J]. Nature, 1995, 377 (6550): 574.

[22] Baumol W J. Business Behavior, Value and Growth [M]. Macmillan, New York, NY, 1959.

[23] Baumont C, Ertur C, Gallo J L. Spatial Analysis of Employment and Population Density: The Case of the Agglomeration of Dijon 1999 [J]. Geographical Analysis, 2004, 36 (2): 146 – 176.

[24] Bański J. Dilemmas for Regional Development in the Concepts Seeking to

Develop Poland's Spatial Structure [J]. Regional Studies, 2010, 44 (5): 535 – 549.

[25] Beaudry C, Breschi S. Are firms in clusters really more innovative? [J]. E-conomics of Innovation & New Technology, 2003, 12 (4): 325 – 342.

[26] Beaudry C, Schiffauerova A. Who's right, Marshall or Jacobs? The localization versus urbanization debate [J]. Research Policy, 2009, 38 (2): 318 – 337.

[27] Behrens K, Thisse J F. Agglomeration versus product variety: Implications for regional inequalities [J]. Journal of Regional Science, 2010, 46 (5): 867 – 880.

[28] Beise – Zee R, Rammer C. Local User – Producer Interaction in Innovation and Export Performance of Firms [J]. Small Business Economics, 2006, 27 (2/3): 207 – 222.

[29] Bernard A B, Schott P K. The margins of US trade [J]. Cep Discussion Papers, 2009, 99 (2): 487 – 493.

[30] Besedeš T, Prusa T J. Product Differentiation and Duration of US Import Trade [J]. Journal of International Economics, 2006, 70 (2): 339 – 358.

[31] Besedeš T, Prusa T J. The Role of Extensive and Intensive Margins and Export Growth [J]. Journal of Development Economics, 2007, 96 (2): 371 – 379.

[32] Besussi E, Cecchini A, Rinaldi E. The Diffused City of the Italian North – East: Identification of Urban Dynamics Using Cellular Automata Urban Models [J]. Computers Environment & Urban Systems, 1998, 22 (5): 497 – 523.

[33] Bhat S, Narayanan K. Technological Efforts, Firm Size and Exports in the Basic Chemical Industry in India [J]. Oxford Development Studies, 2009, 37 (2): 145 – 169.

[34] Bilbao – Ubillos J. The Spatial Variable in the Recent Configuration of the Value Chain in the European Automotive Industry [J]. Tijdschrift voor Economische en Sociale Geografie, 2010, 101 (3): 357 – 363.

[35] Borck R, Pflüger M. Agglomeration and Tax Competition [J]. European Economic Review, 2006, 50 (3): 647 – 668.

[36] Boso N, Story V M, Cadogan J W, et al. Firm Innovativeness and Export Performance: Environmental, Networking and Structural Contingencies [J]. Journal of International Marketing, 2013, 21 (4): 62 – 87.

[37] Bowen W M, Atlas M, Lee S. Industrial Agglomeration and the Regional Scientific Explanation of Perceived Environmental Injustice [J]. Annals of Regional Science, 2009, 43 (4): 1013 – 1031.

[38] Brandt L, Thun E. Going Mobile in China: Shifting Value Chains and Upgrading in the Mobile Telecom Sector [J]. International Journal of Technological Learning Innovation & Development, 2013, 4 (1): 148 – 180.

[39] Brotchie J F. Fast Rail Networks and Socio – Economic Impacts [A]. Brotchie J F. Cities of the 21st century: New technologies and spatial systems [C]. NewYork: Longman Cheshire, 1991.

[40] Brouwer E, Kleinknecht A. Technology and A Firm's Export Intensity: The Need for Adequate Innovation Measurement [J]. Konjunkturpolitik, 1993, 39 (5): 315 – 325.

[41] Buch C M, Kesternich I, Lipponer A, et al. Exports Versus FDI Revisited: Does Finance Matter? [J]. Discussion Paper, 2010.

[42] Cai H, Liu Q. Competition and Corporate Tax Avoidance: Evidence from Chinese Industrial Firms [J]. Economic Journal, 2010, 119 (537): 764 – 795.

[43] Carlos M, Sousa P. Export Performance Measurement: An Evaluation of the Empirical Research in the Literature [J]. Academy of Marketing Science Review, 2004 (9): 1 – 22.

[44] Casey W L. Foreign Direct Investment as an Engine of Economic Development [J]. Advances in Competitiveness Research, 2006, 14 (1): 1 – 15.

[45] Cell C P. Deurbanization in China: Urban – rural Contradiction [J]. Bulletin of Concerned Asian Scholars, 1979, 11 (1): 62.

[46] Centre O D. Production Linkages, Clusters and Global Value Chains: Seeking Answers for SMEs [J]. Sourceoecd Development, 2012 (21): 152 – 173 (22).

[47] Chadha A. Product Cycles, Innovation and Exports: A Study of Indian Pharmaceuticals [J]. World Development, 2009, 37 (9): 1478 – 1483.

[48] Chan K W. Cities with Invisible Walls: Reinterpreting Urbanization in Post – 1949 China [M]. Hong Kong: Oxford University Press, 1994.

[49] Chaney T. Distorted gravity: The Intensive and Extensive Margins of Inter-

national Trade [J]. The American Economic Review, 2008, 98 (4): 1707 – 1721.

[50] Charlot S. Agglomeration and Welfare: The Core – periphery Model in the Light of Bentham, Kaldor and Rawls [J]. Journal of Public Economics, 2006, 90 (1 – 2): 325 – 347.

[51] Chen C L. Reshaping Chinese Space – economy Through High – speed Trains: Opportunities and Challenges [J]. Journal of Transport Geography, 2012, 22 (2): 312 – 316.

[52] Chen G, Silva J D A E. Regional Impacts of High – speed rail: A Review of Methods and Models [J]. Transportation Letters, 2013, 5 (3): 131 – 143.

[53] Chen L, De Lombaerde P. China Moving up the Value Chain: What Can be Learned from the Asian NICs? [J]. International Area Studies Review, 2013, 16 (4): 407 – 430.

[54] Chen W C. Innovation and Duration of Exports [J]. Economics Letters, 2012, 115 (2): 305 – 308.

[55] Chen W C. The Extensive and Intensive Margins of Exports: The Role of Innovation [J]. World Economy, 2013, 36 (5): 607 – 635.

[56] Cheng Y S, Loo B P Y, Vickerman R. High – speed Rail Networks, Economic Integration and Regional Specialisation in China and Europe [J]. Travel Behaviour & Society, 2015, 2 (1): 1 – 14.

[57] Chew Ging Lee. Foreign Direct Investment, Pollution and Economic Growth: Evidence from Malaysia [J]. Applied Economics, 2009, 41 (13): 1709 – 1716.

[58] Ciccone A, Hall R E. Productivity and the Density of Economic Activity [J]. American Economic Review, 1996, 86 (1): 54 – 70.

[59] Clark C. Transport: Maker and Breaker of Cities [J]. Town Planning Review, 1958, 28 (4): 237 – 250.

[60] Clegg J. Technological Innovation and Third World Multinationals (book reviews) [J]. Business History, 1994 (10).

[61] Combes P P, Duranton G, Overman H G. Agglomeration and the Adjustment of the Spatial Economy [J]. Papers in Regional Science, 2010, 84 (3): 311 – 349.

［62］Combes P P. Economic Structure and Local Growth: France, 1984 – 1993 ［J］. Journal of Urban Economics, 2000, 47 (3): 329 – 355.

［63］Coulibaly S. Empirical Assessment of the Existence of Taxable Agglomeration Rents ［R］. Working Paper DEEP no. 08. 01. , 2008.

［64］Cox D R. Regression Models and Life – Tables ［M］. Breakthroughs in Statistics. Springer New York, 1992: 187 – 220.

［65］Crestanello P, Tattara G. Industrial Clusters and the Governance of the Global Value Chain: The Romania – Veneto Network in Footwear and Clothing ［J］. Regional Studies, 2011, 45 (2): 187 – 203.

［66］Dai N, Hatoko M. Reevaluation of Japanese High – speed Rail Construction: Recent Situation of the North Corridor Shinkansen and Its Way to Completion ［J］. Transport Policy, 2007, 14 (2): 150 – 164.

［67］Dalenberg D R, Partridge M D. Public Infrastructure and Wages: Public Capital's Role as a Productive Input and Household Amenity ［J］. Land Economics, 1997, 73 (2): 268 – 284.

［68］De Beule F, Van Beveren I. Does Firm Agglomeration Drive Product Innovation and Renewal? ［J］. Social Science Electronic Publishing, 2011, 103 (4): 457 – 472.

［69］Demurger S. Economic Opening and Growth in China ［R］. Organization for Economic Cooperation and Development (OECD): Paris, 2000.

［70］Deng Z, Guo H, Zhang W, et al. Innovation and Survival of Exporters: A Contingency Perspective ［J］. International Business Review, 2014, 23 (2): 396 – 406.

［71］Dipietro W R, Anoruo E. Creativity, Innovation and Export Performance ［J］. Journal of Policy Modeling, 2009, 28 (2): 133 – 139.

［72］Djankov S, Freund C. Trade Flows in the Former Soviet Union, 1987 to 1996 ［J］. Journal of Comparative Economics, 2002, 30 (1): 76 – 90.

［73］Dong X Y, Putterman L. Prereform Industry and State Monopsony in China ［J］. Journal of Comparative Economics, 2000, 28 (1): 32 – 60.

［74］Draper P. The Shifting Geography of Global Value Chains: Implications for developing countries, trade policy and the G2 ［J］. Global Summitry Journal, 2013, 1

（1）：1 – 11.

［75］Driscoll J C，Kraay A C. Consistent Covariance Matrix Estimation with Spatially Dependent Panel Data［J］. Review of Economics & Statistics，1998，80（4）：549 – 560.

［76］Du J，Girma S. Finance and Firm Export in China［J］. Kyklos，2010，60（1）：37 – 54.

［77］DuaSn L F，Zhang H. The Research of the Balanced Development of China's Urban – rural Spatial Integration Based on the Evolution of Regional Spatial Structure［J］. Asian Agricultural Research，2011，3（2）：81 – 85.

［78］Dupont V. Do Geographical Agglomeration，Growth and Equity Conflict?［J］. Papers in Regional Science，2010，86（2）：193 – 213.

［79］Duprez C，Dresse L. The Belgian Economy in Global Value Chains：An Exploratory Analysis［J］. Economic Review，2013（2）：7 – 21 .

［80］D' Angelo A. Innovation and export performance：A Study of Italian High – tech SMEs［J］. Journal of Management & Governance，2012，16（3）：393 – 423.

［81］D' Aspremont C，Jacquemin A. Cooperative and Noncooperative R & D in Duopoly with Spillovers［J］. American Economic Review，1988，78（5）：1133 – 1137.

［82］Ebanks G E，Cheng C. China：A Unique Urbanization Model［J］. Asia Pac Popul J，1990，5（3）：29 – 50.

［83］Ebling G，Janz N. Export and Innovation Activities in the German Service Sector：Empirical Evidence at the Firm Level［J］. Social Science Electronic Publishing，1999.

［84］Edwards L，Jenkins R. The Margins of Export Competition：A New Approach to Evaluating the Impact of China on South African Exports to Sub – Saharan Africa［J］. Journal of Policy Modeling，2014，36：S132 – S150.

［85］Egger P H，Kesina M. Financial Constraints and the Extensive and Intensive Margin of Firm Exports：Panel Data Evidence from China［J］. Review of Development Economics，2014，18（4）：625 – 639.

［86］Eor Myong – Keun，Ardeshir J Dalal. Income Redistribution Effects in the Presence of Region – Specific Factors［J］. International Economic Journal，1999，13

(3): 37 – 49.

[87] Faber B. Trade Integration, Market Size and Industrialization: Evidence from China's National Trunk Highway System [J]. Cep Discussion Papers, 2014.

[88] Fabio Grazi, Jeroen C J M van den Bergh, Piet Rietveld. Spatial welfare economics versus ecological footprint: Modeling agglomeration, externalities and trade [J]. Environmental & Resource Economics, 2007, 38 (1): 135 – 153.

[89] Fan S G, Kanbur R, Zhang X B. China's regional disparities: Experience and policy [J]. Review of Development Finance, 2011, 1 (1): 47 – 56.

[90] Feenstra R C, Hanson G H. Globalization, Outsourcing and Wage Inequality [J]. Nber Working Papers, 1996, 86 (2): 240 – 245.

[91] Felbermayr G J, Kohler W. Exploring the Intensive and Extensive Margins of World Trade [J]. Review of World Economics, 2006, 142 (4): 642 – 674.

[92] Filipescu D A, Prashantham S, Rialp A, et al. Technological Innovation and Exports: Unpacking Their Reciprocal Causality [J]. Journal of International Marketing, 2013, 21 (1): 23 – 38.

[93] Forni M, Paba S. Spillovers and the Growth of Local Industries [J]. Journal of Industrial Economics, 2002, 50 (2): 151 – 171.

[94] Forslid R, Okubo T. Spatial Sorting with Heterogeneous Firms and Heterogeneous Sectors [J]. Regional Science & Urban Economics, 2014, 46 (3): 42 – 56.

[95] Forslid R, Ottaviano G. Trade and Agglomeration: An Analytically Solvable Case [M]. Mimeo, Lund University, 1999.

[96] Fox K. Metropolitan America: Urban life and urban policy in the United States, 1940 – 1980 [M]. University Press of Mississippi, 1986.

[97] Frederick S, Gereffi G. Upgrading and restructuring in the global apparel value chain: Why China and Asia are outperforming Mexico and Central America [J]. 2011, 4 (1): 67 – 95.

[98] Fu D, Wu Y. Export Survival Pattern and Its Determinants: An Empirical Study of Chinese Manufacturing Firms [J]. Asian-pacific Economic Literature, 2014, 28 (1): 161 – 177.

[99] Fu X. Limited Linkages from Growth Engines and Regional Disparities in China [J]. Journal of Comparative Economics, 2004, 32 (1): 148 – 164.

［100］ Fu X. Trade – cum – FDI, Human Capital Inequality and Regional Dispari-ties in China: the Singer Perspective ［J］. Economic Change & Restructuring, 2007, 40 （1 – 2）: 137 – 155.

［101］ Fugazza M. The Determinants of Trade Survival ［D］. HEID Working Pa-per, 2011.

［102］ Fujita M, Hu D. Regional disparity in China 1985 – 1994: The Effects of Globalization and Economic Liberalization ［J］. Annals of Regional Science, 2001, 35 （1）: 3 – 37.

［103］ Fujita M, P R Krugman, A Venables. The Spatial Economy: Cities, Re-gions and International Trade ［M］. MIT Press, 2001.

［104］ Fujita M, Thisse J F. Economics of Agglomeration ［M］. Cambridge Uni-versity Press, 2002: 339 – 378.

［105］ Ganotakis P, Love J H. The Innovation Value Chain in New Technology – Based Firms: Evidence from the U. K. ［J］. Journal of Product Innovation Manage-ment, 2012, 29 （5）: 839 – 860.

［106］ Garmendia M, Ureña J M, Ribalaygua C. Urban Residential Development in Isolated Small Cities that are Partially Integrated in Metropolitan Areas by High Speed Train ［J］. European Urban and Regional Studies, 2008, 15 （3）: 249 – 264.

［107］ Gefeffi G. A Commodity Chains Framework for Analyzing Global Industries ［R］. Working Paper for IDS, 1999.

［108］ Gereffi G, Humphrey J, Sturgeon T. The Governance of Global Value Chains ［J］. Review of International Political Economy, 2005, 12 （1）: 78 – 104.

［109］ Gereffi G, Korzeniewicz M. Commodity Chains and Global Capitalism ［M］. Westport, CT: Greenwood Press, 1994.

［110］ Gereffi G. Global Production Systems and Third World Development ［A］. //B Stallings （ed.）. Global change, regional response ［C］. New York: Cambridge University Press, 1995.

［111］ Gianmarco I P Ottaviano, Jacques – François Thisse. Integration, Agglom-eration and the Political Economics of Factor Mobility ［J］. Journal of Public Economics, 2002, 83 （3）: 429 – 456.

［112］ Giorgia Giovannetti, Giorgio Ricchiuti, Margherita Velucchi. Size, innovation and internationalization: A survival analysis of Italian firms [J]. Applied Economics, 2011, 43 (12): 1511 – 1520.

[113] Giuliani E, Pietrobelli C, Rabellotti R. Upgrading in Global Value Chains: Lessons from Latin American Clusters [J]. World Development, 2004, 33 (4): 549 – 573.

[114] Glaeser E L, Shleifer A. Growth in Cities [J]. Social Science Electronic Publishing, 1992, 100 (6): 1126 – 1152.

[115] Glaeser E L. Cities and Ethics: An Essay for Jane Jacobs [J]. Journal of Urban Affairs, 2010, 22 (4): 473 – 493.

[116] Graham D J, Kim H Y. An empirical analytical framework for agglomeration economies [J]. Annals of Regional Science, 2008, 42 (2): 267 – 289.

[117] Griffith D A. Spatial Autocorrelation: A Primer [M]. Pennsylvania: Association of American Geographers, 1987.

[118] Guan J, Ma N. Innovative Capability and Export Performance of Chinese Firms [J]. Technovation, 2003, 23 (9): 737 – 747.

[119] Gunaydin I, Tatoglu E. Does Foreign Direct Investment Promote Economic Growth? Evidence from Turkey [J]. Multinational Business Review, 2005, 13 (2): 89 – 106.

[120] Halder G. Local Clusters in Global Value Chains: Exploring Dynamic Linkages between Germany and Pakistan [J]. Entrepreneurship & Regional Development, 2005, 17 (5): 339 – 363.

[121] Harris R, Li Q C. Exporting, R&D and Absorptive Capacity in UK establishments [J]. Oxford Economic Papers, 2009, 61 (1): 74 – 103.

[122] Harrison B, Kelley M R, Gant J. Innovative Firm Behavior and Local Milieu: Exploring the Intersection of Agglomeration, Firm Effects and Technological Change [J]. Economic Geography, 1996, 72 (3): 233 – 258.

[123] Haworth N. Compressed Development: Global Value Chains, Multinational Enterprises and Human Resource Development in 21st Century Asia [J]. Journal of World Business, 2013, 48 (2): 251 – 259.

[124] Hazari B R. On Factor Specificity, Trickle Down Effects and Regional Disparities in Income [J]. Annals of Regional Science, 1983, 17 (2): 21 – 28.

[125] Heckman J. The Common Structure of Statistical Models of Truncation, Sample Selection and Limited Dependent Variables [J]. Annals of Economic and Social Measurement, 1976 (5): 475 –492.

[126] Helpman E, Melitz M J, Yeaple S R. Export versus FDI with Heterogeneous Firms [J]. Scholarly Articles, 2004, 94 (1): 300 –316.

[127] Helpman Elhanan. Innovation and Growth in the Global Economy [M]. MIT Press, 1991.

[128] Henderson J. Change and Opportunity in the Asia – Pacific [A] .//G Thompson (ed.). Economic dynamism in the Asia – Pacific [C]. London: Routledge, 1998.

[129] Hervasoliver J L, Alborsgarrigos J, Hidalgo A. Global Value Chain Reconfiguration through External Linkages and the Development of Newcomers: A Global Story of Clusters and Innovation [J]. International Journal of Technology Management, 2011, 55 (1 –2): 82 –109.

[130] Hirsch S, Bijaoui I. R&D Intensity and Export Performance: A Micro View [J]. Weltwirtschaftliches Archiv, 1985, 121 (2): 238 –251.

[131] Hirschman A O. The Strategy of Economic Development [M]. Yale University Press, 1958.

[132] Hodrick R J, Prescott E C. Postwar U. S. Business Cycles: An Empirical Investigation [M] . Real Business Cycles, 1997.

[133] Horácio F, Joana C L, Pedro V M. Exports, Productivity and Innovation: Evidence from Portugal Using Micro Data [D]. Working Paper, 2012.

[134] Hosoe M, Naito T. Trans – boundary Pollution Transmission and Regional Agglomeration Effects [J]. Papers in Regional Science, 2010, 85 (1): 99 –120.

[135] Hotelling H. Stability in Competition [J]. Economic Journal, 1929, 39 (153): 41 –57.

[136] Hsiao F S T, Hsiao M C W. FDI, Exports and GDP in East and Southeast Asia – Panel Data Versus Time – series Causality Analyses [J]. Journal of Asian Economics, 2006, 17 (6): 1082 –1106.

[137] Hsieh C T, Klenow P J. Misallocation and Manufacturing TFP in China and India [J]. Quarterly Journal of Economics, 2009, 124 (4): 1403 –1448.

[138] Hummels D, Ishii J, Yi K M. The Nature and Growth of Vertical Specialization in World Trade [J]. Social Science Electronic Publishing, 1999, 54 (1): 75 – 96.

[139] Hummels D, Klenow P J. The Variety and Quality of a Nation's Exports [J]. American Economic Review, 2005, 95 (3): 704 – 723.

[140] Humphrey J, Schmitz H. How Does Insertion in Global Value Chains Affect Upgrading in Industrial Clusters? [J]. Regional Studies, 2002, 36 (9): 1017 – 1027.

[141] Hung M, Y Wang. Mandatory CSR Disclosure and Shareholder Value: Evidence from China. Working Paper [D]. University of Southern California and The Hong Kong University of Science and Technology, 2014.

[142] Hyeog U. Produetivity Growth and R&D Spillovers from University to Industry [R]. Hi – Stat Diseussion Paper, Series No. 15, 2004.

[143] Ivarsson I, Alvstam C G. Upgrading in Global Value – chains: A Case Study of Technology – learning Among IKEA – suppliers in China and Southeast Asia [J]. Journal of Economic Geography, 2011, 11 (4): 731 – 752.

[144] Jian T, Sachs J D, Warner A M. Trends in Regional Inequality in China [J]. China Economic Review, 1996, 7 (1): 1 – 21.

[145] Jiang L, Waller D S, Cai S. Does Ownership Type Matter for Innovation? Evidence from China [J]. Journal of Business Research, 2013, 66 (12): 2473 – 2478.

[146] Juan A, Máñez – Castillejo, Rochina – Barrachina M E, et al. Self – selection into Exports: Productivity and/or Innovation [J]. Applied Economics Quarterly, 2009, 55 (3): 1 – 32.

[147] Judson R A, Owen A L. Estimating Dynamic Panel Data Models: A Guide for Macroeconomists [J]. Economics Letters, 1999, 65 (1): 9 – 15.

[148] Justin Doran, Eoin O'Leary. External Interaction, Innovation and Productivity: An Application of the Innovation Value Chain to Ireland [J]. Spatial Economic Analysis, 2011, 6 (2): 199 – 222.

[149] J. Vernon Henderson. Marshall's Scale Economies [J]. Journal of Urban Economics, 2001, 53 (1): 1 – 28.

[150] Kaplinsky R, M Morris. A Handbook for Value Chain Research [R]. Paper for IDRC, 2002.

[151] Kim K S. High – speed Rail Developments and Spatial Restructuring: A Case Study of the Capital Region in South Korea 1 [J]. Cities, 2000, 17 (4): 251 – 262.

[152] Kind H J. Industrial Agglomeration and Capital Taxation [R]. Norwegian School of Economics, Department of Economics, Discussion Paper 7/98, 1998.

[153] Kirbach M, Schmiedeberg C. Innovation and Export Performance: Adjustment and Remaining Differences in East and West German Manufacturing [J]. Economics of Innovation & New Technology, 2008, 17 (5): 435 – 457.

[154] Kiviet J F. On Bias, Inconsistency and Efficiency of Various Estimators in Dynamic Panel Data Models [J]. Journal of Econometrics, 1995, 68 (1): 53 – 78.

[155] Klein L W. Did Highways Cause Suburbanization? [J]. Quarterly Journal of Economics, 2007, 122 (2): 775 – 805.

[156] Krueger A O. Trade Policies and Developing Nations [M]. Washington: The Brookings Institution, 1995.

[157] Krugman P R. Increasing Returns, Monopolistic Competition, and International Trade [J]. Journal of International Economics, 1979, 9 (4): 469 – 479.

[158] Krugman P. Increasing Returns and Economic Geography [J]. Journal of Political Economy, 1991, 99 (3): 483 – 499.

[159] Kumar N, Siddharthan N S. Technology, Firm Size and Export Behaviour in Developing Countries: The Case of Indian Enterprises [J]. Journal of Development Studies, 1994, 31 (2): 289 – 309.

[160] Lager T, Frishammar J. Collaborative Development of New Process Technology/Equipment in the Process Industries: In Search of Enhanced Innovation Performance [J]. Journal of Business Chemistry, 2012, 9 (2): 3 – 19.

[161] Lee H, Kelley D, Lee J, et al. SME Survival: The Impact of Internationalization, Technology Resources and Alliances [J]. Journal of Small Business Management, 2012, 50 (1): 1 – 19.

[162] Levinsohn J, Petrin A. Estimating Production Functions Using Inputs to Control for Unobservables [J]. Review of Economic Studies, 2010, 70 (2): 317 – 341.

[163] Liefner I, Schiller D. Academic capabilities in developing countries—A conceptual framework with empirical illustrations from Thailand [J]. Research Policy, 2008, 37 (2): 276 – 293.

[164] Lin G, C S. China's Industrialization with Controlled Urbanization: Anti – urbanism or Urban – biased? [J]. Issues & Studies, 1998, 34 (6): 98 – 116.

[165] Liu P Q, Gu Q. Study on the Upgrading of China Integrated Circuit (ic) Industry up to the Global Value Chain: A Case Study [J]. Management Science and Engineering, 2007, 1 (2): 14 – 21.

[166] Lund – Thomsen P, Nadvi K. Global Value Chains, Local Collective Action and Corporate Social Responsibility: A Review of Empirical Evidence [J]. Business Strategy & the Environment, 2010, 19 (1): 1 – 13.

[167] Ma R. Accelerating Secondary Innovation through Organizational Learning: A Case Study and Theoretical Analysis [J]. Industry & Innovation, 2009, 16 (4 – 5): 389 – 409.

[168] Marchi V D, Maria E D, Micelli S. Environmental Strategies, Upgrading and Competitive Advantage in Global Value Chains [J]. Business Strategy & the Environment, 2013, 22 (1): 62 – 72.

[169] Marshall A A. The principles of economics [M]. Routledge, 1992.

[170] Marshall A. Principles of Economics: An Introductory Volume [M]. Macmillan, 1920.

[171] Melitz M J, Ottaviano G I P. Market Size, Trade and Productivity [C] //Centro Studi Luca D' Agliano, University of Milano, 2005: 295 – 316.

[172] Melitz M J. The Impact of Trade on Intra – Industry Reallocations and Aggregate Industry Productivity [J]. Econometrica, 2010, 71 (6): 1695 – 1725.

[173] Monreal – Pérez J, Aragón – Sánchez A, Sánchez – Marín G. A Longitudinal Study of the Relationship between Export Activity and Innovation in the Spanish Firm: The Moderating Role of Productivity [J]. International Business Review, 2012, 21 (5): 862 – 877.

[174] Morgan H M. Foreign banks and the export performance of emerging market firms: Evidence from India [J]. Research in International Business & Finance, 2013, 29 (29): 52 – 60.

［175］ Morris M, Staritz C, Barnes J. Value Chain Dynamics, Local Embeddedness and Upgrading in the Clothing Sectors of Lesotho and Swaziland ［J］. International Journal of Technological Learning Innovation & Development, 2013, 4（1）: 96 – 119.

［176］ Morrison A, Pietrobelli, Rabellotti R. Global Value Chains and Technological Capabilities: A Framework to Study Learning and Innovation in Developing Countries ［J］. Oxford Development Studies, 2008, 36（1）: 39 – 58.

［177］ Myint H. The Gains from International Trade and the Backward Countries ［J］. Review of Economic Studies, 1954, 22（2）: 129 – 142.

［178］ Myrdal G, Sitohang P. Economic Theory and Under – developed Regions ［M］. Harper & Brothers Publishers, 1957.

［179］ Nadvi K. Global Standards, Global Governance and the Organization of Global Value Chains ［J］. Social Science Electronic Publishing, 2008, 8（3）: 323 – 343.

［180］ Nair – Reichert U, Weinhold D. Causality Tests for Cross – Country Panels: A New Look at FDI and Economic Growth in Developing Countries ［J］. Oxford Bulletin of Economics & Statistics, 2010, 63（2）: 153 – 171.

［181］ Nassimbeni G. Technology, Innovation Capacity and the Export Attitude of Small Manufacturing Firms: A Logit/Tobit Model ［J］. Research Policy, 2004, 30（2）: 245 – 262.

［182］ Nicholas C, Sim S. International Production Sharing and Economic Development: Moving up the Value – chain for A Small – open Economy ［J］. Applied Economics Letters, 2004, 11（14）: 885 – 889.

［183］ Nick Freeman. Harnessing Foreign Direct Investment for Economic Development and Poverty Reduction: Lessons from Vietnam ［J］. Journal of the Asia Pacific Economy, 2004, 9（2）: 209 – 222.

［184］ Noke H, Hughes M. Climbing the Value Chain: Strategies to Create A New Product Development Capability in Mature SMEs ［J］. International Journal of Operations & Production Management, 2010, 30（2）: 132 – 154.

［185］ Nurkse R. Patterns of Trade and Development ［M］. Basil Blackwell, Oxford, 1961.

［186］ Okamoto N，Ihara T. Spatial Structure and Regional Development in China ［M］// Spatial structure and regional development in China. Institute of Developing E-conomies，2004：1401 – 1403.

［187］ Olsen J. On the units of geographical economics ［J］. Geoforum，2002，33 （2）：153 – 164.

［188］ Oort F G V，Stam E. Agglomeration Economies and Entrepreneurship in the ICT Industry ［J］. Erim Report，2006.

［189］ Oosterhaven J，Elhorst J P. Indirect Economic Benefits of Transport Infra-structure Investments，Across the Border ［J］. Building Upon a Quarter Century of Transport Research in the Benelux，De Boeck，Antwerpen，2003 （8）：143 – 162.

［190］ Oosterhaven J，Romp W E. Indirect economic effects of new infrastructure：a comparison of Dutch high speed rail variants ［J］. Tijdschrift Voor Economische En So-ciale Geografie，2010，94 （4）：439 – 452.

［191］ Orleans L A. China's Urban Population：Concepts，Conglomerations and Concerns ［R］//Joint Economic Committee，Congress of the United States，China under the Four Modernizations （Washington DC，US Government Printing Office），1982：268 – 302.

［192］ Ortega E，López E，Monzón A. Territorial Cohesion Impacts of High – speed Rail at Different Planning Levels ［J］. Journal of Transport Geography，2012，24 （4）：130 – 141.

［193］ Ottaviano G I P．"New" new economic geography：Firm heterogeneity and agglomeration economies ［J］. Journal of Economic Geography，2011，11 （2）：231 – 240.

［194］ Panne G V D，Beers C V. On the Marshall – Jacobs Controversy：It Takes Two to Tango ［J］. Druid Working Papers，2006，15 （5）：877 – 890.

［195］ Parrilli M D，Nadvi K，Yeung H W. Local and Regional Development in Global Value Chains，Production Networks and Innovation Networks：A Comparative Review and the Challenges for Future Research ［J］. European Planning Studies，2013，21 （7）：967 – 988.

［196］ Pearce D. Economics，Equity and Sustainable Development ［J］. Futures，1988，20 （6）：598 – 605.

［197］Perl A D, Goetz A R. Corridors, Hybrids and Networks: Three Global Development Strategies for High Speed Rail［J］. Journal of Transport Geography, 2015, 42: 134 – 144.

［198］Pflüger M, Suedekum J. Integration, Agglomeration and Welfare［J］. Journal of Urban Economics, 2008, 63（2）: 544 – 566.

［199］Pietrobelli C, Rabellotti R. Global Value Chains Meet Innovation Systems: Are There Learning Opportunities for Developing Countries?［J］. World Development, 2011, 39（7）: 1261 – 1269.

［200］Pla – Barber J, Alegre J. Analysing the Link between Export Intensity, Innovation and Firm Size in A Science – based Industry［J］. International Business Review, 2007, 16（3）: 275 – 293.

［201］Ponte S, Ewert J. Which way is "up" in upgrading? Trajectories of change in the value chain for South African wine［J］. World Development, 2009, 37（10）: 1637 – 1650.

［202］Porter M E, Stern S. Innovation: Location Matters［J］. Mit Sloan Management Review, 2001, 42（4）: 28 – 36.

［203］Puga D. Agglomeration and Cross – Border Infrastructure［J］. EIB Papers, 2008, 13（2）: 102 – 124.

［204］Pérez S E, Llopis A S, Llopis J A S. The Determinants of Survival of Spanish Manufacturing Firms［J］. Review of Industrial Organization, 2004, 25（3）: 251 – 273.

［205］Qiao B, J Martinez – Vazquez, Y Xu. The Trade – off between Growth and Equity in Decentralization Policy: China's Experience［J］. Journal of Development Economics, 2008, 86（1）: 112 – 128.

［206］Rabellotti R. The Resilience of Clusters in the Context of Increasing Globalization: The Basque Wind Energy Value Chain［J］. European Planning Studies, 2013, 21（7）: 989 – 1006.

［207］Raghunath S, Subramanian R. Moving up the Value Chain Using Alliance – induced Learning: A Case Study［J］. International Journal of Services & Operations Management, 2010, 6（4）: 443 – 451.

［208］Ran M, Berry B J L. Under – urbanization Policies Assessed: China,

1949 – 1986 [J]. Urban Geography, 1989, 10 (2): 111 – 120.

[209] Rauch J E, Watson J. Starting Small in an Unfamiliar Environment [J]. International Journal of Industrial Organization, 2003, 21 (7): 1021 – 1042.

[210] Redding S J, Sturm D M. The Costs of Remoteness: Evidence from German Division and Reunification [J]. The American Economic Review, 2008, 98 (5): 1766 – 1797.

[211] Redding S J, Turner M A. Chapter 20 – Transportation Costs and the Spatial Organization of Economic Activity [J]. Handbook of Regional & Urban Economics, 2014, 5 (8): 1339 – 1398.

[212] Redding S J, Wolf N. History and Industry Location: Evidence from German Airports [J]. Cepr Discussion Papers, 2011, 93 (3): 814 – 831.

[213] Redding S J. Goods Trade, Factor Mobility and Welfare [R]. NBER Working Paper, 2012.

[214] Reji E M. Value Chains and Small Enterprise Development: Theory and Praxis. American Journal of Industrial and Business Management, 2013, 3 (1): 28 – 35.

[215] Rodney D. Ludema, Ian Wooton. Economic Geography and the Fiscal Effects of Regional Integration [J]. Journal of International Economics, 2000, 52 (2): 331 – 357.

[216] Rogers M. Networks, Firm Size and Innovation [J]. Small Business Economics, 2004, 22 (2): 141 – 153.

[217] Romer D. Advanced Macroeconomics (Second edition) [M]. Shanghai: Shanghai University of Finance & Economics Press, 2001.

[218] Romer P M. Endogenous Technological Change [J]. Nber Working Papers, 1989, 98 (98): 71 – 102.

[219] Roper S, Arvanitis S. From Knowledge to Added Value: A Comparative, Panel – data Analysis of the Innovation Value Chain in Irish and Swiss Manufacturing Firms. Research Policy, 2012, 41 (6): 1093 – 1106.

[220] Roper S, Love J H. Innovation and Export Performance: Evidence from the UK and German Manufacturing Plants [J] . Research Policy, 2002, 31 (7): 1087 – 1102.

［221］ Rosenbaum P R, Rubin D B. The Central Role of the Propoensity Score in Observational Studies for Causal Effects ［J］. Biometrika, 1983, 70 (1): 41 – 55.

［222］ Rouwendal J, Meijer E. Preferences for Housing, Jobs and Commuting: A Mixed Logit Analysis ［J］. Journal of Regional Science, 2010, 41 (3): 475 – 505.

［223］ Ruffier J. China Clothing Industry in World Textile Value Chains ［J］. Institutions and Economies, 2012, 4 (3): 21 – 40.

［224］ Saito H, Gopinath M. Plants' Self – selection, Agglomeration Economies and Regional Productivity in Chile ［J］. Journal of Economic Geography, 2009, 9 (4): 539 – 558.

［225］ Salim I A. The Impact of the Value Chain Activities on the Competitive Performance of the Manufacturing Industries of Libya ［J］. Business and Management Review, 2012, 1 (11): 1 – 7.

［226］ Schmitz H. Learning and Earning in Global Garment and Footwear Chains ［J］. European Journal of Development Research, 2006, 18 (4): 546 – 571.

［227］ Schröder P J H, Sørensen A. Firm Exit, Technological Progress and Trade ［J］. European Economic Review, 2012, 56 (3): 579 – 591.

［228］ Serra K L O and García N B P. Factors Contributing to Product Innovation in a Value Chain: Three Case Studies ［Z］. Journal of Innovation Management in Small & Medium Enterprises, 2013: 1 – 77.

［229］ Sharif N, Huang C. Innovation Strategy, Firm Survival and Relocation: The Case of Hong Kong – owned Manufacturing in Guangdong Province, China ［J］. Research Policy, 2011, 41 (1): 69 – 78.

［230］ Shaw S L, Fang Z, Lu S, et al. Impacts of High Speed Rail on Railroad Network Accessibility in China ［J］. Journal of Transport Geography, 2014, 40: 112 – 122.

［231］ Sheppard Eric. How Economists Think: About Geography, For Example ［J］. Journal of Economic Geography, 2001, 1 (1): 131 – 136.

［232］ Silvestre B D S, Dalcol P R T. Geographical Proximity and Innovation: Evidences from the Campos Basin Oil & Gas Industrial Agglomeration—Brazil ［J］. Technovation, 2009, 29 (8): 546 – 561.

［233］ Singer H W. The Distribution of Gains between Investing and Borrowing Countries ［M］ // Milestones and Turning Points in Development Thinking. Palgrave

Macmillan UK, 2012: 473 - 485.

[234] Singer H W. The Strategy of International Development: Essays in the Economics of Backwardness [M]. The MacMillan Press Ltd. , 1975.

[235] Singer M, Donoso P. Upstream or Downstream in the Value Chain? [J]. Journal of Business Research, 2008, 61 (6): 669 - 677.

[236] Solow R M. A Contribution to the Theory of Economic Growth [J]. Quarterly Journal of Economics, 1956, 70 (1): 65 - 94.

[237] Spiekermann K and M Wegener. The Shrinking Continent: New Time - Space Maps ofEurope. Environment and Planning B: Planning and Design, 1994, 21 (6): 653 - 673.

[238] Stephen Roper, Jun Du, James H Love. Modelling the Innovation Value Chain [J]. Research Policy, 2008, 37 (6): 961 - 977.

[239] Stirbat L, Record R, Nghardsaysone K. Exporting from a Small Landlocked Economy an Assessment of Firm - Product - Destination Survival Rates in the Lao PDR [D]. Policy Research Working Paper, 2011.

[240] Suedekum J. Agglomeration and Regional Costs of Living [J]. Journal of Regional Science, 2010, 46 (3): 529 - 543.

[241] Sunley P. What's behind the models? A review of The Spatial Economy [J]. Journal of Economic Geography, 2001, 1 (1): 136 - 139.

[242] Theyel N. Extending Open Innovation Throughout the Value Chain by Small and Medium - sized Manufacturers [J]. International Small Business Journal, 2013, 31 (3): 256 - 274.

[243] Timberlake M. The Polycentric Metropolis: Learning from Mega—City Regions in Europe [J]. Journal of the American Planning Association, 2008, 74 (3): 384 - 385.

[244] Tsui K Y. Economic Reform and Interprovincial Inequalities in China [J]. Journal of Development Economics, 1996, 50 (2): 353 - 368.

[245] van der Panne G. Agglomeration Externalities: Marshall Versus Jacobs [J]. Journal of Evolutionary Economics, 2004, 14 (5): 593 - 604.

[246] Verhoef E T, Nijkamp P. Externalities in Urban Sustainability: Environmental versus Localization - type Agglomeration Externalities in a General Spatial Equi-

librium Model of a Single – sector Monocentric Industrial City [J]. Ecological Economics, 2002, 40 (2): 157 – 179.

[247] V. N. Balasubramanyam, M Salisu, David Sapsford. Foreign direct investment as an engine of growth [J]. Journal of International Trade & Economic Development, 1999, 8 (1): 27 – 40.

[248] Wakelin K. Innovation and export behaviour at the firm level [J]. Research Policy, 1998, 26 (7 – 8): 829 – 841.

[249] Wallis A D. Evolving Structures and Challenges of Metropolitan Regions [J]. National Civic Review, 2010, 83 (1): 40 – 53.

[250] Walters D, Rainbird M. The Demand Chain as an Integral Component of the Value Chain [J]. Journal of Consumer Marketing, 2004, 21 (7): 465 – 475.

[251] Wang Y Q, Li Y J. Formation of Value Chain Theory Jungle and its Developing Status in China [J]. Asia Pacific Management Review, 2009, 14 (3): 279 – 287.

[252] Wang Y, Cao W, Zhou Z, et al. Does External Technology Acquisition Determine Export Performance? Evidence from Chinese Manufacturing Firms [J]. International Business Review, 2013, 22 (6): 1079 – 1091.

[253] Wang Y, Wang G, Ding H. The Ex – Ante Evaluation of Impacts of Beijing – Shanghai High – Speed Railway on WanBei Area (in Chinese) [J]. Modern Econ. Inform, 2008, (10): 128 – 130.

[254] Wei K, Yao S, Liu A. Foreign Direct Investment and Regional Inequality in China [J]. Review of Development Economics, 2009, 13 (4): 778 – 791.

[255] Wei Y H D, Li J, Ning Y. Corporate networks, value chains and spatial organization: A study of the computer industry in China [J]. Urban Geography, 2010, 31 (8): 1118 – 1140.

[256] Whyte M K. Town and Country in Contemporary China [J]. Comparative Urban Research, 1983, 10 (1): 9 – 20.

[257] Willigers J, Wee B V. High – speed Rail and Office Location Choices: A Stated Choice Experiment for the Netherlands [J]. Journal of Transport Geography, 2011, 19 (4): 745 – 754.

[258] Wilson A G. Complex Spatial System: The Modeling Foundations of Urban

and Regional Analysis [M]. Harlow: Pearson Education, 2000.

[259] Xayphone K, Yoshi T. Innovation, Export Performance and Profitability of Lao Garment Exporters [J]. Journal of Economics and Management, 2009, 3 (2): 225 – 236.

[260] Xing Y. Why is China so attractive for FDI? The role of exchange rates [J]. China Economic Review, 2006, 17 (2): 198 – 209.

[261] Yang Dali. Patterns of China's Regional Development Strategy [J]. The China Quarterly, 1990, 122 (122): 230 – 257.

[262] Yang P Y, Luo L M, Li C S J, et al. The Rise of the Manufacturing Service Industry: The Perspective of Value – added Chain Model [J]. Chinese Management Studies, 2013, 7 (3): 403 – 418.

[263] Yin M, Bertolini L, Duan J. The Effects of the High – speed Railway on Urban Development: International Experience and Potential Implications for China [J]. Progress in Planning, 2015, 98: 1 – 52.

[264] Yohanes K, Khalid N. Competitiveness and Technological Upgrading in Global Value Chains: Evidence from the Indonesian Electronics and Garment Sectors [J]. European Planning Studies, 2013, 21 (7): 1007 – 1028.

[265] Young A. The Razor's Edge: Distortions and Incremental Reform in the People's Republic of China [J]. Quarterly Journal of Economics, 2000, 115 (4): 1091 – 1135.

[266] Yu E S H. Regional Factor Specificity, Wage Differential and Resource Allocation [J]. Regional Science & Urban Economics, 1981, 11 (1): 69 – 79.

[267] Zellner A, Theil H. Three – Stage Least Squares: Simultaneous Estimation of Simultaneous Equations [M] // Henri Theil's Contributions to Economics and Econometrics. Springer Netherlands, 1992: 773 – 778.

[268] Zhang H. How Does Agglomeration Promote the Product Innovation of Chinese Firms? [J]. China Economic Review, 2015, 35: 105 – 120.

[269] Zhang X, Zhang K H. How Does Globalization Affect Regional Inequality within a Developing Country? Evidence from China [M] // Globalization and the Third World. Palgrave Macmillan UK, 2006: 47 – 67.

[270] Zhang X, Q Nie. High – Speed Rail Construction and the Regional Eco-

nomic Integration in China. Modern City Study, 2010 (6): 7 – 10.

[271] Zhao H, Li H. R&D and Export: An Empirical Analysis of Chinese Manufacturing Firms [J]. Journal of High Technology Management Research, 1997, 8 (1): 89 – 105.

[272] Özçelik E, Taymaz E. Does Innovativeness Matter for International Competitiveness in Developing Countries? —The Case of Turkish Manufacturing Industries [J]. Research Policy, 2004, 33 (3): 409 – 424.

[273] 安虎森. 空间经济学原理[M]. 北京: 经济科学出版社, 2005.

[274] 安树伟, 郁鹏. 未来中国区域经济发展空间战略新棋局[J]. 区域经济评论, 2015 (1): 13 – 17.

[275] 白南生. 中国的城市化[J]. 管理世界, 2003 (11): 78 – 86.

[276] 白仲林. 面板数据的计量经济分析[M]. 天津: 南开大学出版社, 2008.

[277] 薄文广. 外部性与产业增长: 来自中国省级面板数据的研究[J]. 中国工业经济, 2007 (1): 37 – 44.

[278] 蔡昉, 王德文, 都阳. 劳动力市场扭曲对区域差距的影响[J]. 中国社会科学, 2001 (2): 4 – 14.

[279] 蔡昉, 王美艳, 曲玥. 中国工业重新配置与劳动力流动趋势[J]. 中国工业经济, 2009 (8): 5 – 16.

[280] 蔡昉. 制度、趋同与人文发展: 区域发展和西部开发战略思考[M]. 北京: 中国人民大学出版社, 2002.

[281] 曹邦英. 用科学发展观统领西部地区产业集聚战略的实施[J]. 毛泽东思想研究, 2006, 23 (2): 8 – 10.

[282] 曹洪华, 闫晓燕, 黄剑. 主体功能区人口集聚与布局的研究: 以云南省为例[J]. 西北人口, 2008, 29 (1): 27 – 29.

[283] 曹玉书, 楼东玮. 资源错配、结构变迁与中国经济转型[J]. 中国工业经济, 2012 (10): 5 – 18.

[284] 柴志贤, 黄祖辉. 国外空间经济研究的最新进展及发展趋势[J]. 经济评论, 2006 (1): 155 – 160.

[285] 陈栋生. 试论东部地带经济发展战略[J]. 财经问题研究, 1986 (3): 14 – 16.

［286］陈汉林，涂艳．中国—东盟自由贸易区下中国的静态贸易效应：基于引力模型的实证分析［J］.国际贸易问题，2007，293（5）：47－50.

［287］陈红霞，李国平，张丹．京津冀区域空间格局及其优化整合分析［J］.城市发展研究，2011，18（11）：74－79.

［288］陈佳贵，王钦．中国产业集群可持续发展与公共政策选择［J］.中国工业经济，2005（9）：5－10.

［289］陈健，李廉水．江苏省地级市制造业排名及国际化研究：基于13个地级市的比较研究［J］.阅江学刊，2009，1（3）：38－45.

［290］陈捷．嵌入全球价值链的地方产业集群升级困境研究［J］.成都行政学院学报，2008（6）：50－53.

［291］陈劲，梁靓，吴航．开放式创新背景下产业集聚与创新绩效关系研究：以中国高技术产业为例［J］.科学学研究，2013，31（4）：623－629.

［292］陈敏，桂琦寒，陆铭等．中国经济增长如何持续发挥规模效应——经济开放与国内商品市场分割的实证研究［J］.经济学（季刊），2008，7（1）：125－150.

［293］陈明星，叶超，周义．城市化速度曲线及其政策启示：对诺瑟姆曲线的讨论与发展［J］.地理研究，2011，30（8）：1499－1507.

［294］陈强．高级计量经济学及 Stata 应用［M］.北京：高等教育出版社，2010.

［295］陈雯，张翊．研发创新与我国出口增长二元边际的提升［J］.厦门大学学报（哲学社会科学版），2014（6）：55－63.

［296］陈修颖．区域空间结构重组：国际背景与中国意义［J］.经济地理，2005，25（4）：463－466.

［297］陈亚军，刘晓萍．我国城市化进程的回顾与展望［J］.管理世界，1996（6）：166－172.

［298］陈彦斌，姚一旻，陈小亮．中国经济增长困境的形成机理与应对策略［J］.中国人民大学学报，2013，V27（4）：27－35.

［299］陈永伟，胡伟民．价格扭曲、要素错配和效率损失：理论和应用［J］.经济学（季刊），2011，10（4）：1401－1422.

［300］陈勇兵，李燕，周世民．中国企业出口持续时间及其决定因素［J］.经济研究，2012（7）：48－61.

［301］成金华．自然资本及其定价模型［J］．中国地质大学学报（社会科学版），2005，5（1）：43 - 45．

［302］程必定．区域的外部性内部化和内部性外部化：缩小我国区域经济发展差距的一种思路［J］．经济研究，1995（7）：63 - 68．

［303］程大中．中国参与全球价值链分工的程度及演变趋势：基于跨国投入—产出分析［J］．经济研究，2015（9）：4 - 16．

［304］程开明．专业化、多样性与技术创新：一个文献综述［J］．自然辩证法研究，2011（9）：42 - 47．

［305］程中华，刘军．产业集聚、空间溢出与制造业创新：基于中国城市数据的空间计量分析［J］．山西财经大学学报，2015，37（4）．

［306］崔功豪，魏清泉，刘科伟．区域分析与区域规划（第2版）［M］．北京：高等教育出版社，2006．

［307］崔焕金．全球价值链驱动型产业升级效应弱化机理研究［J］．云南财经大学学报，2013（2）．

［308］丁堡骏．国有制和国有企业改革——评非国有化论［J］．当代经济研究，1996（2）．

［309］丁四保．从区域规划看中国的区域制度［J］．地理科学，2013，33（2）：129 - 134．

［310］丁永健．面向全球产业价值链的中国制造业升级［M］．北京：科学出版社，2010．

［311］杜瑜，樊杰．基于产业—人口集聚分析的都市经济区空间功能分异：以我国三大都市经济区为例［J］．北京大学学报（自然科学版），2008，44（3）：467 - 474．

［312］樊福卓．长江三角洲地区工业分工：1998 ~ 2008——省级层面与市级层面比较［J］．产业经济研究，2011（4）：8 - 16．

［313］樊纲．城市化下一阶段中国经济增长的一个中心环节［J］．河南经济，2001（2）：14 - 15．

［314］樊杰．主体功能区战略与优化国土空间开发格局［J］．中国科学院院刊，2013（2）：193 - 206．

［315］樊茂清，黄薇．基于全球价值链分解的中国贸易产业结构演进研究［J］．世界经济，2014（2）：50 - 70．

［316］范爱军，李真，刘小勇．国内市场分割及其影响因素的实证分析：以我国商品市场为例［J］．南开经济研究，2007（5）：111 –119.

［317］范爱军，刘馨遥．中国机电产品出口增长的二元边际［J］．世界经济研究，2012（5）：36 –42.

［318］范剑勇，林云．产品同质性、投资的地方保护与国内产品市场一体化测度［J］．经济研究，2011（11）：48 –59.

［319］范剑勇，莫家伟．地方债务、土地市场与地区工业增长［J］．经济研究，2014（1）：41 –55.

［320］范剑勇，邵挺．房价水平、差异化产品区位分布与城市体系［J］．经济研究，2011（2）：87 –99.

［321］范剑勇，石灵云．产业外部性、企业竞争环境与劳动生产率［J］．管理世界，2009（8）：65 –72.

［322］范剑勇，谢强强．地区间产业分布的本地市场效应及其对区域协调发展的启示［J］．经济研究，2010（4）：107 –119.

［323］范剑勇，朱国林．中国地区差距演变及其结构分解［J］．管理世界，2002（7）：37 –44.

［324］范剑勇．市场一体化、地区专业化与产业集聚趋势［J］．中国社会科学，2004（6）．

［325］范志勇，赵晓男．要素相对丰裕度改变与中国供给结构调整［J］．世界经济，2014（8）：24 –41.

［326］方创琳，鲍超，乔标等．城市化过程与生态环境效应［M］．北京：科学出版社，2008.

［327］冯革群，陈芳．欧盟最近的区域经济发展差异与区域政策［J］．世界地理研究，2008，17（3）：60 –69.

［328］冯根福，温军．中国上市公司治理与企业技术创新关系的实证分析［J］．中国工业经济，2008（7）：91 –101.

［329］冯薇．产业集聚与生态工业园的建设［J］．中国人口·资源与环境，2006，16（3）：55 –59.

［330］傅家骥．面对知识经济的挑战，该抓什么——兼论技术创新与知识创新的关系［J］．中国软科学，1998（7）：36 –39.

［331］傅十和，洪俊杰．企业规模、城市规模与集聚经济：对中国制造业企

业普查数据的实证分析[J].经济研究，2008（11）：112－125.

[332] 高波，陈健，邹琳华.区域房价差异、劳动力流动与产业升级[J].经济研究，2012（1）：66－79.

[333] 高波.世纪之交的中国工业化、城市化战略[J].管理世界，1994（4）：27－36.

[334] 高良谋，李宇.企业规模与技术创新倒 U 关系的形成机制与动态拓展[J].管理世界，2009（8）：113－123.

[335] 高铁梅.计量经济分析方法与建模[M].北京：清华大学出版社，2006.

[336] 谷书堂，唐杰.我国的区域经济差异和区域政策选择[J].南开经济研究，1994（2）：3－7.

[337] 顾朝林.城市经济区理论与应用[M].长春：吉林科学技术出版社，1991.

[338] 顾朝林.中国城市经济区划分的初步研究[J].地理学报，1991（2）：129－141.

[339] 顾朝林.中国大城市边缘区研究[M].北京：科学出版社，1995.

[340] 官建成，马宁.我国工业企业技术创新能力与出口行为研究[J].数量经济技术经济研究，2002，19（2）：103－106.

[341] 官卫华，姚士谋.城市群空间发展演化态势研究——以福厦城市群为例[J].现代城市研究，2003，18（2）：82－86.

[342] 管卫华，赵媛，林振山等.区域空间结构的调整与协调发展：以江苏省为例[J].人文地理，2003，18（6）：88－92.

[343] 郭金龙，王宏伟.中国区域间资本流动与区域经济差距研究[J].管理世界，2003（7）：45－58.

[344] 郭克莎.工业化与城市化关系的经济学分析[J].中国社会科学，2002（2）：44－45.

[345] 郭鹏飞，孙培源.资本结构的行业特征：基于中国上市公司的实证研究[J].经济研究，2003（5）：66－73.

[346] 韩峰，柯善咨.空间外部性、比较优势与制造业集聚：基于中国地级市面板数据的实证分析[J].数量经济技术经济研究，2013（1）：22－38.

[347] 韩剑，郑秋玲.政府干预如何导致地区资源错配：基于行业内和行业

间错配的分解[J].中国工业经济,2014(11):69-81.

[348]何大安.选择行为的理性与非理性融合[M].上海:上海三联书店,2006.

[349]贺有利.三产化/服务化:中国特色第三产业/服务业道路探讨[M].北京:人民出版社,2008.

[350]洪俊杰,刘志强,黄薇.区域振兴战略与中国工业空间结构变动:对中国工业企业调查数据的实证分析[J].经济研究,2014(8):28-40.

[351]胡彬.长江流域板块结构分异的制度成因与区域空间结构的重组[J].中国工业经济,2006(6):60-67.

[352]胡大立,张伟.产业集群技术创新的困境及突破:基于完全信息静态博弈的分析[J].江西财经大学学报,2007(5):22-27.

[353]黄茂兴,石淑华.区域经济差异的比较分析与协调发展的政策选择:基于长江三角洲、珠江三角洲和海峡西岸经济区的实证研究[J].南大商学评论,2006(3):64-79.

[354]黄群慧.论中国工业的供给侧结构性改革[J].中国工业经济,2016(9):5-23.

[355]黄少卿,陈彦.中国僵尸企业的分布特征与分类处置[J].中国工业经济,2017(3):24-43.

[356]霍春辉,杨锐.集聚外部性对产业创新绩效的影响[J].经济管理,2016(3).

[357]季书涵,朱英明,张鑫.产业集聚对资源错配的改善效果研究[J].中国工业经济,2016(6):73-90.

[358]贾俊雪,应世为.财政分权与企业税收激励:基于地方政府竞争视角的分析[J].中国工业经济,2016(10):23-39.

[359]贾俊雪.中国经济周期波动特征及原因研究[M].北京:中国金融出版社,2008.

[360]贾俐俐.全球价值链分工下中国产业国际竞争力研究[D].中共中央党校博士学位论文,2008.

[361]江飞涛,武鹏,李晓萍.中国工业经济增长动力机制转换[J].中国工业经济,2014(5):5-17.

[362]江曼琦.从聚集经济利益谈我国城乡经济发展问题[J].学习与探索,

2006（6）：180 – 183.

［363］焦世泰，王世金．基于分形理论的城市区域空间结构优化研究：以兰州—白银城市区域为例［J］.西北师范大学学报（自然科学版），2011，47（3）：103 – 109.

［364］金碚．论经济全球化 3.0 时代：兼论"一带一路"的互通观念［J］.中国工业经济，2016（1）：5 – 20.

［365］金培振，张亚斌，邓孟平．区域要素市场分割与要素配置效率的时空演变及关系［J］.地理研究，2015，34（5）：953 – 966.

［366］靳来群，林金忠，丁诗诗．行政垄断对所有制差异所致资源错配的影响［J］.中国工业经济，2015（4）：31 – 43.

［367］康志勇．中国本土企业研发对企业出口行为的影响："集约边际"抑或"扩展边际"［J］.世界经济研究，2013（10）：29 – 36.

［368］柯善咨，赵曜．产业结构、城市规模与中国城市生产率［J］.经济研究，2014（4）：76 – 88.

［369］赖永剑．集聚、空间动态外部性与企业创新绩效：基于中国制造业企业面板数据［J］.产业经济研究，2012（2）：9 – 17.

［370］兰宜生．对外贸易对我国经济增长及地区差距的影响分析［J］.数量经济技术经济研究，2002，19（7）：119 – 121.

［371］李斌，陈军．中国新型工业化研究综述［J］.特区经济，2007（8）：276 – 278.

［372］李程骅．城市空间重组与新产业价值链的功能［J］.江海学刊，2008（4）：219 – 224.

［373］李国平，范红忠．生产集中、人口分布与地区经济差异［J］.经济研究，2003（11）：79 – 86.

［374］李佳洺，孙铁山，李国平．中国三大都市圈核心城市职能分工及互补性的比较研究［J］.地理科学，2010（4）：503 – 509.

［375］李坤望，刘健．金融发展如何影响双边股权资本流动［J］.世界经济，2012（8）：22 – 39.

［376］李玲，陶锋．基于双研发模式的合作创新影响因素研究［J］.科技进步与对策，2012，29（8）：1 – 4.

［377］李善同，侯永志，刘云中等．中国国内地方保护问题的调查与分析

[J].经济研究，2004（11）：78－84.

[378] 李善同，侯永志.中国大陆：划分8大社会经济区域[J].产经评论，2003（5）：12－15.

[379] 李文.城市化滞后的经济后果分析[J].中国社会科学，2001（4）：64－75.

[380] 李曦辉.全球化背景下我国的区域发展与产业政策选择[J].青海民族大学学报（社会科学版），2009，35（1）：108－111.

[381] 李晓萍，李平，吕大国等.经济集聚、选择效应与企业生产率[J].管理世界，2015（4）：25－37.

[382] 李玉红，王皓，郑玉歆.企业演化：中国工业生产率增长的重要途径[J].经济研究，2008（6）：12－24.

[383] 李忠民，张子珍.全球经济失衡下的中国经济区域重核[J].山西财经大学学报，2007，29（5）：38－43.

[384] 连远强.产业集聚过程中的羊群行为分析[J].科技进步与对策，2006，23（4）：98－100.

[385] 梁中.基于可达性的区域空间结构优化研究[D].南京师范大学硕士学位论文，2002.

[386] 廖丹清.中国城市化道路与农村改革和发展[J].中国社会科学，1995（1）：53－63.

[387] 林晓言，石中和，吴笛等.高速铁路对城市人才吸引力的影响分析[J].北京交通大学学报（社会科学版），2015，14（3）：7－16.

[388] 林毅夫，蔡昉，李周.中国的奇迹：发展战略与经济改革[M].上海：上海三联书店，1994.

[389] 林毅夫，蔡昉，李周.中国经济转型时期的地区差距分析[J].经济研究，1998（6）：3－10.

[390] 林毅夫，刘培林.中国的经济发展战略与地区收入差距[J].经济研究，2003（3）：19－25.

[391] 林毅夫.新结构经济学：重构发展经济学的框架[J].经济学（季刊），2011，10（1）：1－32.

[392] 刘东，张杰.社会资本视野中我国地方产业集群升级困境的制度解析[J].江西社会科学，2006（3）：215－222.

[393] 刘广生.基于价值链的区域产业结构各级研究：以山东省为例[D].北京交通大学博士学位论文，2011.

[394] 刘力.对外贸易、收入分配与区域差距：对中国区域经济差距的贸易成因分析[J].南开经济研究，2005（4）：58－62.

[395] 刘世锦.产业集聚及其对经济发展的意义[J].中国产业经济动态，2003（39）：13－18.

[396] 刘仕国，吴海英，马涛等.利用全球价值链促进产业升级[J].国际经济评论，2015（1）：64－84.

[397] 刘仕国，吴海英.全球价值链和增加值贸易：经济影响、政策启示和统计挑战[J].国际经济评论，2013（4）：86－96.

[398] 刘树成.现代经济辞典[M].南京：凤凰出版社，2005.

[399] 刘伟，魏杰.发展经济学[M].北京：中国发展出版社，2005.

[400] 刘新争.比较优势、劳动力流动与产业转移[J].经济学家，2012，2（2）：45－50.

[401] 刘修岩，何玉梅.集聚经济、要素禀赋与产业的空间分布：来自中国制造业的证据[J].产业经济研究，2011（3）：10－19.

[402] 刘修岩，王璐.集聚经济与企业创新：基于中国制造业企业面板数据的实证研究[J].产业经济评论：山东大学，2013，12（3）：35－53.

[403] 刘宣希.由"边干边学"模型试析中国"边干边学"潜力产业[D].对外经济贸易大学硕士学位论文，2006.

[404] 刘亚臣，周健.基于"诺瑟姆曲线"的我国城市化进程分析[J].沈阳建筑大学学报（社会科学版），2009，11（1）：37－40.

[405] 刘耀彬，杨新梅.基于内生经济增长理论的城市化进程中资源环境"尾效"分析[J].中国人口·资源与环境，2011，21（2）：24－30.

[406] 刘勇.中国新三大地带宏观区域格局的划分[J].地理学报，2005，60（3）：361－370.

[407] 刘优剑.区域经济增长中高新技术的作用研究[D].大连理工大学硕士学位论文，2006.

[408] 刘云中，侯永志，兰宗敏.我国"国家战略性"区域规划的实施效果、存在问题和改进建议[J].重庆理工大学学报（社会科学版），2013，27（6）：1－5.

［409］刘云中．我国"国家战略性"区域规划的主要特点［N］．中国经济时报，2013 - 01 - 07（005）．

［410］刘再兴．综合经济区划的若干问题［J］．经济理论与经济管理，1985，V（6）：45 - 49．

［411］刘志彪，张杰．从融入全球价值链到构建国家价值链：中国产业升级的战略思考［J］．学术月刊，2009（9）：59 - 68．

［412］刘志彪，张少军．总部经济、产业升级和区域协调：基于全球价值链的分析［J］．南京大学学报（哲学·人文科学·社会科学版），2009，46（6）：54 - 62．

［413］刘志彪．提升生产率：新常态下经济转型升级的目标与关键措施［J］．审计与经济研究，2015，30（4）：77 - 84．

［414］卢成镐．对中国创业活动经济效应的实证研究［D］．清华大学博士学位论文，2012．

［415］卢明华，李国平，孙铁山．东京大都市圈内各核心城市的职能分工及启示研究［J］．地理科学，2003，23（2）：150 - 156．

［416］鲁晓东，连玉君．中国工业企业全要素生产率估计：1999～2007［J］．经济学（季刊），2012，11（2）：541 - 558．

［417］鲁晓东．金融资源错配阻碍了中国的经济增长吗［J］．金融研究，2008（4）：55 - 68．

［418］陆大道，樊杰．2050：中国的区域发展——中国至2050年区域科技发展路线图研究报告［M］．北京：科学出版社，2009．

［419］陆大道．二〇〇〇年我国工业生产力布局总图的科学基础［J］．地理科学，1986，6（2）：110 - 118．

［420］陆大道．区位论及区域研究方法［M］．北京：科学出版社，1988．

［421］陆铭，陈钊．城市化、城市倾向的经济政策与城乡收入差距［J］．经济研究，2004（6）：50 - 58．

［422］吕越，盛斌，吕云龙．中国的市场分割会导致企业出口国内附加值率下降吗［J］．中国工业经济，2018（5）：5 - 23．

［423］吕政，黄群慧，吕铁等．中国工业化、城市化的进程与问题——"十五"时期的状况与"十一五"时期的建议［J］．中国工业经济，2005（12）：5 - 13．

［424］毛丰付，潘加顺．资本深化、产业结构与中国城市劳动生产率［J］．

中国工业经济，2012（10）：32-44.

[425] 茅锐．产业集聚和企业的融资约束[J].管理世界，2015（2）：58-71.

[426] 聂辉华，江艇，杨汝岱．中国工业企业数据库的使用现状和潜在问题[J].世界经济，2012（5）：142-158.

[427] 潘省初．计量经济学中级教程[M].北京：清华大学出版社，2009.

[428] 潘文卿．中国的区域关联与经济增长的空间溢出效应[J].经济研究，2012（1）：54-65.

[429] 潘越，杜小敏．劳动力流动、工业化进程与区域经济增长：基于非参数可加模型的实证研究[J].数量经济技术经济研究，2010（5）：34-48.

[430] 彭继民．投资乘数论在我国引起的讨论[J].经济研究参考，1992（z3）：31-35.

[431] 彭向，蒋传海．产业集聚、知识溢出与地区创新：基于中国工业行业的实证检验[J].经济学（季刊），2011，10（3）：913-934.

[432] 钱学锋，熊平．中国出口增长的二元边际及其因素决定：经验研究[J].经济研究，2010（1）：65-79.

[433] 荣泰生．AMOS与研究方法[M].重庆：重庆大学出版社，2009.

[434] 阮建青，张晓波，卫龙宝．资本壁垒与产业集群：基于浙江濮院羊毛衫产业的案例研究[J].经济学（季刊），2008，7（1）：75-96.

[435] 邵朝对，苏丹妮，邓宏图．房价、土地财政与城市集聚特征：中国式城市发展之路[J].管理世界，2016（2）：19-31.

[436] 申广军，王雅琦．市场分割与制造业企业全要素生产率[J].南方经济，2015，V33（4）：27-42.

[437] 申广军．比较优势与僵尸企业：基于新结构经济学视角的研究[J].管理世界，2016（12）：13-24.

[438] 沈坤荣，李影．中国经济增长的能源尾效分析[J].产业经济研究，2010（2）：1-8.

[439] 沈能，赵增耀，周晶晶．生产要素拥挤与最优集聚度识别：行业异质性的视角[J].中国工业经济，2014（5）：83-95.

[440] 沈能．空间集聚、规模门槛与技术创新：基于中国制造业企业普查数据的实证分析[J].管理工程学报，2014，28（4）：21-27.

[441] 盛斌，毛其淋. 贸易开放、国内市场一体化与中国省际经济增长：1985～2008 年[J]. 世界经济，2011（11）：44-66.

[442] 盛丹，包群，王永进. 基础设施对中国企业出口行为的影响："集约边际"还是"扩展边际"[J]. 世界经济，2011（1）：17-36.

[443] 盛丹，王永进. 产业集聚、信贷资源配置效率与企业的融资成本：来自世界银行调查数据和中国工业企业数据的证据[J]. 管理世界，2013（6）：85-98.

[444] 石培哲. 全球价值链分工体系中企业集群定位研究[D]. 北京交通大学博士学位论文，2012.

[445] 史育龙，周一星. 关于大都市带（都市连绵区）研究的论争及近今进述评[J]. 国外城市规划，1997（2）：2-11.

[446] 舒展. 相对弱势区域发展模式构想——从区域空间格局看福建海峡西岸经济区[J]. 莆田学院学报，2005，12（4）：14-17.

[447] 宋玉祥，丁四保. 空间政策：由区域倾斜到产业倾斜[J]. 经济地理，2010，30（1）：1-5.

[448] 苏杭，郑磊，牟逸飞. 要素禀赋与中国制造业产业升级：基于 WIOD 和中国工业企业数据库的分析[J]. 管理世界，2017（4）：70-79.

[449] 孙久文，胡安俊. 雁阵模式与中国区域空间格局演变[J]. 开发研究，2011（6）：1-4.

[450] 孙久文，李华香. 中国区域城市化模式研究[J]. 社会科学辑刊，2012（1）：111-115.

[451] 孙文远. 产品内价值链分工视角下的产业升级[J]. 管理世界，2006（10）：156-157.

[452] 孙晓芳. 我国异质性劳动力流动问题研究[D]. 山西财经大学博士学位论文，2013.

[453] 孙胤社. 大都市区的形成机制及其定界：以北京为例[J]. 地理学报，1992，45（6）：552-560.

[454] 谭遂，杨开忠，荀丽娜等. 一种基于自组织理论的城市与区域空间格局演变模型研究[J]. 经济地理，2003，23（2）：149-153.

[455] 滕丽，王铮. 新经济地理学研究述评[J]. 地域研究与开发，2004，23（7）：6-12.

[456] 田庆立. 日本的区域经济政策及对我国的启示[J]. 环渤海经济瞭望，

2010（2）：62 - 64.

［457］田中伟．基于组织模式的集群创新困境及解决途径探析［J］．软科学，2006，20（6）：111 - 113.

［458］万广华，陆铭，陈钊．全球化与地区间收入差距：来自中国的证据［J］．中国社会科学，2005（3）：17 - 26.

［459］万家佩，涂人猛．中国大城市圈研究［J］．城市问题，1992（6）：19 - 22.

［460］王骠宇．全球价值链分工下湖南产业转型升级研究［D］．湘潭大学硕士学位论文，2010.

［461］王成新，姚士谋，王学山．我国城市化进程中质与量关系的辩证分析［J］．地理与地理信息科学，2003，19（5）：46 - 49.

［462］王道华．投入要素效率与我国的区域经济差异［J］．经济管理，2005（19）：72 - 75.

［463］王凤荣，苗妙．税收竞争、区域环境与资本跨区流动：基于企业异地并购视角的实证研究［J］．经济研究，2015（2）：16 - 30.

［464］王缉慈，张晔．沿海地区外向型产业集群的形成、困境摆脱与升级前景［J］．改革，2008（5）：53 - 59.

［465］王冀宁，赵顺龙．外部性约束、认知偏差、行为偏差与农户贷款困境：来自716户农户贷款调查问卷数据的实证检验［J］．管理世界，2007（9）：69 - 75.

［466］王建．美日区域经济模式的启示与中国"都市圈"发展战略的构想［J］．战略与管理，1997（2）：1 - 15.

［467］王炯．经济"新常态"银行面临六大挑战［N］．中国证券报，2014 - 12 - 08.

［468］王俊，黄先海．跨国外包体系下技术创新的出口效应：基于浙江省制造企业问卷调查数据的实证研究［J］．国际贸易问题，2012（10）：105 - 114.

［469］王岚．全球价值链分工背景下的附加值贸易：框架、测度和应用［J］．经济评论，2013（3）：150 - 160.

［470］王岚．融入全球价值链对中国制造业国际分工地位的影响［J］．统计研究，2014，31（5）：17 - 23.

［471］王林辉，袁礼等．资本错配会诱发全要素生产率损失吗［J］．统计研究，2014，31（8）：11 - 18.

［472］王瑞欢，张忠德．中国互联网行业模仿创新的经验与启示［J］．西安邮电大学学报，2012，17（6）：96－100．

［473］王霄，胡军．社会资本结构与中小企业创新：一项基于结构方程模型的实证研究［J］．管理世界，2005（7）：116－122．

［474］王小鲁，樊纲．中国地区差距的变动趋势和影响因素［J］．经济研究，2004（1）：33－44．

［475］王兴平，崔功豪．新经济时代的中国大都市热点空间分析［J］．人文地理，2003，18（1）：44－48．

［476］王一卉．政府补贴、研发投入与企业创新绩效：基于所有制、企业经验与地区差异的研究［J］．经济问题探索，2013（7）：138－143．

［477］王雨飞，倪鹏飞．高速铁路影响下的经济增长溢出与区域空间优化［J］．中国工业经济，2016（2）：21－36．

［478］王玉燕，林汉川，吕臣．全球价值链嵌入的技术进步效应：来自中国工业面板数据的经验研究［J］．中国工业经济，2014（9）：65－77．

［479］王岳平．开放条件下的工业结构升级［M］．北京：经济管理出版社，2004．

［480］魏冠明．我国经济战略性区域规划现状、问题与对策［J］．山东行政学院学报，2012（5）：69－72．

［481］魏国江．价值链分工与我国产业结构优化研究［D］．福建师范大学博士学位论文，2008．

［482］魏浩．对外开放与中国29省市间收入差距：1985～2007年［J］．世界经济研究，2009（11）：3－7．

［483］魏后凯．促进我国产业集聚的主要政策措施［J］．经济研究参考，2004（95）：26．

［484］魏后凯．当前区域经济研究的理论前沿［J］．开发研究，1998（1）：34－38．

［485］魏后凯．区域经济的新发展观［J］．中国工业经济，1993（5）：31－36．

［486］魏剑锋．中国传统产业集群创新绩效、困境与突破［J］．经济研究导刊，2008（17）：178－179．

［487］文腊梅．企业集群治理的困境与模式创新［J］．特区经济，2008

（11）：221 - 223.

[488] 邬滋. 集聚经济对创新绩效的作用机理分析：基于地方化经济与城市化经济的比较[J]. 工业技术经济，2009，28（6）：109 - 112.

[489] 吴建峰，符育明. 经济集聚中马歇尔外部性的识别：基于中国制造业数据的研究[J]. 经济学（季刊），2012，11（2）：675 - 690.

[490] 吴巧生，成金华. 能源约束与中国工业化发展研究[M]. 北京：科学出版社，2009.

[491] 吴延兵，米增渝. 创新、模仿与企业效率：来自制造业非国有企业的经验证据[J]. 中国社会科学，2011（4）：77 - 94.

[492] 吴颖，蒲勇健. 区域过度集聚负外部性的福利影响及对策研究：基于空间经济学方法的模拟分析[J]. 财经研究，2008，34（1）：106 - 115.

[493] 吴月越. 产业集聚：东北老工业基地的困境与出路：基于新经济地理学的分析视角[J]. 当代经济研究，2007（1）：38 - 41.

[494] 伍德里奇. 计量经济学导论：现代观点[M]. 北京：中国人民大学出版社，2003.

[495] 向铁梅，黄静波. 国民经济行业分类与国际标准产业分类中制造业大类分类的比较分析[J]. 对外经贸实务，2008（11）：33 - 36.

[496] 谢书玲，王铮，薛俊波. 中国经济发展中水土资源的"增长尾效"分析[J]. 管理世界，2005（7）：22 - 25.

[497] 谢文蕙，邓卫. 城市经济学（第2版）[M]. 北京：清华大学出版社，2008.

[498] 辛超，张平，袁富华. 资本与劳动力配置结构效应：中国案例与国际比较[J]. 中国工业经济，2015（2）：5 - 17.

[499] 徐保昌，谢建国. 市场分割与企业生产率：来自中国制造业企业的证据[J]. 世界经济，2016，39（1）：95 - 122.

[500] 徐海贤，顾朝林. 温州大都市区形成机制及其空间结构研究[J]. 人文地理，2002，17（2）：18 - 22.

[501] 徐晋. 离散主义与后古典经济学[J]. 当代经济科学，2014，36（2）：1 - 11.

[502] 许晖，许守任，王睿智. 嵌入全球价值链的企业国际化转型及创新路径：基于六家外贸企业的跨案例研究[J]. 科学学研究，2014，32（1）：73 - 83.

［503］许学强，周一星，宁越敏．城市地理学［M］.北京：高等教育出版社，2009.

［504］薛东前，王传胜．城市群演化的空间过程及土地利用优化配置［J］.地理科学进展，2002，21（2）：95－102.

［505］闫小培，曹小曙．大珠江三角洲区域空间结构及其调控机制［J］.中国发展，2004（3）：31－37.

［506］严北战．我国产业集群技术学习面临的创新源困境及对策［J］.经济论坛，2009（5）：32－33.

［507］阎小培，贾莉，李建平等．转型时期的中国大都市发展［J］.人文地理，2000（2）：7－14.

［508］晏涛．研发创新推动了中国企业出口吗？——基于"扩展边际"与"集约边际"的实证检验［J］.中南财经政法大学学报，2013（6）.

［509］杨春生．我国区域经济增长的收敛性分析［D］.安徽大学博士学位论文，2014.

［510］杨瑞妍．全球价值链视角下广州市金融服务业空间集聚［D］.广州大学硕士学位论文，2011.

［511］杨树珍．国土整治与经济区划［J］.地理学报，1983，50（2）：105－112.

［512］杨吾扬，梁进社．中国的十大经济区探讨［J］.经济地理，1992（3）：14－20.

［513］姚士谋，陈爽．长江三角洲地区城市空间演化趋势［J］.地理学报，1998（s1）：1－10.

［514］姚战琪．生产率增长与要素再配置效应：中国的经验研究［J］.经济研究，2009（11）：130－143.

［515］叶玉瑶．城市群空间演化动力机制初探——以珠江三角洲城市群为例［J］.城市规划，2006，30（1）：61－66.

［516］易丹辉．结构方程模型：方法与应用［M］.北京：中国人民大学出版社，2008.

［517］殷博乔．全球价值链分工视角下中国产业结构优化研究［D］.西北大学硕士学位论文，2011.

［518］于斌斌．产业结构调整与生产率提升的经济增长效应：基于中国城市

动态空间面板模型的分析[J].中国工业经济，2015（12）：83－98.

［519］袁学军.现代价值链分工下湖南产业转型升级的路径[J].改革与战略，2013，29（3）：94－97.

［520］袁志刚，解栋栋.中国劳动力错配对TFP的影响分析[J].经济研究，2011（7）：4－17.

［521］原毅军，谢荣辉.产业集聚、技术创新与环境污染的内在联系[J].科学学研究，2015，33（9）：1340－1347.

［522］曾蓓，崔焕金.中国产业结构演进缘何偏离国际经验：基于全球价值链分工的解释[J].财贸研究，2011，22（5）：18－27.

［523］曾德超.增长极理论对中国区域经济发展的启示[J].经济与管理研究，2005（12）：11－16.

［524］张栋，谢志华，王靖雯.中国僵尸企业及其认定：基于钢铁业上市公司的探索性研究[J].中国工业经济，2016（11）：90－107.

［525］张峰，黄玖立，王睿.政府管制、非正规部门与企业创新：来自制造业的实证依据[J].管理世界，2016（2）：95－111.

［526］张光南，洪国志，陈广汉.基础设施、空间溢出与制造业成本效应[J].经济学（季刊），2014，13（1）：285－304.

［527］张辉.全球价值链理论与我国产业发展研究[J].中国工业经济，2004（5）：38－46.

［528］张辉.全球价值链下地方产业集群转型和升级[M].北京：经济科学出版社，2006.

［529］张辉等.全球价值链下北京产业升级研究[M].北京：北京大学出版社，2007.

［530］张杰，刘志彪.套利行为、技术溢出介质与我国地方产业集群的升级困境与突破[J].当代经济科学，2007，29（3）：14－22.

［531］张杰，张培丽，黄泰岩.市场分割推动了中国企业出口吗？[J].经济研究，2010（8）：29－41.

［532］张杰，郑文平，束兰根.融资约束如何影响中国企业出口的二元边际？[J].世界经济文汇，2013（4）：59－80.

［533］张杰，周晓艳，李勇.要素市场扭曲抑制了中国企业R&D[J].经济研究，2011（8）：78－91.

[534] 张杰．市场化与金融控制的两难困局：解读新一轮国有银行改革的绩效[J]．管理世界，2008（11）：13-31．

[535] 张京祥，邹军，吴启焰等．论都市圈地域空间的组织[J]．城市规划，2001，25（5）：19-23．

[536] 张京祥．城镇群体空间组合[M]．南京：东南大学出版社，2000．

[537] 张军，吴桂英，张吉鹏．中国省际物质资本存量估算：1952～2000[J]．经济研究，2004（10）：35-44．

[538] 张可，汪东芳．经济集聚与环境污染的交互影响及空间溢出[J]．中国工业经济，2014（6）：70-82．

[539] 张来春．长三角城市群汽车产品价值链分工研究[J]．上海经济研究，2007（11）：43-52．

[540] 张佩．中国工业部门的行业间资源错配研究[J]．投资研究，2013（6）：15-27．

[541] 张平．全球价值链分工与中国制造业成长[D]．辽宁大学博士学位论文，2013．

[542] 张秋燕，齐亚伟等．地区规模、集聚外部性与区域创新能力：对中国工业行业的门槛效应检验[J]．科技进步与对策，2016，33（8）：35-40．

[543] 张少军，刘志彪．国内价值链是否对接了全球价值链：基于联立方程模型的经验分析[J]．国际贸易问题，2013（2）：14-27．

[544] 张松林，武鹏．全球价值链的"空间逻辑"及其区域政策含义：基于制造组装环节与品牌营销环节空间分离的视角[J]．中国工业经济，2012（7）：109-121．

[545] 张鑫，朱英明，李玉见．集聚经济影响下的企业生产率与企业空间选择[J]．经济评论，2016（6）：84-97．

[546] 张兴瑞．全球价值链分工双面效应下中国县域产业升级研究：基于长三角地区全国百强县的实证[D]．复旦大学博士学位论文，2011．

[547] 张占录．基于用地效率分析的城市区域空间结构极化模型及空间发展战略[J]．城市发展研究，2011，18（8）：46-52．

[548] 章奇．中国地区经济发展差距分析[J]．管理世界，2001（1）：105-110．

[549] 赵伟，韩媛媛，赵金亮．异质性、出口与中国企业技术创新[J]．经

济理论与经济管理，2012，V32（4）：5－15.

［550］赵文军，于津平．贸易开放、FDI与中国工业经济增长方式：基于30个工业行业数据的实证研究［J］.经济研究，2012（8）：18－31.

［551］赵勇，白永秀．知识溢出：一个文献综述［J］.经济研究，2009（1）：144－156.

［552］赵玉奇，柯善咨．市场分割、出口企业的生产率准入门槛与"中国制造"［J］.世界经济，2016（9）：74－98.

［553］甄峰，顾朝林．广东省区域空间结构及其调控研究［J］.人文地理，2000（4）：10－15.

［554］郑京海，胡鞍钢．中国的经济增长能否持续：一个生产率视角［J］.经济学（季刊），2008，7（3）：118.

［555］周辉莉．中国加工贸易静态与动态经济效应研究［J］.中外企业家，2007（12）：35－38.

［556］周黎安．中国地方官员的晋升锦标赛模式研究［J］.经济研究，2007（7）：36－50.

［557］周民良．论我国的区域差异与区域政策［J］.管理世界，1997（1）：174－184.

［558］周圣强，朱卫平．产业集聚一定能带来经济效率吗：规模效应与拥挤效应［J］.产业经济研究，2013（3）：12－22.

［559］周亚虹，贺小丹，沈瑶．中国工业企业自主创新的影响因素和产出绩效研究［J］.经济研究，2012（5）：107－119.

［560］周振华．增长轴心转移：中国进入城市化推动型经济增长阶段［J］.经济研究，1995（1）：3－10.

［561］朱敏，黄寰．中国区域规划的战略思路及其对效率与公平的兼顾［J］.中国市场，2011（3）：59－63.

［562］朱明礼，刘鼎，罗韬．产业集群创新困境：基于企业行为的思考［J］.湖北经济学院学报（人文社会科学版），2006（9）：68－69.

［563］朱铁臻．城市现代化研究［M］.北京：红旗出版社，2002.

［564］朱希伟，金祥荣，罗德明．国内市场分割与中国的出口贸易扩张［J］.经济研究，2005（12）：68－76.

［565］朱英明，杨斌，周晓丽等．产业集聚困境研究：回顾与展望［J］.经

济评论，2011（2）：145 – 151.

[566] 朱英明，杨连盛，吕慧君等. 资源短缺、环境损害及其产业集聚效果研究：基于21 世纪我国省级工业集聚的实证分析[J]. 管理世界，2012（11）：28 – 44.

[567] 朱英明. 长三角城市群产业一体化发展研究：城际战略产业链的视角[J]. 产业经济研究，2007（6）：48 – 57.

[568] 朱英明. 技术创新、就业增长与企业发展：基于工业企业创新活动的实证分析[J]. 南京理工大学学报（社会科学版），2014，27（3）：1 – 16.

[569] 朱允卫. 企业规模、集群结构与技术创新优势[J]. 经济地理，2004，24（2）：187 – 191.

[570] 邹仰松. WTO 与政府行为规范化[J]. 延边党校学报，2002（3）：42 – 45.